En defensa del socialismo
y la Unidad Popular

En defensa del socialismo y la Unidad Popular

Luis Díaz Bórquez

www.librosenred.com

Dirección General: Marcelo Perazolo
Diseño de cubierta: Laura Gissi

Está prohibida la reproducción total o parcial de este libro, su tratamiento informático, la transmisión de cualquier forma o de cualquier medio, ya sea electrónico, mecánico, por fotocopia, registro u otros métodos, sin el permiso previo escrito de los titulares del Copyright.

Primera edición en español - Impresión bajo demanda

© LibrosEnRed, 2021
Una marca registrada de Amertown International S.A.

ISBN: 978-1-62915-469-5

Para encargar más copias de este libro o conocer otros libros de esta colección visite www.librosenred.com

*A los viejos militantes consecuentes
A las nuevas generaciones que sabrán
liberarse*

I. Palabras previas

Al cumplirse ya cuarenta y cuatro años del golpe militar que derrocó a Salvador Allende he estimado necesario llevar al papel una mirada que creo será distinta, distinta a los innumerables libros y escritos sobre el tema, la mayoría de los cuáles se centran en la denuncia de los atropellos sufridos por los seguidores de la Unidad Popular pero pocos en la valía presente y futura de lo intentado por Allende. Es esto último lo que me obliga a rebasar los límites de un análisis reducido a los mil días del Gobierno Popular ya que ello representaría no más que un "canto del cisne" de un proyecto que carecería de validez actual. El proyecto de la Unidad Popular brutalmente interrumpido, y digo interrumpido para que se entienda bien que a muchos nos asiste el convencimiento de que es una tarea inconclusa para lo que debe parvenir tarde o temprano: una nueva economía centrada en la justicia social y la solidaridad, una nueva manera de hacer política impregnada de sentido moral, una democracia verdadera.

Una revalidación de la Unidad Popular y su proyecto político, económico y ético no puede hacerse sin enfrentarlo a las realidades contemporáneas: el predominio con rasgos totalitarios del poder burgués, la envergadura de los medios puestos en obra para combatir nuestras posturas ideológicas y la omnipresencia del imperialismo, un enemigo ineludible frente a las aspiraciones de los pueblos a una vida digna y plena. Se ha intentado y se intenta borrar más de un siglo y medio de luchas de los trabajadores y es sólo en ese contexto histórico en el que se inserta el triunfo y la derrota de la Unidad Popular hasta la imposición de este nuevo totalitarismo cínico, disfrazado de democracia que los chilenos soportan o comparten en nuestros días. No debe olvidarse que la Unidad Popular se había fijado como objetivo estratégico la construcción de una sociedad socialista y mal podemos defender dicho proyecto si no enfrentamos decididamente la mitología dominante, la deformación de nuestras ideas, la falsificación de los hechos históricos y si no ponemos en evidencia la formidable maquinaria propagandística de que disponen las burguesías locales y el imperialismo para hacer pasar como verdades lo que no son más que tergiversaciones y mitos. Dicho brevemente, resultaría incongruente querer defender a la Unidad Popular sin defender la ideología que la inspiraba y el carácter anticapitalista y antiimperialista contenido en su programa de gobierno y su objetivo final: el socialismo.

Pertenezco a una generación cuya conducta estaba regida por un espíritu altamente solidario, no en el sentido caritativo de la palabra sino en la convicción de que las carencias que sufrían y sufren millones de seres humanos en el mundo tienen su origen en el sistema obsoleto que rige nuestro planeta: el capitalismo, cuyo remedio no pasa por una prolífica gama de acciones, programas, proyectitos, gestos de caridad, valiosos moralmente estos últimos, pero finalmente parte del soporte que mantienen también a nuestros países en las filas del subdesarrollo.

Porque debe quedar en claro que nuestro objetivo principal no era repartir la riqueza creada sino sacar a nuestro país del subdesarrollo, no era solamente repartir la torta con más justicia sino agrandar la torta. Para ello apostábamos a un movimiento popular crecientemente organizado que habría de hacer historia, historia que no la hacen los individuos sino los pueblos. El ambiente y el espíritu que nos dominaba era el de muchos de nuestra generación quienes compartían la clara convicción de que la lucha por un Chile y un planeta donde impere la justicia social y la solidaridad habría de vencer, aunque hoy sabemos que ello no acontecerá con la rapidez que esperábamos. No imaginábamos que el siglo XXI aún conservaría tanta miseria repartida por el mundo, tanta violencia, la conservación de creencias religiosas de inspiración integrista y fanática y el resurgimiento del fascismo.

La experiencia de la Unidad Popular no puede entenderse si no se comprende lo que significó en la historia de la humanidad los 171 años transcurridos desde la publicación del Manifiesto Comunista en 1848, la lucha librada en todos los continentes contra el capitalismo y el imperialismo y su versión más brutal, el fascismo. Por ello, ocupo buena parte del libro en recrear el contexto internacional en el cuál se libra la batalla por el socialismo en Chile, batalla que no puede menos que continuar frente a un imperialismo siempre agresivo y brutal y frente al claro resurgimiento de la bestia parda, temas que son de plena actualidad.

Me impulsa a estos escritos también, la obligación de compartir una experiencia que considero singular porque junto a mis inquietudes políticas tuve ocasión en este ya largo caminar, no sólo de compartir con mis lecturas sino también con la vida, con las vicisitudes y alegrías de muchos seres humanos en las más diferentes circunstancias y sobretodo, he tenido el privilegio de vivir (y no informarme sobre) bajo cuatro experiencias de sociedad del todo diferentes unas de otras: el Chile que me vio nacer hasta el quiebre de 1973, seis años y medio exiliado en un país socialista particularmente interesante como lo fue Rumania, ocho años y medio en un país capitalista por excelencia como lo es Suiza y finalmente, como suelo decir con tristeza, "volví al extranjero", volví a un Chile trastocado en sus cimientos morales y espirituales, supuestamente "exitoso" en lo económico y un fracaso en lo ético y humano.

Desde luego sigo convencido de la validez del método de Marx para entender el mundo y la sociedad, para develar lo que la cultura dominante y aún el llamado sentido común ocultan a la conciencia de las personas para mantener la riqueza insultante de unos pocos y las carencias de las mayorías. Sé que la sola mención de Marx eriza los cabellos de los más recalcitrantes anti-marxistas, impotentes por no haber podido derribar seriamente ninguna de sus afirmaciones más fundamentales. Por ello han desterrado al marxismo al silencio mediático y académico, no por la vía de su cuestionamiento argumentativo sino por simple represión intelectual, el control de los medios y el chantaje del dinero que se instaló en las universidades para amaestrar a una intelectualidad que por su esencia misma, su razón de ser y su obligación moral, era cuestionadora de todo lo existente; hoy mayoritariamente apoltronada o directamente comprometida con análisis ahistóricos y por tanto metafísicos, negadores de la esencialidad de los conflictos de clase en nuestra sociedad para comprender los fenómenos políticos y económicos.

Este libro no tiene pretensiones de obra intelectual, académica, porque la bibliografía marxista oscila entre la abundancia y la inaccesibilidad para el común de los ciudadanos, siendo su propósito fundamentalmente desmitificador, incluso pedagógico. Convencido como estoy que las verdades suelen ser simples así como también el ataque a nuestras opiniones suele ser de una simplicidad muy útil a quienes detentan el poder. Traigo aquí a colación lo sorprendentemente simplón que es por ejemplo "Mi Lucha", de Adolfo Hitler y como afirmaciones tan elementales como las contenidas en dicho libro fueron capaces de movilizar a millones de seres humanos de una Alemania que se vanagloriaba de su cultura y para cometer tantas atrocidades. No hay tampoco ningún intelectual de peso que considere las ideas del neoliberalismo como un gran aporte intelectual a la ciencia económica y ciertamente la sospecha de que más que una doctrina económica fue una operación bien orquestada destinada a subordinar los países de la periferia a la égida del capital transnacional liderado por EEUU, cuyo fruto conocemos hoy: no hay ningún país que haya progresado aplicando las políticas neoliberales, para muchos siendo un verdadero vía crucis. El mediocre desempeño del conejillo de Indias, Chile, es el fruto de un generoso y permanente apoyo político, financiero y mediático destinado a mostrarlo al mundo como ejemplo de lo buenas que eran las recetas neoliberales. Por el contrario, tales recetas han significado un brutal aumento de las desigualdades a nivel planetario, el retroceso de conquistas sociales no sólo en el mundo subdesarrollado sino también en Europa y el propio EEUU, la inseguridad en el empleo, en la vejez, en los servicios sanitarios, la inseguridad frente a la delincuencia común y de cuello y corbata, etc..

Por ello, considero necesario volver a las fuentes, revitalizar nuestras convicciones sin despreciar los esfuerzos intelectuales que profundizan a partir de Marx pero tratando de volver a las verdades elementales que nos legó el gran pensador. No escapa a mi conocimiento que el rescate de las verdades que Marx nos legó, no implica que algunas de sus afirmaciones no puedan ser cuestionadas porque sería mucho pretender que después de 171 años del "Manifiesto Comunista" y en el marco de un desarrollo exponencial del conocimiento no haya nada que sea debatible. Sería por lo demás negar al propio Marx, cuya filosofía es la filosofía del cambio, de que lo único permanente es el cambio mismo, no tomar nota de descubrimientos científicos que el propio pensador no conoció, habida consideración del valor central que en su pensamiento tiene la razón científica. Todo lo anterior no resta en absoluto valor al pensamiento marxista cuyas matrices filosóficas y en particular su análisis de la historia y la profundidad de análisis del sistema capitalista contienen afirmaciones de pleno valor actual aunque no falten los que proclaman la muerte definitiva de Marx, considerándolo como sin valor en nuestros días, pero como Joan Manuel Serrat señalaba "*los pobres no se han enterado que Carlos Marx está muerto y enterrado*". Un libro que pretende defender el proceso revolucionario iniciado en Chile por la Unidad Popular no puede menos que reivindicar la vinculación que dicho proceso tuvo con la filosofía y concepción del mundo y de la historia que representa el gran pensador alemán.

Dentro de la gigantesca obra intelectual de Marx, baste con simplificar algunas ideas fundamentales que junto con ser de una verdad indiscutible generan mucho escozor o una obscura odiosidad, ya que ponen al desnudo la dominación clasista y los límites del capitalismo, su carácter histórico y por tanto transitorio, que hoy se pretende un sistema "eterno". Sostiene Marx:

1. Que toda riqueza proviene básicamente de dos fuentes: el trabajo humano y los recursos naturales de que se pueda disponer. Como Marx afirmara: "*La producción capitalista, por consiguiente, no desarrolla la técnica y la combinación del proceso social de producción sino socavando, al mismo tiempo, los dos manantiales de toda riqueza: la tierra y el trabajador*". (*) (Marx, Carlos: *El Capital. Crítica de la Economía Política*, Siglo XXI Editores, México, T. I, Vol. 2, pp. 612-613 1979).

2. Que si la riqueza proviene del trabajo, nada justifica que algunos se apropien del trabajo de otros, sobre valorizando su propio esfuerzo (cuando trabajan y no profitan solamente de sus rentas) y desvalorizando el de los demás y que en consecuencia, apropiarse del esfuerzo ajeno, es en estricto rigor un robo, aunque la costumbre, la tradición y la ley lo legitimen (o para quienes no quieran abandonar su "sentido común " actual, al menos los invito a aceptar que si no es un robo…¡¡se le parece bastante!!). De ahí proviene nuestra falta de respeto por la riqueza acumulada y la propiedad cuando ésta no es

fruto del propio trabajo, entendiendo por trabajo propio sólo aquel que puede resultar de las capacidades limitadas de todo ser humano. ¿Es que alguien puede seriamente sostener que Bill Gates, con cuya fortuna es posible comprar enteros los 40 países más pobres, ha trabajado tanto como para producir él los miles de miles de millones de dólares que posee? Las relaciones que los seres humanos establecen en los procesos de producción y de cambio en las sociedades de clases consagran como legal y moral la apropiación del trabajo de otros. Las grandes fortunas son básicamente acumulación de trabajo ajeno y aunque la costumbre o la ley consagren como legítima la apropiación de trabajo ajeno, nuestro punto de vista se basa en la convicción de la existencia del progreso económico pero también del progreso moral. Si en el pasado la esclavitud o el derecho de conquista estaban admitidos por la costumbre, tales costumbres y su consagración en la ley fueron derrotadas por la lucha de las clases oprimidas que de esa manera desencadenaron no sólo progreso económico sino también progreso moral y derrotaron al esclavismo en la dirección de la creciente humanización del hombre. Expropiar a los expropiadores es la lógica y la ética al mismo tiempo y las nuevas reglas morales a las que aspiramos así lo consideran. Se debe aplicar el principio que en la distribución de la riqueza creada, a cada cuál le corresponde solamente aquello que produjo, menos desde luego, el aporte a la sociedad, por decirlo más simplemente, la financiación de los "gastos comunes" que incluyen desde luego, los recursos necesarios para la solidaridad.

3. Si la riqueza proviene del trabajo no existe ningún milagro que haga posible que el dinero genere más dinero: es sólo un fetichismo que esconde, detrás de un alambique financiero, igualmente relaciones de explotación. Cuando un corredor de bolsa levanta un dedo y gana millones, hay muchos trabajadores que al inicio del alambique están transpirando, agotándose intelectualmente, produciendo bienes y servicios útiles aunque

lo que aparece a la vista sea una milagrosa transformación de dinero en más dinero.

4. Que la apropiación privada del producto mediante el lucro tiene un efecto perverso en la economía, la cual en lugar de ser puesta al servicio del hombre lo subordina alienándolo. La economía es una actividad humana esencial para la satisfacción de las necesidades materiales y espirituales y espacio de realización del ser humano. Sin embargo como consecuencia de su subordinación a las leyes sistémicas del capitalismo ha devenido impotente para cumplir la meta inexcusable de la economía: atender las necesidades del ser humano manteniendo a miles de millones en la pobreza en pleno siglo XXI. La economía al servicio del hombre termina en el hombre al servicio de la economía y ello porque el lucro burgués deforma y limita sus fines esenciales.

5. En la historia humana, el progreso económico, social y moral ha sido el resultado del enfrentamiento, más violento o más pacífico, de las clases sociales y siempre, siempre bajo relaciones de fuerza. Jamás, las clases poseedoras, se trate de esclavistas, clase feudal o burgueses han cedido privilegios sino cuando las clases subordinadas han tomado conciencia de sus derechos, acumulado fuerza suficiente, bajo la forma de revoluciones violentas o movilizaciones pacíficas de gran envergadura, así sea la revolución burguesa de 1789 en Francia o la lucha por la independencia de la India liderada por Mahatma Gandhi. De igual manera, las contrarrevoluciones han oscilado entre la más extrema violencia represiva para recuperar privilegios o la aceptación del cambio, buscando formas solapadas de recuperarlos como el gatopardismo, o enmascarando bajo un discurso cínico, camuflando las relaciones de explotación, o más actualmente, bajo el manto de una ideología como el neoliberalismo que se prestigia con premios Nobel, con pretensiones de "racionalidad económica" o con supuestas responsabilidades sociales de las empresas en ámbitos en

los cuáles la responsabilidad debe recaer exclusivamente en el Estado. Estas ideas causan escozor en los privilegiados y en aquellos que aspiran a serlo, los que no se dan cuenta de que viven bajo un sistema donde las posibilidades de ser "exitoso", están bloqueadas de antemano para la inmensa mayoría y que el escaso número de los que logran traspasar el muro del clasismo, el racismo, el sexismo, la xenofobia o simplemente la ausencia de un capital significativo, no son sino "golondrinas que no hacen verano": el sistema de privilegios permanece y los privilegiados conservan su posición dominante aun admitiendo algún advenedizo de vez en cuando. Al respecto, las estadísticas sobre las crecientes diferencias de ingresos y la mentada movilidad social son brutalmente ilustrativas. El círculo virtuoso-vicioso de la riqueza y el círculo vicioso de la pobreza se reproducen sin cesar. En EEUU "el país de las oportunidades" sólo el 3% de los pertenecientes al quintil más bajo logran encaramarse al primer quintil donde esfuerzo, suerte o falta de escrúpulos suelen ser los factores determinantes para ese cambio de posición. Pero, sin duda, la perspectiva de ser uno como ellos, alimentada por el discurso mediático de que basta con ser "emprendedor", condena a la inconsciencia de lo que verdaderamente ocurre: la concentración siempre creciente de la riqueza en pocas manos y sus dos corolarios, la desigualdad, fuente de carencias inaceptables en pleno siglo XXI y la alienación de la actividad económica que bajo un extraordinario desarrollo de las fuerzas productivas se revela incapaz de atender las necesidades más elementales de millones de seres humanos. ¡En pleno siglo XXI, *un niño muere de hambre cada 6 segundos!* informó Olivier De Schutter, relator especial de la Organización de las Naciones Unidas (ONU); ¡el hambre es la principal causa de mortalidad en el mundo¡; sólo en los últimos 6 años los ricos del planeta han doblado sus fortunas; la cuarta parte de la humanidad vive sin electricidad;

1.000 millones de niños en todo el mundo son pobres; en todo el mundo hay 805 millones de personas que pasan hambre; el 80% de la población mundial vive con menos de 10 dólares al día y 1300 millones sufren pobreza extrema sobreviviendo apenas con 1,25 dólares al día, todo lo cual no es más que la continuación agravada de lo que se vivía hace 50 o 60 años. Y todo ello bajo el discurso del éxito de capitalismo y el fracaso del socialismo.

Para qué hablar de lucha de clases: La cultura de la dominación escandaliza de un hecho objetivo y científicamente probado y probable en todo momento, que nos golpea diaria y cotidianamente con su existencia, no en los libros, sino en la prosaica realidad, pero negada simplemente. A pesar de que la historia de todos los pueblos de la tierra está plagada de hechos que confirman la existencia de clases y de la lucha de clases y que confirman además que no siempre existió la división en clases sociales, hoy su existencia se oculta, se niega y se camufla o se recurre al expediente de que "siempre ha sido así".

Pero que nos combatan desde la derecha y todos los conservadores de distinta graduación, desde el fascismo pasando por los lobos con piel de oveja, el gatopardismo y los hombres bien intencionados que también los hay a ese lado, no constituye desde luego, ninguna novedad y no es frente a ello que nos vamos a sentir escandalizados. Aún más, creo que con una dosis de empatía, tendríamos que convenir, que la pérdida de privilegios es siempre más difícil de aceptar que la conquista de derechos, sobre todo para quienes han hecho de sus vidas una búsqueda incesante, con visos psicopáticos, de acumular, acumular y acumular riquezas, más cercanos al mal de Diógenes que a la normalidad. Nuestro objetivo por lo demás, es más que perjudicar a unos pocos obtener que las enormes masas de desposeídos puedan mejorar sus condiciones de vida, al menos desde un piso mínimo y digno, en vivienda, salud, educación, recreación y seguridad, bases imprescindibles para avanzar hacia niveles superiores de cultura y civilización, de lo cual finalmente todos seremos beneficiados al construir sociedades menos conflictuadas.

Ello no puede obtenerse sino mediante el término de las injustas y anarquizantes diferencias de ingreso y sus efectos nocivos sobre la inmensa mayoría de la población y sobre la verdadera eficiencia económica, el verdadero desarrollo económico, aquel centrado en la satisfacción de las necesidades humanas y no en el lucro, el derroche, la indolente exhibición del lujo, la especulación, la depredación de los recursos. El capitalismo actual, centrado como nunca en la especulación financiera hace permanentes las carencias en enormes masas de la población mundial, buena parte de ella viviendo bajo condiciones de miseria absoluta.

Pero más que la defensa de sus intereses por parte de los privilegiados choca profundamente la vergonzosa actitud asumida por una importante cantidad de dirigentes y prohombres que premunidos de una alta dosis de oportunismo y frente a la organizada y bien orquestada embestida planetaria en contra de las ideas del socialismo, han optado por el silenciamiento de nuestras ideas cuando no a la renuncia explícita o tácita a ellas. No es menos llamativo constatar que a fin de cuentas, muchos de ellos se parecen demasiado a sus hipotéticos adversarios y con los años descubro que finalmente, desde un punto de vista psicológico, parecen compartir rasgos de personalidad que son determinantes en su accionar: la búsqueda del poder y su conservación, el vedetismo, un ego tan pesante como el que más pudieran ostentar sus supuestos adversarios, todo ello muy lejos de la generosidad auténtica, muchas veces sin límites, de tantos y tantos militantes que no dudaron en ofrendar su vida o entregar buena parte de sus esfuerzos a cambio sólo de la satisfacción íntima y profundamente sentida de haber servido a su país, a su pueblo, a los marginados de la tierra, sin ninguna frontera. Ello explica por qué transitaron con tanta facilidad y desvergüenza, de críticos del sistema, incluso desde posiciones extremistas, a serviles empleados del capital. Me pregunto ¿Qué podrán significar para ellos los ejemplos dados por tantos y tantos héroes y luchadores de los cuáles los pueblos se enorgullecen como Gandhi, Jesús, la multitud de héroes antifascistas, el Ché,, Allende, Sandino, Ho Chi Minh, Zapata, Manuel Rodríguez, los héroes nacionales como Arturo Prat(*) (*Sí, también porque representa principios, valores, generosidad más allá de los intereses subterráneos que se movían en la Guerra del Pacífico y por necesaria empatía histórica*), y un largo etc.? No todos tenemos pasta de héroes sin duda, pero ¿no debe su ejemplo inspirar al menos una parte de nuestra conducta de vida y de nuestro accionar político?

Me declaro totalmente intolerante con los que han usado, sí, esa es la palabra exacta: usado el dolor, la generosidad, la entrega honesta, el idealismo moral de una larga lista de hombres y mujeres que creyeron y construyeron o fracasaron en el intento de crear una alternativa de sociedad regida por la justicia social y la solidaridad. Se trata de hacer posible un mundo distinto del que nos ofrece el capitalismo, con sus inseguridades, injusticias, guerras, etc., cuyo dominio hoy se corola con una real pérdida de civilización, observable en el culto a la violencia, la corrupción creciente, la delincuencia ganando cada día más espacio, el fascismo renaciente, el terrorismo religioso fanático, el tráfico de armas, de animales, de estupefacientes, la trata de blancas, la prostitución y el trabajao infantil, el creciente militarismo y chovinismo y hasta el extremo de cuestionar conquistas tan preciadas como los derechos humanos o el rol de Naciones Unidas.

Usar la figura y el prestigio mundial de un hombre extraordinario como lo fue Salvador Allende, sin retomar ni una sola de sus ideas, aún más, renegando de la principal medida llevada a cabo por el Gobierno de la Unidad Popular, como lo fue la Nacionalización del Cobre, es un accionar inaceptable. La privatización del cobre no sólo es un acto que no tiene ninguna justificación económica ni técnica, es además la negación más brutal de todo lo que representó Allende y bien les cabe esta frase, no sólo a los golpistas: "Estas son mis últimas palabras y tengo la certeza de que mi sacrificio no será en vano, tengo la certeza de que, por lo menos, será una lección moral que castigará la felonía, la cobardía y la traición"

No tengo la certeza de que al momento de presentar este libro haya una gran concurrencia pues no pretendo ser indulgente con nadie. Creo en aquello de que "la verdad es revolucionaria" y aunque no me creo poseedor de ella porque la verdad está en los hechos, al menos creo que lo que aquí digo no es fruto ni de especulaciones teóricas, ni de subjetivismos, sino la expresión verbal de aquellos "porfiados hechos", que nos gritan su realidad. No tengo tampoco pretensiones de participar de análisis profundos, sin duda útiles, pero suficientemente abundantes en la cultura marxista como para que este modesto aporte no tenga otro objetivo que llegar al mayor número de personas sensibles a la necesidad de un cambio progresista. Cada cual asume su rol en la lucha por "correr los velos" que nublan la vista y la conciencia, y los esfuerzos de aún numerosos intelectuales y artistas por rescatar a las masas populares de la hegemonía cultural burguesa sin duda son un valioso aporte para la construcción de un cultura alternativa, más aún cuando la embestida contra el socialismo ha contado con medios económicos abundantes para capturar el medio intelectual. Durante más de un siglo, casi toda la intelectualidad y los artistas más relevantes adherían al socialismo, desde Einstein hasta Stephen Hawking y aun después de la caída del muro los coloquios marxistas reunían a miles de especialistas en Nueva York y Boston. Mal que les pese, una encuesta de la BBC en 1999 votó a Karl Marx como el pensador del milenio. Sin duda, la inteligencia de los intelectuales y la sensibilidad de los artistas hacen que ellos se identifiquen mayoritariamente con el contenido esencialmente humanista y ético del marxismo y del socialismo. Sin embargo, la historia reciente demuestra que el sistema es capaz de fagocitar todo con tal de sobrevivir y que no siempre es el garrote sino también la zanahoria el instrumento elegido.

Me permito citar aquí párrafos clarificadores sobre el tema de los intelectuales del libro "Nuestro Marx", del filósofo argentino Néstor Kohan:

"Una vez que pasó el huracán represivo y su lluvia torrencial de balas, plomo, capucha y alambre de púas, las cenizas de marxismo que habían logrado permanecer encendidas se intentaron asfixiar y apagar con becas, editoriales mercantiles, suplementos culturales en los grandes multimedios, cátedras, programas de posgrado, revistas con referato, una fuerte inserción académica y toda una gama de caricias y dispositivos institucionales destinados a desmoralizar a los viejos rebeldes, vacunar de antemano a los nuevos, neutralizar la disidencia, cooptar conciencias críticas y fabricar industrialmente el consenso.

Así, con el león y la zorra, con la violencia y el consenso, el fantasma satanizado y demonizado del marxismo revolucionario fue conjurado durante casi treinta años.

¿No habrá llegado la hora de someter a discusión tanto servilismo intelectual?

¿No será el tiempo de retomar el hilo interrumpido?

Lo que aquí está en juego es la posibilidad del retorno de la teoría crítica, del punto de vista radical y revolucionario, de la discusión (durante casi tres décadas ausente, postergada o denostada) sobre los fundamentos de la dominación económica, social, política y cultural sobre la que se asienta la sociedad capitalista contemporánea.

No se trata del "regreso" del Marx caricaturesco de la vulgata stalinista, fácilmente refutable (por eso mismo siempre presente en las impugnaciones académicas). Tampoco es el Marx economicista que sólo sabe balbucear la lengua del funcionamiento del mercado y la acumulación pero no puede pronunciar una sola palabra inteligible sobre el poder, la política, la dominación, la hegemonía, la cultura y la subjetividad.

El Marx que a nosotros nos interesa discutir e interrogar es el que ha inspirado históricamente las aspiraciones más radicales de los condenados y vilipendiados de la tierra. No importa si satisface o no el gusto disciplinado y la sensibilidad serializada que ha logrado instalar como horizonte cerrado el pensamiento único de nuestros días (que no ha desaparecido aunque ahora esté de moda escupir sobre el neoliberalismo). El retorno de Marx —de sus problemáticas, de sus hipótesis, de sus categorías, de sus debates y hasta de su lenguaje— no depende de las normas que ordenan la agenda política de las ONGs ni del reconocimiento que brindan las fundaciones académicas privadas, subsidiadas por las grandes empresas, sino de una ebullición social generalizada y ya inocultable a escala global".

De manera que la disyuntiva planteada por Antonio Gramsci respecto del rol de los intelectuales sigue teniendo plena vigencia: ex parte populi o ex parti principi, orgánicamente comprometidos con los intereses populares o al servicio del capital. Por suerte la balanza sigue inclinándose hacia lo que podemos llamar "progresismo" ya que a pesar de ser ignorados sistemáticamente por los medios hay valiosas iniciativas como la Red de Intelectuales y Artistas en Defensa de la Humanidad. Desde luego es más cómodo y fácil asumir el discurso dominante con pretensiones de verdad y objetividad si ello asegura prestigio, reconocimiento, micrófonos y cámaras enfocadas al figurete de turno y publicación de artículos en los medios masivos aunque la ciencia y la sensibilidad se esfumen y nieguen con ello la condición misma de intelectual o artista.

Mis críticas tocan a muchos que podrían ser aliados en la lucha en la que se inscriben estos escritos pero prefiero aliarme con la verdad porque sólo ella tendrá el poder de desarrollar amplias alianzas con la masa de los trabajadores más que con liderazgos inspirados muchas veces en un contradictorio y poco consecuente individualismo.

Ello responde a convicciones militantes expresadas con transparencia y sinceridad, lejos de lo "políticamente correcto", del lenguaje timorato y puntilloso porque se inspiran en los valores humanistas del socialismo, en la necesidad de ser coherentes, en no transar ni negociar con los principios, en hacer y decir lo que se debe y no lo que conviene. Como es de esperar dará pié a más de una polémica lo que por lo demás espero suceda para romper precisamente con la apatía de muchos y las frustraciones de tantos.

No he dudado tampoco en defender personajes y situaciones de las cuáles se suele hacer caricaturas que no disciernen la complejidad que cada ser humano representa y la complejidad de los procesos en que desarrollan sus vidas. Una visión maniquea e interesadamente simplista de actos y experiencias de enorme complejidad como despachar el análisis de las experiencias del socialismo soviético y de los países del este de Europa con tres palabras "el socialismo fracasó", lo que es francamente escandaloso y totalmente negador de la inteligencia humana. ¿Centenares de millones de seres humanos bajo el ensayo de un nuevo modelo de sociedad no ameritan caso algo más que tres palabras? Ni Stalin fue sólo un psicópata si analizamos el personaje y su circunstancia (*) (*Una lectura recomendada es "El Otro Stalin" de Ludo Martens*), ni los países del este fueron experiencias que no hayan obtenido resultados remarcables en variados ámbitos de la economía, la ciencia, la cultura, el desarrollo social, etc..(*)Ver https://www.youtube.com/watch?v=JNaBkcIZNVY LA OTRA URSS (Lo que no nos han contado de la Unión Soviética) y La Catástrofe Neoliberal.

Tratándose del socialismo o el comunismo todas las deformaciones y exageraciones están permitidas. ¿Cuánto sabe el ciudadano común del millón de muertos de la represión anticomunista en Indonesia, familias completas sacrificadas por ser "comunistas"? ¡Casi nada! ¿Y cuánto de los 105 ciudadanos alemanes que murieron cruzando ilegalmente el muro de Berlín y en pleno conocimiento de los riesgos que ello importaba? Los medios no dejan de recordárnoslo permanentemente aunque por cada ciudadano alemán fueron asesinados en Indonesia 10.000 hombres, mujeres, niños y ancianos, 300 argentinos bajo la dictadura de Videla, 30 chilenos bajo la Dictadura de Pinochet, etc., la inmensa mayoría torturados, hechos desaparecer, mujeres violadas, etc.. Es impresionante como se puede manipular la mente de centenares de millones de personas en el mundo, poniendo el acento en aquello que interesa a los poderosos sin dejar de remarcar el dejo racista implícito en esos acentos como vuelve a ocurrir en nuestros días con los atentados terroristas en el mundo occidental ampliamente reportados mientras centenares de atentados en el mundo musulmán son apenas mencionados.

Ciertamente, el lector se encontrará con afirmaciones que desafían convicciones y conocimientos aparentemente verdaderos y espero que al menos la duda aparezca. Mejor aún si deriva en una reflexión clarificadora y sobretodo, impulsa a la acción política transformadora.

En el caso de nuestro país también la verdad histórica permanece velada y tergiversada por la convergencia consensuada de los que optaron, por oportunismo o por renuncia tácita a defender a la Unidad Popular y el socialismo y los que siendo sus enemigos, tuvieron los largos 17 años de dictadura para mentir a su antojo (y lo han seguido haciendo después con total impunidad, otra impunidad más). La defensa de la UP se limita al ámbito de las afectividades y de la denuncia de las violaciones a los derechos humanos, dejando subentender que ni la obra, ni el programa, ni la oportunidad histórica que Chile tuvo de salir del subdesarrollo hayan tenido y tengan algún valor. No hay respuesta a afirmaciones graves y mentirosas que se instalaron en la conciencia colectiva de amplias masas de la población, como la violencia atribuida, casi en exclusiva a los partidarios de la Unidad Popular o el exagerado "caos económico", atribuido a políticas erradas.

Es tan poderosa la capacidad de construcción de mitos de quienes controlan el poder (y sobre todo el poder mediático) y tan inconsecuente e inmoral el silencio cómplice de los que callan, que incluso sectores de la izquierda han obviado muchos temas y asumen con cierta inconsciente complicidad una crítica centrada en aspectos marginales del sistema y no en la denuncia de sus vicios estructurales. Cabe realmente una crítica a la crítica del capitalismo actual, con una izquierda incapaz de levantar con convicción un proyecto de sociedad socialista. El peso de lo que yo llamo "el complejo del muro de Berlín" parece ser aun demasiado cercano y pareciera que los cambios extraordinarios que acontecen en el mundo bajo el impulso tecnológico y la irrupción de una vasta multiculturalidad generan una aparente inasibilidad del mundo complejo en el que vivimos. El acceso masivo a información pone a las nuevas generaciones en contacto indiscriminado con una amplia cultura pero también con una subcultura negadora de lo humano, una renovada caja de Pandora, pero como en el mito griego, tengo fe que al fondo, estará el espíritu de la esperanza.

Creo que esta frase (cuyo autor he olvidado) contiene una enorme verdad: "El drama de la humanidad es que con cada generación hay que volver a empezar". Los contextos culturales en que se desarrollan estas nuevas generaciones son tan diversos y dada la moda postmodernista que ha instalado la idea de que todas las culturas tienen el mismo valor, (negando que la humanidad haya en su largo caminar acumulado civilización y haya por tanto discriminado entre lo progresista y lo reaccionario), ponen a los jóvenes ante una tal diversidad de opciones que ellos y la sociedad en su conjunto son puestos en el peligro de un retroceso civilizatorio que hoy lamentablemente se evidencia dramáticamente. El caso de la multitud de jóvenes atraídos por el nazismo o al yihadismo, da cuenta de la necesidad de ser absolutamente claros respecto de que cultura es progresista o reaccionaria y a no temer en señalar que es la civilización cristiano-occidental la que ha hecho el mayor aporte al progreso moral y civilizatorio de la humanidad, más allá de sus obscuridades incluidas. Y el marxismo tiene sus raíces en dicha cultura.

Sin embargo, esa complejidad de culturas que constatamos en nuestros días, ha estado siempre, sólo que la marea de información de que disponemos nos suele perder de lo esencial a lo que contribuye la moda posmodernista de mirarse el ombligo en una multitud de conflictos parcelados que fraccionan, dividen la fuerza de los marginados. Vieja pero eficiente táctica de dividir para reinar. Y bueno, no tenemos más que "Volver a Marx", para hacer inteligible esta apariencia caótica, esa suerte de resumidero de la historia que ha reavivado viejas contiendas que creíamos superadas: fascismos, clericalismos, anarquismos, integrismos religiosos, militarismo, oscurantismo medieval, sectas satánicas, "derecho de conquista", etc. Estas miradas vueltas hacia el pasado parecieran revelar el temor al futuro en un momento de la historia en que se abren posibilidades enormes para hacer de la vida de los seres humanos algo mucho mejor.

Confío en que esa vieja definición aristotélica de lo humano, centrada en la racionalidad vuelva por sus fueros, más allá de un cartesianismo estrecho, racionalismo que debe compartir con otras dimensiones de lo humano poniendo al hombre y sus potencialidades en el centro, donde la razón debe estar subordinada a la necesidad de hacer prevalecer los valores acuñados a lo largo de la historia: amor al prójimo, libertad, igualdad, fraternidad, justicia social, solidaridad. Es eso lo que entiendo hoy por hacer imperar la razón ética. Lo racional es lo ético, lo racional es todo aquello que contribuye a mejorar la condición humana, pero valga la remarca, de todos los seres humanos, porque ha habido quienes desde su propia "racionalidad", como el fascismo y su versión light, el neoliberalismo, han excluido y bajo diversas formas de sometimiento, han condenado a millones de seres humanos, a la miseria, la incultura y aún al genocidio. Y la supuesta racionalidad de la economía capitalista que no es más que su anárquica lógica interna de funcionamiento.

II. INVITACIÓN A SALIRSE DE LA JAULA CULTURAL Y DESINFORMATIVA

"Los que menos se dan cuenta que están en la pecera son los peces" (Mao).

Muchas de las afirmaciones que hago en este libro parecerán para muchos como contrariando "verdades" establecidas que incluso cuestionan el llamado sentido común, al cual solemos atribuir la cualidad casi milagrosa de indiscutible. Sin embargo basta pasearse por la historia para encontrarse con una multitud de "sentidos comunes" que dejaron de tener sentido, valga la redundancia. Quizás el más clásico de los ejemplos que podríamos traer a colación aquí es el de la platitud de la tierra, verdad indiscutible en el Medioevo, al punto que cuestionar su "verdad" importaba incluso el riesgo de perder la vida. La afirmación de que el centro del universo no era la tierra sino que esta giraba alrededor del sol y que había muchos soles y planetas que podían tener vida incluso, le costó a Giordano Bruno ser quemado vivo en la hoguera, acusado de herejía por la Inquisición. Había contrariado no sólo los dogmas religiosos sino también el sentido común de las personas que asistiendo a su martirio, pensaban en lo justo y merecido de su condena.

Todos los seres humanos nacemos y nos desarrollamos a partir de nuestra herencia genética y en el marco de una cultura, y no elegimos libremente ni como seremos físicamente incluso cuáles serán nuestros rasgos dominantes de personalidad, ni bajo que parámetros culturales seremos formados y aunque solemos decir con cierta inocente seguridad "yo pienso", poca conciencia tenemos de que muchas de nuestras opiniones sobre los más diversos temas no son elaboraciones propias sino una mezcla de muchas influencias externas al yo que invaden nuestra mente y dan forma a nuestros pensamientos. Más o menos elaboración propia dependerá de cuanto nos interesemos por ampliar nuestra cultura, cuán dotados de racionalidad estemos y cuanta oportunidad nos brindó el medio social para desarrollar nuestro potencial de inteligencia que traemos al nacer. Muchas personas no suelen reflexionar por sí mismos, ni menos interesarse por la crítica, la que suele incomodarle por alterar su tranquila mediocridad conformándose con la información recibida en la escuela, en el seno familiar y en los medios de comunicación.

Estudios recientes sobre el pensamiento político llevados a cabo por la Universidad de Brock, Canadá y la Universidad de Gante en Bélgica, mostraron que las personas de izquierda muestran habilidades emocionales como cognitivas que les permiten cuestionar críticamente lo existente. Por el contrario, las personas de derecha demostraron un bajo coeficiente emocional y tienden naturalmente, habida consideración de las diferencias de personalidad, a elegir ideas conservadoras para reafirmar su seguridad y estabilidad. El estudio canadiense estableció que la inteligencia emocional comienza en la niñez y si el ambiente social y familiar alimenta pensamientos racistas, xenófobos, homófobos o autoritarios, no habrá argumentos que puedan cambiarlos en la adultez.

De modo que tenemos que tener conciencia de que nacemos en una jaula cultural que si bien incluye parte de la cultura universal y del desarrollo de la civilización, introduce de contrabando, ideas y prejuicios que son funcionales a la dominación que ejercen las clases dominantes en cada periodo de la historia y que están destinadas a hacernos pensar que la sociedad en que vivimos debe ser conservada, bajo la apariencia de que sus leyes, costumbres, prejuicios, sentidos comunes aseguran el bien para todos.

Pero de lo que se trata es de "correr los velos"(Marx) que obscurecen la verdad, descubrir que detrás de las afirmaciones que sostienen los protectores del sistema hay verdades escondidas, deformaciones interesadas sobre la realidad de los hechos que no buscan otro objetivo que proteger intereses, privilegios de clase y privilegios de distinto monto para los serviles que sin pertenecer a las élites dominantes profitan de algún pequeño o gran privilegio.

De lo que se trata es de descubrir que hay de verdad en una variada lista de temas: la violencia y el caos económico bajo la Unidad Popular, el mito del estado ineficiente que corre a parejas con la "eficiencia" a todo evento, de la propiedad privada y los empresarios, el fin de la historia y de las ideologías, el mercado mejor asignador de recursos, el capitalismo como sistema "eterno", la pretendida "modernización" de Chile, el fracaso absoluto del socialismo, la democracia burguesa como paradigma de sistema político, Chile como país excepcionalmente exitoso, el marxismo como filosofía anti libertaria, el "imperialismo o imperio soviético", el patriotismo burgués, los norteamericanos y sus aliados occidentales (particularmente Francia e Inglaterra) como paladines de la libertad y la democracia a pesar de su prontuario voluminoso e interminable de abusos y crímenes en el mundo subdesarrollado; Chile el país menos corrupto, las AFP como mejor solución para las pensiones, el libre comercio internacional como la mejor opción para desarrollar un país, la necesidad a todo evento de la inversión extranjera, la "racionalidad económica" atribuida al capitalismo... y un largo etcétera que conforman un mundo mitológico en el cuál los chilenos pasaron de ser un pueblo con una alta conciencia política a ser un pueblo que ha estado sometido a un verdadero lavado de cerebro que permite a las élites económicas y políticas dormir placenteramente rodeadas de sus privilegios. Decía Ernesto Guevara: vivimos en *"Un mundo capitalista, un mundo, es decir, (un mundo) que determina toda una serie de prejuicios que permanecen a nivel inconsciente y se reflejan en la actitud de cada uno"*.

Quizás sea una banalidad comentar esta dependencia de nuestras convicciones de lo que el entorno cultural influye en nuestras supuestamente "propias" opiniones, pero es precisamente esa normalidad con que asumimos estas determinaciones la que nos hace vulnerables, al no asumir conscientemente cuan influida desde el medio está nuestra cultura personal. No pretendo tampoco ignorar que toda sociedad, y no sólo la sociedad burgueso-capitalista construye una subjetividad colectiva lo que resulta en una limitada originalidad y en que los individuos están dominados por influencias permanentes y persistentes del medio cultural, siendo esto válido para las sociedades que han existido y existen, pero que en una perspectiva socialista, una aspiración central es tomar conciencia de esto, lo que concedería a los seres humanos una libertad sin horizontes en lo cultural. Pero para ello resulta imprescindible el término de las distintas dominaciones de clase que aún subsisten y que son las generadoras de las jaulas culturales de las cuáles debemos liberarnos. Solo una sociedad donde predominan valores como el amor al prójimo, la igualdad de oportunidades, la fraternidad, la justicia social, la solidaridad y una verdadera democracia abren las puertas a una verdadera sociedad libre.

Se trate del pueblo alemán obnubilado por Hitler y su bien organizada propaganda, de la admiración sin límites a los líderes de Corea del Norte por la mayoría de la población de ese país, de la ingenuidad cuando no de la ignorancia rampante del pueblo norteamericano sobre las barbaridades que cometen sus políticos y empresarios, del fanatismo religioso de los yihadistas que justifican crímenes horrendos amparados en las siempre infinitas interpretaciones de los llamados "textos sagrados" y un largo etcétera, en todos estos y muchos otros casos, se revela cuan expuestos están los seres humanos a la manipulación de sus conciencias. Es que en una sociedad de clases la dominación no se ejerce solamente en el marco de las relaciones económicas sino también en el plano de las ideas que se transforman en "sentido común", una inculcación soterrada pero funcional a la dominación, que contribuye a perpetuar el sistema (y obviamente los privilegios asociados). En otras palabras una ideología con pretensiones de verdad absoluta e imperecedera, el capitalismo no como una formación económica que tiene un inicio y un fin, (como lo tuvo el comunismo primitivo, el esclavismo o el feudalismo), una formación histórica que tiene un espacio y un tiempo limitado en el desenvolvimiento de la humanidad y no un sistema eterno y sin sustituto a la vista.

La conquista de la conciencia tiene una larga historia pero es bajo el capitalismo que ha llegado a extremos de sutileza, la que permite que brutalidades sin nombre se cometan bajo el paraguas de un bien manejado ocultamiento de la realidad: con ocasión del bombardeo de Bagdad, mientras hombres, mujeres y niños y alguno que otro soldado morían y se destruían edificios patrimoniales por la aviación norteamericana, el canal CNN lanzaba en directo una frase escandalosa: "los cielos de Badgad están siendo iluminados", canal que formaba parte, con sus informaciones manipuladas, del operativo militar, ya que sus reportes eran elaborados por una unidad militar de contrainformación instalada en las mismas oficinas de la CNN.

Es sintomático que Edward Bernays considerado el padre de la profesión de las relaciones públicas haya escrito precisamente en EEUU y en los inicios del desarrollo imperialista de dicho país el libro "Propaganda", en el cuál no puede ser más explicito: "*La manipulación consciente e inteligente de los hábitos y opiniones organizados de las masas es un elemento de importancia en la sociedad democrática. Quienes manipulan este mecanismo oculto de la sociedad constituyen el gobierno invisible que detenta el verdadero poder que rige el destino de nuestro país. Quienes nos gobiernan, moldean nuestras mentes, definen nuestros gustos o nos sugieren nuestras ideas son en gran medida personas de las que nunca hemos oído hablar.*" ¡Que brutal contradicción querer hacer pasar la idea que manipular las mentes sirve a la democracia! Al menos Hitler y Goebbels (que admiraba a Bernays) pudieron decir y hacer exactamente lo mismo, seguir al pie de la letra semejante "principio" sin tener la osadía de mencionar la palabra democracia. La democracia para este demócrata no consiste en la libre circulación de las ideas sino en manipularlas, aunque pudiéramos concederle una infinita ingenuidad en creer que quienes manipulan como "gobierno invisible" lo hacen inspirados en la sana salvaguarda del interés general de los ciudadanos y no en interés de los sectores privilegiados y sus ambiciones imperialistas.

Pero siempre encontraremos el discurso de que las élites buscan el bien común o que este resulta necesariamente de la libertad con que actúan. Sin embargo estamos en presencia de un grave proceso de deterioro ambiental y humano provocado por el capitalismo depredador, que no sólo destruye la naturaleza sino al ser humano mismo que pasa a ser un objeto descartable más, hecho que comprobamos en la más absoluta falta de humanidad que inspira a los que deciden invasiones y guerras. El gran capital está generando una situación caótica en el mundo, desintegra el tejido social y apuesta al disciplinamiento de la sociedad y a la irracionalidad fascista, al reavivamiento del lado obscuro del ser humano: racismo, fanatismo, xenofobia, fundamentalismos auspiciados secreta o abiertamente por la élite mundial y se está valiendo para ello de su capacidad sin contrapeso para manipular la información. Actualmente, el desarrollo tecnológico y científico le permite instrumentalizar las ciencias sociales, la psicología, la psicología social y otras ciencias para sus fines de dominación, en una muestra más de la absoluta incompatibilidad del capitalismo con los intereses y necesidades fundamentales de los seres humanos.

El Manual de Guerra No Convencional de las Fuerzas Especiales de EEUU (2010) es ilustrativo al respecto: *"La intención de los esfuerzos en la guerra no convencional de EE.UU. es explorar las vulnerabilidades de poderes políticos, militares, económicos y psicológicos hostiles a través del desarrollo y el apoyo a las fuerzas de resistencia para conseguir los objetivos estratégicos de EE.UU. En el futuro próximo, las fuerzas estadounidenses estarán involucradas predominantemente en operaciones no regulares de guerra no convencional"*. Ello explica cómo han usado y apoyado por intermedio de sus aliados Turquía, Arabia Saudita y Qatar al Estado Islámico y al Frente al-Nussra, filial de Al Qaeda en Siria, para conseguir la caída de Bashar Al Assad. Poco importa la destrucción de un país y los horrores que indirectamente amparan. Las llamadas revoluciones de colores, como la que provocó el golpe de estado en Ucrania no son sino parte de un complejo de acciones encubiertas destinadas a impedir la aparición de un mundo multipolar en el cuál las potencias occidentales encabezadas por EEUU siguen adelante con su proyecto de Nuevo Orden Mundial, hecho a medida de sus intereses y consecuencialmente para mantener las desigualdades y miserias en la mayor parte del mundo. Sin duda existe la necesidad imperiosa de un nuevo orden mundial pero un concepto tal no tendrá nada de nuevo si quienes lo construyen lo hacen inspirados en sus viejos intereses egoístas y en un viejo sistema de relaciones basado en la subordinación de la mayor parte de las economías al imperialismo.

Estados Unidos tienen una larga historia en operaciones no convencionales. En esa línea de acciones se inscriben proyectos como la Doctrina del Shock, la operación ARTISHOKE, el proyecto MK, el Proyecto Monarca, la operación Sinsonte, el Proyecto Chapter, entre los que conocemos muy parcialmente. Centenares de profesionales de las áreas mencionadas investigan, experimentan y desarrollan técnicas de control y manipulación en las entrañas del Pentágono y la CIA para vacunarnos de las ideas que atentan contra los intereses de las élites.

Dado que era difícil convencer a la población del mundo de las doctrinas neoliberales que apuntaban a asegurar la dominación de las élites mediante el expediente de reducir las prestaciones sociales y reducir el rol de los estados a su mínima expresión y con ello, debilitar no sólo a los estados sino en paralelo a las naciones, se ha utilizado la llamada Doctrina de Shock, que se basa esencialmente en aprovechar coyunturas políticas y económicas difíciles para pasar de contrabando procesos de control crecientes de las economías, crisis que por lo demás son provocadas mediante el viejo truco de endeudar a sabiendas que los créditos no podrán pagarse. La doctrina neoliberal no es más que una estrategia de dominación ya que en estricto rigor, desde el punto de vista de la teoría económica, no hace sino revivir el más viejo capitalismo. Lo principal de su andamiaje argumental no es más que la reiteración de la teoría de la economía clásica capitalista y representa en los hechos, un regreso a los orígenes, tal vez revelador del término del ciclo de vida del capitalismo. Las luchas centenarias de los trabajadores, la afirmación de los estados y de los sentimientos nacionales, el avance de las ideas democráticas y el hecho que los sectores populares lograron acceder a una cuota de poder en el estado mismo, hicieron de éste un instrumento que se les escapaba de las manos a las élites que habían puesto el Estado a su total servicio en el ciclo inicial del capitalismo.

Hacer del estado y los gobiernos una mera apariencia de poder, el cuál debía residir esencialmente en el poder económico y básicamente en el poder económico transnacional, orientó la estrategia a seguir y la academia fue puesta en acción para encubrir un propósito totalitario de control. Aún no sabemos demasiado de cuáles fueron las relaciones entre los Chicago Boys y la CIA, pero más de algún ruido existió en algunos medios al respecto y que hoy permanece olvidado.

La estrategia que definió la Doctrina del Shock apuntaba esencialmente a aprovechar las coyunturas difíciles que atraviesan los países para desmantelar los estados pero en un plano más sofisticado y apuntando más directamente a los individuos, se conocen otros esfuerzos.

La operación ARTISHOKE, es uno de los secretos más desconocidos de la CIA y aunque se origina en el año 1951 y en teoría, la documentación sobre este proyecto, no ha sido develada y sólo se conocen algunos espeluznantes detalles: se trataba de lograr el control mental de una persona con el propósito de construirle una doble personalidad. Esa segunda personalidad puede ser manipulada de tal manera que el individuo pueda recibir órdenes y ejecutarlas sin que su personalidad originaria tenga conciencia de los actos a acometer, los cuáles pueden ser incluso asesinatos. En caso de interrogatorio, simplemente no habría cómo que sus interrogadores obtengan la información al no tener acceso a esa segunda personalidad. Para experimentar se sabe que fueron utilizados seres humanos pero se ignora en la inmensa mayoría de los casos cual fue su destino final.

En 1953, comenzó el desarrollo del Programa MK Ultra, cuyo propósito era similar al anterior y cuyo conocimiento público resultó de la comisión presidencial Rockefeller de 1975 aunque los detalles de los 150 proyectos de investigación no se conocen ya que la mayor parte de la documentación referida a ello fue destruida por orden de Richard Helms, entonces director de la CIA, y sólo por error en el proceso de destrucción, algunos documentos fueron posteriormente descubiertos. El programa desarrollaba experimentos de extrema crueldad y estaba relacionado también con la implementación de métodos de guerra bacteriológica mediante el uso de cepas de ántrax, cólera, etc.. Todo a nombre de la lucha contra el comunismo y en connivencia con el servicio secreto inglés.

Entre los reclutados para experimentar se encontraban prisioneros de Corea del Norte (con quienes además se experimentó en un campo de Corea del Sur con armas químicas y bacteriológicas que terminaron con la vida de 2000 prisioneros), prostitutas, vagabundos, funcionarios y voluntarios que poco sabían de los riesgos que asumían y también ciudadanos norteamericanos con simples problemas de depresión que tuvieron la mala suerte de ser internados en instituciones que trabajaban para la CIA. Varias mujeres norteamericanas denunciaron posteriormente los abusos sin límites a que fueron sometidas, incluyendo la tortura y el abuso sexual lo cuál fue comprobado y obligó al presidente Bill Clinton a reconocer públicamente tales hechos y pedir a nombre de la nación perdón a las víctimas, asunto que como era de esperar los medios ocultaron a la opinión pública internacional. Una de las sobrevivientes norteamericanas del Programa MK, Kathleen Sullivan, publicó un libro titulado "Unshakled a Survivor's Story of Mind Control" donde su historia no está demasiado lejos de la que contaron los sobrevivientes de los experimentos nazis, una prueba más de cuán lejos la nación norteamericana está de ser el adalid de los derechos humanos, de la democracia y la libertad y cuán cerca de ser un país profundamente fascistizado. Kathleen fue sometida a torturas cuando George Bush padre dirigía la CIA.

Entre los investigadores del Programa MK se encontraba el psicólogo escocés Donald Ewen Cameron, ¡uno de los miembros del Tribunal Médico de Nuremberg que condenaba a los nazis por los brutales experimentos médicos con prisioneros! ¡Tribunal que elaboró una serie de normas relacionadas con la experimentación con seres humanos conocido como el Código de Nuremberg! Aunque no existen datos precisos sobre la participación de científicos alemanes "salvados de los rusos" con la operación "Paper Clip", sí hay evidencia cierta que colaboradores de los experimentos nazis con seres humanos fueron transferidos a Estados Unidos y no fueron objeto de ninguna forma de castigo. Terminaron siendo empleados de la CIA y el Pentágono y prestando sus horrorosos servicios en estos programas apoyándose en las experiencias de Josef Mengele y como se sabe con certeza hoy, con el mismo Mengele entre los reclutados.

Aunque estos proyectos estaban orientados hacia el desarrollo de técnicas de interrogación y manipulación mental de individuos, cito estos programas que datan de hace 70 años para comprender que es perfectamente esperable más allá de cualquiera obsesión conspirativa, que actualmente, en presencia de desarrollos exponenciales de las ciencias, se estén empleando métodos de control, no solamente dirigidos a individuos sino a poblaciones enteras. Al respecto cabe aquí citar las actividades del Instituto Tavistock que fuera creado y mantenido hasta hoy por la Fundación Rockefeller y que perfecciona técnicas de control de masas e ingeniería social.

Desde hace años preocupa y llama poderosamente la atención la pusilanimidad del pueblo chileno para aceptar lo inaceptable, una suerte de borreguismo incomprensible desde la verdad y la razón, una suerte de pueblo zombie, carente de voluntad propia. Un ROBO con todas sus letras como es el sistema AFP no movilizaba sino escasos manifestantes a pesar de representar un drama gigantesco y masivo que no solo afecta a los pensionados sino directamente al 99 por ciento de las familias chilenas que deben asumir el desastre del sistema de pensiones neoliberal. La Revista Punto Final de conocida adscripción a posiciones de izquierda, fiel desde siempre a la valoración de las masas populares como sujeto de transformación social, no puede evitar de presentar en su portada del 18 de marzo de 2016 una pregunta de tono ofensivo pero al mismo tiempo un llamado a despertar del letargo: ¿Una nación de borregos? Que por otra parte, era el título de un libro escrito por un oficial retirado norteamericano refiriéndose a su propio pueblo ya en 1961. El Presidente argentino Fernández, comentando el estallido social de la Primavera de Chile en octubre de 2019, señalaba que el único "milagro chileno" era que el pueblo aguantara tanto.

En el marco de las técnicas desarrolladas para manipular mentalmente a la población un lugar importante lo ocupa las llamadas guerras de cuarta generación las que representan en los hechos guerras permanentes que estamos viviendo a diario a nivel planetario abusando del poder mediático del que disponen.

La más remarcable victoria de la humanidad como resultado del fin de la segunda guerra mundial, fue la condena definitiva del "derecho de conquista", que aunque pueda sorprendernos hoy, existía como tal en el "derecho internacional". Bajo los Principios de Nuremberg y por las Naciones Unidas se estableció el principio de autodeterminación de los pueblos, a contrapelo de los países colonialistas que para proteger sus intereses exigieron la congelación de toda reivindicación sobre los territorios ya conquistados a lo largo de la historia. Sin embargo, Naciones Unidas sería un apoyo importante a las luchas de los pueblos colonizados por su independencia siendo aun de mayor importancia el apoyo prestado a la descolonización por la Unión Soviética, China y los países socialistas del este de Europa, ¡A cambio de nada, vale la pena remarcar!

Valga mencionar aquí que la caída de la URSS tuvo como consecuencia indirecta el reavivamiento del colonialismo con invasiones y destrucción de estados en Afganistán, Yugoslavia, Irak, Libia y más recientemente Siria, apoyándose en todos los casos en organizaciones que son una mezcla de ingenuos u oportunistas demócratas bien financiadas desde el exterior, en los conflictos interreligiosos internos y en las organizaciones terroristas opuestas a los gobiernos de dichos países. Hoy, el desastre está a la vista y los negocios de las transnacionales florecen sobre las ruinas y la muerte de miles de inocentes. Todas estas operaciones militares fueron emprendidas violando la Carta de las Naciones Unidas y siempre para "salvar a los pueblos respectivos", cinismo burgués obliga.

El progreso moral que la humanidad ha alcanzado y que permitió terminar con el derecho de conquista ha obligado a los conquistadores modernos a camuflar con bellos discursos sobre la democracia y las libertades sus objetivos reales estratégicos los cuáles son los mismos que nacieron junto con la división en clases de las sociedades antiguas: controlar y dominar recursos económicos y mercados para lo cual toda conquista incluye la guerra militar (si es que no encuentran élites subordinables pacíficamente que entreguen sus países), la guerra económica y la guerra psicológica. Actualmente puede conquistarse un país sin disparar un tiro: basta con hacer participar a las élites dirigentes respectivas de los negocios transnacionales y convencer a los pueblos del bienestar supuesto que acarrean las inversiones extranjeras, la libre circulación de los capitales, (aunque sean éstos capitales especulativos que nada crean), el libre comercio internacional como gran panacea, etc..Pero como ha quedado demostrado, el "libre comercio" sólo es bueno cuando favorece a los países dominantes y las políticas agresivas del presidente norteamericano Trump lo demuestran inequívocamente con sus sanciones económicas e imposición de aranceles.

Las sociedades primitivas vieron aparecer los primeros hombres que controlaron y dominaron a otros bajo el ejercicio de la fuerza. Ello se hizo posible por el aumento de la productividad que generó excedentes que permitieron que algunos hombres produjeran no sólo lo necesario para su subsistencia sino además un excedente o sobrante que las nacientes élites mediante apropiación forzada utilizaron para su consumo y su naciente diferenciación social y nacientes privilegios. De allí a la conquista y al nacimiento del esclavismo no hubo más que un paso. Aunque en las manadas de simios existían ya las jerarquías sociales, indispensables en todo grupo social organizado, ellas daban derecho a privilegios reproductivos junto a responsabilidades en la defensa del grupo y la mantención del "orden interno" y muy secundariamente y no en todos los casos, algún privilegio en el consumo de alimentos. Hizo su aparición entonces la explotación del hombre por el hombre y el desarrollo de todos los imperios hasta nuestros días, y aunque no aparece tan a la vista como entonces, la transferencia de recursos generados en unos países hacia los países dominantes explican mejor las diferencias de desarrollo y el fasto de las grandes capitales "justificados" por la supuesta superioridad racial o étnica cuando a fin de cuentas no es más que el sometimiento por la violencia.

Desde luego no pretendemos explicar esas diferencias sólo por relaciones de explotación sino por una multifactorialidad más compleja, pero está demostrado que las relaciones de explotación entre individuos o países son un factor relevante no sólo en las diferencias de ingreso sino, y más importante aún, en las escandalosas diferencias en el consumo de bienes y servicios. El 5% de la población mundial que representa EEUU consume 50% de la energía que se produce en el mundo y la promesa de Trump de "hacer grande a América de nuevo" y de negar los problemas ambientales derivados del consumo irracional de energía, no podría tener otro resultado que el empeoramiento de las condiciones de vida de la inmensa mayoría de la población mundial.

Los imperios en la antigüedad emplearon fundamentalmente la fuerza militar y la imposición de tributos para la subordinación económica de los pueblos y la instalación de administradores propios o apoyados en las élites locales, pero la conquista cultural mediante la imposición del idioma y/o de la religión oficial fue tomando con el tiempo, un lugar preponderante. Hoy, a la conquista de las mentes mediante la ideología se le concede una importancia crucial y las guerras de cuarta generación si bien se refieren a un complejo de tácticas contrainsurgentes conceden a la guerra psicológica y mediática un carácter estratégico global asociado con los intereses económicos imperialistas en general y más particularmente con los de los complejos militar-industriales, especialmente el norteamericano que vende el 50% de las armas que se comercializan en el mundo.

La expansión de los medios audiovisuales por los grandes conglomerados mediáticos forman parte de dicho proyecto estratégico. De lo que se trata es de evitar que la dominación de terceros países sea mediante la utilización de la fuerza militar propia (Doctrina de la Seguridad Nacional del "enemigo interno") sino mediante la conquista psico-cultural para lo cual los medios de comunicación se han transformado en el arma principal, lo que no excluye el uso de la fuerza militar, como queda demostrado en la implementación del plan del Pentágono que puso en lista varios países musulmanes de su interés con reservas de petróleo y con gobiernos resistentes a jugar el rol de élites vendepatrias: Afganistán, Irak, Libia, Siria, Irán o con remanentes de socialismo (lo que les resultaba inaceptable en medio de Europa), en el caso de la destrucción de Yugoslavia. A la caída de la Unión Soviética y ante la ausencia de oposición a los apetitos imperiales, en las entrañas de Pentágono se diseñó un plan de reconquista de una lista de 7 países, que debía desarrollarse en el lapso de 5 años, plan que ha estado en ejecución desde entonces aunque con algunas derrotas y con el agregado de la desmembración de Yugoslavia (Iraq, Siria, Líbano, Libia, Somalia, Sudan e Irán). El plan fue dado a conocer ni más ni menos que por uno de los más brillantes generales norteamericanos, Wesley Clark(*), que en entrevista televisiva en el 2007 no tuvo reparos en darlo a conocer y al mismo tiempo manifestar públicamente su desacuerdo aunque no está del todo libre de pecados: Clark, en tanto que Comandante Supremo de la OTAN en la guerra de Kosovo-Herzegovina debe ser considerado como uno de los responsables de la operación de desestabilización llevada a cabo por los poderes occidentales, que tras la peor de las guerras vividas en Europa desde la segunda guerra mundial, terminó en el desmembramiento de Yugoslavia, otra ocasión en que occidente utilizó las contradicciones internas existentes en el país (interétnicas e interreligiosas), para sacar dividendos geopolíticos y económicos. Estas tres direcciones de Youtube mostraban la entrevista al general Clark pero al 23.11.2019 sólo una sobrevivía a la censura, la primera: https://www.youtube.com/watch?v=EX82ekUSH_4; https://www.youtube.com/watch?v=qAwBzUosvMw https://www.youtube.com/watch?v=LgK9p1ZC3Ag

"Por paradoja del progreso tecnológico, cada día estamos más informados y más manipulados" (Eduardo Galeano).

Mencionamos más arriba que el empleo de los medios de comunicación ha adquirido hoy el rango de arma principal de dominación y la búsqueda incesante del control de ellos a todo nivel es una preocupación central de las élites para poder incidir en los individuos y en el alma colectiva con la instalación de mitos, prejuicios raciales, prejuicios de clase, ideología económica con pretensiones de ciencia económica indiscutible, todo para cocinar una opinión pública adocenada.

Aunque no forma parte de los aparatos de represión física del Estado, es mucho más eficaz en la conformación de una subjetividad sometida, sobre todo porque operando desde las sombras y sobre el inconsciente los métodos devienen invisibles. No queremos ignorar aquí que estos afanes de control se topan por suerte, con una gran dificultad: los periodistas honestos, sus organizaciones sindicales y la formación predominantemente humanista que conforma su cultura profesional. A ello hay que agregar los esforzados medios alternativos que hacen una contribución importante para evitar que en materia de medios no estemos bajo un sistema de control totalitario absoluto y desde luego la aparición de INTERNET y de las redes sociales. Sin embargo, a la hora de la verdad (o mejor dicho, de la mentira), lo que cuenta es el enorme peso del poder mediático en manos de los sostenedores del sistema de apropiación de trabajo ajeno y su subsecuentes privilegios, desigualdades y miserias. Las personas siguen concediendo a la información manipulada por los medios de prensa y televisión credibilidad. En el pasado se decía "estaba escrito" y bastaba la magia de la escritura en un mundo de analfabetismo generalizado, para concederle valor de verdad por el solo hecho de ver signos extraños sobre un papel. Hoy predomina la ingenua fórmula: "lo dijo la tele".

A nivel planetario, los Estados Unidos y las Potencias Occidentales y Japón controlan el 90% de la información que circula en el planeta. El 50% de las agencias de prensa tienen su sede en Estados Unidos.

Sólo Ruperth Murdoch, posee un imperio gigantesco que incluye 175 diarios repartidos en todos los continentes más la cadena de televisión Fox y el estudio de cine 20th Century Fox y otras inversiones en el rubro de las comunicaciones. Las redes empresariales hacen converger los intereses de las élites desde y hacia los medios de comunicación. En Francia, país que suele presentarse también con un aura falsa de preservador de los libertades en el mundo, encontramos que los tres principales diarios nacionales y otros regionales están controlados por las principales empresas fabricantes de armas: Dassault (aviones de combate Mirage, misiles), Lagardere (misiles), la familia Rotschild que comercia armas a gran escala. Los medios han sido fundamentales para propiciar las guerras e invasiones a países soberanos en abierta violación a la Carta de la Naciones Unidas, en preparar la opinión pública internacional con mentiras que en todos los casos resultaron descubiertas con posterioridad. Colmo de una trágica ironía: ganan por partida doble ya que las guerras aumentan los beneficios de la venta de armas y además aumentan las audiencias y lecturas generando más ingresos por publicidad.

Hoy existe una guerra mediática contra Rusia que ha tenido la valentía de oponerse a las aventuras belicistas de la OTAN: el Presidente Vladimir Putin y Rusia son la bestia negra. Con gran estruendo acusaron sibilinamente a Putin de haber ordenado el asesinato en Londres de un agente secreto ruso. El padre y el hermano se encargaron de señalar al día siguiente que ellos sospechaban de los servicios secretos ingleses y la noticia desapareció de Deusche Welle, France 24, la BBC (todas "prestigiosas cadenas") y las televisoras norteamericanas sin que haya habido un atisbo de desmentido. Difundieron por todos los medios que Rusia bombardeaba indiscriminadamente en Siria pero nunca señalaron un solo lugar preciso en que ello hubiera ocurrido, salvo un hospital de cuál tampoco se pudo comprobar que fuera la aviación rusa. La eficaz y honesta intervención rusa en Siria contra los extremistas jihadistas fue constantemente opacada por los medios occidentales.

Así como muchos intelectuales fueron virtualmente comprados para alabar el sistema, las ONGs que originalmente fueron organizaciones que prestaban valiosos servicios humanitarios, poco a poco han sido cooptadas para transformarse en parlantes de acusaciones infundadas contra los adversarios del occidente imperialista, financiamiento generoso, infiltración de agentes y presiones de por medio. Es el caso del Observatorio de Derechos Humanos, de Periodistas sin Fronteras, de Human Rights Watch y es también el caso de

Médicos sin Frontera relativo al bombardeo del hospital señalado. "Negamos categóricamente y no aceptamos tales declaraciones, sobre todo debido a que quienes emiten tales declaraciones no pueden demostrar de ninguna manera sus acusaciones", señaló el vocero del Kremlin, Dmitry Peskov. Desde luego esas organizaciones mezclan acciones positivas y valiosas que les dan credibilidad, con manipulaciones. Es lo mismo que ocurre con las grandes emisoras de las potencias occidentales como la BBC, Deutchewelle, France 24 que usan de su prestigio bien ganado con programas muy interesantes para pasar de contrabando informaciones sesgadas que favorecen los intereses neocolonialistas de sus estados patronos. Es un típico "abuso de confianza". La desesperación de Alemania para sacarse de encima la dependencia energética de Rusia y por consecuencia, su interés por Venezuela se ha hecho evidente: su embajador fue expulsado de Caracas, las emisiones de Deutchewelle plagadas de manipulaciones, prohibidas.

De manera que debemos tener en claro que nos están desinformando descaradamente. Demostrativas palabras del periodista norteamericano John Swinton citado en "Labour's Untold Story", quien se negó el 25 de septiembre de 1980 a brindar por la libertad de prensa: "En Estados Unidos actualmente, no existe prensa libre e independiente. Ustedes lo saben tan bien como yo. Ni uno solo de entre ustedes se atreve a escribir sus opiniones honradas, y saben muy bien que si lo hicieran no se publicarían. Me pagan un sueldo para que no publique mis opiniones, y todos sabemos que si osáramos hacerlo nos encontraríamos en la calle de inmediato. La labor del periodista es la destrucción de la verdad, la mentira flagrante, la perversión de los hechos y la manipulación de la opinión (pública) al servicio de las potencias económicas. Somos herramientas obedientes de los ricos y poderosos que mueven los hilos entre bastidores. Nuestros talentos, nuestras capacidades y nuestras vidas pertenecen a esos hombres. Somos prostitutas del intelecto. Todo esto, ¡Ustedes lo saben tan bien como yo! Dicho ello en el país que nos quiere vender la imagen de país ejemplar en materia de libertades y democracia y que concedió desde sus primeros textos constitucionales una importancia capital a la libertad de expresión y de prensa. Lo dicho por John Winston en 1980 no ha hecho sino empeorar.

Por suerte y aunque escasos, existen políticos honestos que basan sus acciones en principios y a ello debemos el poder descubrir como somos desinformados de manera organizada. El Senador norteamericano Frank Church dirigió una investigación donde deja en claro como la CIA opera en el ámbito de los medios y el periodismo: *"La CIA mantiene una red de centenares de individuos a lo largo y ancho del globo que entregan inteligencia para la CIA además de tratar de influir la opinión en sus países por medio de propaganda encubierta. Estos individuos proveen a la CIA acceso directo a un sinnúmero de periódicos y tabloides, servicios periodísticos y agencias noticiosas, estaciones de radio y televisión, editores de libros comerciales y medios extranjeros."* (Frank Church, Select Committee to Study Governmental Operations with Respect to Intelligence Activities). No pocos periodistas y publicaciones reciben artículos directamente redactados por funcionarios de la CIA y los publican parcial o totalmente como artículos propios.

Desde luego, las operaciones de desestabilización incluyen la participación de los organismos de espionaje de las potencias occidentales, siempre interesadas en hacerse de los recursos de nuestros países y claramente, el pandero lo lleva la CIA. Las actividades que dicha agencia lleva adelante no sólo consideran la compra de periodistas y editores serviles. Se trata de numerosas acciones en el ámbito de los medios de comunicación. Traigo a colación una desconocida operación que entre otras es muy ilustrativa de la forma en que las agencias de espionaje y criminalidad operan en el mundo de la información y la comunicación: la operación SINSONTE.

Desde 1948 el funcionario de la CIA Frank Wisner comenzó a organizar las labores de propaganda, guerra económica; sabotajes, subversión contra "estados hostiles", incluyendo ayuda y apoyo a grupos de resistencia ilegales, además de apoyo a todas las fracciones anti-izquierdistas del país que amenazaran a los países del mundo autodenominado "libre". De dicha estructura derivó el proyecto SINSONTE destinado en exclusividad a los medios de comunicación de EEUU y el extranjero y cuyas actividades se centraron en el reclutamiento pagado de periodistas y editores. Las actividades desarrolladas fueron planetarias aunque posteriormente el Congreso mediante ley expresa impuso que el pago a periodistas fuera restringido a sólo los extranjeros lo que significa que aún funciona en el resto del mundo.

La situación en Latinoamérica

El control de los medios a nivel planetario se manifiesta igualmente a nivel latinoamericano donde seis grupos internacionales, predominantemente norteamericanos conforman o deforman la opinión pública del continente a los que se agregan tres grupos regionales que reproducen el discurso mediático predominante, que nos hablan o nos hacen leer lo que conviene a los poderosos. No sólo eso, nos dicen que debemos comprar para alimentarnos, que películas y telenovelas debemos ver para no reflexionar demasiado, que debemos sentir para no sensibilizarnos de los horrores del capitalismo, etc. En breve, que debemos pensar y en que no debemos poner atención. Lo principal a tener en cuenta es que la mentira flagrante no es tan utilizada como la selección que se hace de los que debemos y no debemos conocer, es más importante lo que se oculta que lo que se miente.

El neoliberalismo como estrategia de dominación no dejó de marcar su nefasta huella en las libertades de expresión y comunicación y América Latina vio desaparecer o cambiar de dueños a una importante cantidad de medios mediante privatizaciones, concentraciones y extranjerizaciones que permitieron, como era de esperar, reducir a su mínima expresión la prensa contestataria y uniformizar el pensamiento de millones de seres humanos tratando de convencerlos de las bondades eternas del capitalismo salvaje. El ejercicio del cuarto y poderoso poder ha permitido que incluso los debates más importantes de las sociedades se hayan trasladado desde los poderes tradicionales al ámbito del cuarto poder, desde el cual se pontifica "la verdad" e incluso se puede decir que co-legisla, al punto de que ciertos discursos políticos deben callarse para no ser objeto de asesinatos de imagen por parte de los medios controlados por los poderosos.

"Apagar la tele y volver a enchufar el cerebro" (Michelle Collon).

Los grandes grupos latinoamericanos Televisa (México), Caracol (Colombia), O Globo (Brasil), Cisneros (Venezuela) y Clarín (Argentina) y su alianza con los grupos globales conforman un poderoso sistema de concentración de medios audiovisuales y desde luego una poderosa arma de control que exagera, oculta, recorta, camufla, miente, dice verdades a medias, entretiene, informa verazmente también, todo en un solo paquete bien balanceado capaz de anular toda sospecha de parcialidad. El paquete se completa con la integración vertical y horizontal, entre empresas editoriales, televisión abierta y pagada, por cable o satelital, publicación y distribución de revistas, diarios y películas, operación de portales de INTERNET, empresas de distribución, agencias y canales de distribución al público, emisiones de radio, telecomunicaciones.

Hay que agregar al paquete aún la estrecha relación de estos conglomerados con los intereses de las élites económicas latinoamericanas y mundiales, con las castas políticas de los países y con las transnacionales de la información. El maridaje de Televisa y O'Globo con SKY y de Cisneros y Clarín con Direct-TV aseguran la uniformización a nivel planetario de la información. A título de ejemplo, Caracol coproduce con Telemundo, NBC, Univisión, Rede Globo, Network, Sony, Warner Bross, ABS, CBN, TV Española y Televisión Azteca.

Desde los años 70 ya se había denunciado este proceso de creciente concentración en pocos propietarios de medios, de la amalgama transnacional con las clases hegemónicas en nuestros países y sus representantes políticos. Hablar de democracia en esta situación es definitivamente una tomada de pelo y ello por el contrario configura claramente un sistema invisible de control que ha resultado suficientemente eficaz como para que los brutales golpes militares hayan pasado a segunda alternativa para defender privilegios.

Para la mayoría de los latinoamericanos le resultará claro que los guerrilleros de las FARC en Colombia eran unos terroristas, ignorando el contexto de violencia en que ha vivido Colombia por más 60 años pero también ignorando en absoluto que las brutalidades más horrorosas hayan sido llevadas a cabo o por el Ejército o por las bandas de ultraderecha. ¿Cuántos latinoamericanos saben de la mayor fosa común encontraba jamás en América latina y que contenía los cadáveres de 2000 personas, hombres, mujeres y niños, en la localidad de La Macarena, en Colombia son crímenes del paramilitarismo de ultraderecha?

Los latinoamericanos saben que el gobierno bolivariano logró reducir la influencia de los medios de Derecha, pero esto se presenta como un atentado a la libertad de prensa y aunque aun hoy, la prensa antichavista es mayoritaria en Venezuela no se deja de hablar de "dictadura chavista" y de sus atentados a la libertad de prensa y de información. De hecho, el golpe contra Chávez, fue el primer golpe calificado de "mediático" ya que los opositores han conservado un enorme poder en los medios: De las 338 estaciones de TV abierta, 44 son comunitarias, 96

49

públicas y 198 privadas; 98 periódicos impresos son privados y solamente 7 son públicos y el mismo panorama se repite con las radios. Desde luego ni los latinoamericanos ni el mundo saben del reconocimiento de la UNESCO a la erradicación del analfabetismo, el masivo aumento de atenciones médicas hasta en los lugares más apartados del país, los programas de vivienda, de asistencia social. Aunque justo es reconocer que ha habido errores de política económica, el principal factor de la crisis ha sido la caída del precio del petróleo, materia prima que representaba el 90% de los ingresos del Estado venezolano sobre lo cual la responsabilidad del Gobierno es prácticamente cero. A lo que habría que agregar algo que los chilenos conocemos bien: el boicot interno y externo de las élites.

La receta es la misma en Argentina y Brasil: campañas mediáticas de envergadura como igualmente en Ecuador y Bolivia. Los golpes militares permanecen como arma al cinto de las élites mientras usan y perfeccionan los golpes mediático-judiciales que permiten sacar a la calle a las masas manipuladas por los medios y los grandes intereses que tienen detrás, donde el petróleo sigue siendo uno de los actores principales, especialmente en Venezuela, Brasil y Ecuador. Poco importa que los gobiernos progresistas hayan sacado del pantano a sus respectivos países de las debacles neoliberales y hayan emprendido esfuerzos gigantescos para mejorar las condiciones de vida de las mayorías. Similares esfuerzos desestabilizadores se han hecho incluso en el Chile apadrinado, dando una cobertura totalmente desproporcionada a los negocios de la nuera de la Presidenta Bachelet en relación a las graves acusaciones de corrupción que involucran a la casta política, muy marcadamente a los sectores de la ultraderecha heredera del pinochetismo. Bolivia, a pesar del rotundo éxito económico de la administración de Evo Morales enfrenta igualmente el acoso mediático. La parcialidad en la denuncia mediática contra Venezuela resulta escandalosa cuando en los mismos años en que dichas denuncias eran reproducidas en todos los medios del sistema, el asesinato de periodistas y sindicalistas en Colombia, México y Honduras eran hechos reiterados: En informe del Comisionado Nacional de Derechos Humanos (Conadeh) de Honduras, remitido al Congreso Nacional a fines de marzo 2013, revela que en los primeros 35 meses de gestión del gobierno de Porfirio Lobo Sosa, desde el 27 de enero 2010, "al menos 27 comunicadores sociales perdieron la vida en forma violenta. El país con más periodistas asesinados en América Latina y el Caribe, durante este 2015, es México, donde se registraron 14 casos y otros dos se encuentran desaparecidos, según datos de la Comisión de Investigación de Atentados a Periodistas-Federación Latinoamericana de Periodistas (CIAP-Felap). En Venezuela no se han registrado asesinatos de periodistas salvo el caso de Ricardo Durán, asesinado de un tiro frente a su domicilio en enero de 2016. Era Jefe de Prensa del Distrito Capital, vinculado al sector más radical del chavismo. Ninguna de sus pertenencias le fue robada.

La Sociedad Interamericana de Prensa, más conocida como SIP que suele levantar su voz airada contra los atentados a la libertad de prensa es abiertamente discriminatoria y sesgada, ignorando sistemáticamente los atentados a quienes sostienen posiciones progresistas. Obviamente, no podemos esperar otra cosa de una entidad que más que reunir a periodistas es una asociación de propietarios, directores y editores de diarios, periódicos y agencias informativas que abusa de la ventaja de que cada vez que emiten alguna declaración esta es difundida copiosamente.

La SIP fue creada en 1943 con presencia dominante de representantes de los medios norteamericanos. No tuvieron empacho en nombrar como Presidente de la SIP a Danilo Arbilla, quien ofició como Jefe de Prensa de la dictadura uruguaya que asesinó, torturó y encarceló a periodistas junto con la clausura de medios de comunicación. Tras el golpe de Estado en Honduras en 2009 fueron asesinados 23 periodistas lo que no mereció ningún reclamo de la SIP. Sin embargo, una fuerte mayoría de chilenos encuestados sobre la libertad de prensa no dudaron en señalar a Venezuela como el caso de mayor gravedad ya que el 70% de los encuestados opinaba que en Venezuela no existía libertad de prensa, lo que es una muestra clara de la capacidad de manipular la opinión pública que tienen los "defensores de la libertad de prensa", que confunden libertad de prensa con libertad de empresa y con el control totalitario de sus contenidos.

Desde luego la SIP no se pronuncia sobre la existencia de monopolios y oligopolios en la propiedad de los medios en América y que es el principal factor de afectación de la libertad de expresión y del derecho a la información veraz. Al respecto, la Comisión Interamericana de Derechos Humanos en Declaración sobre el tema dejaba en claro que "Los monopolios u oligopolios en la propiedad y control de los medios de comunicación conspiran contra la democracia al restringir la pluralidad y diversidad que asegura el pleno ejercicio del derecho a la información de los ciudadanos". Incluso la OEA, que de vez en cuando escapa al control norteamericano, había definido como un problema urgente "el limitar la hegemonía discursiva y el control de la agenda informativa" por los monopolios. Con mucha anticipación una voz de extraordinario valor moral nos advertía que *"Bajo las condiciones actuales, los capitalistas privados controlan las principales fuentes de información (prensa, radio, ense*ñanza). Por eso es sumamente difícil, y a decir verdad, totalmente imposible en la mayoría de los casos, que el ciudadano individual llegue a conclusiones obje*tivas"(Albert Einstein)*.

La situación de los medios en Chile

En el caso más particular de Chile, valga tener presente que como en otras materias, hasta 1973, tenía un alto nivel de desarrollo de las libertades y derechos de las personas. Una amplia gama de medios de comunicación permitía que efectivamente la opinión pública pudiera tener un abanico de opiniones bastante diverso, aunque con la permanente limitación del avisaje comercial, siempre cargado hacia los medios de la derecha. Durante el gobierno de Allende los diarios opositores recibirían abundante financiamiento incluido en el caso de El Mercurio, dineros provenientes de la CIA como lo atestigua el Informe Church del Senado norteamericano, participando en la guerra sicológica para desestabilizar al gobierno de Allende. En plena dictadura entregaba la pauta a seguir en materia económica para la instalación del modelo neoliberal, ocultaba los crímenes de la dictadura y siguió sirviendo como hasta el día de hoy, los intereses del imperialismo en Chile. Su propietario, Agustín Edwards sería calificado por el general norteamericano Vernon Walters en sus memorias como "el principal recurso de la CIA en toda América Latina" y formaría parte del grupo inicial golpista conocido como la Cofradía del Pacífico donde entre otros participaban "patriotas" como el Almirante José Toribio Merino (autodesignado Comandante en Jefe de la Armada el día del golpe militar).

El golpe militar encabezado por Pinochet tendría entre sus primeros objetivos el acallar los medios afines al Gobierno de la Unidad Popular. La importancia de los medios queda reflejada en el hecho de que el primer bando militar es el que conmina a suspender actividades informativas. Luego vendrían los bombardeos a las estaciones de radio y el asalto de los medios afines que incluyeron la destrucción o robo de instalaciones de prensa y radio completas, la cárcel, la tortura, el asesinato y el exilio de trabajadores de los medios de prensa. Así desaparecieron Clarín, El Siglo, Ultima Hora, Punto Final y numerosas radios. En esas condiciones, los arriesgados esfuerzos por seguir publicando desde la clandestinidad carecían de un impacto importante. Las últimas palabras que pronunciara el Presidente Mártir serían difundidas por Radio Magallanes, que la historia consignará como el último bastión de la libertad de prensa, amagada por la noche negra en la que era sumergido nuestro país por largos 17 años.

Desde entonces muchos mitos serían instalados impunemente en la mente de millones de chilenos, los cuáles persisten aún, lo que justifica precisamente el esfuerzo de este libro cuyo propósito central es derribar dichos mitos y entre ellos, precisamente el mito de la libertad de prensa.

Entre la represión y la censura más extrema vividas a partir de la instalación de la dictadura pinochetista, sólo a mediados de los años setenta surgieron algunas revistas que sometidas a permanente censura se atrevían a hacer reclamos referidos precisamente a la libertad de prensa y a la denuncia de genéricos abusos contra los derechos humanos, sin ahondar en el carácter criminal y en los detalles monstruosos que tales acciones implicaban, lo cual era tolerado por el régimen que seguramente tenía ya la convicción de que una válvula de escape no pondría en peligro su poder totalitario y que los años pasados machacando con su particular manera de interpretar la historia reciente, habían vacunado a la población de la que llamaban la "nefasta influencia marxista". Sin duda y como ya sabemos, el manejo de la información y de los medios es algo que funciona muy bien, de la misma manera como le había resultado a Hitler con el pueblo alemán.

Un discurso machacón donde los adversarios no tenían ninguna posibilidad de responder conforma una opinión pública al gusto de los controladores toda vez que los militares chilenos habían sido entrenados por los norteamericanos, no sólo en la tortura y la represión física de sus adversarios sino también en el complemento represivo que constituye la guerra mediática. Así los bárbaros éramos nosotros y ellos los guardianes de "los valores permanentes de la Patria" y otras tan altisonantes como falsas pretensiones. ¿Desde cuándo la tortura, la desaparición, la violación y el asesinato eran valores permanentes de la Patria?

Bajo ese contexto de tolerancia-válvula de escape surgieron recién a mediados de los años setenta algunas publicaciones escritas como APSI, Hoy y Análisis que representan hoy quizás más que entonces un castigo moral a los que bajo nuestra "democracia" han impedido por todos los medios la reaparición de diarios que hagan contrapeso al control totalitario que ejerce el duopolio Edwards-Saieh, impedimentos que provienen de los que entonces se beneficiaron de la valentía de periodistas y editores que desafiaban un poder criminal.

En 1984 apareció la revista Cauce y el primer diario de oposición, Fortín Mapocho. En 1987 aparece un segundo diario de oposición, La Época. Estas publicaciones lograron ventas en conjunto de 100.000 ejemplares pero en plena "democracia", nada de esto existe, sólo el duopolio Edwards-Saieh. La publicidad de las empresas, fuente principal del financiamiento de las publicaciones y emisiones, tomó el camino lógico del "totalitarismo democrático" que vivimos, el amarre del poder económico, del poder político y del poder mediático.

Hacia 1988 y con ocasión del Plebiscito, quienes vivíamos en el exilio, esperábamos una derrota aplastante de la Dictadura, por lo impresentable de su postura. Sin embargo no teníamos entonces tanta conciencia de lo que podían significar 15 años de machacar sobre el cerebro de un pueblo y si bien la dictadura fue derrotada, no podíamos entender que hubiera obtenido un apoyo tan significativo.

El "regreso" de la democracia, con una constitución hecha a la medida de los dominadores, con sus leyes secretas incluidas y las Leyes Orgánicas Constitucionales como la de Enseñanza que fueron incorporadas a la legislación del país con posterioridad a la derrota plebiscitaria, es decir con ninguna legitimidad, todo un paquete de amarres que la Concertación aceptó bajo las condiciones extraordinariamente complejas en que se llevaba a cabo la "transición a la democracia". No cuestionamos aquí que en los primeros años los márgenes de maniobra para cumplir lo prometido eran estrechos pero aún así las modificaciones introducidas a la constitución pinochetista bajo una obscura negociación no sólo no mejoró el carácter autoritario de dicha constitución sino la empeoró.(Plebiscito de 1989). La promesa de una nueva constitución, la derogación del inconstitucional Código Minero de Piñera-Buchi y un largo etcétera debían esperar y avanzar con la teoría de "en la medida de lo posible". Pero el avanzar sin transar poco a poco se transformaría en el retroceder sin avanzar, porque el dictador se podía enojar. La espera se transformó en acomodo y el acomodo en renuncia y la renuncia a los principios finalmente en corrupción y traición. De no mediar la conciencia surgida en las nuevas generaciones, los viejos militantes consecuentes y los movimientos sociales que se pusieron en marcha, muy especialmente los movimientos estudiantiles, la esperanza de que la alegría llegara se habría enmascarado en la cortina de humo del Chile exitoso.

En materia de medios en los años de la "democracia" asistiríamos a la desaparición de los que habían logrado mantenerse bajo la dictadura sin que los "demócratas" hayan hecho el más mínimo esfuerzo por mantenerlos y como consecuencia, se acentuaría el control monopólico de los medios.

Solamente dos conglomerados que constituyen el duopolio Edwads-Saieh (Mercurio-Copesa) se harían cargo de desinformar a los chilenos mediante un proceso de integración vertical que incluye toda la cadena informativa desde la edición hasta la distribución por agencias de una amplia gama de publicaciones. En los papeles cada grupo opera con diferentes empresas, pero encadenadas por un mismo grupo controlador. Según un estudio de FUCATEL el duopolio controla el 95% de los diarios de Chile lo que le confiere a ambos grupos no sólo beneficios económicos sino el monopolio político-ideológico.

El Mercurio Sociedad Anónima Periodística pertenecía a Agustín Edwards Eastmann, que más que ciudadano chileno parecía súbdito de la Reina de Inglaterra o en todo caso de corazón y alma anglosajona, de aquellos inmigrantes que nunca dejan de ver en su país de origen, su verdadera patria. Tal vez por ello y obviamente por sus intereses económicos, ha sido un reconocido defensor de los intereses anglosajones en Chile, siendo al mismo tiempo el estandarte periodístico del más retrógrado conservadurismo y aunque posee un abundante prontuario de manipulaciones, mentiras, defensor unas veces, ocultador otras, de brutales atentados a los derechos humanos no faltan los que lo catalogan de "prensa seria". Justo es reconocer que sus redactores y directores han sido maestros en el arte de utilizar las variadas artimañas de la información manipulada con la sorprendente consecuencia de un prestigio bastante extendido, siendo en realidad el decano de la información sesgada y partidista. El compromiso total que tuvo el diario con la Dictadura "avergüenzan al ejercicio del periodismo", señaló Juan Pablo Cárdenas, premio Nacional de Periodismo 2005 y fundador de la desaparecida Revista Análisis.

El Mercurio S.A.P. posee tres importantes diarios de circulación nacional, El Mercurio, Las Ultimas Noticias y La Segunda y 21 diarios regionales (casi la totalidad de los existentes en provincias), a través de los cuáles puede influir poderosamente en la política chilena, levantando o hundiendo personajes y proyectos políticos.

Un caso particularmente interesante ocurrió cuando Marco Enríquez Ominami quien aunque había anunciado su campaña presidencial con algunos meses de anticipación, sólo hizo su aparición más notoria con entrevistas, fotos y reportajes en los medios de la cadena mercurial a partir del 26 de abril de 2009, el lunes posterior a la masiva proclamación del candidato de la izquierda, Jorge Arrate, manifestación que cerraba una convocatoria de 3000 delegados de todo el país y que obviamente preocupó a la élite. La Asamblea Nacional de Izquierda, elaboró por primera vez desde 1973 un consistente programa actualizado de izquierda, que desafiaba el modelo neoliberal, en un encuentro donde predominaban las canas de viejos militantes y una multitud de jóvenes. La operación Ominami mataba varios pájaros de un tiro: dividía la fuerza de la izquierda ya que muchos militantes se encandilaron con la idea del hijo del "guerrillero", del cual no conserva más que una parte de su genética. Por otra parte, Arrate fue ignorado por los medios de El Mercurio obteniendo un modesto 6% del electorado a pesar de la notoria brillantez de su discurso que opacaba totalmente el casi inexistente discurso de sus oponentes y finalmente, posibilitó el triunfo del candidato de la Derecha, Sebastián Piñera, a lo que contribuyó además la negativa de Ominami de llamar a votar por el candidato del Gobierno. Una campaña gratuita que le permitió obtener una importante votación e inflar aún más su ya sobredesarrollado ego. Años más tarde sabríamos que los apoyos de la élite incluían millonarios aportes de la empresa de propiedad del que fuera yerno de Pinochet a través de la empresa SOQUIMICH, uno de los regalos recibidos en Dictadura, que fue privatizada a precio vil a favor de Ponce Lerou, uno de los mayores depredadores de los bienes públicos, pertenecientes a todos los chilenos. Después de haber sido utilizado contra Arrate, el publicitado Ominami desapareció de los medios.

Respecto de COPESA podemos decir que es la segunda mayor compañía propietaria de medios en Chile y que sigue igualmente la línea de defensa del sistema. Actualmente posee la propiedad de los diarios de circulación nacional: La Tercera y La Cuarta además del periódico La Hora, que se distribuye gratuitamente en el Metro de Santiago y del Diario de Concepción, en provincias, lo que le permite controlar más del 40% del mercado de diarios en el país a lo que se agregan revistas como Paula y Qué Pasa y medios digitales con diferentes portales, campo en el que tiene desarrollos que superan al El Mercurio S.A.P.

De manera que la democracia chilena tiene en el duopolio un enorme escollo a salvar porque no se puede hablar ni de democracia ni de libertad de prensa cuando la masa de los ciudadanos no tiene otras opciones reales de informarse porque la única opción son ellos.

Falta decir que el duopolio no lo es todo. Controlar los medios y mediante ellos controlar la opinión pública no escapa al interés de los grandes empresarios que no se conforman con el control de los medios de producción, el cual necesita como complemento necesario e insustituible el control de los medios de información.

Así hemos visto como los grandes empresarios se dedican a comprar periódicos, emisoras de radio y canales de televisión. Ricardo Claro crea Megavisión, la poderosa familia Luksic se apropia del Canal de la Universidad Católica, el ex presidente Piñera compra Chilevisión aunque posteriormente la vende a un consorcio extranjero. Ya tenemos a 3 de los 5 canales de cobertura nacional con señal abierta al que hay que agregar La Red, propiedad del empresario mexicano Remigio Ángel González y finalmente el Canal Nacional, perteneciente al Estado y alineado en la defensa del sistema mediante un directorio bipartito Gobierno-Derecha, es decir el "Chile entre dos derechas". La influencia que los dueños ejercen sobre las pautas no siempre es groseramente directa, pero la omnipresencia del poderoso propietario provoca necesariamente la inhibición de los funcionarios de los medios, una autocensura que se ve facilitada por las jugosas remuneraciones que reciben algunos de ellos, a las que es duro renunciar. Sólo la porfiada verdad de los hechos rompe a través de la honestidad profesional de los periodistas la jaula de hierro instalada.

En materia de financiamiento está ocurriendo lo mismo que a nivel global, es decir la concentración de las fuentes de publicidad, como ocurre hoy en Francia por ejemplo, donde una sola empresa, Publicas, provee a todos los medios de ingresos publicitarios, librándose de su influencia solamente Le Monde Diplomatique, con las consecuencias conocidas: dificultades financieras. Es así como se cierra el paquete de control social y de defensa del sistema en el mundo de la información. Basta con cerrar la llave del financiamiento publicitario para sacar del mercado a las publicaciones de carácter crítico ya que hace mucho que la venta de una publicación dejó de financiarse con el precio pagado por el público. En Chile la empresa Megatime es la que reparte la torta de la publicidad la que en más de un 80% va a las publicaciones del duopolio.

El Estado contra la libertad de prensa

Debiera ser una responsabilidad mayor del Estado el asegurar la libertad de expresión y el pluralismo y uno de los medios de que dispone para este fin es la distribución de su propia publicidad.

Es en este tema tan sensible como lo es el financiamiento donde los gobiernos "democráticos" que sucedieron a la dictadura han mostrado su compromiso total con el capitalismo y su ideología, donde se hace más patente la voluntad de adormecer a la masa de ciudadanos, ya no con el cuento de avanzar "en la medida de lo posible" ni con el cuento de la dificultad que representan los poderes fácticos, sino con el compromiso libremente elegido de renunciar a la democracia verdadera (y para que decir al socialismo incluido el socialismo comunitario proclamado antaño por la Democracia Cristiana) y asumir en plenitud la defensa del sistema de privilegios y su "derrame", que a ellos si les ha llegado y abundantemente.

Los medios no se financian solamente por la publicidad privada, siendo la creciente publicidad estatal una fuente importante de financiamiento, tanto la que proviene de las instituciones como de las empresas del estado. Estudios de FUCATEL revelan que en 2005 el 77% de los fondos destinados a publicidad estatal fueron a parar al duopolio El Mercurio-COPESA, situación que no se ha alterado hasta el día de hoy. Valga mencionar al paso que el gasto público en "autobombo" crece sin cesar, dando un salto cuantitativo importante bajo el Gobierno de derecha de Sebastián Piñera.

Desde 1990 hasta la fecha la política oficial frente a los medios ha sido la de asegurar la preeminencia de los que apuntalan el modelo neoliberal, con su relativo éxito elevado a "ejemplo mundial" y sus desigualdades y pobrezas endémicas. Sólo durante el segundo gobierno de Bachelet se han intentado modestos avances mediante publicaciones de algunos ministerios en los medios independientes. Ello no pasa de un hecho insignificante frente a una política de largo aliento y de vasto apoyo al duopolio y de negativa a abrir espacios significativos a la prensa alternativa, como lo demuestra el empecinamiento por impedir la reaparición de Clarín.

El caso de Clarín es otra demostración evidente de la voluntad de impedir que surja un periódico que pueda competir con el duopolio; pero la oposición no es solamente de El Mercurio-COPESA sino de los sucesivos gobiernos "democráticos". Como es sabido, Clarín fue un popular matutino que apoyó en su particular estilo y sin ambages al Gobierno de la Unidad Popular bajo su comprometido slogan "firme junto al pueblo" lo que le valió que con ocasión del golpe militar sus talleres y oficinas fueran invadidas por tropas del ejército prohibiéndose su edición, siendo confiscado sin indemnización y procediendo a la detención de varios de sus empleados. Era el diario más vendido en Chile, llegando en ocasiones a los doscientos ochenta mil ejemplares, superando a El Mercurio. El diario fue un éxito debido a su novedoso estilo, utilizando el lenguaje popular y picaresco, osadas fotografías eróticas, notas policiales cargadas de modismos criollos, la comicidad para describir personajes y situaciones que rebajaban a los intocables de las clases altas. El apoyo irrestricto al Gobierno de Allende fue la gota que rebalsó el vaso para transformarse en un objetivo prioritario de las clases altas a la hora del golpe de estado.

Queda de manifiesto que ha habido una deliberada voluntad política de los "gobiernos democráticos" de impedir la influencia de medios alternativos, lo que vemos reafirmado en escandalosa manera en que ha sido tratada la demanda contra el Estado chileno de su propietario legítimo Víctor Pey. Como en muchas materias, han sido continuadores de las políticas dictatoriales también contra Clarín y no han trepidado en traspasar la legalidad nacional e internacional, a tal punto consideran necesario evitar la reaparición del diario.

Víctor Pey compró el diario pocos meses antes de ser cerrado y llevó una larga batalla por obtener una indemnización que le permita editarlo nuevamente, con lo cual habría al menos un espacio de divergencia con el discurso monocorde del duopolio y Chile tendría algo más de democracia y algo más de libertad de prensa. La intención declarada de Pey es que una vez que obtuviera la indemnización volvería a editar el diario, mostrando además una gran generosidad al desear donar el 90% de la propiedad de Clarín a la Fundación Presidente Allende.

Ello no fue suficiente para obtener una respuesta positiva del Gobierno ya que un abogado se encargó de ubicar a parientes del propietario original, Darío Saint-Marie para ofrecerles ser "herederos" y sacar a Pey del proceso y evitar con ello la reaparición del diario. El gobierno de la Concertación dirigido por Ricardo Lagos se apresuró a pagarles 9 millones de dólares de las arcas fiscales a estos herederos ficticios con la intención de impedir que siguiera el juicio internacional ante el CIADI.

La propiedad de Pey fue reconocida hasta por la Dictadura, mediante declaración publicada en el Diario El Mercurio el 4 de febrero de 1975 que dice: "De los antecedentes expuestos y considerando que se encontraron en poder de Víctor Pey todos los títulos de las acciones y los traspasos en blanco de las personas a cuyo nombre figuran esos títulos, resulta que fue éste quien compró el Consorcio Publicitario y Periodístico S.A y la Empresa Periodística "Clarín". Por otra parte, Darío Saint Marie, el propietario que vendió Clarín, testó diversas propiedades a sus herederos, propiedades entre las cuáles obviamente no figura el diario Clarín por la simple razón de que ya lo había vendido a Víctor Pey. ¡Así funciona el estado de derecho y las instituciones en Chile cuando se trata del interés de los poderosos! Víctor Pey, quien cumplió 100 años en el 2015 pensaba que el proceso de indemnización sería sencillo: "Yo fui incautado por un decreto y por un decreto me lo pueden devolver". En los 27 años pasados del término de la dictadura el diario no le ha sido devuelto ni ha recibido indemnización alguna. Los largos años que lleva la disputa con el estado contrastan con la rapidez sin precedentes con que fuera otorgada la indemnización de 9 millones de dólares a cuenta de una herencia inexistente. El ministro democratacristiano de Bienes Nacionales Claudio Orrego declaró que en el curso del primer mes de su desempeño como Ministro había "premura" por resolver la indemnización a los supuestos herederos. Era ministro del inefable Ricardo Lagos, otra más de este personaje que con toda seguridad fue quién ordenó el apuro. Cosas de país exitoso, no corrupto y donde las instituciones funcionan como suele decir Ricardo.

Los métodos de manipulación en los medios

> *"Si no estás prevenido ante los medios de comunicación, te harán amar al opresor y odiar al oprimido"* (Malcom X).

> *"Si la prensa, la radio y la TV lo dicen, es verdad...aunque sea mentira"* (Ignacio Ramonet).

Las técnicas de manipulación mental empleadas por medios de comunicación son muy variadas y existen varias nomenclaturas entre las que mencionamos las de lingüista Noam Chomsky(A), los 11 principios de la comunicación política de Goebbels del régimen nazi (replicados en curso para jóvenes UDI de la Fundación Jaime Guzmán según denunciara el diputado Giorgio Jackson)(B) y las 25 Reglas de Desinformación del desinformador H. Michael Sweeney(C). Entre todas ellas destacamos:

(A) NOAM CHOMSKY

1. La estrategia de la distracción. El elemento primordial del control social es la estrategia de la distracción que consiste en desviar la atención del público de los problemas importantes y de los cambios decididos por las élites políticas y económicas, mediante la técnica del diluvio o inundación de continuas distracciones y de informaciones insignificantes.

2. Crear problemas y después ofrecer soluciones. Este método también es llamado "problema-reacción-solución". Se crea un problema, una "situación" prevista para causar cierta reacción en el público, a fin de que éste sea el mandante de las medidas que se desea hacer aceptar. Por ejemplo: dejar que se desenvuelva o se intensifique la violencia urbana, u organizar atentados sangrientos, a fin de que el público sea el demandan-

te de leyes de seguridad y políticas en perjuicio de la libertad. O también: crear una crisis económica para hacer aceptar como un mal necesario el retroceso de los derechos sociales y el desmantelamiento de los servicios públicos.

3. La estrategia de la gradualidad. Para hacer que se acepte una medida inaceptable, basta aplicarla gradualmente, a cuentagotas, por años consecutivos.

5. Dirigirse al público como criaturas de poca edad. La mayoría de la publicidad dirigida al gran público utiliza discurso, argumentos, personajes y entonación particularmente infantiles, muchas veces próximos a la debilidad, como si el espectador fuese una criatura de poca edad o un deficiente mental.

6. Utilizar el aspecto emocional mucho más que la reflexión. Hacer uso del aspecto emocional es una técnica clásica para causar un corto circuito en el análisis racional y finalmente al sentido crítico de los individuos. Por otra parte, la utilización del registro emocional permite abrir la puerta de acceso al inconsciente para implantar o injertar ideas, deseos, miedos y temores, compulsiones, o inducir comportamientos.

8. Estimular al público a ser complaciente con la mediocridad. Promover al público a creer que es moda el hecho de ser estúpido, vulgar e inculto.

9. Reforzar la auto culpabilidad. Hacer creer al individuo que es solamente él el culpable de su propia desgracia, por causa de la insuficiencia de su inteligencia, de sus capacidades, o de sus esfuerzos. Así, en lugar de rebelarse contra el sistema económico, el individuo se auto desvalida y se culpa, lo que genera un estado depresivo, uno de cuyos efectos es la inhibición de su acción. (Y, ¡sin acción, no hay revolución!).

(B)GOEBBELS

3. Principio de transposición. Cargar sobre el adversario los propios errores o defectos, respondiendo el ataque con el ataque. Si no puedes negar las malas noticias, inventa otras que la distraigan.

5. Principio de vulgarización: Toda propaganda debe ser popular, adaptando su nivel al menos inteligente de los individuos a los que va dirigida. Cuanto más grande sea la masa a convencer más pequeño debe ser el esfuerzo mental a realizar. La capacidad receptiva de las masas es limitada y su comprensión escasa. Además tienen gran facilidad para olvidar.

6. Principio de orquestación. "La propaganda debe limitarse a un número pequeño de ideas y repetirlas incansablemente, presentadas una y otra vez desde diferentes perspectivas pero siempre convergiendo sobre el mismo concepto, sin fisuras ni dudas. De aquí viene también la famosa frase: "Si una mentira se repite suficientemente, acaba por convertirse en verdad".

(C) H. MICHAEL SWEENEY

8. Invoca autoridad. Conserva tu autoridad o allégate algún tipo de autoridad o experto para presentar tu argumento con suficientes tecnicismos y jerga minuciosa para ilustrar que eres "alguien que sabe".

24. Silencia a tus críticos. Utiliza tu poder para sobornar o chantajear a las personas que tienen información negativa sobre ti o que se interponen en tu camino. (Esto es también una práctica común de las empresas en el caso de la competencia para bloquear innovación científica que va en contra de sus intereses económicos).

Podemos agregar aun muchas otras técnicas que si prestamos atención suficiente a lo que nos dicen por los medios, iremos poco a poco descubriendo:

1. Se puede favorecer cierta opinión política por un desbalance entre el tiempo o el espacio destinado a las opiniones que queremos favorecer respecto de la opinión divergente. El medio informativo aparece como democrático porque nos da la posibilidad de conocer ambas opiniones pero sin que nos demos cuenta, recibimos una cantidad mayor de argumentos o más extensamente expresados de sólo una parte. Con el mismo propósito se

coloca al final del espacio las opiniones que se quiere favorecer, ya que el receptor se quedará más fácilmente con dichas opiniones en su memoria, sobre todo si inmediatamente después hay un corte. ¡Algo muy parecido a aquello de "el que ríe último ríe mejor"!

2. **La técnica más masivamente empleada es la de simplemente ocultar información**, especialmente en el ámbito de la información internacional, dominada casi totalmente por los medios de las potencias occidentales. En el caso particular de Chile es interesante el caso de la privatización del cobre.

- La inmensa mayoría de los chilenos permanecieron convencidos que el cobre continuaba en manos del estado hasta hace solamente unos años en que han comenzado a tomar conciencia de que el 74% de la producción está en manos de transnacionales y que apenas pagan unos modestos impuestos y un pseudo-royalty simbólico. Fue desnacionalizado en silencio, con la complicidad de los medios, complicidad que no puede explicarse sino por la "generosidad" corruptora de las transnacionales. En realidad, los medios se cuidan de mentir (aunque también lo hacen). El principal problema es lo que ocultan al conocimiento de la opinión pública y en segundo rango está la tergiversación.No mienten, pero ocultan o alteran los hechos.

3. Los últimos decenios se ha puesto muy de moda la difusión de encuestas que se agregan al arsenal de dispositivos de manipulación. Aquí debemos admitir nuevamente que siempre en estas materias se actúa con sutilezas, ya que las manipulaciones groseras no funcionan. Un caso particularmente interesante se dio con el proceso de reformas que impulsaron los movimientos sociales en Chile y que el gobierno de Michele Bachelet asumió, con evidente falta de convicción y más bien con

la voluntad de pasar gato por liebre para tranquilizar a las masas inquietas.
- La encuestadora ADIMARK, prestigiada por los mismos de siempre pregunta sobre el apoyo a las reformas de parte de la población, señalando en la misma pregunta "indiferente de la posición política" que el encuestado tenga. Y en esta frasecita estaba la trampa. Como una importante mayoría de los encuestados manifestó su desacuerdo con las reformas, la derecha y los medios, no dejaron de pedir un frenazo. ¡Se hizo un solo paquete con los que no quieren reformas y con los que queriendo reformas más profundas también fueron críticos con ellas! Sumaron peras con manzanas. Nadie del Gobierno cuestionó la encuesta ¿No se dieron cuenta? O, ¿Era mejor así para rebajar las reformas a los intereses de los poderosos?
- Las encuestadoras en Chile están controladas por la Derecha y los empresarios y forman parte de la batería de dispositivos de manipulación de la opinión pública ya que hay un amplio margen de manejo al elegir los temas, formular las preguntas de la manera de obtener las respuestas que se quieren, elegir los entrevistados, todo muy bien pensado para que los márgenes de error no sean groseros, funcionando como profecías autocumplidas.
4. Particular atención debemos poner a la información internacional, totalmente monopolizada por las potencias occidentales y reproducida en Chile por la casi totalidad de los medios. En esto juega un rol importantísimo el "prestigio" del que gozan ciertas emisiones como la Deutche Welle, France Internacional o la BBC, todas servidoras de los intereses neocolonialistas de sus gobiernos. Resultan particularmente eficaces por su sibilina manera de presentar los hechos, amparados en un prestigio justificado en gran parte pero basado en la sutileza de sus mensajes ya que difícilmente se arries-

gan a mentir descaradamente pero les basta con ocultar información, no afirmar sino sugerir una conclusión al televidente de manera que sea éste el responsable de una interpretación maliciosa y no el medio.
- El prestigio sirve para manipular noticias ya que este no proviene de las noticias mismas sino de una programación diversificada neutra políticamente pero que sirve de "soporte prestigiante" para pasar de contrabando noticias manipuladas, porque obviamente programas de carácter científico o misceláneos de indudable calidad permiten predisponer al televidente a aceptar el paquete completo de emisiones.
- Es el caso también de emisiones de ciencia de divulgación por National Geografic, History Channel y otros. Aprovechando su cubierta de ciencia History Channel invitaba con frecuencia al ultraconservador y guerrerista senador John McCain a opinar en programas de historia, donde el rigor científico se pierde totalmente siendo el televidente desprevenido víctima de la más grosera interpretación de los hechos de manera que los numerosos programas que emiten estos canales y que son de innegable valor, les permiten pasar de contrabando opiniones sesgadas.
5. Sacar de la agenda pública a quienes postulan soluciones consistentes y situar la discusión entre variantes que se diferencian mínimamente. En el año 2016 hubo por fin importantes movilizaciones contra el sistema de AFPs que planteaban la única solución posible al tema de las pensiones y que no es otra que el término del sistema y su reemplazo por un sistema solidario que mejoraría las pensiones significativa e inmediatamente.
- Mediante argumentos falaciosos ampliamente divulgados los medios trasladaron la discusión a las diferencias insignificantes entre las propuestas "de reforma" de la derecha y las del gobierno que mantienen la esencia del sistema de

AFPs. La discusión se situó entre unas reformitas y otras y no en el término de la brutal estafa de las AFPs. No podía ser de otra manera cuando las AFPs son una importante fuente de avisaje y financiamiento de los medios.

Los dominados ponen su parte

No cabe duda hoy en día que la actitud pusilánime y conformista de una buena parte de la población no obedece en todos los casos y de manera exclusiva a la influencia de las ideas que ejercen las clases dominantes sobre los dominados sino debemos tener presente que una dificultad importante para introducir una cultura de cambio y progresista se encuentra en los mismos individuos por al menos tres razones a tener en cuenta:

1. Está demostrado que un pensar estructurado a lo largo de los años se fosiliza de manera que es muy difícil que algunas personas tengan la capacidad de cuestionar sus convicciones a las que se aferran sin que hayan argumentos o razones que puedan hacer variar sus opiniones.

2. Por otra parte es interesante tener en cuenta la teoría en ciencias políticas de la alemana Elisabeth Noelle-Neumann, la Teoría de la Espiral del Silencio donde sostiene que la llamada "opinión pública" es nuestra "piel social", de la cuál difícilmente nos desprendemos. Ello consiste básicamente en que los individuos desarrollan sus conductas en el marco de lo que es socialmente aceptable, evitando asumir ideas que contradigan lo comúnmente aceptado aunque no sean capaces de argumentar consistentemente frente a las ideas nuevas. Noelle-Neumann hace notar la importancia que tiene la televisión y los medios en general para los individuos adhieran a la opinión general. No obstante señala igualmente que la insistencia de los pocos que cuestionan y argumentan permite en determinados momentos históricos abrir paso a las ideas nuevas.

3. Párrafo aparte merece el abuso consentido que hacen los dominadores de la simple pereza mental de muchas personas a quienes les es más cómodo formar sus opiniones políticas sobre lo que ven en las superficie de los procesos y fenómenos sociales y económicos que de por sí son complejos. Ejemplos de ello son la explotación propagandística de las colas para obtener productos, la prohibición de viajar al extranjero o la simple comparación con la cara bonita del capitalismo, todas situaciones que tienen explicaciones totalmente coherentes pero que para un perezoso mental resultan "complejas" y es más cómodo criticar colgándose de esas manifestaciones superficiales de los fenómenos. ¡Si llueve es porque cae agua del cielo, punto! Hasta ahí llega el "análisis" y el uso de la razón.

Las élites han sido particularmente sagaces en practicar una política "cultural" que alimenta la irracionalidad y reduce las capacidades intelectuales de las nuevas generaciones. La escasa lectura de libros, la reducción de las horas lectivas de ramos humanistas alimentan un pensamiento simplista. Las fuerzas progresistas se encuentran en desventaja ya que para contrarrestar el predominio de la propaganda (que no es otra cosa), debemos dar explicaciones que obligan a considerar elementos propios del análisis racional de los fenómenos y procesos.

El cinismo burgués

> *¿Hasta cuándo las guerras que castigan al mundo seguirán negándose a reconocer que matan para robar, aunque invoquen a Dios o la Patria? (Eduardo Galeano).*

Los seres humanos valoraban aunque cada vez menos, la franqueza y la verdad por sobre el cinismo y la mentira y aunque siempre por diversas razones nos abstenemos de decir todo lo que se piensa íntimamente, la historia nos ha legado una sociedad capitalista donde el engaño y el cinismo son toda una institución que no ha dejado de ampliarse a medida que sistema se desarrollaba. Desde luego, la historia nos muestra que el cinismo siempre acompañó las relaciones conflictivas entre los "señores".

Desde la clásica división en etapas de la historia que el materialismo histórico de Marx nos ha legado podemos entender mejor como el cinismo burgués representa una particularidad histórica. La humanidad ha recorrido grosso modo tres estadios de modos de producción que han implicado relaciones de explotación de unos seres humanos sobre otros pero en sólo dos de ellos la explotación ha sido de tal manera evidente que la conciencia de la condición de explotado era patente, se sufría en vivo y en directo, sin intermediaciones, eran experiencias y vivencias cotidianas.

Bajo el esclavismo era impensable que el esclavista ocultara su condición de amo y si bien las formas más brutales de explotación existieron, también el esclavismo evolucionó a formas menos crueles como en el caso de Roma donde los esclavos pudieron tener familia y llevar una vida menos azarosa. Pero estaba claro que el producto de su trabajo pasaba enteramente a disposición de sus amos quienes devolvían lo mínimo para su manutención.

Lo que cambia con el feudalismo es que en gran parte de Europa al menos, se practica el régimen de tres días de trabajo para el señor feudal en sus tierras y tres días de trabajo para usufructo del siervo, en su parcela, lo que bajo circunstancias diversas era respetado. En este caso igualmente aparece totalmente claro que el siervo tenía conciencia de ser explotado, de que los resultados de su trabajo durante tres días eran apropiados por el señor feudal dueño de las tierras (sólo a cambio de la protección mutua a que se obligaban ambos en caso de guerra).Desde luego no faltaron los abusos que implicaron la apropiación también de parte de los producido por el siervo en sus parcelas.

La emergencia del capitalismo y la necesidad de mano de obra para las fábricas pusieron en abierta contradicción al feudalismo con la naciente burguesía ya que los siervos, aun no siendo esclavos, estaban obligados a permanecer en las tierras del señor. La revolución burguesa clama por la libertad, la igualdad y la fraternidad pero subyace el interés por transformar los siervos en obreros. No pondremos en duda aquí la honestidad de los pensadores republicanos como Jean Jacques Rousseau o Montesquieu pero sin duda sus ideas reflejaban las aspiraciones económicas de la clase burguesa de "liberar" a los siervos que se necesitaban para las fábricas. Al respecto me parece que la vieja polémica respecto de qué está primero, si el desarrollo de la infraestructura económica o la superestructura jurídico-ideológica se parece mucho a la disyuntiva entre que está primero, si el huevo o la gallina cuando en realidad no son dos "bloques" separados sino un proceso contradictorio donde hay un significativo traslapamiento de ambas realidades como interpenetración de contrarios, por lo que la primacía de lo económico aparece velada por lo complejo-dialéctico del proceso.

La liberación de la mujer no ocurre sino cuando ellas logran independizarse económicamente, proceso que comienza precisamente cuando los siervos se trasladan a las fábricas y son sometidos a una brutal explotación, tan brutal que sus mujeres y niños deben trabajar para sobrevivir penosamente, jornadas que duraban hasta 16 horas diarias. Desde entonces la libertad más que un valor ha formado parte de los instrumentos del lucro capitalista como en el caso del drain-brain que se funda en la "libre" circulación de las personas o la libertad de movimiento de los capitales que ha dado gran margen a la especulación financiera que tiene al borde del colapso al sistema.

Con el capitalismo desaparece la "explotación evidente", ¡que salta a los ojos! y las relaciones de producción y de cambio enmascaran, camuflan el proceso de apropiación del trabajo ajeno. Al respecto hay que tener presente la teoría del valor de Marx que él describe justamente como "el secreto de la mercancía", la forma escondida que permite que las relaciones de explotación se camuflen. El cinismo practicado en las relaciones entre dominadores pasa a practicarse en la naciente democracia. Los esclavistas ni los señores feudales necesitaban del cinismo para dirigirse a sus esclavos o siervos, como tampoco se proclamaban partidarios de la democracia y las libertades. Podríamos en cierto sentido decir que el cinismo burgués es una prueba del progreso moral de la sociedad aunque parezca contradictorio, ya que el ocultar relaciones de explotación refleja sin duda que los seres humanos dejaron de soportar la esclavización y la servidumbre y que se volvió necesario que, aunque se conservan relaciones de producción que posibilitan la apropiación de trabajo ajeno, están desaparecen de la vista y el obrero pensara "que le pagan por su trabajo". En definitiva, el mayor progreso de la humanidad pareciera ser que ya no se atropella a los débiles de manera abierta sino encubierta por el rechazo que la conciencia civilizada tiene frente al atropello directo y visible del esclavismo y el feudalismo. Tampoco quiero aquí señalar que sea lo mismo la explotación bajo el capitalismo que bajo los modos de producción que le antecedieron. Sin duda el progreso existe.

Siendo la fuerza de trabajo el conjunto de capacidades físicas e intelectuales que tiene un ser humano bajo el actual régimen el trabajador vende esas capacidades "libre y voluntariamente" a diferencia del labriego de la edad media que estaba sometido a permanecer atado a la tierra de su señor. La ilusión del trabajador libre es que vende un tiempo de trabajo traducido en un horario fijado por un contrato. En realidad el capitalista compra el derecho de utilizar esas capacidades productivas durante un tiempo en el cuál se producirán mercaderías por un valor agregado determinado, valor agregado por el trabajo del obrero, valor que será repartido entre remuneraciones y ganancias.

Esta repartición es equivalente grosso modo a la división del tiempo de trabajo del siervo que trabajaba para el señor y del tiempo que trabajaba para sí mismo y su familia. Sólo que el trabajador bajo el capitalismo está expuesto a la cesantía, fenómeno casi inexistente antes del capitalismo y deberá vender como una mercancía más, su fuerza de trabajo en el mercado. El trabajador estará convencido de que recibe un salario por los resultados de su trabajo y no que es solamente por una parte de él tal como le ocurría al siervo quien evidentemente estaba más consciente de las relaciones de explotación. El capitalista estará convencido a su vez que paga lo que corresponde, es decir, lo menos posible para que el margen de ganancia sea el máximo posible. La posición dominante del capitalista le dará la misma ventaja que tenía el esclavista y el señor feudal para apropiarse del trabajo de otros y como consecuencia de ello, se beneficiará de una posición de privilegio y status económico y social.

La desigualdad entre los seres humanos estará presente bajo los tres modos de producción básicos pero bajo el sistema capitalista es donde estará más oculto el mecanismo que genera esas diferencias y donde se profundizarán aun más las diferencias de ingreso y consumo. Desigualdades crecientemente ocultas bajo la enorme complejidad de las alambicadas relaciones económicas actuales que hacen aun más difícil develar las relaciones de explotación, donde la posibilidad de participar de ganancias con el capitalismo popular o la participación en el mercado de valores, enmascararán aún más esas relaciones. Por ello, la idea de la justicia social es uno de los pilares del socialismo porque busca reequilibrar los ingresos y el consumo en base al trabajo efectivo prestado por cada individuo. Escuchar a personeros de derecha hablar de justicia social, es puro cinismo burgués. Aunque la maraña de las relaciones económicas bajo el capitalismo hagan difícil la toma de conciencia de la clase trabajadora de la disparidad contradictoria de intereses entre unos y otros, la evidencia está en el resultado, que es suficientemente visible: las crecientes e infamantes desigualdades tienen su origen en esas relaciones enmascaradas. ¿Podría acaso alguien con su ***propio*** esfuerzo acumular recursos para hacer turismo espacial, comprarse un yate de 120 metros de eslora o trasladar a sus invitados en una flota de aviones para casarse junto a las pirámides de Egipto o acumular una fortuna que le permita comprar los 40 países más pobres con su territorio y todo lo que se encuentra en él? Si convenimos lo indiscutible que es que el trabajo humano es el que crea la riqueza tendremos que convenir que tales millonarios no son superhombres que hayan creado la riqueza que tienen, que aunque en algunos casos sean inteligentes y muy trabajadores nunca lo que acumulan puede explicarse por "su" trabajo. El consumo suntuario, excesivo no debiera menos que ofender la conciencia moral de la humanidad y no es sino una enorme inmoralidad cuando **cada 6 segundos muere un niño de hambre en el mundo.** Pero los medios se esfuerzan por presentarnos esos personajes como admirables dando legitimidad al derecho de apropiarse del producto del trabajo de otros, tarea que cumplen una multitud de publicaciones dedicadas a los insulsos avatares de los ricos y famosos. Hemos tocado el tema del cinismo burgués porque constituye también una forma de enmascaramiento de la realidad que mantiene a millones de seres humanos en la jaula cultural que les impide ver el mundo real, tal cual es y el origen verdadero de las desigualdades.

La alteración del lenguaje

> *"Nos han dominado más por la ignorancia que por la fuerza"* (Simón Bolívar).

El lenguaje tiene como función primordial comunicarnos y para ello utilizamos palabras cuyos significados son comprendidos por el hablante y el oyente. El lenguaje es algo vivo que también evoluciona y cambia. Hay palabras que desaparecen, las nuevas generaciones suelen desarrollar su propio léxico, los avances científicos y tecnológicos enriquecen las lenguas con nuevos términos, etc.Todo ello no debería llamar la atención. Sin embargo, hay un área de cambios donde los significantes y/o los significados mutan para servir fines de dominación así como otros son sacados del diccionario por molestar al sistema. Las palabras son trocadas a significados equívocos y los medios de comunicación nuevamente son preferentemente el vehículo que facilita esa transformación engañadora.

Por otra parte, si bien la riqueza del lenguaje humano nos separa de los animales, hemos desarrollado esta capacidad no solo para comunicarnos sino también para fines amorales como mentir, confundir, tergiversar, incitar a cometer crímenes e injusticias, etc., y en esa demarcha, la sociedad burguesa ha sido extraordinariamente creativa. El uso de eufemismos, es decir, el sustituir una palabra por otra que cause menos escozor entra también entre los artificios lingüísticos más de moda. Hablar por ejemplo de "los mercados" en lugar simplemente del gran capital, de vulnerables por pobres, etc., son sin duda muestras del uso del lenguaje con fines político-ideológicos y "liberar la palabra, resulta indispensable para el relanzamiento de un proyecto popular de cambio político, social y económico".

(*)Al respecto hay un interesante libro de Luis Casado. Lingua Comoediae Chilensis, impreso en Francia en marzo de 2009. (http://www.elclarin.cl/index2.php?option=com_content&do_pdf=1&id=15978).

Una de las palabras sometidas a significaciones equívocas es "terrorismo" ya que desde hace ya algunos años se puso en circulación una particular manera de utilizar el término dándole nuevas connotaciones, manteniendo el significante pero ampliando su significado para meter en un solo paquete acciones que originalmente no eran atribuidas al terror. En estricto rigor, el terrorismo se definía como las acciones violentas individuales o de organizaciones destinadas precisamente a causar terror entre la población generalmente con fines políticos. También se había empleado el término terrorismo individual cuando el objetivo del acto de violencia es una persona y no el conjunto de la población, como el caso de ajusticiamientos de responsables nazis por la Resistencia en Europa.

El significado del término se ha ampliado tanto a derecha como a izquierda. De esa manera hablamos de terrorismo de estado, cuando son organizaciones del estado que ejecutan acciones destinadas no sólo a reprimir organizaciones o individuos sino que además se acompañan con informaciones ad hoc que buscan causar temor o terror en la población e inhibir con ello la oposición al poder institucionalizado. Ello puede ir desde asesinatos "ejemplarizadores", cadáveres martirizados exhibidos públicamente hasta simples amenazas verbales.

El imperialismo norteamericano ha sido particularmente activo en agregar al término nuevas acepciones que apuntan a contradecir el valor moral de las acciones y discursos de muchos de sus oponentes, habida consideración que siempre el mote de "terrorista" dispondrá negativamente a los ciudadanos a aceptar o admirar las acciones denostadas como "terrorismo". La palabra en sí tiene una carga totalmente negativa y otra extensión aportada para desfigurar su significado original incluye no sólo acciones sino hasta un escrito o una afirmación verbal puede ser catalogada de "terrorista".

No cabe duda de que las prácticas terroristas están en auge, en particular en el Oriente Medio y el Norte de Africa, pero lo que aparece claro es que nos quieren confundir metiendo bajo la misma carátula las legítimas acciones de defensa de los pueblos contra la dominación imperial, en otro caso de "copia" de los métodos del nazismo para defender lo indefendible, el terrorismo puro y duro. Es de conocimiento general el horror y el terror desatado por el régimen nazi quienes calificaban también de terroristas a los movimientos de resistencia que en Francia, Italia, Yugoslavia y otros países luchaban desde el "maquis" o en las zonas urbanas contra las tropas alemanas y sus aliados internos.

Ciertamente el terrorismo ha sido empleado por la derecha fascista pero también por quienes de manera vergonzosa decían inspirarse en el marxismo. No cabe duda que el horror y el terror también fue empleado en Perú por Sendero Luminoso, los Khmer Rojos dirigidos por un demente como Pol Pot o durante la llamada Revolución Cultural en China. Pero así como nadie podría culpar a las enseñanzas de Jesús de las barbaridades cometidas por la Inquisición o durante las Cruzadas tampoco corresponde que la filosofía radicalmente humanista y libertaria de Marx, por lo demás de evidentes raíces judeocristianas, tenga que ver con semejantes barbaridades. Una mala comprensión o interpretación o simplemente, las características de personalidad de ciertos individuos pueden llevar a acciones deplorables a nombre de ideas nobles. No cabe duda que Pol Pot era una personalidad psicopática como creo también que Hitler, Pinochet o Arellano Stark lo eran.

Algo similar ocurre con los llamados textos sagrados, que dado que son una recopilación de relatos y mitos antiguos, escritos por diversas personas en distintas épocas, a veces escritos con bastante posterioridad a la ocurrencia de los hechos que relatan(con la consecuente deformación mitológica), dan pié a una amplia gama de interpretaciones, muchas veces a gusto del lector. Así constatamos hoy horrorizados, como dicen inspirarse en el Corán los extremistas musulmanes para acometer barbaridades sin nombre, aunque la mayoría de los fieles a Mahoma defienden un supuesto carácter tolerante de su religión.

En todo caso contemporáneamente, el terrorismo en su acepción más acertada, aquella que busca causar terror en la población que generalmente afecta a simples ciudadanos-víctimas, ha sido una práctica recurrente de la ultraderecha y el fascismo y en el pasado anterior por las clases dominantes. Bueno es reiterar aquí que la violencia política es una espiral a la que son arrastrados los participantes de distinto signo pero inequívocamente tiene su origen, su punto de inicio en la conquista y conservación de privilegios. Desde aquellos tiempos remotos en que algunos hombres, valiéndose de su superioridad física y empleando la violencia decidieron someter a otros y apropiarse del fruto de su trabajo, la violencia política se instaló y ha continuado a lo largo de los siglos, de manera explícita, desenmascarada bajo el esclavismo y el feudalismo, hasta su forma cínica actual. No es como suele decirse que nunca se sabe donde empieza la espiral de la violencia: tiene un origen inequívoco en la conquista y conservación de privilegios y la violencia que han ejercido históricamente las clases subordinadas es claramente de signo defensivo, aunque, estando implicados seres humanos y sus características conductuales, ocurren objetivamente excesos de una parte y de otra, aunque la defensa de privilegios como la historia lo demuestra, suele hacerse con extrema crueldad.

Causar terror mediante el terrorismo ciego no ha sido una práctica de la izquierda ni siquiera de la ultraizquierda la que siempre tiene como blancos a representaciones individuales o institucionales del sistema. Pero la ultraderecha o en general en la historia de la humanidad, son los sectores conservadores que nunca trepidan en nada para conservar privilegios los que han utilizado el terrorismo ciego.

Banderas falsas

En dichas acciones se suele utilizar la técnica de las "banderas falsas", lo que consiste en hacer aparecer a organizaciones de izquierda como cometiendo actos terroristas cuando son ejecutados por grupos de derecha. Es el caso del incendio del Reichstag, el parlamento alemán, que fue atribuido falsamente al Partido Comunista Alemán para conseguir que la población aceptara la brutal represión que siguió al hecho por parte del Partido Nazi. Hitler inició la Segunda Guerra Mundial con una operación de bandera falsa: soldados alemanes con uniformes polacos "atacaron" un puesto fronterizo alemán, dando ello la excusa para invadir Polonia. El atentado de la Piazza Fontana de Milán, del 12 de diciembre de 1969, es otro buen ejemplo con 17 víctimas fatales y 88 heridos fue atribuido a los anarquistas italianos. Con el tiempo se descubriría que fue una operación de la OTAN en la que participaron la CIA y los servicios secretos italianos, cuyo objetivo era indisponer al electorado italiano contra la izquierda en general y en particular para impedir que el Partido Comunista accediera al poder.

Más recientemente existen fundadas dudas de que el ataque a las Torres Gemelas en Nueva York, si bien fue perpetrado por islamistas radicales, ello estaba en conocimiento del gobierno norteamericano y sus servicios de inteligencia y "dejaron hacer" y habrían completado el desastre con explosivos que aseguraron el derrumbe de las torres. Ello permitió pasar la idea de la Guerra al Terrorismo, con suculentos negocios de armamento y restricciones a las libertades al interior de EEUU.

Las banderas falsas tienen una variante que es más difícil de detectar. Se busca un grupo suficientemente extremista, fanatizado e influenciable, proveyéndole de armas y cobertura y se le empuja a cometer un acto que pueda ser útil a los fines políticos perseguidos, lo cuál ha sido utilizado en una versión amplificada para derrocar gobiernos en el Medio Oriente y Yugoslavia, usando mediante operaciones encubiertas fanáticos musulmanes.

Al inicio del Gobierno de la Unidad Popular, existía la posibilidad de que el Partido Demócrata Cristiano apoyara al gobierno de Allende en numerosas materias dado que el candidato democratacristiano Radomiro Tomic había levantado un programa que tenía importantes coincidencias con el programa de izquierda en materias relevantes como la profundización de la Reforma Agraria y la Nacionalización del Cobre.

Provocar un distanciamiento en las relaciones entre la DC y la UP era fundamental y por parte de Allende, por el contrario, acercar posiciones abría la posibilidad de contar con una mayoría significativa para las transformaciones programadas dado que la Unidad Popular era minoría en el Congreso. En junio de 1971, el ex ministro de Frei, Edmundo Pérez Zujovic es asesinado por un Comando de la Vanguardia Organizada del Pueblo, utilizando armas a las que en esos tiempos eran prácticamente imposible acceder y cuyo origen nunca se pudo determinar.

La VOP era un grupo minúsculo que no contaba más de unas decenas de militantes, todos de origen muy modesto, salvo unos sospechosos nuevos militantes incorporados unos meses antes: un americano-japonés, un panameño, un argentino y una argentina que desaparecieron después de perpetrado el atentado, tras ser liberados por un aun más sospechoso Jefe de la Brigada de Homicidios de la Policía de Investigaciones, quién no contaba con la confianza del Director nombrado por Salvador Allende. Aunque tardíamente, Gabriel Valdés, ex canciller del Presidente Frei en el programa Cita con la Historia del canal ARTV afirmaría que tenía la íntima convicción de que estuvo metida *"una mano mora en el asesinato de Pérez Zujovic"*, agregando que *"yo siempre he tenido la convicción de que todo fue provocado por alguien externo"*.

El uso de banderas falsas es mucho más frecuente de lo que se pudiera pensar y habitualmente son los servicios secretos de los estados dominantes los más inclinados a su utilización aunque su uso es también frecuente en los países de la periferia: baste recordar que durante el año 2000, cuando el servicio de inteligencia del Perú bajo la dictadura de Fujimori organizó un autoatentado contra el Banco de la Nación para enseguida culpar a los manifestantes y lograr que la opinión pública se volcara a criticar a la oposición al régimen. Ha sido frecuente que las manifestaciones de los estudiantes en Chile terminen sistemáticamente con la destrucción de bienes públicos y privados por encapuchados entre los que se mezclan con toda probabilidad agentes policiales, delincuentes bien financiados, aventureros deseosos de emociones y seguramente también "revolucionarios" pasados de revoluciones.

Si tuviéramos que aplicar esta deformación intencionada del término terror-terrorismo difundida por los norteamericanos a los hechos de la historia de numerosos pueblos y sus líderes que lucharon por su independencia, no escaparían al mote de terroristas ni los padres de la Patria de las luchas independistas en América, incluido por cierto George Washington.

La transformación de los significados o la sustitución de términos por otros que camuflan de mejor manera los hechos reales podemos también observarlos en palabras como empresario-emprendedor, daños colaterales, apremios ilegítimos, personas vulnerables por pobres, guerras preventivas, guerras humanitarias, gente por pueblo, etc..

Aunque Hollywood nos cuenta sólo maravillas de los militares norteamericanos, con demasiada frecuencia ocurren bombardeos erróneos de hospitales, bodas, escuelas, etc., errores a los que ahora se les llama "daños colaterales" seguramente para diferenciarlos de bombardeos como los de Hiroshima y Nagasaki que no tuvieron "colateralidad".

Para obscurecer los conflictos de clases que genera el hecho de que unos reciben sus ingresos por la propiedad del capital y otros solamente por parte de su trabajo (a veces un modesto capital), se vehicula hoy una palabra que hace desaparecer al capitalista y al mismo tiempo lo iguala, en apariencia obviamente, con el trabajador bajo el rótulo de "empresario o emprendedor". Como vivimos en la sociedad de las apariencias, el modesto lustrabotas de la plaza de cualquier pueblo con sus 20 dólares de "capital", es según la moda instalada para confundir, un empresario o su sinónimo un emprendedor. En estricto rigor, muchas personas que son pequeños o medianos empresarios deben considerarse simplemente trabajadores ya que sus ingresos y consumo son proporcionales al aporte que en trabajo hacen a la economía y no son pocos los casos en que sus ingresos reflejan malamente sus esfuerzos de jornadas de 12 horas diarias, de lunes a domingos, sin vacaciones ni seguridad social. Si aplicáramos el principio socialista de distribución de "a cada cual según su capacidad" nos podemos encontrar con que un obrero podría estar recibiendo un salario más justo que el del pequeño empresario que se esmera por sacar adelante su negocio con enormes sacrificios personales y familiares.

Con posterioridad a la dictadura de Pinochet y durante muchos años, la derecha quiso sustituir el termino dictadura por el de "gobierno militar", aunque de toda evidencia se trató de la dictadura más brutal que haya conocido nuestro país, sin elecciones, sin parlamento, sin libertad de prensa ni de asociación, con los partidos políticos prohibidos, etc., discusión que aparte de lo señalado podemos obviar citando al máximo líder histórico de la ultraderecha, Jaime Guzmán en minuta a la

Junta Militar de 1973: "*El país sabe que afronta una dictadura y lo acepta (¿?) Véase si no la increíble pasividad con que se ha recibido por el estudiantado la intervención de las universidades, medida que en todas partes ha suscitado violenta resistencia. Transformar la dictadura en 'dicta-blanda' sería un error de consecuencias imprevisibles*". ¡Jaimito quería más resistencia... para provocar aun más víctimas!

No sólo se alteran los significados de las palabras. Si estas son muy molestas, es mejor hacerlas desaparecer: imperialismo, capitalista, burgués, lucha de clases han casi desaparecido pero no las realidades que representan. El imperialismo es hoy una brutal realidad, tan criminal como siempre, aunque podría aceptarse una nueva palabra que refleja de mejor manera su evolución actual: el transimperialismo bien representado en el grupo de los Siete. El imperialismo era en realidad los imperialismos, término asociado a naciones y estados dominantes: imperialismo inglés, japonés, alemán, francés, norteamericano, los que se enfrentaron por su diversidad de intereses desatando las dos guerras mundiales cuyo verdadero origen no estuvo en el asesinato de un archiduque o el racismo alemán sino en los conflictos por la repartija de las colonias que los grandes empresarios de esos países querían controlar para apropiarse de sus recursos naturales y conquistar mercados y por otra parte fue otro esfuerzo por hacer desaparecer a la Unión Soviética. Dado que a Alemania le había tocado muy poco y a Italia menos y para colmo, al perder la Primera Guerra Mundial le fueron arrebatadas sus escasas colonias, Hitler no tardó en encontrar apoyo en los grandes empresarios quienes financiaron generosamente al partido nazi. Ahora en nuestros tiempos, cinismo burgués obliga, las guerras son para "expandir las libertades y la democracia". Hoy estos países dominantes ya no se enfrentan entre ellos, sino se han puesto de acuerdo para someter al resto para lo cual recurren a métodos variados de intervención y a instrumentos institucionales bajo su control, como el Banco Mundial y el Fondo Monetario Internacional. La técnica más recurrente es la de endeudar países por la intermediación de gobiernos corruptos para enseguida, obligarlos a pagar con la privatización de sus grandes empresas y la entrega vergonzosa de sus riquezas naturales, que obviamente pasan a ser controladas por las multinacionales, que precisamente se llaman multinacionales, porque sus capitales provienen principalmente de ciudadanos, empresas e instituciones de los países dominantes.

El culto del apoliticismo

El culto del apoliticismo ha resultado ser una de las estrategias más eficaces para controlar a la población de un país, lo que equivale a decir, déjennos hacer a nuestro gusto e interés y que el resto deje de interesarse por la política, aunque el ser humano sea un ser político, alguien que no vive en las estrellas, sino en el marco de una sociedad cuyas instituciones políticas toman decisiones que afectan cotidianamente su vida y la de su familia. La política puede ser definida como las diferentes opciones de solución a los problemas que afectan a un colectivo en oposición a los problemas de carácter personal o familiar. Es por tanto imposible que cualquier persona no sea afectada por las decisiones políticas.

En el colmo del cinismo, escuchábamos bajo la dictadura militar, el rechazo a la política y los "señores políticos" como solía decir Pinochet. Pero ¿Cómo podía gobernar un país sin política y sin los políticos de derecha que le aconsejaban y sin sus generales que desde los ministerios y diversas instituciones del Estado aplicaban las políticas de derecha definidas por la dictadura? ¿Es que no había política económica, política educacional, política agrícola, política comunicacional, política represiva, etc.? ¿O es que prometieron y engañaron menos que los políticos tradicionales? Basta recorrer la prensa de la época para encontrar un sinfín de promesas incumplidas y de demagogia desatada.

Está claro que los que quieren controlar un país y en particular su economía quieran mantener en la ignorancia de los temas políticos a las grandes mayorías. De nuevo en este tema nos encontramos con la continuidad de la Dictadura: han desaparecido de los medios los debates serios sobre los grandes temas de la política y la economía y quienes suelen debatir estos temas tienen discursos monocordes cuyas diferencias son tan insignificantes que más parecen peleas de payasos donde la verdadera izquierda está generalmente excluida de estos "debates".

En el caso de Chile, quien ha profitado de esta táctica ha sido el partido de derecha la Unión Demócrata Independiente, cuya creación se remonta al periodo dictatorial, en 1983. Ya desde sus orígenes históricos en el Movimiento Gremial de la Universidad Católica, apuntaba a la despolitización de los organismos gremiales (pero al mismo tiempo controlarlos con su política), lo que desde luego era una acción política. Su composición elitista original se ha mantenido con los años lo que puede observarse en la composición de su cúpula partidaria, pero ha sido particularmente sagaz en implantarse en los sectores populares, tarea inicialmente facilitada por la brutal represión dictatorial a la izquierda marxista y que le ha permitido transformarse en uno de los principales partidos del país. Hubo todo un diseño para conseguir el apoyo de los sectores más vulnerables, vulnerabilidad que claramente no es solamente económica sino también, y eso era lo importante y útil, culturalmente vulnerables. A ello contribuyó el desmantelamiento y deterioro de la calidad de la educación pública, incluyendo una masiva exoneración de maestros. El diseño se completaba con una gama de acciones paternalistas en cuya ejecución participaban entusiastas damas de la clase alta que no dudaron en apoyar la causa, despojándose de sus joyas y reduciendo el arrisco de narices en sus visitas a las barriadas pobres. Detrás de esas acciones había un cálculo económico-electoral no menos sagaz: conseguir un voto en un sector popular era más barato que conseguirlo en las capas medias. Un paquete con algunos kilos de comida al estilo Fujimori en Perú bastaba, asunto que era impensable para conseguir un voto en los sectores medios, sectores que fueron sacrificados durante largos decenios.

Hoy en día estas prácticas se han extendido a los gobiernos "democráticos" que mediante el mismo expediente paternalista y clientelista compiten con la derecha en ganarse los votos "que salen baratos", métodos que no pueden calificarse de otra manera que de cohecho simulado. Ya no se trata de ir a los sectores populares para crear conciencia de clase y contribuir con ello a la dignificación del mundo de los trabajadores sino de usar los mismos métodos remozados que durante decenios utilizaron los sectores conservadores para ganar elecciones, tradición que había desaparecido con la Ley Electoral dictada por el Gobierno de Carlos Ibáñez (1952-1958), ley fuertemente resistida por la derecha por razones obvias y que por otra parte permitió el crecimiento electoral de la izquierda que llevaría finalmente a Allende a La Moneda.

La derecha y los sectores dominantes que representan han impulsado el apoliticismo conscientemente como una forma solapada más para defender sus intereses. Y quienes le siguen el cuento, no hacen otra cosa que prestar apoyo, consciente o inconscientemente al sistema de privilegios existente. Por el contrario, el apoliticismo deviene para las personas que viven de su trabajo una posición política que les perjudica al no asumir su pertenencia a la clase trabajadora y el carácter colectivo de los problemas que debe enfrentar, porque el apolítico es fundamentalmente una persona que cree que sus carencias son de su responsabilidad, de su incumbencia individual o familiar como la carencia de una vivienda, que es un problema que afecta a miles, un problema colectivo, social y por lo tanto, político. No llega a comprender que sus problemas son los de muchos y que por tanto estos problemas tienen raíces profundas en la estructura de funcionamiento de la sociedad, en las relaciones de producción establecidas para el conjunto de los trabajadores, conciencia que debe conducirlo a abandonar su postura individualista y asumir la conciencia de pertenencia a una clase, aquella que vive sólo de su trabajo y que debe defender colectivamente sus intereses. El ciudadano apolítico comparte la idea de que sus propias carencias o las de los demás se deben a su falta de aptitudes o aún a su mala suerte y al mismo tiempo cree que quienes tienen éxito lo deben a capacidades superiores, a la suerte, a la voluntad de Dios o un mayor espíritu emprendedor. Ciertamente hay muchos factores que inciden en la diferencia de ingresos de unos y otros, pero el problema siempre es descubrir cuál de todos es el factor determinante y estructural y ese factor determinante es el que se oculta: la apropiación del trabajo ajeno que determina las diferencias de ingreso es el factor estructurante y determinante para que el círculo vicioso de la pobreza y el círculo vicioso-virtuoso de la riqueza se reproduzcan ad infinitum.

De ello resulta evidente, que el apoliticismo es curiosamente una posición política, el apoliticismo no es neutral, es una posición política conservadora, es por tanto una posición de derecha. En una sociedad como la nuestra el apolítico puede creerse muy inocente pero cumple un rol insoslayable de soporte del sistema, lo que explica los discursos permanentes de desprestigio de la política y los políticos, disparando al voleo a todos, sin reparar en la honestidad de muchos políticos y en el discurso serio que ellos sostienen y en el rol fundamental que la política ha jugado en el progreso de la humanidad. Razones de sobra hay para desprestigiar la política que se ejerce actualmente, pero de nuevo nos encontramos con los mismos de siempre: quienes corrompen los políticos y la política son los mismos interesados en alejar a los ciudadanos de la actividad política.

La humanidad debe su progreso también a todos aquellos hombres que han servido a sus semejantes mediante su actividad política, aquellos que han proclamado la hermandad entre los seres humanos, aquellos que han luchado por la paz, por la independencia de los pueblos, por la justicia social, por la libertad, por la democracia, por la igualdad. Si los padres de la Patria no hubieran optado por la lucha política no habría habido independencia ni república, ni democracia burguesa, etc. Diego Portales era un rico comerciante que no tuvo ninguna participación en la guerra de Independencia de Chile, fue un apolítico que devino político posteriormente, cuando se empleó a fondo para restablecer el dominio oligárquico mediante la Constitución de 1833. No podemos menos que concluir que el apoliticismo es una estafa, una manipulación más de los defensores del sistema.

La publicidad

En lugar de gastar, piense (Escrito sobre un cartel publicitario en el Metro de París)

La cultura de las manipulaciones tiene su punto más alto en el desarrollo del arte-ciencia de la publicidad bajo la sociedad burguesa. La tradicional "propaganda" ha cedido su lugar a un sofisticado sistema de manipulación mental detrás del cuál encontraremos la palabra clave del capitalismo: el lucro o ganancia. Las barreras morales caen estrepitosamente a las demandas de lucro y más lucro y ya en los años cincuenta se denunciaba el uso de la publicidad subliminal, técnica dirigida directamente al subconsciente, como intercalar mensajes en la proyección de un film que no eran percibidos conscientemente pero que se alojaban en el subconsciente y nos condicionaban para aceptar un producto o peor aún, una idea.

Cuando hablamos de valores permanentes y universales, un ejemplo del tal afirmación es sin duda el respeto de la verdad y la condena de la mentira, presente en todas las grandes religiones y culturas y hasta en los pueblos más primitivos desde hace milenios, pero en nuestros tiempos de retroceso civilizatorio, el apego a la verdad se desvaloriza día a día, convencidos como están los manipuladores que el ser humano es un animal de costumbres que si son insistentes con una afirmación cualquiera, se terminará aceptando lo que sea, incluso el horror. La universalidad del respeto por la verdad está siendo minada y es el capitalismo su enterrador. Goebbels afirmaba que una mentira repetida mil veces terminaba siendo verdad y la mayoría de los habitantes de un pueblo cercano a Auschwitz, llevados a conocer directamente las cámaras de gas, los hornos crematorios, los famélicos sobrevivientes y las rumas de cadáveres no mostraron estar impactados. Ellos sabían lo que allí ocurría porque la propaganda nazi los había convencido de que era necesario aniquilar a los judíos, a los gitanos, a los eslavos y a los izquierdistas. No nos extrañe que los niños a los que los yihadistas del Estado Islámico enseñan a degollar prisioneros no asuman como normales tales barbaridades.

A la mayor parte de la población mundial no nos han acostumbrado a tales actos bárbaros, pero si estamos acostumbrados a aceptar que nos mientan y forma parte de nuestra vida normal que permanentemente nos enmascaren mediante la publicidad la verdadera realidad de los productos y servicios que nos ofrecen, para lo cual se desperdician gigantescos recursos financieros y el talento de creadores notables, porque no vamos a cuestionar aquí que la publicidad ha alcanzado un desarrollo que muchas veces amerita nuestra admiración.

Lo que no admiramos es el desperdicio y el fin de dichos esfuerzos: el lucro capitalista y no el bienestar y la felicidad de los seres humanos, que es en esencia, la gran contradicción del sistema capitalista. Pero para la mentalidad actual y para la ideología que la sostiene, cuestionar la actividad publicitaria aparece casi como incomprensible. Es tan normal, es tan de "sentido común" hacer publicidad para vender productos que al ciudadano común le debe parecer un despropósito el cuestionamiento que aquí hago. Solo invito a reflexionar sobre qué pensarán en el futuro las nuevas generaciones, más cultas, más racionales cuando conozcan las estupideces con las que nos convencen de comprar, qué beber, qué comer, qué vestir, qué ver, etc.. ¡Qué el último detergente es el que lava más blanco! ¡Qué los niños deben comer comida chatarra! ¡qué el interés principal del banco es solucionar nuestros problemas! Basta con hacer el esfuerzo por racionalizar lo que nos dicen en la publicidad para darnos cuenta que detrás de cada spot hay una deformación de la realidad y que las leyes que regulan la actividad son totalmente limitadas e indulgentes. La publicidad es el arte-ciencia del mentir(arte bien menor desde luego) que cuando superemos la ideología dominante y la mentalidad que genera, veremos lo absurdo e incluso lo aberrante que puede llegar a ser como cuando persigue "crear necesidades" en un mundo de carencias inadmisibles y de deterioro ambiental y **donde un niño muere de hambre cada seis segundos.**

Muchos políticos hacen una importante contribución al desprecio creciente por la verdad que corre a parejas con el asalto a la razón y aunque bien podemos admitir que el mentir se aprende a temprana edad, no es menos cierto que con la educación que recibimos de nuestras familias y en la escuela, el amor por la verdad y el rechazo al mentir ganan terreno. Ciertamente nadie es inocente absolutamente frente a la verdad ya que es bastante aceptada la disposición a las mentiras piadosas o la incomodidad frente a las verdades molestas. Pero lo que venimos afirmando en estas líneas no tiene que ver con eso sino con la aparición de una forma sistematizada de alterar la verdad objetiva, usando y abusando del conocimiento científico de la psicología humana y de las ciencias sociales en general, de la incultura que se promueve deliberadamente en la ciudadanía, de la infantilización que promueven los mensajes publicitarios todo lo cual no apunta sino a la reproducción de un sistema socio-económico injusto e ineficiente y cuyo fin último es el lucro privado.

En las experiencias del llamado socialismo real pudimos constatar cómo se otorgó una enorme ventaja al capitalismo al no disponer de prácticamente ningún desarrollo de las técnicas de manipulación mental, basando la defensa del sistema en técnicas de propaganda bastante rudimentarias, en la culturización masiva y en una educación fundada en la ciencia objetiva. Hubo igualmente desinterés institucional por desarrollar la sociología y la psicología o en el mejor de los casos sometidas a un desarrollo enmarcado en una interpretación estrecha de la filosofía marxista.

Resultó de ello una contradicción fatal: los pueblos recibieron una excelente educación, fueron formados en el análisis objetivo de la realidad lo que hacía imposible que el feble discurso propagandístico tuviera el efecto deseado. Particularmente contradictorio con el enorme esfuerzo por culturizar a las masas fue la práctica del "culto a la personalidad" en algunos países, que ante las personas aparecía cuanto más inaceptable cuanto más eran cultas sin dejar de mencionar la legitimidad de la admiración espontánea de las masas a algunos liderazgos de gran prestigio moral, como Fidel Castro u Ho Chi Minh.

En lo práctico, la publicidad comercial en los países socialistas como tal no existía, (en buena hora), pero ella podría haber sido aprovechada como una manera distinta de educar en una gran diversidad de materias, dar a conocer características objetivas de productos y servicios también, campañas en el ámbito de la salud, etc. Atisbos de una publicidad humanista han comenzado a aparecer en lo que se denomina publicidad no comercial o de servicio público porque las mismas técnicas pueden servir para fines más loables que el lucro capitalista. Utilizar las técnicas publicitarias respetando la dignidad de las personas, es decir, sin manipulación, apelando a la razón y a los buenos sentimientos, con fines educativos, en la reafirmación de los valores aceptados más universalmente, en la defensa del medio-ambiente, en las aportaciones del progreso moral, etc., permitiría un cambio revolucionario en el uso de estas técnicas. ¿Cómo no sería deseable que en lugar de gastar sumas millonarias en convencernos de consumir una conocida bebida no cambiáramos aquello a mensajes que ayudaran a elevar la condición humana? El socialismo hay que concebirlo como una reingeniería económica y social y esta es una de las transformaciones que debemos impulsar por que el capitalismo y el lucro privado que lo rige hacen imposible pensar en transformaciones como ésta.

La publicidad forma parte de los costos de producir bienes y servicios, costos que paga finalmente el cliente por lo que tenemos que concluir que pagamos para que nos engañen. En ese sentido quizás el ejemplo más escandaloso sea el del sistema de pensiones, una vulgar estafa a millones de personas y a la casi totalidad de las familias, que no cesan de publicitar mentiras a costa de los fondos de los propios pensionados y que mediante estos gastos publicitarios reducen aun más esos fondos. Alguien que se niega a salir de la jaula e imaginar otra economía y otra sociedad dirá que si no hubiera publicidad comercial habría menos trabajo al eliminarse toda la cadena de producción y difusión de la publicidad como asimismo habría menos trabajo porque se reducirían las ventas de los productos publicitados. Pero ello demostraría en primer lugar que compramos lo que no necesitamos y lo hacemos solamente por influencia de la publicidad. De no mediar la influencia publicitaria no tendríamos la idea de insatisfacción respecto de necesidades ficticias publicitadas que de paso significan empleo de tiempo de trabajo innecesario que podría redundar en reducción del horario de trabajo y en limitar el deterioro ambiental al dilapidar menos recursos escasos. Las ideas de las teorías del decrecimiento sólo son posibles en el marco de una economía reingenierizada, socialista.

La publicidad contribuye a realzar el sentimiento de frustración de no tener tal o cuál producto, manteniendo a las personas en un estado de insatisfacción permanente, en la persecución de la última novedad (habitualmente insignificante), todo lo cual representa bien el vicio del consumismo. Incluso buena parte del auge de la delincuencia deriva de la "insatisfacción consumista". De lo que se trata es de reorientar el gasto publicitario para generar o suplementar otras actividades económicas útiles y entre otras unos medios de comunicación verdaderamente libres y democráticos, culturizantes y no sometidos al grifo publicitario.

La cantidad de recursos financieros y humanos destinados a esta actividad crece sin cesar y obviamente hace crecer el PIB, indicador con el que se pretende falsamente que su crecimiento aumenta en paralelo nuestro bienestar. Pero no bebemos más, no comemos más, no habitamos casas más confortables, no disminuimos el hambre en el mundo, no nos abrigamos mejor, etc., porque veamos más publicidad en las calles, porque nos interrumpan los programas televisivos, nos molesten con llamadas, etc. Bien por el contrario, esos valiosos recursos podrían bien aumentar la calidad de vida de millones de seres humanos y es una prueba más de la irracionalidad del sistema capitalista, una prueba más de la ninguna racionalidad del sistema, solo explicable por su lógica interna de funcionamiento, pero no por su supuesta racionalidad.

Es una prueba de la alienación que vivimos, cuando un sitio en Internet titula: "el gasto en publicidad mundial mantiene tendencia positiva" anunciando que a fines de 2014 este crecerá hasta 5,7 %, llegando una cifra desquiciada de 545.000 millones de dólares mientras el crecimiento mundial del PIB alcanzó el 3,4%. Ello revela con toda seguridad que la crisis del sistema y la caída de las ventas que conlleva obligan a aumentar el gasto publicitario por lo que seguramente esta nefasta tendencia a crecer más que el PIB mundial seguirá adelante. Por ello no es de extrañar que mientras el mal se extiende como una hidra venenosa ocupando con afiches, sonidos, olores, pantallas todos los espacios públicos, en paralelo la pauperización se extiende incluso en el mundo desarrollado. Peor aún, la tasa de crecimiento de la publicidad dirigida a los niños para transformarlos a todos en consumidores compulsivos de chatarra, crece más que la media general. Podemos en todo caso tener la esperanza que este desquicio dará paso a una mayor conciencia crítica al respecto y es alentador saber cómo han surgido en Europa movimientos contra la publicidad, como el sitio STOPUB y activistas más radicales como el movimiento Casseurs de PUB (Rompedores de PUB).

El conocido expublicista Fréderic Beigbeder entrega una loable lección moral: "Soy publicista: eso es, contamino el universo. Soy el tipo que te vende mierda. Que te hace soñar con esas cosas que nunca tendrás. Siempre hay una novedad para lograr que la anterior envejezca. En mi profesión nadie desea tu felicidad, porque la gente feliz no consume. Tu sufrimiento estimula el comercio. Para crear necesidades, resulta imprescindible fomentar la envidia, el dolor, la insaciabilidad: éstas son nuestras armas. Y vos sos mi blanco".

Resulta igualmente destacable la firma por la Presidenta de Brasil Dilma Rousseff de la Resolución 163/2014 que prohibió en Brasil la publicidad y la comunicación mercadotécnica con intención de persuadir a los niños al consumo de cualquier producto o servicio, utilizando "un lenguaje infantil, efectos especiales y exceso de colores; bandas sonoras de músicas infantiles o cantadas por voces de niños; representación de niños, personas o celebridades con especial atractivo para el público infantil, personajes o presentaciones infantiles, dibujos animados o de animación, muñecos o similares, promociones con distribución de premios o regalos coleccionables o con llamados al público infantil y la promoción con competiciones y juegos con llamados al público infantil. Igualmente prohíbe "la publicidad y comunicación mercadotécnica en el interior de los jardines infantiles y de las instituciones escolares inclusive en sus uniformes y materiales escolares".

Dado que la publicidad no es una actividad inocente, sino directamente vinculada a un modelo económico en crisis que promueve el consumismo y la devastación del medio ambiente, la respuesta no pasa por destruir un cartel sino ir a la raíz sistémica del problema y que tiene relación con enemigos poderosos, tan poderosos como el daño que causan, entre los cuales están en primer lugar las transnacionales de las marcas que todo lo mercantilizan, inclusive los seres humanos que no valen más que como mano de obra y clientes.

Combatir la manipulación

El peso enorme de los actores económicos que están detrás del control de los medios representa una gran dificultad para que la crítica al sistema logre llegar a una masa importante de la población cumpliendo los medios con asegurar la hegemonía de la cultura dominante y el consentimiento uniformizado de las más amplias capas de la población. Sin embargo, el creciente acceso a medios alternativos permite alimentar nuestra esperanza de que otro mundo, otra economía, otra política, otra sociedad sea posible aunque ello corre a parejas con los esfuerzos que las élites llevan a cabo en todos los ámbitos para aplastar allí donde broten palabras o imágenes que cuestionen su dominio. No, no se han quedado dormidos ni se quedarán dormidos. Usan una batería completa de medios que no deja de desarrollar un control creciente de la información: en el cine, en INTERNET, en la educación, en los canales de TV por cable, en todas partes se esfuerzan por impedir la protesta y la crítica social y por enaltecer las bondades del capitalismo.

Ello incluye hasta el desprecio por la verdad histórica. El canal History Channel afirma por ejemplo que el hundimiento del Lusitania fue la causa de la entrada de EEUU en la Primera Guerra Mundial acusando a Alemania de hundir un barco de pasajeros, cuando se sabe con certeza que si bien llevaba pasajeros, era un crucero auxiliar de la marina británica que transportaba armas al punto que incluso el gobierno alemán publicó avisos en los más importantes diarios de Nueva York advirtiendo a los pasajeros del peligro que corrían. Nos podemos imaginar cuánto rigor histórico hay cuando se refieren a la Unión Soviética, con cifras siderales de víctimas de la represión stalinista, de las pérdidas de soldados soviéticos para disminuir el mérito del Ejército Rojo en la derrota del nazismo.

La amenaza totalitaria, unas veces disimulada, otras abierta y brutal pretende evitar que medios alternativos puedan desarrollarse y plantear otros puntos de vista como ha ocurrido con TELESUR, proyecto puesto en marcha en el 2005 por Venezuela, Uruguay, Argentina y Cuba y que apenas hiciera sus primeras pruebas recibió las amenazas del Presidente del Comité de Relaciones Exteriores del Senado de EEUU, Richard Luggard. De la misma manera aunque con extraordinario éxito, RT (antes Russia Today) el canal de televisión por cable y por satélite de Rusia, que emite en español, árabe, alemán, francés e inglés es objeto permanente de acoso y como Telesur, tiene dificultades para ser integrado a los planes de televisión por cable y no se trata de poca audiencia o mala calidad de los programas sino de simple boicot. De hecho, RT es el canal más visto en Youtube, donde las élites tienen una influencia limitada, con cerca de 1 millón de visitas diarias, triplicando a CNN. Es tal el interés de las élites por controlar la información que apenas asumido el presidente de derecha de Argentina, Mauricio Macri entre sus primeras medidas decidió sacar al Gobierno argentino del proyecto Telesur. Así operan los "demócratas" que defienden la libertad de prensa y de opinión.

Nada escapa a la manipulación y en materia cinematográfica y televisiva los ejemplos abundan y para quienes hemos vivido algunos decenios más, nos aparece con nitidez la evolución clasista de la cinematografía como la mexicana y hollywoodense: el protagonismo de personajes populares y de guiones que daban cuenta de la vida de gentes sencillas ha sido transmutado a las aventuras de las clases altas, cambio particularmente notorio en las teleseries. En la misma línea debemos inscribir la filmología y los juegos que alimentan y legitiman el uso de la violencia que aunque muchos pretendan que no tiene incidencia en el comportamiento violento, lo cierto es que opera con el mismo procedimiento del acostumbramiento, para que los pueblos devengan más tolerantes con el uso de la fuerza, uso que históricamente ha sido empleado para asegurar dominancias y afirmar esa dominación, restituyendo de esa manera la legitimidad de la violencia opresiva. Es notoria la abundancia de comentarios belicistas que encontramos en facebook o twiter de la que participan las nuevas generaciones, demostrando cuanta mella han hecho en su subconsciente la aparentemente inocente actividad lúdica de los juegos de la violencia, hablando de guerras y bombardeos atómicos como si no se tratara de una deriva altamente peligrosa, rebasando largamente los límites de un simple juego.

Las nuevas tecnologías y en particular todo lo que deriva de la red INTERNET es un nuevo campo de batalla de la lucha de clases y aunque tiene sentido la esperanza de que los medios alternativos y el acceso a la información masiva permitan salir de la jaula cultural, tampoco debe considerarse como una opción que todo lo va a resolver porque la embestida por controlar dichos espacios de democracia verdadera no cesa y todos los actores políticos buscan hacer valer sus posiciones en ella y no debemos olvidar que sería un grave error sustituir la lucha real solamente por el espacio cibernético. Sin duda para quienes apostamos por la conciencia humanista y por la razón ética INTERNET ha abierto una puerta para desarrollar acciones que permitan aunar esfuerzos en el vasto espacio cibernético en pro de un mundo distinto crecientemente más humano, donde primen los valores que la civilización ha forjado en los milenios de luchas de los desposeídos. El ambiente virtual está sirviendo para la movilización y la politización de los movimientos sociales con ventajas extraordinarias en términos de amplitud geográfica, de rapidez y accesibilidad, dando voz a los que no la tenían. Pero la red sirve también para los fines que menoscaban los valores alcanzados y es también el espacio de reaparición de toda la basura histórica acumulada en siglos: fascismos, delincuencia, integrismos religiosos, imperialismos, racismo, intolerancia y las preguntas que surgen son si serán suficientes estos medios para derribar el sistema de privilegios y si los controladores del sistema no reducirán los espacios cibernéticos así como lo hicieron con los medios de comunicación tradicionales y transformarlos también en instrumentos totalitarios de dominación.

Desde luego ello ya está ocurriendo como por ejemplo, con el wikiproyecto.israel, que interviene en Wikipedia para tergiversar la historia de los abusos sufridos por el pueblo palestino transformando a los victimarios en víctimas y viceversa. La CIA, bajo el paraguas de la lucha contra el terrorismo, extiende la vigilancia mucho más allá de aquello, cuando ya sabemos que la particular interpretación de "terrorismo" incluye en la práctica a cualquier ciudadano de EEUU o del mundo que cuestione las andanzas verdaderamente terroristas del imperialismo. Desde luego no es solamente la CIA y los norteamericanos quienes llevan adelante políticas de vigilancia masiva ya que el GCHQ, Government Communications Headquarters es el cuartel general del espionaje del Reino Unido que además trabaja en acuerdo con la NSA norteamericana y Canadá, Nueva Zelandia y Australia en lo que se conoce como "Los Cinco Ojos". No hay ni un bit que escape a la vigilancia del "Gran Hermano" totalitario ya que poderosos ordenadores permitían ya en 2011 recoger las transmisiones de interceptores colocados en 200 líneas de fibra óptica que en base a 3000 palabras claves seleccionan los mensajes que procesan miles de especialistas. Seguramente el ciudadano común de esos países debe pensar ingenuamente que tales actividades le brindan seguridad, sin saber que en realidad están destinadas a asegurar los intereses de las élites y como ha quedado demostrado en los numerosos atentados terroristas que han conmocionado a la humanidad, ninguno de ellos ha podido ser detectado por tales actividades.

Ni FACEBOOK escapa a las manipulaciones dado que la selección que el sitio hace de las noticias "más relevantes" bajo el acceso "Trending" está basada en la preselección, censura, recorte, etc., que hacen los medios del sistema. En EEUU por ejemplo, las noticias de Trending son escogidas de entre las publicadas por la BBC News, CNN, Fox News, 'The Guardian', NBC News, 'The New York Times', 'USA Today', 'The Wall Street Journal' y 'The Washington Post'. Por su parte, la revista norteamericana WIRED, informaba que In-Q-Tel, una empresa inversionista de la Agencia Central de Inteligencia de Estados Unidos (CIA), invirtió grandes sumas en Visible Technologies, empresa que vigila medio millón de sitios en internet, a la búsqueda de foros y conversaciones en YouTube, Twitter y otros.

Hemos ocupado un importante número de páginas en este libro para referirnos a los métodos invisibles de dominación pues la experiencia de la Unidad Popular y la ideología socialista que la inspiraba han sido objeto de un ataque plagado de mitos y verdades a medias y el propósito de este libro es tanto desmitificar como redimir ese proyecto tan original como lo fue el programa de la Unidad Popular, rescatar todo lo valioso contenido en él como entender también que los decenios transcurridos obligan a plantearse algunas cuestiones nuevas y a desbrozar aquello que ya no tiene validez hoy, sin caer desde luego en la negación total como han hecho los personajillos oportunistas de una pseudo-izquierda que es irreconocible para quienes tenemos la convicción de que la lucha por el socialismo sigue siendo hoy plenamente válida y desesperadamente necesaria en estas horas de negación y regresión del progreso civilizatorio.

Tarea difícil que deberá enfrentar no sólo los diecisiete años en que la Dictadura pudo manipular la opinión pública a su antojo sino los años concertacionistas de silencios y complicidades y sobre todo, medios de comunicación funcionales al sistema, dependientes económicamente del avisaje privado y público, bajo la bota invisible de un poder aparentemente democrático pero de rasgos totalitarios apenas disimulados; medios que si bien suelen permitirse algunas meneadas democráticas no lo hacen sino en bien dosificadas medidas, que no representan sino una tolerancia bien calculada, la aplicación de la técnica de la válvula de escape para evitar presiones peligrosas. Para ello sirven apariciones y entrevistas a personas de ideas contestatarias que dada su escasez, no hacen mella al sistema pero si permiten dar la impresión de vivir en una sociedad democrática en que todos tenemos las mismas posibilidades de opinar, revelando en ello una vez más el carácter cínico del sistema, su pretensión de "democrático" y de espacio para el ejercicio "de las más amplias libertades". Todo lo cual no excluye desde luego los métodos criminales, la tortura, la desaparición, los bombardeos e invasiones, etc., que nunca han sido abandonados. Dado el desprestigio en que cayeron los golpes militares hasta la OEA optó por acordar la llamada Carta Democrática que busca evitar que el ordenamiento democrático sea alterado por asonadas contra la institucionalidad pero su sancionamiento se limita a la exclusión del país infractor y como hemos visto últimamente, la OEA ha vuelto a ser un grosero ministerio de colonias de EEUU.

Para reemplazar los golpes (aunque no del todo), el imperialismo ha descubierto que se puede hacer una mezcla bastante eficaz: los golpes mediático-judiciales, táctica que ha sido empleada con éxito en América Latina en los últimos años para desembarazarse de gobiernos nacionalistas comenzando por Honduras, Paraguay, Argentina, Brasil y últimamente Ecuador y Bolivia. Los medios organizados de derecha se convirtieron en un arma de guerra ideológica suficiente y eficaz y comenzaron a operar como aparatos golpistas aunque su rol principal sigue siendo el de reproductores-acostumbradores de la ideología dominante. Resulta igualmente rentable eliminar un liderazgo molesto por la vía de corromper los altos tribunales de justicia. Cuando de lo que se trata es de apoderarse de un país entero, unos millones de dólares son suficientes para tentar a unos cuantos siendo para unos una inversión rentabilísima y para los otros, una tentación que muchas veces encuentra terreno abonado en tribunales ya acostumbrados a la corrupción.

III. La mitología antisocialista y anticomunista

Tenemos que convenir que vivimos tiempos de retroceso y de reflujo de las fuerzas progresistas y que los dominadores llevan la iniciativa, imponen su cosmovisión y su imagen del ser humano como un ser esencialmente egoísta, por que como nos señaló Marx con una célebre frase, "las ideas dominantes (en una sociedad dividida en clases) son las de la clase dominante", formulación cuanto más certera cuando los medios para imponer una cultura de la dominación son formidables. En razón de ello, se han instalado en la conciencia colectiva una serie de mitos, ora para enaltecer los méritos del sistema y sus beneficiarios, ora para desprestigiar un nuevo modelo de sociedad que para nosotros no es otro que el socialismo aún y a pesar de todos los avatares, éxitos y fracasos de sus primeros ensayos.

Para quienes vemos la historia humana como una sucesión de victorias y derrotas de las fuerzas sociales que luchan por el progreso económico, social y moral, no constituye una novedad lo que hoy observamos. El progreso no es lineal, no se pasa de un estadio a otro, de un modo de producción a otro, sin avances y retrocesos y la diversidad y la complejidad de las sociedades y las culturas no permiten avanzar "a paso de gigante". Bien al contrario, incluso las ideas de las grandes revoluciones de influencia planetaria como la Revolución Francesa y la Revolución Rusa pueden retroceder aunque los derroteros que marcan queden indeleblemente fijados como señales poderosas hacia el porvenir. Baste recordar aquí como el esclavismo fue reeditado masiva y brutalmente en el s. XIX en la "tierra de la libertad".

Las grandes revoluciones de los esclavos en la antigüedad lograron imponer la idea de que la esclavitud es inaceptable y aunque la historia demuestra que el esclavismo fue derrotado ello no impidió su resurgimiento bajo el colonialismo y fue la base fundamental para la acumulación primitiva del capital en Estados Unidos ya que fue el esclavismo el pilar sobre el que se fundó el desarrollo de ese país y aún hoy, las reminiscencias del esclavismo vuelven a resurgir bajo el extremismo islámico y las monarquías del golfo. Pero al menos podemos decir que estos desgraciados resabios están reducidos a espacios geográficos cada vez más pequeños.

La revolución francesa de 1789, uno de los faros más poderosos que iluminaron el camino a seguir por el progreso humano con la divisa de la libertad, la igualdad y la fraternidad e ideas de cambio revolucionarias como la democracia burguesa, la división de los poderes, la Declaración de los Derechos del Hombre y del Ciudadano, el término del absolutismo, el sufragio universal, la pérdida de los privilegios de los nobles y de la Iglesia (que a la época era el mayor terrateniente de Francia), todo ello no se ha impuesto de la noche a la mañana.

Entonces tampoco hubo cambio automático en todo el orbe, ello tomó sus tiempos y aún hoy aparecen pretensiones de restauración de monarquías o para vergüenza de la humanidad subsisten regímenes monárquicos de la peor factura, anclados aún en el Medioevo como los mencionados del Golfo Pérsico, aliados y protegidos de las potencias occidentales que hacen gárgaras con la democracia. Hace menos de un siglo, en España, entre 1936-1939, los republicanos fueron derrotados en la guerra civil desatada por un golpe militar destinado a restablecer la monarquía y restituir los privilegios de la Iglesia que también era el mayor terrateniente del país, lo que explica aunque no justifica, el encono y las violencias de los campesinos hacia esa institución. Pero ¿quién puede asegurar que en esos procesos no ocurran excesos? "No somos utopistas y no negamos en lo más mínimo que sea posible e inevitable que algunos individuos cometan excesos, como tampoco negamos la necesidad de reprimir tales excesos"(Lenin en "El Estado y la Revolución"). En medio de la Guerra Civil ocurrida por causa de la resistencia de los nobles en Rusia, el "Terror Rojo" causó 140.000 víctimas pero el "Terror Blanco" muchísimas más y por su parte el "Terror Verde" otro tanto. Aún así, el Terror Rojo causó menos del 10% del millón y medio de víctimas ocasionadas por la soldadesca norteamericana en Filipinas para apoderarse de ese país, muchas de las cuáles fueron asesinadas por el "pecado" de hablar español.

La Revolución Francesa no escapó a los avatares de los procesos históricos ya que la república instaurada fue prontamente traicionada y tras el golpe de Napoleón se instauró el Imperio y posteriormente continuó el proceso de restauración con la instalación de la Monarquía Constitucional. En todo proceso revolucionario no faltan nunca los arrepentidos de haber osado desafiar los privilegios reinantes, de manera que no es de sorprenderse que un ultraizquierdista como Ricardo Núñez Muñoz, por ejemplo, devenga un arrepentido "renovado" y sea elegido como el mejor senador por su ponderación y haya sido un actor principal en el proceso de desnacionalización del cobre. Basta revisar el periodo de la restauración francesa para encontrar personajes que juegan el mismo rol de hombres-corcho que siempre flotan en cualquier agua. Por suerte para los pueblos los procesos históricos siguen su accidentado curso a despecho de las traiciones y los oportunistas.

De manera que la derrota del socialismo en el este de Europa no debe ser fuente de desaliento porque debemos tener una perspectiva histórica más amplia, toda vez que los cambios enarbolados por la Revolución Rusa son de tal radicalidad, propio por lo demás de toda gran revolución, que su avance estaba preñado de dificultades y aún es admirable que haya sobrevivido 73 años enfrentada a una alianza general de todas las fuerzas reaccionarias del mundo que recurrieron a todo para hacerla colapsar, desde los genocidios, las guerras a repetición, el espionaje, las guerras mediáticas, la guerra económica, la infiltración de agentes al más alto nivel, etc., sin dejar de desconocer los errores propios de toda obra humana.

Ciertamente el capitalismo ha mostrado una extraordinaria capacidad de sobrevivencia a pesar de sus crisis cíclicas que tienden a hacerse permanentes pues la humanidad no sale de una cuando ya la perspectiva de la siguiente se avizora en el horizonte, aunque no debe escapar a nuestra observación el hecho que los anuncios permanentes de "crisis" son una muy buena estrategia para mantener a raya las reivindicaciones sociales y económicas porque las crisis sólo terminan afectando a los que viven de su trabajo.

A) El mito del igualitarismo

Los medios han sido extraordinariamente diligentes para convencernos de que el socialismo fracasó sin más, en campañas de desinformación que rayan en lo insólito. Recuerdo un programa de la televisión suiza que mostraba como prueba de los "privilegios de la nomenklatura" de los dirigentes de la RDA una modesta piscina y ¡una máquina lavadora!, sugiriendo con ello que los alemanes del este no tenían acceso a lavadoras y haciendo creer que tales "privilegios" eran igualables a los privilegios sin límites de las élites del capitalismo, lo que evidentemente tenía el objetivo de demostrar que la gran bandera de la igualdad en el socialismo era falsa y sus dirigentes unos inconsecuentes. Simplemente grosero. ¡Mito de los privilegios de la nomenklatura!

No menos grosera es la inclusión de Fidel Castro entre los hombres más ricos del planeta, ¡Incluyendo entre sus propiedades el Palacio de las Convenciones! Fidel respondió que su fortuna personal cabía en el bolsillo de su camisa, pero seguros de la capacidad enorme de mistificación de los medios occidentales no ha abandonado hasta nuestros días el cuento de la fortuna de Fidel. No cabe duda de que algunos "privilegios" le fueron acordados, como disponer de varias casas, de una nutrida guardia y de un espacio donde como todo ser humano pudiera descansar y distraerse en seguridad. ¿Es mucho privilegio para un hombre que hubo de escapar de más de 600 intentos de asesinato? Los "privilegios" acordados no son personales sino al cargo y responsabilidad política e histórica y son de naturaleza y cuantía absolutamente diferentes a los privilegios que provienen de la explotación de trabajo ajeno. Numerosos millonarios tienen fortunas de tal dimensión que pueden comprar uno o varios países con toda su riqueza nacional.

En el caso de los países socialistas del este de Europa, ciertamente la importancia de ciertos cargos de responsabilidad dieron derecho a ciertos privilegios asociados a los cargos, como disponer de un automóvil con chofer por ejemplo, pero nadie puede negar con un mínimo de seriedad que los niveles de igualdad existentes en los países socialistas eran reales, como por ejemplo en Rumania donde la relación entre el sueldo base y el sueldo máximo era de 1 a 6. Ello no impidió que los principales beneficiarios de estas políticas de igualdad, los trabajadores, se restaran y aun se opusieran a defender activamente el proyecto socialista. Bien al contrario, con una dosis enorme de ingenuidad siguieron a los burócratas que también lejos de resistir, fueron los verdaderos artífices del colapso apropiándose de las empresas para instalarse como dueños y administradores de enormes conglomerados. Precisamente fueron algunos altos cargos con motivaciones "non sanctas" los que contribuyeron al colapso del sistema al considerar que las altas responsabilidades que ejercían que los ponían en contacto con decisiones de recursos millonarios y la formación que tenían en alta dirección no estaba acorde con sus ingresos lo que los llevó a boicotear la construcción del socialismo y a ser los primeros en transformarse en propietarios de los bienes estatales mediante procedimientos corruptos y a constituirse en una oligarquía delincuencial, con quienes los occidentales se sintieron a gusto de tratar y hacer negocios, porque ahí sí devenían sus iguales. Ello sin duda ocurrió por el proceso de burocratización resultado a su vez, de la imposibilidad de desarrollar la forma avanzada de democracia que prometía el socialismo en contextos en los cuáles todas las experiencias de socialismo fueran sometidas a una agresión permanente. Resulta necesario remarcar que contrariamente a la crítica que sostiene que una nueva clase dominante había surgido, ello carece de sostén alguno, tanto porque como hemos mencionado, los "privilegios" eran ridículos con relación a los de los grandes capitalistas como porque no eran la consecuencia ni de plusvalía ni de acumulación de capital ni de ninguna propiedad privada de medios de producción. Ciertamente no cabe ignorar que la tentación a no respetar el principio socialista de distribución se dio en las experiencias socialistas pero dentro de rangos muy menores, que son los que la propaganda anticomunista no deja de señalar, al mismo tiempo que calla frente a las brutales diferencias de ingreso y consumo en el capitalismo.

Detrás de esta denuncia de privilegios de la "nomenklatura" está sin lugar a dudas otro de los mitos más difundidos en contra el socialismo, (el mito del igualitarismo), mostrado como una doctrina igualitarista ramplona, donde la diferencia de ingresos no estaría relacionada con las capacidades y esfuerzos de los trabajadores lo que es totalmente falso y cuestión sobre la cual el propio Marx es bastante claro en la

"Crítica al Programa de Gotta": *"El derecho de los productores es proporcional al trabajo que han rendido; la igualdad aquí, consiste en que se mide por el mismo rasero: por el trabajo. Pero unos individuos son superiores física o intelectualmente a otros y rinden, pues, en el mismo tiempo, más trabajo, o pueden trabajar más tiempo; y el trabajo para servir de medida tiene que determinarse en cuanto a su duración o intensidad; de otro modo deja de ser una medida. Este derecho igual es un derecho desigual para trabajo desigual"*. En este párrafo, Marx se refiere a la fase socialista de la construcción de una nueva sociedad y no a la fase comunista, fase esta última que de toda evidencia empírica y por tanto, de nuestra bien amada "praxis", debe esperar aún bastante si tenemos en cuenta otra frase memorable de Marx: *"las condiciones materiales de existencia determinan la conciencia"* y por lo tanto pretender relaciones comunistas cuando las necesidades materiales no son aún satisfechas no pasa de ser idealismo y voluntarismo puro, habida consideración de la enorme diversidad de niveles de desarrollo de las sociedades y de la dispar distribución de los privilegios naturales también, como lo es la disponibilidad de recursos naturales.

De manera que el mito burgués de que los socialistas marxistas queremos que todos reciban los mismos ingresos indiferente de la calidad y cantidad de trabajo no pretende sino esconder la verdadera crítica que el socialismo hace al lucro burgués y que se refiere a la desproporción a veces alucinante entre calidad y cantidad de trabajo realizados por una parte y los ingresos percibidos por la otra, con la doble consecuencia de la injusticia social y del uso irracional de los recursos empleados en inversión y desarrollo debido a que el lucro sustituye a una verdadera racionalidad económica. Cuando los economistas burgueses hablan de una supuesta "racionalidad" del capitalismo en realidad se refieren a su lógica interna de funcionamiento, siendo precisamente la irracionalidad del sistema una de las críticas más consistentes del socialismo marxista al capitalismo.

Resulta curioso constatar que esta deformación burguesa de la idea de igualdad en el socialismo es asumida muchas veces por militantes de izquierda en una suerte de fenómeno de "inversión cultural", mediante la cual se reafirma la falsificación, basados muchas veces en las experiencias de socialismo utópico, que Marx claramente criticó. En parte, la confusión se explica también por el hecho de que Marx trata en diferentes escritos el tema del comunismo y del socialismo lo que puede confundir a algunos al no tener presente que el propio Marx distingue con total claridad socialismo y comunismo como dos etapas distintas. A ello han contribuido igualmente ciertas imágenes que nos llegaron desde la China de Mao, que reflejaban un igualitarismo extremo, pero en ese caso hay que tener presente que no debemos confundir las condiciones político-económicas reinantes en China con la doctrina del socialismo. Simplemente, en un país donde la élite y sus privilegios era un grupo tan pequeño de personas que distribuir su riqueza no mejoraba en nada la condición de una población gigantesca, pero existía la necesidad de enviar una señal de voluntad política de la dirección del PCCH de que efectivamente los privilegios se terminaban. De manera que el discurso neoliberal de que el programa socialista es igualitarista e inhibe la libertad de los individuos es falso, cuando de lo que se trata es precisamente de aumentar los grados de libertad, porque un pobre tiene siempre menos libertad de elegir que alguien que dispone de recursos abundantes y a este la única libertad que queremos quitarle es la libertad de aprovecharse de los demás.

Valga finalmente aclarar que la igualdad y el igualitarismo en un sentido más general y no sólo referido a la distribución del ingreso, tiene que ver con el hecho de considerar al ser humano con los mismos derechos básicos en una sociedad democrática indiferente de su religión, raza, etnia, sexo, u orientación sexual y ello es parte de todo programa socialista y claramente no lo es en todo programa fascista o fascistoide. El Fascismo quiere siempre separar a los seres humanos entre quienes son superiores por alguna supuesta razón étnica o racial o ciertas características físicas y quienes no, pero le resulta imposible definir cuál es la línea divisoria para hacer semejante distinción. Los humanistas por el contrario, no tenemos ese estúpido dilema porque para nosotros todos son simplemente seres humanos.

B) La mitología en torno a la lucha de clases

> *"Cualquier ciudad, incluso las pequeñas, está de hecho dividida en dos, una de los pobres, otra de los ricos; están en guerra una con la otra"*
> *(Platón, s. IV A.C.)*

Así como se nos acusa de ser "partidarios" del aborto o del divorcio, está largamente instalada en la conciencia colectiva, la idea de que los marxistas somos "partidarios" de la lucha de clases.

El hecho de constatar una realidad presente en la historia de la humanidad como lo es el conflicto de clases, sea en las sublevaciones de los esclavos o en las luchas independentistas de nuestra América y en innumerables otros hechos de la historia, no nos hace partidarios de la lucha de clases, sino simplemente personas que evidenciamos hechos reales de la historia y del presente: las sociedades tienen clases sociales y entre ellas existe un conflicto permanente derivado de la injusta distribución de la riqueza, conflicto que en determinados periodos tiende a radicalizarse y en otros tiende a morigerarse, pero que está siempre presente y que se expresa de miles de maneras, gestos, conflictos en el plano político y económico, en las costumbres, en la música y las artes, en la manera en que se presentan los hechos noticiosos en los medios, etc..

La existencia de la lucha de clases no es un invento sino la constatación de un hecho social no menos evidente que la ley de gravedad, y nadie diría que el decir que la ley de gravedad existe, nos transforma en "partidarios de la ley de gravedad". El conflicto de clases es un hecho comprobable empíricamente. El que este conflicto de base en las relaciones sociales exista de manera explícita o brutal como en una revolución o contrarrevolución o que subsista latente como parte de la normalidad no cambia la verdad de su existencia permanente a lo largo de varios miles de años y aunque la burguesía se empeña en ocultarla fiel a su endémico cinismo, está presente porfiadamente en las sociedades actuales.

Varios miles de años no significa siempre, porque es falso el argumento de que "siempre ha habido pobres y ricos" o que "siempre ha sido así". Las comunidades primitivas no conocieron la existencia de clases sociales, cuyo primer embrión lo constituyó con toda probabilidad, la casta de los guerreros, punto de partida que llevó a la constitución de sociedades estructuradas en clases en conexión con otros procesos como la generación de excedentes, la especialización de funciones que lleva a la división social del trabajo, la disolución de la comunidad primitiva, la aparición de la propiedad privada.

Lo que afirmamos los marxistas es que si la división en clases se produjo en algún momento de la historia humana es suficiente razón para plantearse que así como apareció puede y debe desaparecer por cuanto hoy en día las diferencias de ingreso y consumo y el poder político y económico que ello otorga a las élites no sólo genera la pobreza de millones sino impide la resolución de problemas graves no solamente de desigualdad económica sino de la viabilidad misma de la permanencia de la especie humana sobre el planeta. Marx no se equivocó al afirmar que los ricos serán cada vez más ricos y los pobres más pobres, pues su afirmación estaba claramente vinculada al desarrollo relativo de las diferencias de ingreso y porque constató ante sus ojos que el desarrollo capitalista implicaba mejoramientos en la calidad de vida de los proletarios y dejó constancia escrita de aquello como tampoco escapaba a sus análisis la constatación de que la explotación colonialista llevaba a la periferia una miseria creciente.

Hay quienes confunden la necesidad de la organización jerárquica de toda organización humana con la falsa necesidad de clases sociales. Las experiencias de socialismo en el mundo demostraron que el progreso era posible sin élites explotadoras. Los tan negados logros extraordinarios en numerosos ámbitos de la Unión Soviética y demás países del este de Europa, demostraron la necesidad de una organización estructurada del Estado pero al mismo tiempo, como lo hemos señalado, es impropio hablar de una clase dominante.

Otros reviven una disputa superada frente al anarquismo sobre la necesidad del Estado que organiza la vida social y garantiza el bien común, desde luego un Estado que deja de ser instrumento de protección de privilegios. Y ya no sólo necesitamos estados nacionales sino una reforma profunda de Naciones Unidas para que cumpla con la urgente necesidad de garantizar el bien común de todos los habitantes de la tierra y que no sea sólo instrumento de los países centrales del capitalismo, un estado supranacional que no sea el pretendido "nuevo orden internacional" que promueven las élites del capitalismo, pretensión a la que se han opuesto con vigor China y Rusia. Necesitamos unas Naciones Unidas que no formen parte de las organizaciones internacionales serviles de las élites, como el FMI, el Banco Mundial, el Banco de Pagos Internacionales, el Tribunal Penal Internacional o el GATT.

No se nos puede acusar de ser partidarios de la lucha de clases porque precisamente somos los socialistas marxistas los que aspiramos a una sociedad sin clases y curiosamente si podemos acusar a nuestros adversarios de ser partidarios de la lucha de clases por cuanto quieren que tal estructura se mantenga para asegurar obviamente la permanencia de sus privilegios. Podríamos decir que la Derecha, Pinochet, los neoliberales y todos sus similares en el mundo son los verdaderos partidarios de la lucha de clases ya que sus políticas han conducido a una concentración de la riqueza y a una diferenciación social sin precedentes, tarea en la que han sido acompañados con entusiasmo por el oportunismo, los que al cabo de cada uno de los gobiernos que dirigieron aumentaron las brechas de ingresos, a la par que cada campaña electoral se acompañó del falso discurso de reducir las desigualdades, promesa que no sólo fue incumplida sino burlada.

Por otra parte hace ya rato que la "teoría del chorreo" demostró su falsedad frente a la insaciable avaricia de unos pocos. El neoliberalismo no ha sido solo una mala receta para los países de la periferia pues en EEUU y en otros países dominantes los trabajadores han visto disminuir sus prestaciones sociales y sus ingresos de manera notoria al mismo tiempo que las desigualdades de ingreso han aumentado significativamente.

De lo que si se nos puede acusar es de crear conciencia de clase entre los trabajadores, de revelar los mecanismos a través de los cuáles se les priva de los frutos de su trabajo y de que manera se producen las desigualdades, de por qué se hace tan difícil a millones de personas acceder siquiera a disponer de los medios mínimos para una vida digna. Crear conciencia de clase significa simplemente entender que hay una diferencia esencial entre obtener ingresos producto de su propio trabajo a obtenerlos del trabajo de otros, tener conciencia de que cada vez que un trabajador exige un aumento de su remuneración como contrapartida inevitable su empleador verá reducidas sus ganancias y viceversa. Si esa relación será conflictiva o habrá posibilidades de un acuerdo equilibrado que garantice justicia social, depende esencialmente del empleador que casi siempre motivado por la avaricia o simplemente por la necesidad de sobrevivir a la competencia querrá obtener el máximo de lucro y que cuanto menos conciencia de sus derechos tenga el trabajador más expuesto estará a ver reducidos sus ingresos.

Una experiencia muy interesante y exitosa de acuerdo interclases es la lograda en Suecia, pero hay que tener presente que ello ocurre en el marco de relaciones de fuerza donde la clase trabajadora disponía del peso de grandes organizaciones sindicales, una mentalidad de la clase burguesa distante años luz de lo que son nuestros conservadores empresarios. No obstante, apenas se debilitó la fuerza de los sindicatos, la burguesía bajo las banderas del neoliberalismo ha puesto en jaque el estado de bienestar alcanzado en los decenios pasados. Factores culturales, de relaciones de fuerza, poca destrucción por motivo de guerra, disponibilidad de recursos naturales, ausencia de relaciones de subordinación con las potencias imperialistas y otras particularidades, hacen irrepetible esa experiencia, al mismo tiempo que demostraron de manera rotunda que un rol protagónico del estado en la economía, sindicatos fuertes, impuestos altísimos pueden desarrollar un país y otorgarle a su pueblo un nivel de vida envidiable.

Conciencia de clase significa igualmente que no sirve la conciencia individual de ser víctima de injusticia social sino la de la pertenencia a una clase, la clase trabajadora que si quiere tener fuerza requiere actuar colectivamente. Ya en 1776, Adam Smith uno de los mayores representantes de la economía clásica capitalista e inspirador aún hoy del neoliberalismo sostenía algo evidente: "los patrones son menos y pueden ponerse de acuerdo aunque sea tácitamente y hasta asociarse. Son capaces de resistir sin trabajar más tiempo de lo que podrían hacerlo los obreros"(*)La Riqueza de las Naciones", Longseller 2013, p. 42).

Con relación a la discusión de la reforma laboral, la Derecha y los empresarios se empeñan en impedir que los sindicatos representen a la totalidad de los trabajadores, presionando para legislar a favor de negociaciones con trabajadores individuales o pequeños grupos que resten fuerza al conjunto de los trabajadores. Eso es lucha de clases también porque el conflicto de base de nuestras sociedades no consiste en la caricatura de que los ricos y los pobres se enfrentan a balazos todos los días sino que se manifiesta en hechos casi irrelevantes de la cotidianeidad como también en los conflictos más radicales y violentos.

Por otra parte, los conflictos de clase pueden comprometer a diversas capas de la población. En la antigua Roma primero sólo se enfrentaban los libres ricos con los libres pobres y los esclavos no tenían parte en el conflicto. Hoy en día hay que entender que el conflicto de clases engloba un amplio espectro de aspiraciones como la lucha contra el racismo, la xenofobia, la preservación de la naturaleza, la igualdad de género, etc., porque todas esas reivindicaciones son reveladoras del mismo conflicto de base. En otra dimensión del conflicto de clases, resulta evidente hoy en día que esta se desarrolla también a nivel planetario entre países subordinados y potencias centrales, relaciones que son evidentemente desiguales y que importan siempre lo mismo: transferencia de plusvalor de unas economías a otras y en ese proceso, acumulación de gigantescas riquezas en manos de las élites transnacionales y pobreza extrema en centenares de millones de seres humanos.

Cobra mayor sentido en esa dimensión que la lucha de clases ha sido históricamente la portadora de una aspiración más general de la humanidad, una contradicción subyacente a todos los conflictos de clases, la superación de los atavismos implícitos en nuestro origen animal que se oponen a la construcción de más humanidad. Marx señala que la historia de la humanidad es la historia de la lucha de clases pero debemos agregar que cada avance que cada gran revolución ha aportado, ha llevado el sello de una contradicción más profunda aún, la superación de nuestros atavismos, de aquellas pulsiones primarias que sustentan el racismo, el chovinismo, el clasismo, la inferioridad de la mujer, la idea fascista de la desigualdad de los seres humanos porque a fin de cuentas al fascismo lo podemos caracterizar como la reivindicación del animal en el hombre, de su instinto territorial, del instinto gregario tribal, de su agresividad, de su pura naturaleza y es ello lo que define su carácter profundamente reaccionario, cavernario.

Al contrario del fascismo y sus variantes lights como el neoliberalismo, el socialismo apuesta a superar los atavismos o a sublimarlos en el deporte o el juego en general. No es casualidad que la mayor parte de los intelectuales y artistas se vinculen al socialismo o que en los ex países socialistas se haya dado tanto valor a la educación humanista y a la culturización de las masas. El socialismo no trata entonces solamente de justicia social y solidaridad sino alcanzar un estadio superior de civilización.

La lucha de clases ha sido y es entonces vehículo portador de la humanización del hombre y a la vez punto de encuentro de las luchas más diversas que contribuyen a ese mismo fin. A fin de cuentas es gracias a los conflictos de clases y a su resolución en la historia que la humanidad ha progresado en lo social, en lo económico y en lo moral y la sentencia de Marx de que "toda la historia no es sino la continua transformación de la naturaleza humana".(Miseria de la Filosofía), resume bien estos procesos.

Mucha tinta se ha gastado para hacer desaparecer el concepto lucha de clases, ora por los intelectuales puntillosos y especulativos ora por las clases dominantes ora por los que reducen sus aspiraciones a las de su respectivo gueto y se niegan a la solidaridad entre todos los que luchan por lo que el programa socialista ha levantado hace ya dos siglos. Sin embargo cuando se investiga sobre el nivel de conflictividad entre ricos y pobres existente en la sociedad chilena, la encuesta llevada a cabo por el CIES en 2010, revela que aunque no se hable de lucha de clases las respuestas fueron lapidarias: un 43% considera que existe "un alto nivel de conflicto" y un 37% un "regular nivel de conflicto", es decir un 80 % reconoce la existencia del conflicto. Simplemente esa encuesta que podría ser llevada a cabo en cualquier país del mundo, revela que el hecho de la lucha de clases forma parte de la vida social desde hace varios milenios y que todo intento por camuflarla, ignorarla, ocultarla o subestimarla se chocará siempre con la obstinada realidad y que en el plano político siempre habrá una derecha y una izquierda (verdadera) que representan intereses de clase.

Desde luego vivimos tiempos en los cuáles se ha instalado el discurso de que tal división no existe o que han concordado una visión común basada en compromisos espurios que se traducen en una desconfianza y rechazo hacia la política. Sin embargo el tener claridad sobre la existencia del conflicto clasista permite contar con una respuesta clara a quienes tienen dificultades para identificar al verdadero adversario y a sus defensores y aliados. Volviendo al tema de la alteración del lenguaje para enmascarar las realidades: durante la dictadura y eso aún no ha cambiado, se suele hablar de la gente en lugar de pueblo. Claro está que la gente somos todos, clases sociales confundidas por lo que el afán de eliminar del léxico común la palabra pueblo que engloba solo a los trabajadores y sus familias y excluye a la clase alta, es para reafirmar el mito de la inexistencia de divisiones sociales. Pueblo y gente es una sutil diferencia que cumple con hacer desaparecer las diferencias de clase, pero ya sabemos que es sólo una apariencia más.

No menos desorientador resultan los afanes de ciertos grupos que levantan reivindicaciones identitarias, legítimas en sí, pero que muchas veces introducen divisiones en el campo de los trabajadores contribuyendo objetivamente a minar los esfuerzos por la imprescindible unidad de los que son finalmente víctimas de los mismos actores, que ellos sí, poseyendo una alta conciencia de clase, se agrupan y defienden sus intereses con total claridad y unidad.

Si bien la burguesía se esmera en ocultar el hecho con su cinismo habitual, de vez en cuando alguno se sale del libreto y así tenemos que Warren Edward Buffett – ciudadano con una fortuna personal estimada en 58 mil millones de dólares (Forbes lo designó como la persona más rica del mundo en 2008)- nos larga esta frasecita: "¡Por supuesto que hay lucha de clases y los ricos la estamos ganando¡". Y el hombre tiene razón: el organizado ataque a las conquistas sociales y laborales que llevan adelante gobiernos peleles subordinados a los grandes intereses corporativos han hecho retroceder derechos adquiridos por luchas centenarias de los trabajadores, han acabado con los sindicatos dividiendo cuando no corrompiéndolos y han instalado la inseguridad en el empleo, la inseguridad pública, la inseguridad de los servicios de salud y la inseguridad de una vejez, con pensiones indignas. Y esto ocurre lo mismo en Chile, en América Latina, en Europa, EEUU o Japón por que las élites corruptas y fascistizadas que mueven los hilos de Wall Street y la City de Londres, de los grandes bancos y las organizaciones internacionales, aunque difícilmente lo confesarán, apuestan a un mundo donde una minoría ínfima se apodere de todo.

C) El mito de la propiedad

La sacrosanta propiedad privada sirve también para difundir una mitología antisocialista con la más burda mentira como es la afirmación de que los socialistas estamos por la desaparición de cualquier forma de propiedad cuando en realidad, toda propiedad personal o familiar debe ser respetada en tanto es el resultado del trabajo propio y es este trabajo propio el que marca el límite de lo que es propiedad legítima bajo el socialismo y el por qué la propiedad capitalista la consideramos ilegítima, porque aunque a veces es parcialmente fruto del trabajo propio es esencialmente apropiación del producto del trabajo ajeno, lo que ocurre en virtud de relaciones de explotación que son la fuente originaria de las desigualdades, de las carencias de unos y los privilegios de unos pocos. Por ello no podemos menos que alegrarnos que el Papa Francisco haya dicho con enorme claridad: "*La distribución justa de los frutos de la tierra y el trabajo humano no es mera filantropía. Es un deber moral. Para los cristianos, la carga es aún más fuerte: es un mandamiento. Se trata de devolverles a los pobres y a los pueblos lo que les pertenece*", recuerda.

Y como siempre es adecuado referirse a las fuentes, sobre todo para aclarar el asunto, no sólo a nuestros adversarios sino a aquellos que para sentirse más revolucionarios, proclaman el igualitarismo ramplón y el término de toda propiedad y que con sus discursos hacen causa común para deformar nuestras opiniones, vale esta frase de Marx: "Lo que caracteriza al comunismo, no es la abolición de la propiedad en general, sino la abolición del sistema de propiedad burgués" y precisamente, un sistema que permanentemente ha violado la propiedad de los trabajadores, que en virtud del poder que ostenta, se apropia no sólo del trabajo ajeno, sino también del fruto acumulado con esfuerzo, mediante procedimientos legales e ilegales, corrompiendo sus propias instituciones, cuando no utilizando la violencia extrema como la apropiación de tierras indígenas en toda nuestra América y el Tercer Mundo. ¿Quiénes expropian hoy masivamente en España o EEUU a millones de familias de sus propiedades sino son los grandes banqueros? ¿Quiénes fueron los que con el discurso neoliberal tomaron por asalto a los Estados y los despojaron de enormes propiedades a precio vil, propiedades que pertenecían a sus pueblos? ¿Quiénes son los que se apropian de los mares y las aguas, de las minas y los glaciales y expropian de esa manera lo que pertenece a todos? ¿Que no es expropiar a los ciudadanos los acuerdos monopólicos para subir precios por sobre los que establece el mercado? ¿Y por qué entonces se escandalizan tanto de ser expropiados ellos mismos? Más rigurosamente, de lo que se trata no es de expropiar sino de reapropiar, devolver a sus legítimos dueños.

Uno de los asuntos más paradójicos que vivimos en nuestros días, es la preocupación permanente de las derechas por el auge de la delincuencia la que junto al auge de la corrupción son fenómenos que estás estrechamente ligados a la imposición de las ideas neoliberales que ellos mismos han promovido. Que un delincuente asalte en la calle a un transeúnte y le quite "su propiedad" es algo que la prensa y la televisión mostrarán casi majaderamente, siendo los delincuentes, unos perfectos representantes del individualismo feroz, carentes absolutos de empatía por sus víctimas, sean estas incluso las más desvalidas. Quizás por eso el multimillonario zinbagués Phillip Chiyanghua confiesa que "La línea que separa al hombre de negocios del delincuente es muy fina porque en todo lo que hago siempre hay alguien que dice ¡me has engañado! Afirmación que a continuación adorna con la necesidad de que haya "emprendedores" y hace alarde de sus obras de caridad, esto último complemento imprescindible para cubrir lo dicho en un momento de sinceridad. (Ver: Deutchewelle **CODICIA - Esa ansia desmedida, Capítulo 1** https://www.youtube.com/watch?v=V5Q6Cz9VWP4).

La propiedad o más bien, el "exceso de propiedad", la acumulación de riquezas enormes han tenido y tienen origen en la violencia, desde la violencia descarada de los que invadían países y sometían a esclavaje a los vencidos (prácticas no del todo abandonadas en nuestros días), hasta las formas solapadas, camufladas que practican las burguesías bajo el capitalismo y que Marx sacara a la luz ("correr los velos") con la teoría del valor-trabajo, o en otra expresión suya, descubriendo "el secreto de la mercancía". La división en clases sociales tiene allí su origen y es la mayor fuente de conflicto entre la doctrina socialista y sus enemigos, el tema sobre el cual la burguesía emprende las más amplias campañas de distorsión y manipulación, sobretodo porque la argumentación que demuestra las relaciones de explotación es indiscutible, es casi una cuestión de aritmética elemental.

D) Mito del "patriotismo" de las derechas y el internacionalismo apátrida de las izquierdas

> *"Las oligarquías mentan el nombre de la Patria a cada instante, pero la venden en las cuatro esquinas; los pueblos que la defienden con su sangre, no la pronuncian nunca".* (José Martí)

Las ideas de Marx y Engels han encontrado en el nacionalismo agresivo una de las mayores dificultades para que el sueño de un mundo de paz, de hermandad entre los pueblos pueda de verdad permitir que la humanidad de un salto extraordinario desde el punto de vista cultural y civilizatorio. La concreción de un ideal tan formidable en el que convergen el "amarás a tu prójimo como a ti mismo" y el "proletarios del mundo uníos" se ha revelado más difícil de lo que se pensaba.

La afirmación de Marx de que la historia es también, una lucha por la constante superación de la naturaleza humana cobra sentido cuando constatamos que el instinto gregario es un atavismo resistente a la idea de una humanidad hermanada en su común destino. El peso de la historia plagada de invasiones, sometimientos, masacres y toda clase de violencias que unos pueblos han soportado y el peso de las "glorias" imperiales de otros, constituyen una pesada carga cultural que levanta muros difíciles de franquear. Pero, ¿cómo renunciar a un objetivo tan noble, tan promisorio para la superación del caos en que el capitalismo tiene a la humanidad? Capitalismo que alimenta constantemente el nacionalismo agresivo de los centros de poder y somete económica y culturalmente a una enorme periferia de países, con la complicidad de sus élites, esas mismas élites que se atribuyen un falso patriotismo. ¿Cómo no tener fe en la juventud que hoy accede a un mundo cada vez más interconectado, cuando las culturas de tantos pueblos y naciones se difunden en todos los rincones de la tierra, cuando el racismo, la xenofobia, los fanatismos religiosos y el nacionalismo agresivo devienen cada vez más asuntos de un pasado que debemos superar? ¿Cómo renunciar a luchar cuando la tolerancia contra toda discriminación gana terreno en todo el mundo, tolerancia que implica el mutuo reconocimiento del "otro" como persona humana con iguales derechos y deberes, bajo la premisa de que la libertad y el derecho de cada uno tienen como límite la libertad y el derecho de los demás? ¿Cómo no ser socialista entonces?

Desde que el socialismo inspirado en el "Manifiesto Comunista" hiciera su aparición, los dominadores se han esmerado con ahínco sin igual en levantar el mito de mostrar al socialismo marxista como ajeno al sentimiento patrio y si bien se nos puede acusar con razón de no haber aquilatado con la suficiente fuerza los sentimientos nacionales, nunca la visión futurista de una patria planetaria excluyó la existencia de una identidad vinculada al territorio, lo que sin embargo no puede significar que el amor a la Patria propia tenga que fundarse en el odio al que ama a otro país. Aspirar a un mundo sin odiosidades raciales o étnicas, no es incompatible con el apego a lo que no es más cercano, la familia, la ciudad que amamos, el país al que se pertenece y de ello hemos dado demostraciones elocuentes en todos los rincones de la tierra donde los socialistas y comunistas han estado al frente de las numerosas luchas independentistas y anticolonialistas y en la defensa de las culturas identitarias.

Sin embargo, la fórmula propagandística que se ha utilizado durante decenios contra la izquierda ha sido la de denunciar que nuestro apego a la paz entre las naciones y la autodeterminación de los pueblos como deslealtad e incluso traición, nuestra decidida oposición a las aventuras militaristas que tienen por objeto el sometimiento y la conquista o el mantenimiento de privilegios, como desapego a los "intereses nacionales".

Tampoco nuestra posición puede entenderse como una oposición ingenua a toda guerra: las guerras defensivas son naturalmente justas, las guerras que han llevado adelante los pueblos por su autodeterminación han contado siempre con nuestro apoyo así como la oposición a los opresores que arrastran a sus pueblos a la conquista y sometimiento de otros. Cuánta razón tenían los socialistas y comunistas que se opusieron con vehemencia a las dos guerras mundiales y como los nazis explotaron no los sentimientos nacionales legítimos sino su degeneración chovinista y patriotera acusando de traición a la izquierda a la que arrastrarían a los campos de prisioneros incluso antes que a los judíos. Al primer campo de concentración nazi, Dachau, fueron enviados comunistas y socialistas. La fórmula fue utilizada recientemente contra los opositores a las guerras imperialistas contra Irak y Libia, donde fueron acusados de partidarios del terrorismo o amparar dictadores.

En sentido contrario obran los dominadores que exacerban o acallan los sentimientos nacionalistas según lo que les convenga, teniendo siempre presente que el dinero no tiene Patria ni bandera y que si conservar privilegios implica negociar con un invasor al precio de someter al propio pueblo, no dudan en hacerlo. La historia está plagada de hechos como estos y los sucesivos imperios, sobre todo a partir del Imperio Romano aprendieron a someter no sólo por la violencia armada sino también a perfeccionar acuerdos con las élites subordinadas.

Basta para ello remitirse al Nuevo Testamento, el rol que jugaba el Sinedrín, la casta sacerdotal y sus negocios con los romanos, la subordinación del "rey de los judíos" Herodes Antipas a Roma, acuerdos que finalmente llevaron a Jesús al martirio.

Increíble paradoja de algunas iglesias evangélicas latinoamericanas que son fieles a Herodes y Nerón. Negociar con el invasor el mantenimiento de sus privilegios y exponer a sus pueblos a un doble sometimiento es una historia repetida ya que los dominadores de todos los tiempos prefieren negociar con el invasor antes de perder todas sus posesiones y los pueblos que sólo ven aparecer un doble sometimiento resisten y son habitualmente reprimidos por su clase dirigente en acuerdo con los invasores. Bajo las relaciones burguesas e imperialistas, nuevamente aparece el enmascaramiento de estas relaciones de subordinación por lo que los pueblos suelen no comprender con claridad esta maraña de relaciones subordinantes. A ello contribuye también la poca visibilidad concreta de las formas que asume la transferencia de valores de los países sometidos a los centros imperiales: ya no hay un cobrador de tributos que recorre el territorio; ahora hay que remitir utilidades, pagar intereses por la deuda, pagar royalties y patentes, permitir que los capitales golondrinas especulen, hacer la vista gorda con los depósitos en los paraísos fiscales, aceptar contabilidades amañadas de las transnacionales para no pagar impuestos, etc., todo lo cuál invisibiliza el flujo de recursos de la periferia a los centros pero lo que si se hace visible es la escandalosa e injusta distribución de la riqueza y del consumo pero sin que el ciudadano de a pié relacione conscientemente como se desarrolla ante sus ojos la expoliación.

La mayor fuente del mito de "apátridas" de los marxistas (que Hitler explotó con éxito) se encuentra en la actitud antibelicista asumida por los partidos de izquierda durante las dos guerras mundiales, con sus llamados a mantener la paz e incluso a promover el rechazo al reclutamiento, posiciones en las que lamentablemente los partidos socialdemócratas fallaron dando paso a las ambiciones de las élites europeas, encabezadas por sus grandes industriales que buscaban arreglar cuentas entre los países imperialistas para una nueva repartición de las colonias.

Las dos grandes guerras que fueron al mismo tiempo las mayores carnicerías de la historia fueron provocadas por las ambiciones de conquista del nacionalismo extremista alentado por las élites que hundieron al mundo en la devastación y la muerte, demostrando como los legítimos sentimientos nacionales son instrumentalizados; los pueblos eran llamados a "defender la Patria" cuando en realidad eran usados para la conquista y el sometimiento de otros pueblos. Valga aquí un caso muy actual con el que se alimenta el chovinismo de polacos y lituanos con el cuento de que Rusia los invadirá para lo cual los medios hacen recuerdos históricos de invasiones pasadas de las que excluyen lo que no conviene, como la invasión y ocupación de Rusia a principios del siglo XVI por Polonia y Lituania de la misma manera en que los peruanos ignoran el envío de la incipiente Escuadra chilena para apoyar la independencia del Perú y la solidaridad chilena con Perú en la defensa de los puertos peruanos que le costó a Chile el bombardeo de Valparaíso y el bloqueo de sus puertos por los navíos españoles. De esa manera se alienta el chauvinismo fratricida, escogiendo aquellos episodios de la historia que sirven a los intereses de la élite y terminamos por descubrir la paradoja de que los pueblos latinoamericanos tienen más antipatías por sus vecinos que por el imperialismo que saquea nuestros recursos con la complicidad traidora de sus élites. Una vez que la Segunda Guerra Mundial fuera desatada socialistas y comunistas habrían de asumir un rol preponderante en las resistencias al invasor nazi en todos los países de Europa y al invasor japonés en Asia. Emblemático resulta recordar aquí como los primeros tanques que ingresan a París son conducidos por republicanos españoles que conformaban la mayoría de los miembros de la Novena División Blindada del General Lecrerc.

Relacionando el tema de la lucha de clases, en tanto para los socialistas marxistas esta constituye el eje sobre el cual gira la política, siendo toda otra contradicción secundaria, vale la pena recordar como las clases altas traicionaron a sus países en la Europa ocupada y como lo principal para ellas era la defensa de sus intereses que vinculaban ciertamente a la derrota del marxismo. El caso de los colaboracionistas franceses es un vergonzoso ejemplo: mientras su país se hallaba bajo la bota del nazismo, miles de franceses se incorporaron a las filas de los ocupantes para participar en la invasión a la URSS, colaboraban con los nazis en la persecución a los judíos y a los militantes de izquierda, que se volcaron a luchar en las filas de la Resistencia. Los intereses de clase están por sobre cualquier otro "apego". Y en esa conducta estaba sin duda, el cálculo de que Hitler se expandiría hacia el este y les dejaría tranquilamente mantener su imperio colonial.

En el siglo XXI, los conflictos interimperialistas no tienen el protagonismo que tuvieron en el siglo XX debido a la confluencia de intereses de las grandes potencias del capitalismo y a la globalización de los capitales, cuando la repartición de los mercados y la creciente monopolización pasa ser un asunto ya no de las potencias centrales sino de las grandes corporaciones multinacionales las que de todas maneras instrumentalizan la institucionalidad de los estados para sus intereses. Ya no se trata de qué potencia imperialista se quede con tal o cual colonia, sino de que mercados para tal o cual corporación cuyos capitales pueden tener orígenes nacionales diversos, lo que no obsta a que una corporación no pueda ser identificada con un país determinado. Ello explica porque hoy existe una defensa colectiva de los intereses de las potencias centrales y sus corporaciones en lo que se ha llamado el transimperialismo, agrupados en el G7, al cual sirven diversas instituciones internacionales: Banco Mundial, FMI, Banco de Pagos Internacionales, Davos, Bilderberg, todos apuntando al mismo objetivo: controlar la periferia y succionar sus recursos y castigar a los rebeldes que no aceptan ser esquilmados.

Ser patriota entonces en cualquier país de la periferia es ser antiimperialista y es la conducta que han asumido las verdaderas fuerzas de izquierda en todo el mundo y aunque en estos años de reflujo de las posiciones progresistas hemos visto desaparecer la palabra imperialismo (así como el concepto lucha de clases) la realidad que representan dichas expresiones está presente cotidianamente en la vida de las sociedades. El "imperio cínico" que ejecuta invasiones cuidándose siempre de reclutar opositores yanaconas aunque aparente propósitos loables, sus objetivos son los mismos de todos los imperios de la historia: apoderarse de recursos y obtener ganancias para alimentar al monstruo insaciable, monstruo que se hace admirar por sus logros en todos los ámbitos de la ciencia, la técnica y la cultura lo que retroalimenta la "sumisión en la admiración" de su impresionante grandeza, así como hoy admiramos las pirámides de Egipto, fruto de las guerras de conquista y del sufrimiento y la muerte de centenares de miles de esclavos, porque la grandeza de todos los imperios de la historia es una grandeza vergonzosa y los imperios coloniales que se levantaron en Europa a partir del descubrimiento de América siguieron el mismo derrotero de pillajes, asesinatos masivos, esclavaje e inhumanidad, convencidos de una superioridad racial, un mito más como todos los que se levantan para dominar a otros.

En nuestros días sabemos con certeza científica que los rasgos raciales son genéticamente marginales y que las mayores diferencias que existen entre los seres humanos son entre un individuo y otro, indiferente de la raza, y provienen de la diversidad genética y de la diversidad cultural. Que un niño cuya madre se alimentó correctamente en la gestación, que recibió las atenciones debidas en materia de nutrición y salud en su crecimiento, que tuvo oportunidades de educarse y que creció en el marco de una cultura abierta y democrática y que cultiva el pensamiento racional, tendrá el mismo potencial de desarrollo indiferente de su condición racial y sólo será diferente por sus potencialidades genéticas individuales y no porque sea blanco, negro, oriental o mestizo. Al respecto es muy demostrativo el caso de niños adoptados a edad temprana por padres que han podido brindar condiciones de educación y crecimiento adecuadas que revelan la ausencia de diferencias promediales en sus capacidades intelectuales y destrezas. Está claro que dado que la raza blanca europea tuvo la oportunidad histórica de erigirse en raza dominante gracias al círculo virtuoso-vicioso de la riqueza, ello ha alimentado por siglos el mito racista que se basa a fin de cuentas en haber tomado ventaja por dos invenciones: la imprenta y el perfeccionamiento de las armas de fuego, ambas invenciones por lo demás, aprendidas de los chinos, sus creadores originales.

Cada día que pasa descubrimos que el potencial de la inteligencia humana es impresionante y que aquellos inventos cruciales en su tiempo, son desde el punto de vista técnico de una extraordinaria simpleza, que en el contexto en el que fructificaron, fueron invenciones formidables, pero que no representan de manera alguna una demostración de un mayor potencial de inteligencia de una raza. Inventos simples pero que dieron una ventaja inicial a los países colonizadores porque fueron el comienzo de una masificación del conocimiento y de ventajas militares determinantes constituyéndose en el punto de partida de desarrollos exponenciales que diferenciaron crecientemente el mundo rico del mundo pobre. Y ello ha acontecido en un periodo de tiempo insignificante en relación a las centenas de miles de años durante los cuales las diferencias raciales o étnicas no enmascaraban ninguna ventaja o superioridad de unos pueblos en relación a otros, perteneciendo todos a la especie homosapiens. No hace más de 500 años que

China e India eran más desarrolladas que los países europeos y aún las culturas pre-colombinas no tenían diferencias significativas con civilizaciones de otros continentes, aun sin tener animales de tiro y sin utilizar la rueda, probablemente por razones religiosas vinculadas a la adoración al sol. Las conquistas coloniales alimentan el crecimiento de las metrópolis y al mismo tiempo anulan las posibilidades de crecimiento de las colonias y alimentan los círculos virtuosos y viciosos de la riqueza y la pobreza y consecuencialmente, el mito de la superioridad racial y/o étnica.

¿*Es* que la humanidad ha necesitado del desarrollo de estos imperios para el desarrollo de las ciencias, el arte y la técnica como lo vemos en el extraordinario desarrollo científico que han alcanzado las potencias imperialistas actuales? No nos engañemos con otra apariencia más, porque lo que motivaba a los imperios no era sino su afán de conquista, de sometimiento y de saqueo de las riquezas de otros pueblos y para ello, empleaban la violencia de la guerra aunque no dejen de hacer valer mentirosamente su supuesto afán civilizador (aunque ello haya existido como motivación en una pequeña fracción de los conquistadores). Ciertamente la acumulación de riquezas permitía la consecución de obras arquitectónicas formidables, el desarrollo de las artes, las ciencias y su consecuencia tecnológica y técnica pero siempre ello fue y es hoy en día gracias ciertamente al trabajo de sus habitantes pero sobre todo era el resultado de las guerras de rapiña que generaron recursos para la reproducción ampliada.

El socialismo de Marx y Engels ha tenido el mérito de proyectar un paso civilizatorio gigante al visualizar a mediados del siglo XIX la futura existencia de una "patria planetaria", a la que conferirían posibilidad cierta de realización, siempre y sólo si se fundaba sobre la unidad internacional de los trabajadores, entendiendo desde un primer momento, que las clases dominantes pulsarían siempre sobre la tecla atávica del instinto gregario y el espíritu tribal para ocultar, bajo el manto de las contradicciones nacionales, interétnicas o interreligiosas, la principal contradicción entre los trabajadores de todos los rincones de la tierra y ellas, las clases poseedoras.

Una vez más, echarían mano a la propaganda anticomunista para acusar a la izquierda marxista de "apátrida" y a sus organizaciones de "partido del extranjero" siendo obra del nazismo, generosamente financiado por los industriales alemanes y extranjeros, la persecución y aniquilamiento de la izquierda alemana con el aplauso y la admiración de las élites europeas del capitalismo. El discurso chovinista, racista, colonialista y criminal de Hitler y su partido bajo el insólito nombre de Nacional "Socialista" es todo menos socialista, nombre destinado a capturar a la clase trabajadora alemana a la que convencieron de su superioridad racial y de la legitimidad de las conquistas territoriales, programa que está a las antípodas del socialismo internacionalista.

Los esfuerzos por dar organicidad a la lucha de los trabajadores, sin fronteras, llevó al propio Marx a ser activo partícipe de la Primera Internacional a la que sucedieron la Segunda, Tercera y Cuarta Internacional, que sufrieron los avatares de las disputas entre marxistas, anarquistas, socialdemócratas y trotskistas pero que en general representan una rica experiencia para dotar a los trabajadores de todo el mundo de una coordinación internacional en su lucha por sus derechos.

Marx señalaría en el texto que redactó para la Primera Internacional que la gran tarea de los trabajadores era tomar el poder político y que estos "poseen un elemento para el éxito, su número. Pero el número pesa en la balanza sólo cuando está unido en una organización y dirigido hacia un fin consciente". También señalaría un aspecto importante: que la lucha de clases era nacional en su forma pero que tenía un contenido internacional. Stalin y su estilo autoritario olvidarían esto y cometería más de algún error al querer dirigir el movimiento obrero internacional desde su centro único a través del Komintern.

El Partido Socialista chileno nacería para reivindicar la necesidad de estrategias y tácticas que tuvieran como base la realidad de cada país, sin perjuicio de practicar una generosa solidaridad internacional con todos los movimientos obreros y nacionalistas de los pueblos que luchaban por su emancipación. En sentido opuesto, Hitler sería el promotor del Pacto Anti komintern con el propósito de aislar a la URSS y adherirían a él los estados basados en doctrinas fascistas de Europa y Asia. Los obreros alemanes serían arrastrados por convicción o por la presión de un estado policiaco y totalitario a servir como soldados, mientras sus puestos de trabajo eran cubiertos por mano de obra esclava. Resulta patética la pretensión de los propagandistas del anticomunismo, de hacer creer que Hitler "era también socialista". Saben que el desprestigio de la ultraderecha, del nazismo y de Hitler ofenden la conciencia de los seres humanos por lo que no han encontrado mejor que mezclar groseramente socialismo y nazismo, una operación de propaganda anticomunista como otras.

El uso y abuso de sentimientos patrios para conseguir apoyos populares a sus camuflados fines que no son otros que la defensa de intereses económicos propios y de sus aliados extranjeros, ha sido en Latinoamérica una constante y vergonzosa práctica. En nuestros días, la conducta apátrida de la oligarquía venezolana, enarbolando una nutrida comparsa de banderas patrias, fieles al cinismo burgués, representa bien lo que ha sucedido desde los albores de la independencia latinoamericana, un discurso patriotero acompañado de una sumisión a poderes extranjeros con la irrenunciable condición de recibir su cuota en la explotación conjunta de recursos humanos y naturales.

La enorme riqueza petrolera de Venezuela permitió el enriquecimiento de una oligarquía insaciable, parásita y rentista, que como es habitual en Latinoamérica, no tuvo nunca interés en desarrollar industrias productivas por lo que derivó fácilmente a lo financiero-especulativo. Su vida regalada que se desenvolvía alternativamente en Venezuela o en las playas de Miami, acentuó su carácter apátrida, cometiendo un error grave: la profesión militar, mirada más bien como poco prestigiosa, permitió la conformación de unas FFAA menos subordinadas a sus intereses. Lo que siguió a aquello es bien sabido: Chávez toma el poder, controla el negocio petrolero para beneficio de su país y pueblo, reduce drásticamente la pobreza, pero se pone en ruta, como en el Chile de Allende, el boicot interno y la agresión imperialista y asistimos al vergonzante espectáculo de una oligarquía que no tiene escrúpulo alguno en pedir que "su patria" sea invadida por una potencia extranjera, en una demostración grosera de su cinismo patriotero. No menos ejemplo de su patético "patriotismo" mostraría el Presidente Piñera mostrando una bandera norteamericana con una pequeña bandera chilena en un rincón, fiel a su condición de hijo de un reconocido agente de la CIA y el mismo beneficiario de la agencia cuando, estando prófugo de la justicia por estafa, fue sacado de Chile por agentes de esa organización criminal.

El mito de la izquierda "apátrida" corre a parejas con el mito de la "derecha patriótica" pero en nuestros países, los de la periferia del capitalismo, ser nacionalista es ser antiimperialista y no tienen sentido los homenajes, desfiles y emocionantes actos de constricción patrióticos cuando se oculta la subordinación grotesca a los dictados e intereses de potencias extranjeras como en el caso de la entrega del cobre chileno a las transnacionales. Los mitos conducen a paradojas de manera que existe un internacionalismo de derecha que destruye las economías y culturas nacionales y un nacionalismo de las izquierdas que opera en sentido inverso.

Que no nos acusen entonces de anti-patriotas porque eso no se sostiene: no hay acción más patriótica en todo el siglo veinte que pueda compararse con la Nacionalización del Cobre y no hay chilenos que hayan prestigiado más a nuestro país como el socialista Allende o el comunista y Premio Nobel Pablo Neruda. Nunca en la historia de Chile ha habido más plazas, monumentos, avenidas y edificios públicos en todos los rincones del planeta que porten el nombre de un chileno, como lo ocurrido con Allende (sólo en Francia se contabilizan 320 plazas, avenidas y calles con el nombre de Allende) ni hay mayores conservadores de la cultura nacional que la multitud de artistas e intelectuales de izquierda, muchos de ellos reconocidos internacionalmente. Ello a despecho de la pretensión de la CIA de su supuesta cínica preocupación por *"la defensa de la soberanía de una nación como la preservación de la identidad cultural de un pueblo son fundamentales para garantizar su supervivencia. Estos dos elementos están siendo suprimidos y esterilizados por el comunismo internacional. (Doc. Santa Fe I)"*. Será por eso que el inglés nos sale hasta en la sopa, los negocios escriben "sale" por liquidación, se introduce poco a poco la fiesta "Noche de Brujas" y las radios transmiten un 80% de la música en inglés? Eso tiene un nombre: colonización cultural y tiene con los norteamericanos un ejemplo del mayor dramatismo y brutalidad, sólo comparable a los horrendos crímenes del nazismo, cuando en 1898 colonizan las Filipinas, expulsan a los españoles y el general Jacob Smith ordena asesinar a todos los hablantes de español mayores de 10 años, estimándose en 1 millón y medio los asesinados por la soldadesca yanqui, muchos de ellos por el sólo pecado de hablar castellano. (Ver: El genocidio yanqui en Filipinas https://www.youtube.com/watch?v=OHULFrqCHb0).

¿Cumplieron acaso con la Patria los que sirviendo a los propósitos del imperialismo dieron un golpe de estado en 1973 y avasallaron criminalmente a una parte significativa de su población e impusieron un "modelo" económico rechazado por la mayoría del país y funcional a los intereses del transimperialismo, esos sí claros intereses extranjeros, para que Chile sea hoy uno de los países capturados por el capital extranjero (2/3 del capital total del país), y su PIB sea producido en un 80% por capitales foráneos? Sólo cumplieron con una Patria "estrecha", aquella que limita su defensa a los intereses cercanos, los del círculo social-económico, pero no los de la Patria verdadera, aquella que abraza a todo un pueblo, con su historia, sus recursos naturales, el mundo diverso de sus habitantes incluidos sus sueños de justicia social y solidaridad, la Patria que defienden los trabajadores que buscan proteger sus modestos bienes y la tranquilidad de sus hogares. Entonces Patria no es la abstracción burguesa que lo único que defienden son sus ganancias y sus trapacerías.

El aplastamiento de las naciones de la periferia y la complicidad de sus élites está representada por innumerables hechos históricos irrebatibles, desde los primeros imperios, pasando por la negra época del esclavismo y el colonialismo, destacando a partir de fines del siglo XIX, las aventuras piratescas de los Estados Unidos de Norteamérica.

"Que se pinte de negro las franjas blancas y que se agreguen las tibias y la calavera en lugar de las estrellas a la bandera de Estados Unidos". (Mark Twain, escritor norteamericano).

"Los Estados Unidos parecen destinados por la providencia a plagar a la América de hambre y miseria en nombre de la libertad" (Simón Bolívar, 1829).

"Hace casi un siglo que tus gobernantes están en guerra. Desde el comienzo del

> siglo XX, casi no hubo una guerra en el mundo en que la gente de tu Pentágono no hubiera participado".
> (Gabriel García Márquez en carta a George Bush).

EEUU se expandió como imperialismo ya desde la segunda mitad del siglo XIX, anexionando diferentes territorios particularmente a costa de México y en Asia fue Filipinas su colonia más importante pero las anexiones no territoriales sino de facto ocurrieron sobre todo en América Central bajo la Doctrina Monroe cuya divisa era "América para los americanos" que Diego Portales juzgaría necesario aclarar con la expresión "América para los norteamericanos" criticando las pretensiones hegemónicas de los norteamericanos los que durante algunos años se cuidaron de no confrontar a los europeos y negociaban territorios con ellos. Los europeos a pesar de la independencia de las naciones americanas, no cesaron de querer reemplazar a España en el dominio de América Latina, acciones en las que EEUU no sólo no opuso resistencia sino que apoyó o miró para el lado, esperando su momento. Así Gran Bretaña ocupó las Islas Malvinas en 1833, los franceses bloquearon los puertos argentinos en 1839; desde 1845 hasta 1850 franceses e ingleses bloquearon el Río de las Plata, los españoles volvieron a ocupar República Dominicana en 1861; México fue invadido por los franceses entre 1862 y 1865 y Gran Bretaña conserva hasta hoy la Guyana Inglesa arrebatada a Venezuela en 1855. Incluso Chile fue objeto de agresión por España bombardeando Valparaíso y bloqueando los puertos en 1866 por solidarizar con Perú que soportaba la invasión española de las islas Chincha, su fuente principal de ingresos. Eran bellos tiempos en que los latinoamericanos entendían que la lucha conjunta contra los imperios agresores se imponía a los conflictos entre hermanos, dando inicio en 1865 a la alianza defensiva y ofensiva entre Perú y Chile a la que adhirieron Ecuador y Bolivia conformando la Cuádruple Alianza, episodios hoy sumergidos para resaltar nuestras diferencias y facilitar así nuestra común subordinación al imperialismo saqueador.

Desde principios del siglo XIX habrían de sucederse las intervenciones militares directas de EEUU en Centroamérica y las intervenciones más o menos solapadas en el resto de América Latina. Un rápido recuento de las intervenciones norteamericanas deja en claro que de lo que menos podemos hablar es de amistad y de defensa de la libertad y la democracia:

1823: El presidente Monroe proclama que América Latina debe ser considerada como "esfera de influencia" de Estados Unidos, bajo la afirmación de "América para los americanos".

1845: El columnista John O' Sullivan en un artículo titulado "Anexión" publicado en la revista United States Magazine and Democratic Review agrega el infaltable ingrediente religioso para justificar expolios y crímenes: El "destino manifiesto" al que está destinado EEUU porque las naciones europeas querían "torcer nuestra política y obstaculizar nuestro poder, limitando nuestra grandeza y bloqueando nuestro destino manifiesto de cubrir el continente señalado por la Providencia para el libre desarrollo de nuestros millones multiplicados cada año".

1846: Con el cuento repetido de defender a sus ciudadanos, EEUU inicia una guerra contra México que termina cercenándole más de la mitad de su territorio, los poderosos y ricos estados actuales de Texas y California.

1854: El intento del gobierno de Nicaragua de obligar a pagar impuestos por el yate del millonario norteamericano Cornelius Vanderbilt es excusa para bombardear y destruir el puerto nicaragüense de San Juan del Norte.

1855: William Walker, aventurero norteamericano y acérrimo partidario de la esclavitud y de su extensión a América

Central, se autoproclama Presidente de Nicaragua en 1856. Es un peón de los banqueros Morgan y Garrison. Durante su mandato de dos años se proclamó también Presidente de Honduras y El Salvador y restauró la esclavitud.

1859: Expedición punitiva de 20 barcos norteamericanos contra Paraguay.

1885: En 1885, el líder religioso Josiah Strong en su libro "Nuestro País" afirma que por mandato divino y por tanto, era una obligación expandirse, dominar el mundo y hacer buenos negocios. Para corolario sostiene que la raza anglosajona debe prepararse para la competencia final de las razas.

1898: Con la excusa de la muerte de marineros norteamericanos en la explosión del acorazado Maine, EEUU le declara la guerra a España y se instala en Cuba primero ocupando con tropas el país durante 3 años y en 1901 impone la enmienda Platt (¡incorporada a la constitución!) que entre otras maravillas establecía: "El gobierno de Cuba consiente a que los Estados Unidos puedan ejercer el derecho de intervenir para preservar la independencia cubana ¿? y la mantención de un gobierno adecuado para la protección de la vida, la propiedad...". La intervención ocurre cuando los independentistas cubanos ya tenían prácticamente derrotados a los españoles. Al mismo tiempo, EEUU le arrebata a España otras colonias: Puerto Rico, Guam, Filipinas y Hawái y además fuerzan el arrendamiento a perpetuidad de Guantánamo, para una base naval.

1898: El Presidente de Nicaragua José Santos Zelaya tiene la mala idea de ofrecer a los japoneses construir el canal interoceánico. Los conservadores aprovechan la intervención para instalarse en el gobierno, colocando como Presidente a Adolfo Díaz, un empleado de la empresa norteamericana Fletcher, imponiendo además la cesión de varias islas y la instalación de una base en el Golfo de Fonseca.

1899: Venezuela es despojada de 160.000 kilómetros cuadrados.(Guyana Inglesa) por un Laudo Arbitral armado y decidido por ingleses y norteamericanos, sin la presencia del país sudamericano.

1901: Primera agresión contra Nicaragua

1901: Sin necesidad de envío de tropas, el dictador Estrada de Guatemala otorga concesiones a la United Fruit, que se transforma en un verdadero estado dentro de otro estado, con sus policías y una brutal explotación de los trabajadores siendo sus propietarios entre otros el jefe del Servicio Secreto y el Secretario de Estado norteamericanos.

1906-1912-1917: Invocando la Enmienda Platt tropas norteamericanas invaden Cuba en tres ocasiones.

1904: El Presidente Roosevelt afirma que "Las equivocaciones crónicas o la impotencia pueden requerir la intervención en América ...puede forzarnos al ejercicio de policía internacional".

1903: EEUU provoca la secesión y alzamiento de la provincia colombiana de Panamá para el control del futuro canal. Tropas norteamericanas desembarcan para apoyar la secesión y sólo tres días después Panamá es reconocido como estado independiente a pesar de que la constitución promulgada tenía un apartado que establecía el derecho de EEUU de intervenir militarmente el país cuando Washington lo considere necesario. El Presidente Teodoro Roosevelt reconocería años después: "Yo tomé la Zona del Canal mientras el Congreso debatía".

1904: Imponen en la constitución de Panamá un apartado que autoriza la intervención militar de EEUU cuando el imperialismo lo considere necesario, instalando numerosas bases y la tristemente célebre Escuela de las Américas, centro de formación para los militares latinoamericanos destinado a formar una mentalidad contraria a los intereses de los pueblos y donde serán instruidos dictadores, represores y torturadores de triste memoria.

1904: Desembarca la infantería de marina norteamericana en República Dominicana para sofocar un movimiento opositor que contrariaba los intereses de EEUU.

1905: Personajes de la oligarquía dominicana solicitan la presencia de tropas norteamericanas las que permanecen 4 años.

1906: El levantamiento contra el Presidente de Cuba Estrada Palma, lacayo de los EEUU es sofocado a petición del mismo por un desembarco de marines. William Taft es nombrado interventor.

1907: Aunque parezca mentira, a partir de este año y por 33 más, el Gobierno de República Dominicana le otorga a EEUU la recaudación aduanera total.

1908: Tropas norteamericanas invaden Panamá y a partir de allí lo harán cuatro veces más hasta 1920.

1910: Ocupación de Nicaragua para mantener el régimen de Adolfo Díaz

1912: Nueva invasión a Nicaragua, ocupación que duraría hasta 1933.

1912: A confesión de parte, relevo de pruebas: Una confesión racista e imperialista desembozada del Presidente Taft "No está distante el día en que tres estrellas y tres franjas en tres puntos equidistantes delimiten nuestro territorio: una en el Polo Norte, otra en el Canal de Panamá y la tercera en el Polo Sur. El hemisferio completo de hecho será nuestro en virtud de nuestra superioridad racial, como es ya nuestro moralmente".

1913: El Embajador norteamericano tiene participación en el asesinato del Presidente Madero y la instalación del General Huerta a la cabeza de México en medio de la Revolución Mexicana.

1914: 20 navíos con 23.000 hombres desembarcan en el puerto de Tampico y se llevan 8 millones de dólares que se encontraban en la Aduana como "indemnización" por una gresca entre borrachos norteamericanos y mexicanos. Los ocupantes causan 300 muertos y permanecen varios meses.

1915: Ocupación de Haití donde se instala un protectorado que durará hasta 1933.

1916: Nuevo desembarco norteamericano en República Dominicana, permaneciendo hasta el 1924.

1918: La provincia de Chirica es ocupada por marines.

1921: Invasión a El Salvador

1924: Invasión a Honduras cuyo Presidente es nombrado a bordo de un acorazado norteamericano.

1925: Nuevamente Panamá es ocupada para reprimir una huelga.

1926: A iniciativa de EEUU se crea la Guardia Nacional en Nicaragua. El héroe Augusto César Sandino crea un ejército popular que combate hasta la derrota del Ejército Norteamericano. Sin embargo en 1933 dejan instalado al General Anastasio Somoza como gobernante del país y jefe de la Guardia "Nacional" quién ordenó asesinar a traición a Sandino.

1927: EEUU realiza el primer bombardeo aéreo de América Latina causando la muerte 300 nicaragüenses en Ocrotal.

1928: El Gobierno norteamericano amenaza de invadir Colombia a causa de la huelga de los trabajadores de la United Fruit Company por lo que el gobierno colombiano provoca la Masacre de las Bananeras desconociéndose hasta hoy el número de víctimas que oscilan entre los 14 reportados oficialmente hasta los mil, según el embajador norteamericano.

1934: Sandino acepta reunirse con el Gobierno pero le tienden una emboscada y es fusilado junto a dos de sus generales por orden de Somoza quién confiesa posteriormente que actuó por orden del Embajador norteamericano. El Presidente Franklin Delano Roosevelt había caracterizado a Somoza como "un hijo de puta, pero es nuestro hijo de puta".

1930: Apoyado en la Guardia "nacional" armada y entrenada por oficiales norteamericanos se inicia la dictadura de Rafael Leonidas Trujillo en República Dominicana, quien dirigió una dictadura de 31 años, caracterizándose por ser una de las más brutales, calculándose el número de víctimas en 50.000 personas.

1941: El Presidente Arias de Panamá es depuesto por un golpe militar conducido por Ricardo Adolfo de la Guardia en concomitancia con el embajador norteamericano.

1946: Se funda en la zona del canal de Panamá la Escuela de las Américas, adonde son enviados militares de todos los países latinoamericanos a recibir formación "militar" pero que era básicamente formación política anticomunista que incluía cursos de tortura y lucha anti-guerrillera. Todos los más famosos dictadores de la América morena pasaron por sus aulas y fueron imbuidos de doctrinas militares que identificaban a los luchadores de izquierda y nacionalistas como "enemigos internos".

1947: Estados Unidos inicia la imposición de un tratado que comprometía a las fuerzas armadas latinoamericanas en la guerra fría: El Tratado Interamericano de Asistencia Recíproca para lo cual utilizaba como anzuelo la provisión de material de guerra sobrante del término de la Segunda Guerra Mundial.

1952: El general Fulgencio Batista derroca al Presidente de Cuba, Carlos Prío Socarrás en otro golpe militar que cuenta con la venia norteamericana inaugurando una brutal tiranía que dejará 20.000 muertos. La Revolución Cubana hará justicia por primera vez en la historia latinoamericana contra los torturadores y criminales de la dictadura batistiana lo que dará hasta hoy pié a la constante crítica por los fusilados sin que jamás se mencionen los 20.000 asesinatos de Batista.

1954: En Guatemala, después de años de tiranía, es elegido democráticamente Jacobo Arbenz, conocido como "el soldado del pueblo" pero su intención de poner coto a la explotación de las fruteras norteamericanas y realizar una Reforma Agraria le significaron la organización de un golpe militar que dio paso a dictaduras protegidas por Washington que durante 40 años emplearon la política de tierra arrasada contra la guerrilla campesina llegando el total de víctimas a 150.000 personas.

1956: El dictador nicaragüense Anastasio Somoza es ultimado por el poeta Rigoberto López pero le sucede su hijo Anastasio Somoza Debayle quien completaría el largo periodo de dominio de la Dinastía Somoza, iniciada en 1934 y que sólo terminó al triunfo de la Revolución Sandinista en 1979.

1960: Bajo la presidencia de Dwigt Eisenhower comienzan acciones en gran escala contra la Cuba de Fidel, que incluyen numerosos planes y acciones destinadas a su asesinato lo que se ve impedido por el enorme apoyo popular que tiene la revolución cubana y su líder, fundado en las medidas de apoyo social y las reformas económicas emprendidas. Las acciones clandestinas incluían sabotajes a la economía y la organización, entrenamiento y provisión de armas de bandas armadas.

1961: Cuba es invadida por una fuerza expedicionaria en la Bahía de Cochinos formada fundamentalmente por exiliados cubanos que habían sido colaboradores del dictador Batista. La fuerza fue organizada y financiada secretamente por la CIA bajo la presidencia Kennedy y apoyada por la Nicaragua del dictador Somoza. Gracias al masivo apoyo del pueblo cubano, su incipiente ejército y aviación, en menos de 72 horas logró derrotarlos en lo que constituyó la primera gran derrota militar del imperialismo en América Latina.

1961: En otra acción encubierta, la CIA organiza un golpe de estado contra el presidente electo de Ecuador, Velasco Ibarra, por haber éste manifestado cierta simpatía por Cuba.

1964: La nacionalización del petróleo, el proyecto de una reforma agraria masiva, aumento del impuesto a renta, esfuerzos por mejorar la educación y la sanidad, su independencia con respecto a las grandes potencias fueron suficientes para que EEUU apoyara y promoviera un golpe militar en Brasil contra el Presidente Joao Goulart.

1964: Manifestaciones de estudiantes nacionalistas que reclaman la soberanía sobre el Canal de Panamá son reprimidas por soldados norteamericanos causando 20 víctimas. Años más tarde bajo el gobierno Carter, el general Omar Torrijos lograría el control panameño sobre el canal aunque posteriormente moriría en un accidente aéreo nunca aclarado.

1965: En República Dominicana surge un movimiento dirigido por militares que pretenden restituir la constitución y a Juan Bosch en la presidencia. EEUU envía 42.000 soldados para impedir el retorno de Bosch lo que da lugar a una de las más heroicas batallas libradas por un pueblo latinoamericano contra el imperialismo. El Coronel Francisco Caamaño conduce la resistencia hasta ser derrotado por una fuerza más numerosa y mejor apertrechada.

1966: La creciente guerrilla en Guatemala impulsa a EEUU a enviar ayuda militar, asesores y boinas verdes en una campaña contrainsurgente del Ejército que comete masivos asesinatos de campesinos con la complicidad criminal norteamericana lo que queda reflejado en los términos siguientes de un informe del Departamento de Estado: *"para eliminar a unos pocos cientos de guerrilleros habrá que matar quizás a 10 mil campesinos guatemaltecos".*

1967: Boinas Verdes norteamericanos son enviados a Bolivia con el propósito a colaborar en la búsqueda del Ché Guevara. Una vez que fuera capturado fue asesinado cobardemente por orden de la CIA el 9 de octubre de 1967.

1973: Golpe de Estado en Uruguay apoyado por EEUU con la subsiguiente represión

1973: La democracia más estable de América Latina es interrumpida por un Golpe Militar encabezado por el general Augusto Pinochet, de triste memoria en todo el mundo. Está ampliamente documentada la intervención y apoyo norteamericano a la oposición y los militares golpistas y la actividad de la CIA.

1976: Más de 5000 documentos secretos revelados demuestran que en dicho año la Dictadura que se implantó en Argentina contó con la estrecha colaboración del Departamento de Estado para acometer la brutal y masiva represión que se tradujo en 30.000 víctimas, la mayor parte desaparecidos, el rapto de menores y recién nacidos de las prisioneras que fueron asesinadas. Los documentos revelan que Henry Kissinger "premio nobel de la paz" y otros altos funcionarios de EEUU estaban al corriente de estas atrocidades como asimismo del Plan Cóndor, que capturó y ejecutó prisioneros en acuerdo con las otras dictaduras del cono sur.

1980: La intervención norteamericana en El Salvador para enfrentar al movimiento guerrillero se traduce en una asistencia masiva a la Dictadura que no se detiene ante nada: 35.000 civiles muertos por el ejército y los escuadrones de la muerte de la ultraderecha entre 1978 y 1981, el asesinato y violación de 4 monjas por sicarios del ejército, el asesinato del Arzobispo Romero. EEUU suspende la ayuda militar ¡¡por un mes!! Los alumnos de la Escuela de las Américas han aprendido bien las lecciones de los cínicos adalides de la democracia y la libertad.

1981: Ronald Reagan impulsa el apoyo financiero y material a los antiguos militares somocistas para derribar al gobierno sandinista de Nicaragua. La Corte Internacional de Justicia probó que el Gobierno norteamericano y la CIA entrenaban, armaban y financiaban a los llamados "contras" a quienes Reagan calificaba de "luchadores por la libertad" y que siguieron cometiendo crímenes como en los tiempos de Somoza contra la población civil. El escándalo Irán-Contras (o Irangate) se desató a raíz de que EEUU vendía armas ilegalmente a Irán lo que formaba parte de las fuentes de financiamiento de los Contras. La investigación posterior determinó que a los fondos obtenidos por la venta de armas a Irán se agregaban fondos provenientes del narcotráfico (proveídos por cubanos anticastristas) y los "legales" aportados directamente por la CIA. A las 38.000 muertes provocadas por la guerra hay que agregar la destrucción de bienes que se estiman en 17.000 millones de dólares y por otra parte la guerra económica mediante presiones del Banco Mundial y el FMI y el minado de los puertos nicaragüenses. El caso ante la Corte Internacional dictaminó a favor de Nicaragua y conminó junto con una Resolución de Naciones Unidas en el mismo sentido, a pagar una indemnización a Nicaragua, cosa que nunca ocurrió en una muestra más del absoluto desprecio por la legalidad internacional que ha mostrado EEUU, en más de una ocasión. La embajadora estadounidense ante las Naciones Unidas de manera burlona afirmó que la Corte es un "cuerpo medio legal, medio jurídico (y) medio político que las naciones a veces aceptan y a veces no".

1983: La pequeña isla caribeña de Grenada es invadida por 5000 infantes de marina de EEUU, con la vieja excusa de proteger ciudadanos norteamericanos, aprovechando las contradicciones surgidas entre grupos rivales del Gobierno marxista y nacionalista de Maurice Bishop y las también repetidas dificultades económicas provocadas por EEUU.

1989: Protegido durante años por el gobierno norteamericano, dictador de Panamá, traficante de drogas, estrecho colaborador de la CIA y al menos cómplice en el asesinato del general nacionalista Omar Torrijos, fue finalmente abandonado por los norteamericanos debido a la sorprendente solicitud hecha por el dictador de cierre de la Escuela de las Américas quienes agudizan una crisis económica, invaden el país, detienen a Noriega, provocan entre 3000 y 5000 bajas militares y civiles, principalmente de los barrios más pobres que fueron bombardeados. Aunque el personaje en cuestión era indefendible, una vez más EEUU atropellaba el derecho internacional y así fue entendido por Naciones Unidas y la OEA que condenaron el ataque. Siguiendo viejas y deplorables conductas, el nuevo Presidente fue nombrado en una base militar norteamericana.

1990: Los efectos de un país devastado por la dictadura somocista, la guerra civil y el acostumbrado boicot norteamericano con acciones encubiertas, su apoyo a la Contra y el masivo apoyo a la oposición, dieron la oportunidad a EEUU de intervenir el proceso electoral en Nicaragua y derrotar al Frente Sandinista que sólo volvería al poder en el 2007.

2000: Bajo el paraguas de la "Guerra a las Drogas", Estados Unidos lanza el Plan Colombia, un programa de ayuda militar al país más violento de América Latina y donde los asesinatos de sindicalistas, defensores de derechos humanos, ambientalistas, periodistas y políticos de izquierda son noticia frecuente hasta el día de hoy. No tardó demasiado para que el Plan Colombia fuera incorporado a la "guerra contra el Terrorismo".

2002: Mediante acciones encubiertas y financiando a los elementos opositores al gobierno de Hugo Chávez, Estados Unidos logra desencadenar un golpe militar en Venezuela, el cuál aborta al tercer día. Uno de los primeros gobiernos a reconocer a los golpistas fue el gobierno chileno encabezado por Ricardo Lagos.

2006: El Presidente de Haití, Jean Bertrand Aristide es derrocado mediante un inusual procedimiento: es secuestrado con la intervención de agentes franceses y la concomitancia de la embajada norteamericana por lo cual el propio embajador norteamericano Brian Dean Curran fue destituido con anterioridad, por oponerse a la intervención.

2008: Según revelan los cables dados a conocer por Wikileaks, el Departamento de Estado y la CIA promovieron la secesión del departamento de Santa Cruz en Bolivia y un golpe de estado en contra del Presidente Evo Morales, los que fracasaron.

A partir de los primeros años del siglo XXI, los golpes militares con la consabida sucesión de crímenes comienzan a ser reemplazados por los llamados golpes blandos, golpe mediáticos o golpes jurídico-institucionales, estando como siempre detrás de ellos la mano negra del imperialismo y sus lacayos locales. Ello implica una amplia gama de medios cuyo uso e intensidad, depende de las condiciones particulares que se viven en cada país: uso de ONGs con aparentes loables propósitos financiadas desde el exterior, preparación de líderes juveniles mediante becas preparación que incluye la organización de protestas callejeras, campañas mediáticas con mentiras o medias verdades, boicot económico-financiero, procesos judiciales carentes de sustento o importancia, etc.. El politólogo norteamericano Gene Sharp, quién listó 198 métodos para debilitar la autoridad de un gobierno no deseado por las élites, afirma que es una estrategia de acción no-violenta, aunque las manifestaciones antigubernamentales en Venezuela tomaron un cariz abiertamente violento.

Así hemos asistido al golpe fallido de 2002 contra Chávez, en 2010 en Ecuador contra Rafael Correa, en Honduras contra José Manuel Zelaya el 2009, Fernando Lugo en Paraguay el 2012, Dilma Roussef en Brasil el 2016 y Evo Morales en 2019.

La historia terrible de las numerosas intervenciones imperialistas en América Latina y su secuela de crímenes, podría como se ha puesto de moda, llevarnos a la conclusión errada de que es la derrota de los pueblos lo que ocurre frecuentemente y alimentar con ello una perspectiva pesimista del futuro. Sin embargo, este recuento pone en evidencia que el imperialismo se ha visto obligado a abandonar sus intervenciones militares más brutales pasando de las intervenciones militares directas y frecuentes, a la penetración ideológica y/o corrupta de las fuerzas armadas latinoamericanas para usarlas en contra de sus propios pueblos hasta la nueva manera de intervenir mediante el uso masivo de medios de comunicación y la organización de grupos civiles en las llamadas revoluciones de colores y golpes mediático-institucionales que se basan en campañas masivas de prensa y acusaciones judiciales o ante congresos controlados por mayorías corruptas y espurias.

Ello revela que esconden la mano porque ya no quieren ser pillados infraganti. Aunque lentamente, la conciencia creciente de los pueblos de nuestra América y del mundo, ha logrado que procesos más democráticos comiencen a dominar la escena, con los conocidos avatares de la historia, sus avances y retrocesos, pero marcando un movimiento general que tiene una dirección que revela el progreso de la humanidad. En este mismo sentido vale la pena tener presente que si bien el neoliberalismo abrió anchas puertas a la corrupción y a la delincuencia, lo que también alimenta cierto pesimismo, es bueno señalar a las nuevas generaciones que hace sólo 50 o 60 años, muchos crímenes de lesa humanidad o de corrupción quedaban totalmente impunes y habría sido difícil imaginar que ex presidentes como Fujimori o Videla terminaran encarcelados a largas condenas. Nadie habría imaginado hace solo unos años que en Guatemala donde el imperialismo prohijó tantos crímenes y masacres, un tribunal ordenara a un oficial retirado y un ex paramilitar a pagar un millón de dólares a las víctimas de violaciones sexuales ocurridas durante la guerra civil del país y que fueran condenados a 120 y 240 años.

Una segunda constatación de esta larga historia de intervenciones es como ya hemos comentado, el lamentable rol que juegan las élites de nuestros países, siempre dispuestas a sacrificar el bienestar de nuestros pueblos bastándoles salvaguardar sus propios intereses. ¿Defensa de la Patria o defensa de sus intereses y sus pillajes? Ellos también tienen su particular "internacionalismo" organizando fuga de capitales y escondiendo riquezas obtenidas de los recursos y el trabajo de sus compatriotas, en los paraísos fiscales.

Más indignante es igualmente la constatación de que el imperialismo encuentre entre los militares, quienes están llamados a ser los primeros salvaguardas de los intereses patrios, colaboradores en la traición como tan claramente lo señalara quien fuera un brutal dictador, traficante, alumno de la Escuela de las Américas y colaborador de la CIA, el general panameño Manuel Noriega al afirmar que "en cada país hay siempre alguien dispuesto a venderlo".

Con lamentable frecuencia las dictaduras más brutales dirigidas casi siempre por militares, han contado con la protección y apoyo de las potencias occidentales dirigidas por EEUU, mostrando que la afirmación de Robert McNamara tenía y tiene pleno sentido: "la mejor inversión que los EEUU pueden hacer en Latinoamérica, es ayudar a sus militares". Y la palabra inversión remite exactamente a lo que está en juego: que el flujo de recursos financieros y materiales de los países periféricos no se detenga para el enriquecimiento de las élites mundiales, el bienestar relativo de sus pueblos que a su vez permite que les otorguen el derecho a una democracia y libertades manipuladas y dosificadas adecuadamente pero cuyo bienestar y democracia lo han pagado los pueblos con sangre, torturas, exilios, colonialismo, neocolonialismo, asesinatos de sus líderes, bombardeos, exoneraciones, cárcel y masacres. Y luego tienen el cinismo de señalar con índice acusador a quienes se defienden, acusándolos de terroristas o a los gobiernos que se ven obligados a defenderse restringiendo derechos a sus ciudadanos para contrarrestar las operaciones desestabilizadoras del neocolonialismo, acusándolos de dictaduras y al mismo tiempo callando frente a las brutales dictaduras de derecha o medievales a las cuáles protegen: ¡cinismo burgués desatado!

Aunque es de dudar que el imperialismo deje de influir en las fuerzas armadas de los países periféricos a pesar de los "nuevos métodos" imperiales hay que tener presente que EEUU no cejará en su permanente empeño de mantener el sometimiento de Latinoamérica. Utilizando nuevas tácticas que cumplen el mismo fin: uso masivo de los medios de comunicación a su servicio para hacer tambalear y caer gobiernos que no se someten, utilización de cualquier subterfugio jurídico para los mismos fines como lo acontecido con Dilma Roussef, Manuel Zelaya o Fernando Lugo en Paraguay y promover el caos económico. A su amplia gama de recursos intervencionistas han agregado el simple expediente de negar los legítimos resultados de las elecciones que han ganado los presidentes Nicolás Maduro y Evo Morales, orquestando la consabida jauría de medios de comunicación a su servicio. Algún día en el futuro sabremos por documentos desclasificados que las manos del gobierno norteamericano y la CIA estuvieron detrás de cada uno de estos golpes, con la siempre presente colaboración de las oligarquías respectivas. No menos necesario resulta señalar que a las intervenciones militares directas y la nueva moda de los golpes mediático-institucionales hay que agregar los millones de acciones que llevan a cabo los 1.200.000 agentes de la CIA repartidos por el mundo e incrustados en partidos políticos, instituciones culturales, Organizaciones No Gubernamentales y un largo etc..

Es inevitable la conclusión que el patriotismo de las clases subordinadas y la de las clases dominantes tienen signo distinto y que si bien, las primeras suelen ser arrastradas a las aventuras guerreristas, subsiste la esperanza creciente de que, en un paso más hacia una civilización superior, la conciencia y el sentido moral de los pueblos pueda arrinconar finalmente a los hacedores de guerras. Cada vez más, las nuevas generaciones insertas en un mundo culturalmente globalizado, tienden a sentirse ciudadanos del mundo, sin renunciar a sus raíces identitarias y enarbolan sus banderas patrias con el mismo entusiasmo con que enarbolan las banderas multicolores.

E) El mito del fracaso del socialismo y el éxito del capitalismo

Las experiencias de socialismo han sido sometidas a una crítica despiadada, que se funda en vulgar propaganda más que en un análisis serio de experiencias humanas de extraordinario valor para el futuro de la humanidad. En sentido inverso, el capitalismo, en una exitosa campaña propagandística, ha sido elevado a sistema económico irrenunciable y eterno, aunque sus falencias no son deficiencias superables sino características estructurales imposibles de remontar con efectos catastróficos para la humanidad y su futuro. En realidad, el mayor triunfo del capitalismo es haber convencido a muchos, mediante una hábil propaganda, que es un sistema triunfador frente al socialismo. Los gigantescos recursos económicos empleados para combatir por todos los medios una ideología que quería poner fin a los privilegios de países y personas son proporcionales a lo que estaba en juego.

El socialismo marxista que busca terminar con los ominosos y socialmente ineficientes privilegios de unos pocos, desigualdades vergonzantes, privilegios que poseen no sólo poder económico y político sino que influyen por todos los medios posibles en la conformación de una opinión pública adocenada, combaten con una saña sin igual a quienes ponen en peligro esos privilegios.

Winston Churchill, apenas triunfada la Revolución Bolchevique, siendo ya un alto oficial de la Armada Británica, señalaría brutalmente: "Hay que matar al bebé en la cuna". Desde entonces cabe preguntarse ¿Cuánto de fracaso propio hay en las experiencias de socialismo y cuanto del fracaso provocado por todos los medios por las élites del capitalismo? ¿Se ha dimensionado el poder inmenso que esas élites han puesto en obra para hacer fracasar las experiencias de socialismo, poder económico y financiero gigantesco, poder político, diplomático, militar, mediático, el control cultural?

Quizás bastaría tener presente el caso de Cuba, que soporta desde hace 58 años, el bloqueo más largo de la historia y que aun teniendo enormes dificultades, logra no sólo sobrevivir, sino ser reconocido como un país con logros remarcables en materia social. No tengo dudas que viviríamos en un mundo mucho mejor si la premisa de Marx, del triunfo planetario del socialismo se hubiera cumplido y no lo que efectivamente ocurrió: experiencias aisladas que fueron sistemáticamente agredidas por todos los medios lo que además implicó la imposibilidad de desarrollar democracias más verdaderas y libertades más amplias, terreno que se rebeló propicio para el enquistamiento de la burocracia, el abandono de la promesa democrática y finalmente la traición.

En todo caso, si las mayorías de los pueblos del este de Europa abandonaron el camino al socialismo, no fue básicamente porque tuvieran una situación económica precaria, aunque hubiera habido diferencias de nivel de vida con el occidente desarrollado, eran países que estaban en los rangos de países industrializados y desarrollados como la URSS, la RDA, Hungría, Checoslovaquia y Yugoslavia. Y otros, aunque en el rango de países en vías de desarrollo, estaban lejos de sufrir las miserias de la periferia del capitalismo aunque episodios esporádicos de dificultades económicas ocurrieron, las que la propaganda occidental eleva a una situación falsamente permanente. No, los habitantes de los países del este no vivieron permanentemente haciendo colas aunque si sus dirigentes no hubieran estado tan ortodoxamente prendidos de la teoría del valor y hubieran hecho lo que el capitalismo hace, los precios vinculados a la oferta y la demanda entendiendo que la categoría "valor de uso" existe también en el socialismo, se habrían evitado esa tan explotada imagen de las "colas".

En los países del este, la oposición no tenía como fundamento principal las esporádicas dificultades económicas. La oposición se fundó esencialmente en el rechazo al sistema político y sus evidentes rasgos totalitarios que fueron principalmente una consecuencia del acoso y la agresión imperialista. Sin embargo no podemos excluir un factor relevante del rechazo: el nacionalismo mal entendido. Como hemos señalado la URSS no representaba ni un imperio ni menos un imperialismo, bien al contrario, representaba una forma extraordinariamente progresista de relacionarse entre naciones. Desde Marx, la idea de una patria universal, que no borrara las identidades nacionales amistosas y excluyendo las agresivas como el militarismo alemán, inspiró al movimiento comunista y socialista mundial. La emblemática frase con que termina el libro más difundido de Marx y Engels, el "Manifiesto Comunista", "Proletarios del mundo, uníos", tan bien reflejados en los versos del Himno "La Internacional", inspiraba la posibilidad de un mundo sin guerras, sin agresiones y desde luego sin colonialismo, imperialismo ni neocolonialismo.

Ello no fueron nunca frases vacías que no llevara a la práctica la URSS que nunca utilizó su control político para organizar flujos de recursos materiales, económicos o financieros hacia una supuesta "metrópoli imperialista". Tampoco y deliberadamente no extrajo recursos humanos (drain-brain), teniendo siempre una política de apoyo a los esfuerzos de los países para dotarse de recursos humanos calificados. La Universidad Patricio Lumumba en Moscú es un ejemplo extraordinario de colaboración y solidaridad en especial con el tercer mundo teniendo como norma no permitir que los profesionales salidos de sus aulas se quedaran en el país y no regresaran a sus patrias de origen. Aún hoy en día alberga a estudiantes de 140 países y sus 80.000 graduados trabajan en 170 países.

Sin embargo, la percepción general en los países del este respecto de la URSS era la de una presencia subordinante, sin que se lograra romper un sentimiento nacionalista estrecho que no discernía entre una subordinación política y sobretodo geoestratégica y la ausencia total de subordinación y explotación económica, que a fin de cuentas es lo realmente importante y lo propio de todos los imperios de la historia.

Una idea tan revolucionaria como la de una relación equilibrada entre la segunda potencia mundial y los países que conformaban el llamado "bloque soviético" era en general poco creíble a los ojos del ciudadano húngaro, checo, etc. ¿Por falta de información? Desde luego que no, pero bajo las condiciones de la burocratización y de la imposibilidad de desarrollar una democracia avanzada, dicho discurso, aunque claramente explicitado, era sometido a sospecha o simplemente desdeñado. Aún Lenin y Stalin escribieron sendos libros sobre el tema de las nacionalidades donde claramente se explicitaba lo que sería la política de principios de la URSS al respecto.

Pero el prejuicio se imponía basado en el conocimiento histórico que remitía a muchos pueblos del este de Europa a una larga cantidad de episodios de guerras, de sometimientos y conquistas a través de al menos dos milenios, con su espeluznante cantidad de episodios violentos que han marcado y siguen marcando antipatías y nacionalismos estrechos. En ello estaba también la tradición del Imperio Zarista, que explotaba una gran periferia para el beneficio de una nobleza parásita que nunca emprendió el desarrollo de Rusia.

No contribuían a mejorar esa percepción falsa, las intervenciones de tropas soviéticas a Alemania, Hungría y Checoslovaquia, que en todos los casos fueron percibidas como típicas intervenciones de un imperio depredador lo que no tenía ningún sustento.

Teniendo con el tiempo transcurrido la posibilidad de un análisis más equilibrado, no cabe sino entender que dichas intervenciones fueron motivadas por razones geopolíticas y estratégicas en el marco de la guerra fría y en ningún caso para someter económicamente a dichos pueblos, aspecto diferenciador que es siempre necesario remarcar. Queda por evaluar, si los reformistas que inspiraron esas revueltas, notamente Alexander Dubcek, entendían lo que estaba en juego y si por otro lado, la URSS sobrereaccionó ante las reformas que tal vez habrían evitado el colapso de 1990. En todo caso la sinuosa trayectoria posterior de Dubcek no deja dudas respecto de su falta de compromiso con el socialismo, a lo Gorbatchov.

Una de las manipulaciones más difundidas para desprestigiar al socialismo ha sido la comparación de los niveles de vida con los países desarrollados del capitalismo, particularmente EEUU, con el nivel de desarrollo alcanzado por la Unión Soviética y los países del Este de Europa, probablemente la operación mediática más convincente para millones de personas en todo el orbe. La afirmación es tanto más poderosa cuanto se asienta en un hecho real y simple ya que efectivamente los países del este de Europa nunca alcanzaron el nivel de vida de los países desarrollados del capitalismo.

La economía soviética evolucionó exitosamente desde ser el país más atrasado de Europa para que hacia finales de la década del 60 lograra un producto equivalente a 2/3 de la poderosa economía norteamericana y para cualquier observador inocente, como para la mayoría de los habitantes de nuestro planeta, incluidos muchos ingenuos habitantes de los países socialistas, era prueba suficiente de la superioridad del capitalismo. Pero era una conclusión en extremo simplista y engañadora porque un análisis con un mínimo de seriedad que considere la multitud de factores que entraban en juego, nos lleva a conclusiones que demuestran al menos, que las experiencias del socialismo real tuvieron éxitos y fracasos, aciertos y errores que demostraron la viabilidad del sistema porque el capitalismo es un sistema obsoleto y el socialismo apenas mostró su verdadero potencial en ensayos preñados de dificultades por razones históricas y sobre todo por la saña con que las élites capitalistas intentaron por todos los medios hacer que esas experiencias fracasaran.

Desde sus inicios, el proyecto de nueva sociedad fue concebido para dar continuidad al capitalismo más desarrollado, como un sistema que habría de establecerse en el conjunto de los países desarrollados del capitalismo.

Por circunstancias históricas que no es del caso profundizar aquí, la única revolución triunfante en Europa es la Revolución Rusa de 1917, triunfo que acontece no en un país capitalista desarrollado, sino en una Rusia feudal, con un desarrollo industrial incipiente y por tanto, con una población predominantemente campesina (80%), saliendo de la Primera Guerra Mundial en condiciones desastrosas de hambre y miseria, al punto que quienes conforman la fuerza de la revolución no son sólo obreros y campesinos, sino también una masa enorme de soldados que ya no estaban disponibles para participar de la carnicería de la Primera Guerra Mundial.

Ello daría lugar a una gran polémica en el seno del movimiento obrero mundial, respecto de si era posible llevar adelante el "socialismo en un solo país" contrariando el carácter de revolución universal, lo que habría de transformarse con el tiempo en un factor importante de las dificultades vividas por el proyecto socialista en la Rusia Soviética, debido al inmediato acoso y agresión externa en condiciones además de una resistencia interna feroz de los nostálgicos del régimen zarista. De ello resultó inevitable que la "dictadura del proletariado", concebida por Marx como un periodo transitorio (en las condiciones de un triunfo planetario y derrota clara de las fuerzas conservadoras) derivara en la imposibilidad de desarrollar una democracia verdadera, de amplia participación de las masas en la administración del Estado.

Lo que siguió fue una creciente concentración del poder en manos del Partido Único (que se justificaba teóricamente en una sociedad que eliminaba las contradicciones de clases) y su subsecuente burocratización y su deriva totalitaria. Desde luego esa no era ni la idea de Marx-Engels ni de Lenin, pero atendidas las circunstancias se entiende que alternativas a ese proceso no existían, no obstante lo cual y a despecho de la crítica burguesa, la URSS logra desarrollar el socialismo en términos tales que se puede afirmar sin duda y a despecho de los mitos, que fue el país con el mayor éxito económico de todo el siglo XX, que cumplió a cabalidad con la idea de justicia social y una prueba contundente que, con todos su problemas, la planificación centralizada funcionaba en condiciones en las cuáles ni siquiera se avizoraba el desarrollo de los modernos sistemas de procesamiento de datos que en nuestros días hacen mucho más factible los procesos planificadores.

De modo que la competencia por demostrar la superioridad del modelo económico del socialismo partía en condiciones extremadamente precarias y la naciente Revolución habría de ser sometida a una incesante agresión y hostigamiento que todas las experiencias de socialismo han debido de soportar hasta el día de hoy. Era 1917 y cobraban plena validez las palabras escritas en el Manifiesto de 1948: "Un fantasma recorre Europa: el fantasma del comunismo. Todas las potencias de la vieja Europa se han unido en una Santa Alianza para acorralar a ese fantasma: el Papa y el Zar, Metternich y Guizot, los radicales de Francia y los polizontes de Alemania". A la oposición interna liderada por oficiales zaristas, que darían inicio a una brutal contrarrevolución que su líder Denikin representaría en la orden dada en 1919 de condenar a muerte a toda persona que hubiere colaborado con el poder soviético, se une una fuerza de invasión con tropas de 14 países (japonesas, británicas, turcas, canadienses, francesas y estadounidenses, entre otros), enviadas a aplastar la Rusia Soviética rememorando la invasión austro-prusiana contra la Revolución Francesa para restituir la monarquía.

En el sudeste del imperio zarista Roman Ungern, en 1921, el "barón sanguinario", daría órdenes similares: "exterminar a los comisarios, a los comunistas y a los judíos con sus familias". Hitler daría también órdenes similares. Al mismo tiempo el naciente Ejército Rojo habría de enfrentar una guerra por conflictos territoriales con Polonia entre 1919 y 1921, país que aprovechando las dificultades internas y no obstante la suma de las dificultades de un país devastado por la guerra, la guerra civil, la invasión de tropas extranjeras y la guerra polaco-soviética, el Ejército Rojo, armado más de mística y coraje que de capacidades militares, logra la hazaña admirable de salvar la revolución y derrotar a sus enemigos.

Con posterioridad, en los años treinta sucederían varios episodios de guerra con Japón, empeñado en extender su territorio en el este de la URSS a lo que renunciaría sólo en 1939 con su derrota frente al Ejército Rojo (Batalla de Khalkhin Gol), cambiando el rumbo de sus afanes guerreristas y conquistadores hacia el sur de Asia en el marco de la Segunda Guerra Mundial, enfrentando a las potencias colonialistas occidentales que actuaban con el mismo objetivo avasallante. La presencia de un importante contingente de tropas en el este sería también un factor que incidiría en la rápida derrota del Ejército Rojo a manos de los nazis en la Operación Barbarroja. En sentido contrario, el abandono por Japón de sus pretensiones de cercenar territorio a la URSS permitió el traslado a posteriori de esas tropas para mejor enfrentar a los nazis y salvar la capital, Moscú.

El hostigamiento permanente al proyecto socialista no daría tregua nunca y en consecuencia las promesas de una nueva y más amplia y desarrollada democracia serían minadas inevitablemente. Resulta altamente interesante en este sentido la lectura del libro que recopila numerosos escritos de Lenin "Acerca de la Incorporación de la Masas a la Administración del Estado" donde deja en claro cuál es el verdadero significado de la "Dictadura del Proletariado" concepto que contrasta con la democracia burguesa y que considera como una forma de gobierno más evolucionada y más democrática, aunque transitoria.

Indiferente de la deriva que en la práctica tuvo la dictadura del proletariado quiero aquí remarcar que Lenin (y Marx-Engels originalmente) siempre concibieron la dictadura del proletariado por oposición no a la democracia, sino a la dictadura burguesa disfrazada de democracia y en ese sentido consideraban que la dictadura del proletariado era más democrática, porque era ejercida por las mayorías sobre una minoría y no al revés. El perfeccionamiento de la democracia incluía la revocación de mandatos y la igualdad total entre los seres humanos indiferente de su etnia, sexo, raza o edad. De hecho, la igualdad total de la mujer fue proclamada formalmente e inmediatamente en 1917 por vez primera en el mundo, como asimismo se abolieron todas las discriminaciones contra los judíos. La primera mujer ministro en el mundo ocuparía un cargo en el gobierno soviético.

Ellos apostaban por llamar las cosas por su nombre, sin cinismo, sin encubrir la necesidad de que al triunfo de la revolución fuera necesaria una dictadura, pero ejercida por las mayorías. Lo interesante del libro mencionado es que recoge escritos de todos los primeros años de la revolución rusa hasta la muerte de Lenin y hay en ellos una evolución clara que va desde la voluntad insistentemente manifestada, de lograr que las masas ejerzan su poder conquistado lo más directamente posible y con el llamado insistente a una amplia incorporación de las mujeres (hasta 2/3 en algunas instancias) y de los obreros sin partido (que no pertenecían al partido bolchevique), hasta una acentuación creciente a que el Partido asuma el control. De "todo el poder a los soviets" la revolución pasó a ser crecientemente dirigida por los miembros del partido bolchevique, debido a que las dificultades de la posguerra, la guerra civil, la invasión y la guerra con Polonia, obligaban a un mando crecientemente centralizado, que pasaría sucesivamente de dictadura del proletariado a dictadura del Partido y con los años a dictadura de la burocracia y en caso más graves, a dictaduras personales y en otras experiencias contemporáneas hasta dictaduras hereditarias que definitivamente no tienen nada que ver con el proyecto humanista y democrático de Marx.

Pero en todos los casos, ha sido la agresividad imperialista el factor principal que ha impedido el desarrollo democrático de las experiencias socialistas, lo que no quiere decir que no intervengan otros factores como el hecho de que en casi todos los casos las revoluciones triunfaron en países sin la experiencia democrática burguesa, que al margen de la crítica que hacemos a sus limitaciones, es sin duda una valiosa conquista de la humanidad, un avance que nos legó la Revolución Francesa. No debe dejarse de tener en cuenta el hecho de que las revoluciones socialistas triunfaron siempre derrotando dictaduras rígidas, represivas y anacrónicas o fueron el resultado de guerras anticolonialistas. Pero lo que queremos dejar en claro, es que la promesa socialista de un régimen verdaderamente democrático no estuvo ausente nunca en ninguna revolución. La única experiencia que quiso evitar la dictadura del proletariado y transitar desde la democracia burguesa a una democracia más amplia sin dictadura, el Chile de Allende, terminó en una dictadura de la burguesía y el imperialismo que como era de esperar toleraron la democracia mientras la pudieron manipular y cuando ello no fue posible recurrieron a la violencia extrema sin que entraran a discutir y teorizar sobre la vía pacífica o la vía armada. El tránsito de una democracia manipulada a una dictadura feroz, lo hace la burguesía sin asomo de vergüenza.

Las agresiones a la URSS no tendrían descanso y al margen de la personalidad de Stalin, que el propio Lenin había remarcado al señalar que no deseaba fuera su sucesor debido a su carácter violento, lo cierto es que a la vista de estas agresiones, quizás aun y a pesar de sus defectos y excesos represivos que cayeron incluso sobre otros honestos revolucionarios, la férrea voluntad de sacar adelante el proyecto soviético, ya despojado totalmente de su promesa democrática, no habría sido posible con otro dirigente dadas las condiciones históricas en que se desenvolvía el proceso.

Es también seguramente el razonamiento que llevó a Molotov y los demás dirigentes del Comité Central a mantenerlo en el poder cuando Stalin, abrumado por la invasión nazi y la conciencia de haber sido él, Stalin, un ingenuo que le creyó a Hitler de que respetaría el pacto de no-agresión, se retira a su casa de campo durante 3 días mientras la invasión avanzaba y cuando lo único que esperaba era su destitución. Al margen de los reparos morales que nos ameriten sus acciones, en ese contexto terrible de la invasión hitleriana, ¿Era el hombre adecuado en el momento adecuado? ¿Fue lo que pensaron Molotov y sus camaradas? Una pregunta que resultará difícil de responder siempre pero que sin duda requiere de una buena dosis de empatía histórica. Al menos está claro que en ese contexto histórico, no podían reemplazar a Stalin por Mahatma Gandhi o por Sor Teresa.

Las purgas y el culto a la personalidad de Stalin no impidieron que éste lograra desarrollar espectacularmente la industria pesada e importantes e ignorados avances tecnológicos, desarrollo que habría de ser fundamental para afrontar los desafíos de la Segunda Guerra Mundial y que sirvieron de base a un desarrollo económico espectacular habida consideración de las dificultades mencionadas y otras tantas que permanecen en el olvido como los actos de sabotaje en los procesos de industrialización, los intentos de golpes de estado contra el poder soviético que comprometieron incluso a la guardia del Kremlin, la infiltración de agentes nazis en el Ejército, la resistencia soterrada de los nostálgicos del régimen zarista, etc.. En general se considera que la Alemania nazi, estaba en la punta del desarrollo tecnológico pero se ignora que la URSS había desarrollado en medio de la guerra numerosas armas nuevas y que sólo por orden de Stalin se retrasó el proyecto de un avión a reacción porque consideró que estando a las puertas de una victoria sobre el nazismo no se podía distraer recursos importantes en ese proyecto. (*)(Ver: "Aviación Secreta Rusa en la Segunda Guerra Mundial" https://www.youtube.com/watch?v=J31W2AR8qJ0).

Aunque la historiografía dominante pretende hacernos creer que los únicos perjudicados del régimen nazi fueron los judíos, la historia verdadera corre por senderos distintos. El fascismo en general es un engendro del capitalismo, su forma más delincuencial pero más que una doctrina racista es una doctrina fundamentalmente anticomunista que ciertamente en el caso del fascismo alemán tuvo un mayor acento racista que se sintetizó en la inconsistente amalgama que el hitlerismo hizo del judaísmo y el marxismo. Marx era declaradamente ateo e hijo de judíos convertidos al cristianismo y en su libro "La Cuestión Judía", dejó en claro que la emancipación de los judíos no podía ser sino parte de la emancipación de la humanidad en general, afirmación ajena absolutamente al sionismo racista.

No debe olvidarse que una de las primeras medidas de la revolución rusa fue abolir todas las normas discriminatorias que afectaban a los judíos política que replicaron en el territorio polaco ocupado por el Ejército Rojo y hacia donde huían los judíos polacos escapando de los nazis. La lucha por una sociedad sin privilegios es incompatible con la idea del pueblo elegido y de una pretendida "raza judía" que como sabemos hoy en día como tal no existe, toda vez que el judaísmo siendo como el cristianismo una religión proselitista que se expandió por el mundo, incorporó a gentes de razas diversas, teutones de Alemania, eslavos de los países del este de Europa e incluso africanos de raza negra entre otros. En realidad, los judíos originarios, eran racialmente semíticos como los palestinos, que hoy son escarnecidos por una supuesta raza superior judaica. A despecho de la ciencia, el racismo asoma su cabeza criminal aquí y allá, pero siempre con el propósito de enmascarar, confundir y sustituir los conflictos de clase, el conflicto de base de nuestras sociedades.

El predicamento de la conspiración judía no se sostiene porque si bien muchos de los detentores del poder transnacional son judíos, ellos comparten ese poder en completo acuerdo con las élites que son multirraciales y la inmensa mayoría de los judíos del mundo no son más que parte de la masa de trabajadores que viven de un salario. En realidad nunca los banqueros e industriales judíos fueron mayoritarios en ninguna parte aunque proporcionalmente importantes pero no necesariamente influyentes como en el caso de los millonarios oligarcas rusos que representan menos del 30% según Forbes, (lo que preocupa a la comunidad ruso-judía porque esa desproporcionada presencia puede alimentar sentimientos antisemitas).En todo caso Vladimir Putin ha invitado a los judíos a emigrar a Rusia si quieren escapar del renaciente antisemitismo en Europa occidental. Los seres humanos no debemos ser valorizados por la raza que apenas nos diferencia superficialmente sino por diversidad genética individual y por diferencias culturales y desde luego por la posición privilegiada o no que tenemos en el seno de nuestras sociedades. Sino cómo se explica que Barack Obama, descendiente de esclavos africanos, haya afirmado con altanería y prepotencia: *"EE.UU. debe definir las reglas. EE.UU. debe tomar decisiones. [...] Los demás países deberían seguir las reglas establecidas por EE.UU. y sus socios, y no al revés"*, a propósito del TTIP. Ello prueba ante todo que su pertenencia a una clase, a una élite es lo determinante de su discurso y de su accionar y no su raza. En nuestros días no podemos sino definir el racismo como una monumental estupidez.

A despecho de la historiografía de los dominadores que se concentra en el holocausto judío, el nazismo como hemos dicho era una doctrina esencialmente anticomunista por lo que contó desde sus inicios con el apoyo financiero no sólo de capitalistas alemanes sino también de capitalistas notorios de otros países como Rockefeller, Disney, Ford, Prescott Bush, William R. Hearst,(*)(*La leyenda de los millones de víctimas por hambre provocadas por Stalin en Ucrania y que aún subsiste fue levantada originalmente por Goebbels y el partido nazi y difundida en todo el mundo por Hearst, gran admirador del führer. Ciertamente hubo una gran hambruna en Ucrania, provocada en parte por la colectivización forzada pero sobre todo por una sequía extraordinaria que afectó también a Rusia*). El apoyo no era solamente financiero sino principalmente tecnológico como fue el caso de IBM, cuyos primeros sistemas informáticos sirvieron para "administrar" el holocausto o en el caso de General Motor para la fabricación del emblemático Volkswagen Escarabajo.

El marcado anticomunismo del fascismo quedó formalizado en el llamado Pacto Anti-komintern dirigido a aislar a la URSS, iniciativa de Hitler a la cuál adhirieron sucesivamente Italia, Japón, España, Hungría y el estado títere de Japón en Manchuria. El objetivo de Hitler era aislar a la URSS en el este igualmente pero fue un fracaso ya que el Ejército Rojo expulsó a los japoneses en 1939. Al pacto Anti-komintern se agregarían todos los regímenes fascistas de Europa: Bulgaria, Croacia, Dinamarca, Finlandia, Hungría, Rumania, Eslovaquia, Turquía y la República China. Aunque se hace mucha cuestión del Pacto Soviético-Alemán, se olvidan los esfuerzos de la URSS en 1938 por acordar con Francia e Inglaterra un pacto contra Hitler, su voluntad de enviar tropas a Checoslovaquia para impedir que este país sea invadido por los nazis que no contó con el apoyo, al que estaban obligados, de las potencias occidentales. Se oculta igualmente que la URSS fue la última en firmar acuerdos con Hitler como consecuencia del Pacto de Münich que demostró como las potencias occidentales, Francia e Inglaterra queriendo "tranquilizar" a Hitler, le cedieron Checoslovaquia, siendo este país su aliado al cuál ni siquiera hicieron partícipe del acuerdo.

Hitler era antes que nada un furioso anticomunista y para quienes lo duden, es adecuado ver el importante discurso cuando asume como Canciller de Alemania, donde apenas menciona a los judíos. La facilidad con que logra conquistar Europa, es también fruto de la admiración por Hitler de las derechas de los países conquistados (o entregados por sus élites), países que aportarían millones de soldados para la invasión de la URSS y todas sus capacidades productivas incluidas las de los países "neutrales" que no fueron invadidos como Suecia y Suiza. La idea promovida por la historiografía occidental que recorre libros, películas y documentales de dudosa objetividad, se centra en convencernos que los "alemanes" luchaban contra el mundo y no que era una guerra de los nazis y sus aliados de contenido fundamentalmente ideológico anticomunista y que sólo las contradicciones interimperialistas llevaron a una parte de los países occidentales a aliarse con la URSS.

El caso de Francia, considerada la mayor potencia de Europa, fue conquistada en sólo 40 días sin que sufriera mayores destrucciones. Alemania recibió una amplia colaboración del gobierno Vichy en todos los rubros: industrial, económico, financiero, militar, productos agrícolas y energía. Permitió y alentó la implantación del STO (servicio de trabajo prácticamente esclavo de sus compatriotas al servicio de los nazis), utilizó la policía francesa para perseguir a la izquierda y a los judíos, colaborando abiertamente en el holocausto. Todo probaba una vez más que los intereses de las clases pudientes está por sobre cualquiera otra consideración, a despecho de los discursos patrioteros que suelen hacer. Importantes empresarios franceses como Louis Renault y el fundador L'Oreal de Paris pusieron sus empresas al servicio de la Wehrmacht.

El uso y abuso propagandístico que las potencias colonialistas, (hoy neocolonialistas) han hecho del Pacto entre la Alemania Nazi y la URSS es una de las mayores tergiversaciones históricas que ignora los insistentes esfuerzos que hizo la URSS para establecer una alianza con Francia e Inglaterra para parar a Hitler. El fondo del asunto era que las élites occidentales admiraban al Hitler anticomunista cuyas primeras víctimas fueron los comunistas y socialdemócratas que también fueron los primeros en ocupar campos de concentración del Tercer Reich, notamente Dachau. El discurso predominante de Hitler contra el bolchevismo, era grato a los oídos de las élites de Francia e Inglaterra en particular. Por ello no tuvieron reparos en perdonarle las deudas por las indemnizaciones de guerra y se hicieron sordos y ciegos cuando se armaba hasta los dientes en abierta burla del tratado de Versalles, cuestión imposible de hacer secretamente. Sabían que el objetivo principal de Hitler era destruir la URSS y hacer de sus territorios el "espacio vital" para el Tercer Reich, discurso que no tenía nada de secreto y era repetido insistentemente. Sin embargo, se debatían en un dilema: si Hitler cumplía ese plan, Alemania se transformaría en la principal potencia de Europa con el riesgo de hacerse además de los países de la periferia este de Europa y con toda probabilidad, estaría en condiciones de exigirles que les devuelvan las colonias africanas que esas potencias le habían quitado después de la Primera Guerra Mundial. Un poderoso Tercer Reich era una clara probabilidad. Tampoco calcularon que Hitler se vería en la necesidad de invadir primero Europa Occidental para tener recursos de todo tipo, incluidos voluntarios anticomunistas de las naciones europeas, para emprender el objetivo mayor de atacar la URSS.

No le dejaron alternativa a Stalin, quien con la esperanza de retardar el ataque a la URSS y darse tiempo para preparar mejor su defensa, no tuvo otra opción que aceptar el Pacto Molotov-Ribbentrop, un pacto claramente entre enemigos jurados, con pistolas sobre la mesa. Por su parte Hitler se guardaba las espaldas de un hipotético ataque de la URSS a la Alemania Nazi. El desprecio que los nazis tenían por el Ejército Rojo los llevó incluso a aceptar en el pacto que los soviéticos los proveyeran de productos agrícolas a cambio de bienes industriales (que evidentemente podían ser usados por la industria militar soviética).

La otra importante apuesta occidental era que estos dos enemigos llegaran finalmente a la guerra y se destruyeran mutuamente, lo que explica el atraso en crear un segundo frente, insistentemente reclamado por Stalin y la insistencia de Churchill, anticomunista de toda la vida, en invadir por los Balcanes para cortar el avance soviético y no en Normandía. El segundo frente fue activado (Desembarco de Normandía) con posterioridad a la derrota de la última ofensiva nazi en el este, en la Batalla de Kursk, que cambió definitivamente el curso de la guerra y desató la "blitzkrieg soviética". Por ello, los soldados soviéticos llamaban con sorna a las latas de conserva norteamericanas que llegaron en virtud de la "Ley de Préstamo y Arriendo", las latas del "segundo frente", segundo frente que fue demorado en exceso esperando que Alemania y la URSS se desangraran. Por otra parte, tenían el temor que el Ejército Rojo avanzara demasiado rápido hacia Occidente y llegaran atrasados con el "segundo frente".

El eje de la Segunda Guerra Mundial no fue el holocausto judío, un horroroso episodio, porque eran otros los conflictos importantes. Estaba cruzada por dos contradicciones principales: la guerra contra el "bolchevismo" y la disputa entre las potencias occidentales por sus esferas de influencia coloniales cuestión que la historiografía occidental se esmera en ocultar poniendo el primer plano el holocausto judío y la locura de Hitler.

El fascismo es siempre estimulado por las élites cuando surgen las crisis económicas que fomentan el crecimiento de la izquierda y fue lo que ocurrió en Alemania cuando la mayoría de la población votaba por los socialistas y comunistas, los que lamentablemente no lograron unirse para enfrentar al fascismo. Los inmensos recursos necesarios para financiar al partido nazi fluyeron abundantes y permitieron incluso la conformación de un ejército paralelo al Ejército Alemán, la SS con todo lo que ello implicaba en vehículos, uniformes y armas. En Chile, tal práctica se llevó adelante cuando los militares fueron atraídos por las ideas socialistas, razón suficiente para que la oligarquía financiara y armara una fuerza paralela a las instituciones castrenses que en 1932 llegó a contar entre 50 y 80 mil civiles armados organizados en todo el país en unidades militares, incluida una escuela de cadetes, sin que desde luego El Mercurio y la derecha se escandalizaran de los "grupos armados". Parte importante de ellos conformaron las brigadas de choque del partido nazi chileno que en aquellos años se enfrentaron con los milicianos del Partido Socialista. Un siglo antes, Portales combatió al Ejército y desterró a los oficiales liberales fieles a las ideas republicanas por las que habían luchado los padres de la Patria, con la ayuda de una fuerza similar, la Guardia Nacional. La clase dominante siempre se burlará de las "instituciones" y del "estado de derecho" cada vez que vea en peligro sus privilegios.

El carácter predominantemente anticomunista del fascismo queda demostrado palmariamente por el hecho que quienes conformaban las Waffen SS, el brazo armado del partido nazi, provenían de al menos 26 nacionalidades, cuyo pensamiento tenía como denominador común el anticomunismo y que además incluía no pocos criminales de la delincuencia común, rasgo siempre presente en las organizaciones de extrema derecha sobre todo porque nunca falta el atractivo del dinero, abundante en esos ambientes. Aunque inicialmente las Waffen-SS sólo aceptaron extranjeros germánicos (holandeses, noruegos, daneses), a medida que la guerra avanzaba y perdían hombres en las batallas, no dudaron en incorporar a otros fascistas como españoles franquistas, franceses (¡después de la ocupación de Francia!), etc., y aunque parezca sorprendente varios miles de judíos anticomunistas, algunos de los cuáles fueron carceleros en los campos de concentración y recibieron por decreto de Hitler la categoría de mestizos. Los extranjeros llegaron a ser el 60% de las Waffen-SS hacia el final de la guerra. El mito de los alemanes luchando solos contra el mundo no tiene respaldo en la historia como queda demostrado en la heroica resistencia y ofensiva soviética de Stalingrado donde apenas un tercio de las 800.000 bajas fascistas eran alemanes, siendo el resto decenas de miles de húngaros, rumanos e italianos. Gobiernos fascistas o voluntarios de los países ocupados colaboraron con tropas, como Bulgaria, Rumania, Italia, el régimen Ustacha de Croacia, el gobierno fascista de Horty en Hungría, los nacionalistas ucranianos, los fascistas-colaboracionistas franceses, la División Azul de la España franquista, el Ejército Finlandés, Eslovaquia del dictador Jozef Tiso y otros combatieron a la URSS en el frente oriental adonde fueron enviadas la mayor parte de las tropas ya que el frente occidental había sido conquistado sin mayores dificultades prueba de lo cuál es que en todas las campañas occidentales contra las tropas francesas, británicas, americanas y de muchas otra tierras murieron 200.000 soldados alemanes, versus los varios millones en el Frente Oriental. En sentido contrario a los colaboradores con el nazismo, quienes combatieron desde la clandestinidad y el maquis fueron fundamentalmente militantes de izquierda y nacionalistas auténticos siendo la más formidable resistencia, la organizada por el líder comunista Josip Broz Tito en las montañas de Yugoslavia quienes resistieron el embate de 35 divisiones nazis.

A los 6 millones de judíos asesinados en los campos de concentración debemos agregar los 5,6 millones de polacos, los 27 millones de muertos de la URSS, civiles y militares, en una invasión de extrema crueldad que poco tenía que ver con la invasión a Francia y los países europeos. El desprecio racista hacia los eslavos con el agregado del anticomunismo y la prioridad concedida a la conquista del "espacio vital" hacia el este hicieron de la invasión a la URSS, una de las conquistas más aterradoras, con la devastación de aldeas completas incluidos en muchos casos todos sus habitantes.

Sólo en 8 meses 2.000.000 de soldados soviéticos prisioneros fueron ultimados por hambre, ejecuciones sumarias o expuestos a gases venenosos. Otros fueron enviados a trabajos forzados por lo que la suma de soldados prisioneros soviéticos asesinados llegó a una cifra que se estima en más de 3 millones como consecuencia solamente de la Operación Barbaroja. Pero nadie habla de holocausto soviético y los medios occidentales se esmeran en exagerar hasta cifras inconcebibles los crímenes de Stalin para hacer creer que el comunismo es peor que el nazismo, sin reparar que gracias a Stalin, la URSS y el Ejército Rojo, la humanidad se deshizo del proyecto más criminal de la historia y que gracias al Ejército Rojo, Polonia, destinada por Hitler a desaparecer como nación, pudo renacer como estado y nación.

La continuación de la guerra hasta la derrota del nazismo con la entrada del Ejército Rojo a Berlín habría de sumar aún más víctimas soviéticas alcanzando una cifra total aproximada de entre 25 y 27 millones de civiles y militares. Como en todos los países invadidos por los fascistas, estos siempre encontraron colaboradores y la URSS no fue la excepción. Anticomunistas rusos y racistas ucranianos, y rumanos realizaron asesinatos de decenas de miles de judíos y gitanos, a pesar del desprecio ario hacia todos ellos. Los aun resentidos de la Revolución Rusa y aun hoy sus descendientes cometen crímenes atroces como lo acontecido en Ucrania con la masacre en la Casa de los Sindicatos de Odessa en 2014 ejecutada por una organización fascista que se siente heredera de las Waffen-SS y que forma parte de los grupos pro-occidentales y enemigos de Rusia. Lo que tenemos que constatar hoy en día es que la caída de la URSS fue un retroceso para la humanidad y no sólo para el socialismo pues ha resurgido con fuerza el fascismo y las potencias occidentales encabezadas por EEUU se han aprovechado del nuevo escenario mundial para dar nuevo impulso a su viejo y productivo colonialismo, tolerando cuando no apoyándose en estos grupos neonazis para la consecución de sus objetivos. Asunto no demasiado novedoso pues al finalizar la guerra no pocos nazis siguieron sirviendo en distintas áreas de la defensa y la inteligencia norteamericanas, (incluido Klaus Barbie, el Carnicero de Lyon). En otro aspecto, la política llevada a cabo para proteger a los oficiales del Ejército Alemán, culpando de todo al brazo armado del partido nazi, las SS Waffen, tenía como objetivo recuperar dicha oficialidad para rearmar a los alemanes en el marco de la guerra fría, a pesar de existir abundante documentación que demostraba que la alta oficialidad también había participado de horrendos crímenes de guerra porque compartía la política racista y anticomunista de Hitler. El glorificado General norteamericano Patton, un anticomunista confeso dijo: "los aliados lucharon contra el enemigo equivocado". Otro de los héroes norteamericanos, el general McArthur había propuesto que en la guerra de Corea se volvieran a emplear armas atómicas, como contra Japón.

De manera que uno de los elementos a tomar en cuenta en la tramposa comparación de niveles de vida entre la URSS y los EEUU son las dificultades que afrontó la revolución rusa, desde sus inicios, el bajo nivel de desarrollo inicial y las guerras mientras el imperialismo norteamericano que ya llevaba camino recorrido en el desarrollo de una poderosa industria, hizo de la guerra una fuente de enriquecimiento y jamás estalló ni una bomba sobre su territorio. EEUU se ha especializado en ganar y perder guerras contra rivales militarmente débiles y su participación en las dos grandes guerras ha ocurrido cuando éstas estaban en "empate técnico", para inclinar la balanza y sacar ventajas de ello.

La batalla más importante y la más decisoria de la Segunda Guerra Mundial fue la Batalla de Kursk donde el Ejército Rojo se impuso a la Werhmacht cambiando el destino de la guerra (¡y fue en pleno verano!). Otra manipulación de la historia es pretender que el desembarco en Normandía fue la batalla decisiva, cuando desembarcaron 143.000 soldados y en Kursk, combatieron 3 millones y es la batalla que cambió el curso de la guerra porque fue el último intento nazi por retomar la iniciativa sufriendo una derrota estratégica.

"Este es el informe de la Comisión Internacional de Reparaciones de Alemania, encabezada por Iván Maiski, preparado en febrero de 1945. La tarea de la Comisión era determinar la fórmula según la cual la Alemania derrotada iba a compensar el daño sufrido a las potencias victoriosas. La Comisión llegó a la siguiente conclusión: "el número de soldado-días que pasó Alemania en el frente soviético supera la misma cantidad en todos los demás frentes aliados en al menos 10 veces. El frente soviético también absorbió cuatro quintos de los tanques alemanes y aproximadamente dos tercios de los aviones alemanes". En general, la URSS representó alrededor del 75% de todos los esfuerzos militares de la coalición anti-Hitler. Durante los años de la guerra, el Ejército Rojo *molió* 626 divisiones de los países del *Eje*, de los cuales 508 eran alemanes".(Artículo de Vladimir Putin para la revista estadounidense The National Interest).

El esfuerzo de guerra soviético y el costo en vidas y recursos no tienen comparación posible y se refleja bien en este cuadro de los fallecidos en la Segunda Guerra Mundial en los países participantes:

1. Unión Soviética = 27.000.000
2. China = 15.000.000
3. Alemania = 9.800.000
4. Judíos = 6.000.000
5. Polonia = 5.600.000
6. Indonesia = 4.000.000
7. Japón = 3.500.000
8. Yugoslavia = 1.700.000
9. India = 1.580.000
10. Indochina = 1.000.000
11. Rumanía = 900.000
12. Francia = 800.000
13. Hungría = 750.000
14. Italia = 600.000
15. Croacia = 595.000
16. Estados Unidos = 500.000 (Incluida Guerra con Japón).
17. Gran Bretaña = 450.000
18. Checoslovaquia = 400.000
19. Lituania = 350.000
20. Grecia = 250.000
21. Letonia = 207.000
22. Etiopía = 205.000
23. Holanda = 200.000
24. Filipinas = 147.000
25. Malasia = 100.000
26. Finlandia = 97.000
27. Bélgica = 88.000
28. Birmania = 60.000
29. Corea = 60.000
30. Islas del Pacífico = 57.000
31. Timor Oriental = 55.000
32. Bulgaria = 50.000
33. Canadá = 45.000

34. Estonia = 41.000
35. Australia = 30.000
36. Albania = 28.000
37. España = 22.000
38. Nueva Zelanda = 19.000
39. Sudáfrica = 11.000
40. Noruega = 10.000
41. Norte de África = 9.000
42. Dinamarca = 7.000
43. Nueva Guinea = 7.000
44. Tailandia = 5.600
45. Luxemburgo = 5.000
46. Iraq = 4.600
47. Rhodesia del Sur = 4.000
48. Brasil = 2.000
49. Malta = 1.500
50. Mongolia = 300
51. Islandia = 200
52. Irán = 200
53. Irlanda = 100
54. Portugal = 55
55. México = 35

El mito alimentado por la filmología y la tergiversación de la historia por "historiadores" sesgados ideológicamente hace que los norteamericanos consideren que fueron ellos los vencedores de los nazis mientras los soviéticos enfrentaban centenas de divisiones alemanas que eran las mejor equipadas y experimentadas porque los nazis podían tolerar ser derrotados por otros capitalistas pero no por la odiada URSS. El General Hermann Reinecke instruyó: *"El soldado del ejército rojo debe ser mirado no como un soldado, en el sentido de la palabra que aplicamos a nuestros oponentes occidentales sino como un enemigo ideológico. Debe ser visto como el archienemigo del nacional socialismo y debe ser tratado en consecuencia".* Por su parte, el propio Hitler afirmó: "*Debemos olvidarnos del principio de la camaradería de soldados. El comunista no ha sido ni será un camarada. Llevamos a cabo una lucha de aniquilación*". 17000 ciudades y 70000 pueblos fueron arrasados en la URSS y el 20% de su industria y obviamente no hubo ningún Plan Marshall. La invasión de Normandía realizada por 143.000 soldados no habría sido posible si no fuera porque la inmensa mayoría de las tropas nazis estaban en el frente oriental, donde los alemanes perdieron el 93% del total de sus bajas. Sólo el anticomunismo explica por qué cuando la guerra estaba perdida, altos oficiales alemanes pretendieron negociar con los occidentales (*)(El atentado contra Hitler tenía el propósito confeso de pactar con los aliados occidentales para aunar fuerzas contra los soviéticos). Los generales norteamericanos ya tenían planes para continuar la guerra contra la Unión Soviética ("Plan Impensable") y si no lo hicieron fue sólo porque era políticamente inviable, toda vez que además las organizaciones partisanas que luchaban en Europa contra los nazis eran dirigidas predominantemente por izquierdistas amén del hecho de la aplastante superioridad del Ejército Rojo frente a los occidentales.

El rol tergiversador en ésta como en otras materias de la películas de Hollywood queda en evidencia al comparar las encuestas a los franceses al finalizar la guerra cuando el 57% atribuían a la URSS la derrota nazi y sólo el 20% a los norteamericanos. Sesenta años después y tras la avalancha de películas de los héroes norteamericanos, la misma encuesta revelaba que los porcentajes se habían invertido. La dominación cultural no es sólo por los medios de comunicación siendo la filmología un factor importantísimo. Alguien más honesto como Paul Craig Roberts, ex subsecretario del Tesoro en la Administración Reagan, considera que por arrogancia y por un sentimiento de excepcionalidad hacen que el norteamericano medio no acepte que otro país pueda hacer algo importante. "El hecho de que fueran los soviéticos quienes derrotaron al ejército alemán y no los americanos, que se sumaron a la guerra muy tarde, es parte de la idea de que EE.UU. es "el país", afirma. Para abundar aún más sobre el tema basten las palabras del Presidente de EEUU, Franklin Roosevelt en 1942 quien señalaba "que desde el punto de vista de la gran estrategia es difícil pasar por alto el indudable hecho de que el Ejército Rojo está destruyendo más soldados y armamento del enemigo que los otros 25 estados de las Naciones Unidas". De modo que corresponde tomar con pinzas las frecuentes tergiversaciones históricas destinadas a disminuir el mérito del Ejército Rojo en la derrota nazi en programas televisivos de discutible seriedad en emisiones como H2, Historia Cannel o Nacional Geográfics, en documentales de INTERNET o en los medios estatales de las potencias occidentales:

- Que la derrota nazi se produjo a causa del rigor del invierno ruso como si durante los más 4 años que duró la guerra hubiera habido solamente invierno y como si los rigores vividos hubieran sido desconocidos para los estrategas nazis que siempre se basaron en la falsa idea de una derrota rápida antes del inicio del invierno, pero la Blitzkrieg que desarrollaron exitosamente en Europa Occidental fue un fracaso en Rusia sin que llegaran a conquistar ninguna de las ciudades más importantes y emblemáticas (Moscú, Leningrado, Stalingrado, ni siquiera el estratégico puerto de Múrmansk). No pudieron repetir la "hazaña" de derrotar a una potencia como Francia en 40 días, cuya derrota se explica también por las debilidades político-ideológicas de la derecha y los militares franceses, muchos de los cuáles no ocultaban su admiración por el Führer, grupos desde los cuáles abundaron colaboracionistas (en la represión a la izquierda francesa, en las razzias antisemitas y aportando tropas para la invasión a la URSS).

- Que fue fundamental la ayuda prestada por los occidentales mediante la "Ley de Préstamo y Arriendo". (Es efectivo y los soviéticos lo reconocieron claramente) que EEUU envió importantes cantidades de pertrechos a la URSS pero que frente al esfuerzo soviético son poco significativas. Basta contrastar los 18000 aviones recibidos con los 140.000 que construyeron los soviéticos. Ver La "Gran Mentira" de la Ley de Préstamo y Arriendo https://www.youtube.com/watch?v=w_cp7IjA2ig
- Que los soviéticos vencieron a los nazis debido a la masividad de sus ataques y pérdidas. Debido a la formidable máquina de guerra montada por los nazis, la cultura racista, militarista y agresiva en la que eran educados y a la experiencia ganada en los primeros dos años de guerra con la conquista y ocupación de Checoslovaquia, Polonia, Francia, Bélgica, etc., las pérdidas soviéticas fueron mayores, pero en una proporción de 1 x 1,3 según estudios más recientes y serios. Sobre este asunto hay numerosas, confusas y contradictorias informaciones, pero debieran bastar las cifras globales de pérdidas en combate (no los millones de prisioneros asesinados por los nazis). Se manipula también comparando las cifras de soldados "alemanes" caídos con la de los soviéticos, ignorando que los soviéticos no sólo enfrentaron alemanes sino nazis, incluidos numerosas tropas aliadas de éstos. Es persistente el afán de glorificar las cualidades guerreras de los alemanes en numerosos programas y "documentales", hablando siempre de "los alemanes" y no de los nazis incluidos sus numerosos aliados, y pasando por alto los brutales crímenes de guerra ejecutados tanto por las SS como por la Wehrmacht.
- Que el Ejército Rojo se dedicó a saquear y violar mujeres en su ingreso a Alemania. No vamos a negar que algo de ello pudo haber ocurrido como también ocurrieron

abusos de las tropas occidentales porque todos sabemos que la guerra saca lo peor del ser humano y no cabe duda que la evidencia de los horrores cometidos por los nazis haya impulsado a algunos individuos a cometer actos de venganza pero el propio Stalin y el General Zhukov instruyeron a sus tropas en el sentido de obrar no como conquistadores sino como liberadores e instruyeron que tales actos eran pasibles de pena de muerte. Desconozco que una orden similar haya sido impartida por los dirigentes occidentales. Por el contrario las tropas norteamericanas eran estimuladas a ir a la guerra con panfletos que mencionaban el supuesto interés sexual que tendrían las alemanas por los norteamericanos https://www.youtube.com/watch?v=XxTxvgBh71M. (Este documental elaborado por españoles de derecha, asegura que sólo los soldados norteamericanos cometieron en Alemania, 300.000 violaciones).

- Otro aspecto fundamental que explica las diferencias de desarrollo dice relación con la explotación imperialista que nunca ejerció la Unión Soviética pues ello habría significado el abandono del aspecto más central de la ideología marxista cuya aspiración fundamental es el término de las relaciones de explotación tanto a nivel interno en cada país, como en las relaciones económicas entre los pueblos. El mito del "imperialismo soviético" es en primer lugar una muestra de ignorancia pues el término imperialismo procede de la ideología y vocabulario marxista y se refiere al fenómeno global que se inicia en el siglo XIX cuando los países desarrollados y en particular Inglaterra tienen necesidad de más materias primas, de encontrar mercados para sus productos industriales y de exportar su excedente de capital lo que logran mediante las guerras de conquista colonial cuyas brutalidades no tienen comparación

posible con los denostados "gulags" soviéticos. Ver: La trata de personas - Una breve historia de la esclavitud (1/4) | DW Documental
- https://www.youtube.com/watch?v=NfDv5WOTpG0
- La mayor riqueza de las potencias occidentales se basa en la explotación de los países de la periferia, de los cuáles extraen ingentes recursos ya que sus inversiones se dirigieron fundamentalmente a la explotación de materias primas y no a impulsar el desarrollo de los países colonizados de manera que el mayor nivel de vida se explica no solamente por el trabajo de sus habitantes sino también por los recursos que fluían desde las colonias y de los que aun fluyen de las neocolonias. Ciertamente, ello benefició también a los pueblos de los países desarrollados que vieron crecer su nivel de vida pero asistimos con la globalización capitalista actual a un proceso inverso, mediante la deslocalización de las industrias hacia países de la periferia que compiten entre ellos para obtener el maná de las inversiones en un virtual remate al mejor postor, compitiendo a que país otorga más facilidades a los inversores extranjeros, facilidades que incluyen la explotación infantil, jornadas de trabajo de 12 o más horas, salarios miserables, ausencia de condiciones de trabajo dignas, persecución a las actividades sindicales, ausencia de prestaciones sociales, depredación ambiental, etc.. Pero como todo el proceso capitalista transcurre bajo la égida del dios Lucro, los perdedores no son sólo los trabajadores de la periferia, muchas veces prácticamente esclavizados, sino también los pueblos de los países desarrollados, que ven mermar sus fuentes de trabajo, disminuir sus beneficios sociales, el desmejoramiento de las condiciones de trabajo, el endeudamiento abusivo, la expropiación por los bancos de sus viviendas y la aparición de la pobreza dura en las

ciudades y campos. Los beneficiados son los mismos de siempre, las élites mundiales en connivencia con las élites locales, amparados por un creciente poder represivo y la pérdida ya no solamente de beneficios materiales sino también de su seguridad y los beneficios de una democracia que fue siempre limitada pero que se deteriora crecientemente, con el deterioro también de las libertades que se reducen orwelianamente.

- La URSS no explotó ninguna periferia al estilo imperialista ni imperial y ello sin duda acordó a sus rivales verdaderamente imperialistas una ventaja suplementaria en materia de nivel de vida de su población. La trampa propagandística al respecto es que no correspondía comparar los países desarrollados del capitalismo con los países socialistas de Europa, sino ambos sistemas y el sistema capitalista no era sólo su cara bonita desarrollada y "democrática" sino que conformaba una unidad sistémica con la periferia sometida, poblada de dictaduras brutales amparadas, sostenidas o impuestas por las "democracias occidentales", hambreada, subdesarrollada donde el enorme flujo de recursos que se extendió por 5 siglos, desde la conquista de América hasta nuestros días, no permitieron a los países pobres acumular capital, siendo además boicoteados y prohibidos de desarrollar su propia industria, incluyendo el robo de conocimientos y el robo de cerebros. (*)(*Una lectura imprescindible es el libro de Ha-Joon Chang "Patada a la escalera" sobre cómo se hicieron ricos los países ricos promocionando el libre comercio cuando les convenía e impidiendo la industrialización*). Esta es una importante razón para considerar la comparación como totalmente inconsistente. En el capitalismo siempre la pobreza de unos se explica por la riqueza de otros, que siempre también proviene de la apropiación del trabajo de otros.

- La voluntad consecuente de la URSS de rechazo a las prácticas colonialistas e imperialistas, tiene además otro elemento a considerar. No sólo no practicó el saqueo de una periferia sino que además asumió con otros países socialistas la carga de apoyar las luchas emancipadoras de las colonias y ello implicaba costos importantes para sus economías y para el bienestar de su pueblo. El historiador William Kirby sostiene que la ayuda de la Unión Soviética a China fue "la mayor transferencia de tecnología en la historia del mundo" aportando *el 7% de sus ingresos nacionales* entre 1954 y 1959. De hecho, no habría habido proceso de descolonización durante el siglo XX sin la ayuda prestada por los soviéticos y otros países socialistas y ello a cambio de nada, no para instalar inconcebibles "capitales soviéticos" y hacer de ello un negocio lucrativo como conocemos que hacen las potencias occidentales cuando "ayudan" o "socorren" a algún país para llevarles cínicamente la "democracia y la libertad". La historia revela que lo que más han instalado son dictaduras vendidas a sus intereses o en el mejor de los casos sus pseudodemocracias y pseudolibertades, con sus elecciones amañadas, su manipulación mediática y la corruptela de sus políticos serviles. El apoyo soviético no se dirigió necesariamente a gobiernos "de izquierda", sino bastaba que fueran nacionalistas que luchaban sinceramente por la independencia de sus países. Ello no se traducía en lealtades consistentes y aún en traiciones como la de Anwar al Sadat, presidente de Egipto, que después de recibir aviones MIG-23, vendidos a precio de remate y que supusieron una superioridad aérea sobre su rival Israel, terminaron siendo entregados a Estados Unidos para su análisis e ingeniería inversa.
- La vocación pacifista del socialismo marxista queda refrendada en el primer decreto de Lenin el "Decreto de

la Paz" que da término a la participación del Imperio Zarista en la Primera Guerra Mundial que aunque se sostiene que Lenin habría pagado de esa forma el apoyo brindado por los alemanes a su regreso, la verdad histórica es que se trató fundamentalmente de cumplir con un anhelo desesperado del pueblo ruso, sumido en la miseria más abyecta por causa de la guerra, al punto que contó con el apoyo masivo de los soldados para el término del conflicto, los que se constituyeron en parte fundamental de la fuerza revolucionaria.

- Nada más ajeno al sometimiento de otros pueblos en la ideología que inspiraba a la Revolución Rusa, aunque motivos geopolíticos y de sobrevivencia del proyecto revolucionario acosado y agredido permanentemente, habrían de impulsar políticas de anexión política no siempre consentidas mayoritariamente por los pueblos que conformaron el campo socialista. Si a ello agregamos las legítimas indemnizaciones que debieron afrontar países como Rumania y Hungría por la masiva colaboración prestada a los nazis en la invasión a la URSS, sin duda que esto no fue bien recibido por dichos pueblos (Tener presente que ni Rumania ni Hungría fueron teatro de grandes batallas y sufrieron limitadas destrucciones y víctimas en su territorio y que además posteriormente no fueron privados de ayudas de la URSS). La teoría del "socialismo en un solo país" había demostrado su inviabilidad práctica y empujó a los dirigentes soviéticos a sobrepasar en los años siguientes de la revolución los límites de una ideología radicalmente humanista, democrática y libertaria para asumir con el tiempo rasgos notoriamente totalitarios, que sólo podemos comprender en su contexto histórico y empatizar con decisiones que sin duda fueron extremadamente difíciles de adoptar. Con mayor o menor apoyo de las poblaciones de las antiguas nacionalidades del Imperio Ruso se dio nacimiento a la Unión de Repúblicas Socialistas Soviéticas: armenios, ucranianos, georgianos y otras naciones. Resulta innegable que las relaciones entre Rusia y las otras nacionalidades no revistieron nunca la forma de relaciones ni imperiales ni imperialistas y cualquier viajero puede notar por ejemplo, las enormes diferencias de desarrollo de las repúblicas musulmanas soviéticas con aquellas que se conservaron como parte de la periferia de los países colonialistas, como Afganistán, sumido hasta hoy en la pobreza y el Medioevo.

- Lenin fue el inspirador de una política frente a las nacionalidades que no tenía precedentes en la historia y que se basaba en una amplia autonomía a nivel nacional como regional, lo que hoy Putin considera fue un error que estuvo a la base de la implosión de la URSS y la emergencia de los conflictos interétnicos e interreligiosos que afloraron en las ex repúblicas soviéticas.
- El desarrollo equilibrado de las repúblicas, la conservación de sus idiomas, costumbres y la autoridad sobre la justicia y la educación son un rasgo diferenciador indiscutible de la experiencia soviética, aunque como ha quedado demostrado con posterioridad, nada de ello pudo sobreponerse a dos sentimientos que los marxistas en general subvaloramos: el sentimiento religioso y el sentimiento nacionalista estrecho, que la práctica demostró estar mucho más arraigados y difíciles de hacerlos convivir con una cultura más universal y humanista, que hermana a todos los seres humanos. Sentimientos además utilizados ampliamente por los enemigos del socialismo avivando siempre la xenofobia, el racismo y el extremismo religioso. Por otra parte, el permanente enfrentamiento con las potencias coloniales, imperialistas y neocoloniales hacían imposible que la independencia

de las repúblicas fuera más amplia y la URSS centralizó buena parte del poder en un estado federal, con un Parlamento (Soviet Supremo), el sistema de partido único y fuerzas armadas unificadas, lo que contribuyó a desarrollar un centralismo excesivo, fuente también de su burocratización.

- Pero debemos dejar en claro la importancia capital que tiene el hecho de que por primera vez en la historia de la humanidad un país con un poder gigantesco no empleaba ese poder para explotar a otros pueblos y si bien, ejercía un control sobre la soberanía política, ello obedecía a motivos geopolíticos y estratégicos de supervivencia de la propia URSS y del proyecto socialista, en lo que hacían eco las palabras de León Trotsky en el 2° Congreso de los Soviets:"*O bien la Revolución Rusa aumentará el torbellino de la lucha en el Oeste, o los capitalistas de todos los países asfixiarán nuestra revolución*".
- Ese es el motivo por el cuál al término de la Segunda Guerra Mundial habiendo liberado numerosas naciones del este de Europa del nazismo, no podía sino apoyar la toma de poder por los partidos comunistas locales, indiferente del peso específico que tales partidos tenían y con mayor razón si en esos países se conservaban, no fuerzas democráticas, sino vestigios importantes de las organizaciones fascistas que habían colaborado entusiastamente con los nazis. No es de extrañar entonces que a la caída de la URSS (y el desmembramiento de Yugoslavia), resurgieran con fuerza toda clase de movimientos de extrema derecha en Polonia, Checoslovaquia, Hungría, Rumania, Croacia, Ucrania, que no ocultan sus simpatías con el horror nazista al mismo tiempo que su adscripción a las potencias occidentales y su anticomunismo fanático. Particularmente vergonzo-

so es el desfile de ancianos miembros de las SS con sus uniformes en Estonia.

- Fuera Stalin o quien fuera que dirigiera la URSS en ese momento, está claro que era imposible esperar que después de la dura batalla librada contra los nazis y sus aliados, la URSS se retirara sin más a sus fronteras originales y dejara campo abierto a las potencias occidentales, teniendo la certeza de la hermandad ideológica del fascismo y el capitalismo y a las puertas del inicio inevitable de la guerra fría con el reinicio de las hostilidades hacia la URSS de parte de los que habían sido solo aliados circunstanciales. Además había que romper necesariamente el aislamiento político, económico y geográfico a que había sido sometida desde 1917. Fueron las potencias occidentales las que reiniciaron acciones agresivas con la creación en 1949 de la Organización del Tratado del Atlántico Norte (OTAN) destinada a protegerse de su supuesto "agresor" soviético y sólo 6 años más tarde, en 1955 se funda el Pacto de Varsovia, como respuesta a la alianza occidental y no faltaron las proposiciones de disolución de ambas organizaciones por parte de la URSS que nunca fueron aceptadas desde luego. La verdad es que la URSS si hubiera tenido una política agresiva, no sólo habría ampliado su influencia al este de Europa sino a la totalidad de ella, toda vez que al finalizar la guerra disponía de una masa de divisiones varias veces superiores a las que tenían los occidentales en Europa al mismo tiempo que se disponía a invadir Japón en el este el 15 de agosto de 1945 siendo esta la razón más poderosa para precipitar el lanzamiento de las bombas atómicas sobre Hiroshima y Nagasaki y la verdadera razón por la que la fanatizada cúpula militarista japonesa prefiriera rendirse a los Occidentales que le garantizaban la preservación de su sistema monárquico, a pesar de los innumerables crímenes cometidos por las tropas japonesas cuyo máximo líder era el emperador Hirohito que nunca puso coto al líder fascista Hideki Tojo, responsable de crímenes tanto o más horrorosos que los de Hitler.

- La iniciativa agresiva de Occidente continuó con el desarrollo de la carrera armamentista, como queda claro en las memorias del Secretario de Defensa de EEUU, Robert Mc Namara: había que obligar a la URSS a la carrera armamentista. La estrategia era clara: una economía que salía exangüe de la Segunda Guerra Mundial y que no era sino un tercio de la economía norteamericana, se veía confrontada a gastar sumas proporcionalmente altísimas para desarrollar sistemas de armas cada vez más caros y sofisticados y mantener fuerzas equiparables, en desmedro obviamente de la calidad de vida de sus habitantes, constituyendo este aspecto otra razón por la cual comparar los niveles de vida entre el occidente desarrollado y los países socialistas, ha sido tramposo. Los soviéticos que habían logrado desarrollar a un alto ritmo su economía de posguerra, estimaban que el PIB global era alrededor del 50% del norteamericano en 1987. Ese mismo año la URSS destinaba un 13% del PIB a Defensa, el doble de lo destinado por EEUU que era el más alto del mundo occidental. McNamara es el mismo personaje que participó del montaje de un falso ataque de patrulleras de Vietnam del Norte a navíos norteamericanos, que "justificó" el inicio de la escalada militar en Vietnam en otro caso de falsa bandera. Es también el inspirador de los préstamos masivos a países en desarrollo con la convicción de que no podrían pagar y con ello obtener su sumisión, política ampliamente desarrollada en los decenios siguientes por instituciones "respetables" como el Banco Mundial y el Fondo

Monetario Internacional, controladas firmemente por las potencias occidentales y la oligarquía financiera que mueve los hilos desde las sombras. El poder mediático y la deuda son hoy instrumentos esenciales para dominar países y personas.
- Cabe mencionar aquí un aspecto desconocido del colapso de las experiencias socialistas del este de Europa. Resulta incomprensible que varios países socialistas hayan caído en la trampa de los préstamos políticos de esas organizaciones internacionales que apuntaron principalmente a capturar los eslabones débiles del mundo socialista: Rumania y Polonia. Aunque Ceaucescu reaccionó a la estrategia de la deuda sometiendo a la población rumana a una década de dificultades económicas para pagar la deuda y aunque al momento de su caída había logrado devenir el único país con deuda cero, resultó ser demasiado tarde. Es lo que explica también su desesperada respuesta represiva al tener la convicción de que ya las mayores dificultades quedaban atrás y que podría retomar el alto crecimiento del país de las décadas anteriores.
- Hasta hoy, la carrera armamentista sigue siendo instrumento para el transimperialismo norteamericano-europeo-japonés y sus satélites pretendiendo siempre superar en la tecnología de armas a sus rivales, rivales que por suerte para la humanidad logran desarrollos notables en esta área, muy a su pesar por la distracción de recursos que ello implica. Para cualquier analista serio queda en claro que las iniciativas para la reducción de armas provinieron siempre de países como la URSS o Rusia y China actualmente. El director del Departamento para la no proliferación y control de armas de Rusia Mikhail Uliánov ha señalado últimamente que *"Washington bloquea con diferentes pretextos las propuestas de China y Rusia para evitar el emplazamiento de armas en*

el espacio". No debemos olvidar tampoco que los EEUU abandonaron unilateralmente el Tratado sobre Misiles Anti balísticos, establecido durante la Guerra Fría destinado a frenar la carrera armamentista y que contrariando un acuerdo con Mihail Gorbatchov de no ampliar la OTAN hacia el Este, han desarrollado una agresiva expansión de medios militares en Polonia, Rumania, y los países Bálticos entre otros.

La mentalidad reaccionaria e imperialista que domina amplios círculos de poder en las potencias occidentales y que comparten las derechas y las pseudoizquierdas que co-gobiernan con los poderes económicos, se funda en el chovinismo de potencia y algo más prosaico: el gran negocio de las armas y la presión que ejercen los fabricantes sobre el mundo político. Las huellas de una ideología radicalmente humanista y pacifista como lo es el marxismo subsisten en la mentalidad de los rusos, aparte del hecho cierto de que la traumática experiencia de la Segunda Guerra Mundial hace que ellos tengan una mentalidad opuesta a la de los norteamericanos, siempre inclinados al ejercicio de la violencia. Hechos más recientes ilustran de qué manera la mentalidad guerrerista es un atavismo presente particularmente en los medios políticos, empresariales y militares norteamericanos. Con ocasión de la intervención rusa en Siria, acordada con el Gobierno legítimo de Bashar al Assad en el marco de la legalidad internacional y para combatir al terrorismo islámico, la aviación rusa apoyando al Ejército Sirio logra en 5 meses hacer retroceder a las organizaciones terroristas a despecho de la supuesta lucha de los occidentales que llevaban varios años haciendo el circo de combatirlos, cuando su objetivo principal era la caída del Gobierno sirio. Para lo cual les era de gran utilidad el terror yihadista y en la práctica los dejaban hacer, tirándoles una bombita por aquí y otra por allá para disimular y usando a sus aliados integristas en Turquía, Qatar y Arabia Saudita para apoyar apenas disimuladamente el terrorífico accionar del Estado Islámico y el Frente Al Nussra (nombre de Al Qaeda en Siria). Este último grupo alabado por el "socialista" Laurent Fabius, Ministro de Asuntos Exteriores francés, quién sostuvo que "estaban haciendo un buen trabajo en Siria". A mediados de marzo de 2016, Rusia retira la mayor parte de sus fuerzas de Siria, señalando que lo hacían considerando que la situación había mejorado lo suficiente como para permitir abrir la posibilidad de una solución política del conflicto mediante el llamado a elecciones supervisadas por Naciones Unidas. ¡Sorpresa en el Pentágono! Un alto funcionario del Pentágono confiesa no entender porque se retiran. Los norteamericanos no lo podían entender porque algo así no cabe en sus pequeños cerebros de halcones. Seguramente pensaron que no era entendible que después de los éxitos obtenidos por la aviación rusa no se tomaran el país para saquearlo como ellos y sus aliados acostumbran. Como seguramente también nunca entendieron por qué un pequeño país de gente digna y honesta como Cuba, enviara 36.000 soldados a combatir a Angola a las tropas del Apartheid sudafricano y esa acción haya sido decisiva para la derrota del gobierno racista de Pretoria. En el otro bando, quienes otros, sino los mismos de siempre: EEUU, Israel, Reino Unido, Francia y Alemania y la CIA reclutando mercenarios para sostener el apartheid, proveyendo de armamento de última generación. La detención de Mandela, su condena perpetuidad y los 27 años pasados en prisión se los debe en primer lugar al agente de la CIA Donald Rickard que logró ubicarlo e informar a la policía sudafricana para su detención. Cuando la verdad histórica aparece, entonces tratan de apoderarse de la figura de Mandela que tanto combatieron, convirtiéndolo en una figura admirable pero políticamente neutral. Pero los sudafricanos no olvidaron la generosidad de Cuba, de soldados con vocación internacionalista que derramaron su sangre para liberarlos de un régimen racista oprobioso. Por invitación de los organizadores, Raúl Castro fue uno de los seis oradores ante los 91 mandatarios que asistieron a los funerales de Mandela: *"Ahora vamos a presentar a un líder que viene desde una pequeña isla, representante de una pequeña isla, de un pueblo que nos liberó, que luchó por nosotros... el pueblo de Cuba"*, dijo el presidente del Congreso Nacional Africano (ANC).

Y el mismo Mandela habría de decir en Cuba en 1991:"Hemos venido aquí conscientes de la gran deuda que hay con el pueblo de Cuba. ¿Qué otro país puede mostrar una historia de mayor desinterés que la que ha exhibido Cuba en sus relaciones con África?".Los cubanos, que perdieron más de 2000 soldados no se quedaron ni con concesiones mineras ni petróleo ni nada más que con la conciencia del deber cumplido y regresaron con sus corazones generosos a su Patria asediada.

En nuestros días, los EEUU y sus aliados están embarcados en montar una nueva Guerra Fría con una Rusia que desarrolla una economía mixta, pero que no deja de enorgullecerse de sus luchas anti-fascistas, símbolos rojos incluidos, lo cual es suficiente para poner nerviosos a los occidentales y a la retahíla de aliados fascistas y medievales que los apoyan. Si a ellos agregamos que con Vladimir Putin se reconstruyó buena parte de la propiedad estatal y limitó que los extranjeros entraran a saco a su país, el nerviosismo aumenta y el Presidente ruso ha pasado a ser la bestia negra que hay que desprestigiar a través de los medios. No obstante cabe señalar que el presidente ruso favorece una política interior muy conservadora a contrapelo de las banderas extraordinariamente progresistas que enarboló la Revolución Rusa que permitió sacar al país de un régimen zarista opresivo, empobrecedor y anclado en un pasado medieval y transformar a Rusia en una potencia económica y militar.

Por otra parte, la "guerra contra el terrorismo" ha devenido un mal argumento porque ¿cómo justificar el desarrollo de armas sofisticadas de largo alcance y de potencias y capacidades aumentadas para luchar contra unos cuantos miles de yihadistas? El prestigioso diplomático y creador de la política de contención de la URSS del Presidente Truman(1947), George F. Kenan ya había anticipado: "si mañana la Unión Soviética se hundiera habría que inventar otro adversario, porque cualquier otro panorama supondría un choque inaceptable" (para la economía). En realidad nunca existió la posibilidad de que la URSS invadiera Europa y resulta descabellado que hoy se mantenga el discurso de que Rusia tiene iguales pretensiones, pero hay que mantener el rentable negocio de las armas para los que les financian las campañas electorales a los políticos norteamericanos y europeos. El gasto militar de EEUU es más de 12 veces el de Rusia (sin contar el enorme poder militar de los aliados de Washington), pero las acusaciones de agresividad contra Vladimir Putin y su país tienen amplio eco en la prensa occidental para hacer creer en aspiraciones hegemónicas o en la reconstrucción del "imperio" soviético explotando el chovinismo anti-ruso de los países limítrofes que tiene raíces en hechos históricos anteriores a la existencia de la URSS. Una demostración más de que el control de los medios permite levantar cualquier mito.

Resumiendo: ¿capitalismo exitoso y socialismo fracasado?

En lo que el capitalismo ha sido exitoso es sin duda en su capacidad de introducir en la cultura de masas una mitología de desprestigio del socialismo para lo cual ha dispuesto de medios formidables y al mismo tiempo para posicionar el mito del capitalismo exitoso y eterno.

Una ideología que combate la injusta posición de privilegio de las clases dominantes y de los países dominantes no podía por otra parte, evitar que se emplearan todos los medios posibles para aplastar una tal ideología. La más importante maniobra propagandística es circunscribir sus éxitos a la imagen que proyectan los países desarrollados del capitalismo, particularmente EEUU, ocultando el carácter planetario del capitalismo con sus miserias aberrantes que no sólo conciernen a la periferia explotada y saqueada durante siglos, sino, en el colmo de su fracaso, revelándose incapaz de resolver problemas agudos de miseria en las propias fronteras de los países desarrollados. En esa misma estrategia manipuladora, es notable como pudieron instalar en la conciencia (o inconciencia) de masas la idea de que Chile era un país exitoso. Acto propagandístico de enorme valor para la gran burguesía financiera internacional, ya que al ejemplar Chile le han capturado 2/3 del capital total y los capitales extranjeros producen el 80% del PIB. Un país controlado en esos términos no puede sino ser un magnífico ejemplo de subordinación al capital transnacional que amerita todos los elogios de la prensa internacional, de organismos internacionales que a su vez son controlados por los mismos, la gran burguesía financiera internacional, con la no menos repetida e histórica complicidad de las élites locales que en esos procesos sacan su tajada al mismo tiempo que hacen gárgaras de su "patriotismo" y su amor a la bandera.

Refiriéndonos sólo a la URSS, resulta evidente que el mito del fracaso no se sostiene y afirmar que el desarrollo económico de la Unión Soviética es el caso de mayor éxito económico de todo el s. XX puede sorprender a los amaestrados cerebros de muchos pero no a los que tienen la capacidad de discernir lo verdadero de lo falso y manipulado. Desde luego, fracaso hubo, pero no de su economía sino de su sistema político-institucional y su derivación antidemocrática.

Cabe en todo caso tener presente que existe la mala manera de abordar temas complejos, con la simplicidad de un razonamiento unívoco de causa-efecto. Y en ese sentido es común pretender explicar los logros o fracasos de un país por una sola causa siendo ésta la de atribuir resultados al modelo de economía predominante. Como todo fenómeno complejo, y el desarrollo económico lo es ciertamente, éste es el resultado de muchos factores, entre los cuáles cabe mencionar además, la calidad y cantidad de recursos naturales, los factores culturales, políticos, el ser víctima o victimario de prácticas imperiales, imperialistas, colonialistas o neocolonialistas, el punto de inicio del desarrollo (asunto muy importante para hacer comparables experiencias de desarrollo y que revelan que lo importante no es el nivel de desarrollo alcanzado sino a partir de qué nivel se inició y a qué ritmo), contenido del desarrollo (¿en qué proporción se producen bienes y servicios consumibles por la población que se traducen efectivamente en mejoramientos a la calidad de vida?). Un análisis multifactorial nos llevará a conclusiones bien diferentes a las que los simplistas llegan. La "sorprendente" afirmación de que la URSS fue un éxito de desarrollo se funda en el resumen de los siguientes hechos:

1. Al triunfo de la revolución, Rusia era un país atrasado, predominantemente rural, con escasísimo desarrollo industrial.
2. Rusia había participado en la 1ª Guerra Mundial desangrándose económicamente. El zar, por cumplir sus compromisos guerreros había desabastecido las ciudades provocando hambrunas.
3. Apenas triunfa la revolución en 1917, Occidente propicia reclamaciones territoriales de Polonia, iniciándose una nueva guerra entre 1919 y 1921.

4. La resistencia de las clases altas a la revolución (nobles zaristas y burgueses, entre otros) deriva en una guerra civil de nefastas consecuencias económicas.
5. Winston Churchill declara: "Hay que matar al bebé en la cuna" y la Rusia revolucionaria es invadida por una fuerza extranjera de 14 países que apoya la criminal resistencia del zarismo y otros grupos internos. Todos son derrotados por el Ejército Rojo.
6. A la muerte de Lenin le sucede Stalin quien inicia a paso forzado un vasto programa de electrificación e industrialización, en medio de una continuada resistencia interna que incluía atentados y boicots a los procesos indicados. La resistencia interna a la revolución y la intervención extranjera continuaron bajo Stalin, incluyendo la infiltración nazi hasta del Ejército Rojo.
7. La aparente debilidad de la URSS, entusiasma en los años 1932 al 1939 al Imperio Japonés y su cúpula militarista decide invadir la URSS en el extremo oriente, guerras que terminaron con la derrota de los japoneses.
8. En 1941, Hitler, un personaje fundamentalmente anticomunista más que antisemita, ordena la invasión de la URSS con una fuerza de 5 millones de soldados (alemanes, húngaros, rumanos, franceses, españoles, etc.), la mayor invasión de la historia. El frente occidental no necesitaba más pues debían enfrentar un número de divisiones nazis que no tenía comparación con las desplegadas en el este.
9. La guerra contra la URSS fue devastadora. 17.000 ciudades y 70.000 pueblos fueron arrasados y 27 millones de soviéticos perdieron la vida, muchos de ellos por racismo (por gas, ahorcamientos, fusilamientos y por hambre) ya que los nazis consideraban a los eslavos también como una raza inferior y su expansión al este (Espacio Vital), consideraba también la eliminación física

de sus habitantes para la expansión del Tercer Reich o en el mejor de los casos, su esclavización. El "holocausto" soviético, que costó la vida a 14 millones de civiles no existe para la historiografía occidental.

10. En la posguerra, se inicia un periodo de desarrollo espectacular, que durante 30 años mantuvo una tasa promedio de crecimiento del 10% lo que condujo a la URSS a transformarse en una potencia industrial y militar. La planificación de la economía, rasgo importante de una economía socialista, demostró su viabilidad a pesar de no contar en ese periodo de la formidable ayuda que habría significado disponer de las capacidades actuales de procesamiento digital de la información. ¿Es que el sistema socialista llegó adelantado a su tiempo? ¿Está llegando la hora en que la fundamental crítica marxista del carácter anárquico del sistema capitalista y su mercado desregulado cobre plena validez?

11. El crecimiento de la URSS se centró en mejorar las condiciones de vida de sus habitantes y tuvo logros concretos que nadie puede desconocer: salud y educación universales y gratuitas incluyendo cobertura total en jardines infantiles y salas cunas, transporte público eficiente y gratuito, régimen de trabajo de 35 horas semanales, derecho y obligación al trabajo (cesantía inexistente), fenómeno de delincuencia marginal, igualdad de remuneraciones para la mujer, etc.

12. El crecimiento de la URSS no se hizo a expensas de una periferia explotada y saqueada, incluyó un desarrollo equilibrado de todas las repúblicas. La calificación de imperio soviético o imperialismo soviético carece de todo sustento.

13. Bien al contrario, la URSS gastó sumas importantes en solidarizar con otros pueblos que luchaban por sacudirse el yugo colonialista e imperialista, incluida la

educación gratuita de decenas de miles de profesionales a los que no les era permitido quedarse en la URSS sino volver a sus países de origen, política exactamente inversa al "drain brain".

14. Occidente entendió que el apoyo a las luchas nacionales minaba su poder global y ya en 1947 fundó la OTAN, alianza militar destinada a agredir a la URSS y obligarla a una carrera armamentista que implicaba gastar sumas enormes, restando recursos para mejorar la calidad de vida de sus habitantes y desde luego recursos de ayuda al anticolonialismo. Como respuesta, sólo en 1955, ocho años después, se fundó el Pacto de Varsovia. La URSS fue siempre la iniciadora de todas las iniciativas de desarme incluido el nuclear pero la carrera armamentista cumplía fines políticos y económicos del occidente desarrollado. Es totalmente desconocido que Stalin, en 1952 propuso la reunificación de Alemania con la sola condición de garantizar su desarme y su neutralidad, lo que fue rechazado por los occidentales. Y que en 1944 se opuso al plan norteamericano de transformar Alemania en una nación pastoril (Plan Morgenthau) señalando que "los Hitler pasan pero el pueblo alemán permanece".

En el decenio y medio que precedió a la caída del muro de Berlín, la economía soviética perdió el dinamismo de los 30 años anteriores y como todo fenómeno complejo, se articulan diversos factores:

1. Las generaciones que dieron dinamismo a ese extraordinario desarrollo son reemplazadas. Ya ha decaído el entusiasmo revolucionario de los años 20 y 30 y el espíritu patriótico de los que llevaron a la URSS a derrotar a los nazis, factores políticos que juegan también un rol importante en la economía.

2. Los procesos de burocratización se acentúan, incorporando a los más altos niveles de la dirección política y

económica a individuos ajenos a toda motivación político-ideológica en reemplazo de la cual las ambiciones de poder personal toman su lugar. Ambiciones que inicialmente no tenían más perspectivas que el prestigio personal y alguna pequeña ventaja material o pecuniaria vinculada al ejercicio de cargos de relevancia pero que con el tiempo, esa misma ausencia de vocación de servicio público, alimentó ambiciones que no podían realizarse sino con el término del sistema político-económico que estableció niveles de igualdad indiscutibles. Gorbachov y Yeltsin serían los más emblemáticos traidores no sólo al pueblo soviético sino a las generaciones admirables que los precedieron y sobre todo a millones de seres humanos en todo el planeta, cuyas luchas por el socialismo, llenas de entrega generosa y heroísmo, alimentaron durante décadas la esperanza de un mundo sin guerras, sin imperios saqueadores, sin racismo, sin xenofobia, sin fanatismos religiosos, sin delincuencia, sin discriminaciones, con justicia social y solidaridad entre todos los seres humanos.

3. El encumbramiento de personajes solapadamente enemigos de la experiencia de socialismo es el resultado de la falta de transparencia frente al pueblo soviético que Gorbachov utilizó como argumento para propósitos de destrucción. El mismo cínicamente no se "transparentaba" como enemigo del socialismo y años posteriores, reconocería, en conferencia en la Universidad Americana de Estambul, ser anticomunista. La transparencia (Glasnost), devino imposible en un sistema burocratizado y por tanto con una democracia limitada y donde los escaladores reemplazaron a los honestos revolucionarios. Ciertamente admitimos que una democracia plena y superior a la burguesa, a la que el socialismo aspira por principio, no existía ni era posible que existiera bajo

las condiciones de acoso permanente por parte del capitalismo global y fue el detonante de la burocratización pues una democracia participativa era el único antídoto que hubiera impedido la entronización burocrática y hecho posible una verdadera transparencia. Desde luego, la necesidad ineludible de restricciones a ciertas libertades incubó en el seno del burocratismo, el abandono creciente de prácticas democráticas y libertarias que no eran en todas los casos incompatibles con las condiciones de acoso y agresión exterior. El error de despreciar los principios republicanos desalentó a una generación, ya poco afecta emocional y racionalmente a la experiencia de socialismo y se dejó embaucar por la promesa de bienestar a la capitalista, con su parafernalia de luces de neón y sus miserias escondidas, sus desigualdades insultantes y su individualismo exacerbado. La represión para defender los derechos de las mayorías ejercida en los países socialistas nunca será comparable a la represión para defender privilegios, nunca, y la historia está plagada de hechos horrorosos, de la saña con que los poderosos han reprimido las luchas de las clases subordinadas, de las atrocidades cometidas por todos los imperios a lo largo de la historia. No existe por donde se pueda comparar los crímenes de Hitler con los de Stalin(que no fueron pocos), aunque se hacen esfuerzos propagandísticos por igualarlos, aplicando "la teoría del empate" como hace la derecha chilena "empatando" los hechos de violencia durante la Unidad Popular (ejercida fundamentalmente por la ultraderecha) con la masiva y brutal represión de Pinochet.

Desde luego nadie ha remarcado que la radical transformación de la Europa del este ocurriera con un mínimo de violencias, si atendemos a la profundidad de los cambios que ocurrieron. Es inimaginable que

una transformación como esa en el mundo capitalista no hubiera provocado niveles de represión y violencia enormes y ello sólo pudo ocurrir de esa manera porque las fuerzas armadas y la policía estaban educadas en la idea de que no podían reprimir a su propio pueblo.
4. El burocratismo y el secretismo excesivo llevaron a que a pesar de los enormes avances científicos y tecnológicos de la URSS, estos no fueran transferidos a la producción de bienes y servicios avanzados hacia la población aunque es bueno aclarar que las dificultades económicas de la posguerra nunca tuvieron el dramatismo que en occidente se describe y no fueron en ningún caso permanentes, gozando en general de periodos predominantemente estables, sin inflación, con tasas de crecimiento relevantes y mejoramientos constantes de la calidad de vida.
5. La mayor parte de las dificultades y limitaciones de las experiencias de socialismo provienen de lo que podríamos llamar, "su pecado original", el socialismo en un solo país, que expuso a la experiencia de socialismo a una competencia con el mundo desarrollado del capitalismo en condiciones muy desventajosas, a la constante agresividad del imperialismo, a no poder desarrollar una democracia superior, a gastar sumas excesivas en defensa, etc. Incluso, el tema medioambiental, que en el marco de un socialismo globalizado podría haber sido controlado (economía al servicio del bienestar y no economía al servicio del lucro privado), la competencia con el capitalismo, obligó a desconsiderar esta problemática. Se impuso la lógica capitalista de producir más a cualquier precio medioambiental porque eran los niveles productivos la prueba del éxito o fracaso en la competencia entre sistemas.

6. Si bien la economía planificada demostró su validez con un ritmo de desarrollo extraordinario, no debemos obviar el hecho de que la crítica libremercadista debía haberse tenido en cuenta parcialmente. El predominio total de la planificación en exceso centralizada comploto para que los productos se adaptaran mejor a las demandas de la población. Ello fue el resultado también de una concepción ideológica esquemática en el manejo económico, que atendía más a la teoría que a la práctica. Las pequeñas y aun medianas empresas de gestión privada sin duda se adaptan mejor a una demanda que muchas veces tiene particularidades muy locales en materia de gama de productos y servicios, lo que no obsta a que dicha actividad sea parte de la planificación de la economía, como de hecho ocurría con la producción cooperativa, aceptada como otra forma de propiedad socialista. No era incompatible con el socialismo, si paralelamente se hubiera permitido un desarrollo de la pequeña y mediana empresa. La cuestión clave es que esos espacios privatizados no den lugar a poder político que compita con el poder de las mayorías. Lo que debe asegurarse es la propiedad social (estatal) de los medios de producción en los sectores claves de la economía. En definitiva, el socialismo no es otra cosa que justicia social y solidaridad y esos dos principios pueden ser exigidos a un sector privado no estratégico si se asegura el cumplimiento del principio de "a cada cual según su capacidad" por la vía fiscal impositiva. La propiedad estatal de las grandes empresas es sin embargo, una condición sine qua non del socialismo, y garantía de que su propiedad privada no sea la base inevitable del poder político y por consecuencia, de una pseudodemocracia, del establecimiento de privilegios, de la dominación y explotación de clase y

de la alienación de la producción, como ocurre con el capitalismo.
7. Aunque la propaganda occidental sobre la URSS lleva a conclusiones erradas a millones de personas en el mundo, lo que el rigor y la seriedad aconsejan es tener presente a los propios interesados, los rusos, quienes en reciente encuesta se manifestaron en un 66% por el retorno de la URSS (Según la encuestadora Levada que fuera publicado por Europapress Internacional, la agencia Reuters y el diario español El País).La socióloga Karina Pipiya sostiene que "ahora la nostalgia está más determinada por factores económicos y consideraciones de que había más justicia social". Lo interesante es que tales juicios se encuentran en los dos extremos de edad: viejos y jóvenes a contrapelo de la generación de los ilusos del capitalismo.(*) (https://www.europapress.es/internacional/noticia-nostalgia-rusos-union-sovietica-alcanza-nivel-mas-alto-2005-sondeo-20181219182350.html).

No obstante las innegables diferencias de desarrollo entre la cara bonita del capitalismo y los países socialistas, éstos lograron notables éxitos en materia de justicia social y en beneficios sociales así como innegables logros en el ámbito de las ciencias y el desarrollo tecnológico: desde 1921 en la URSS proceden a una masiva electrificación del país que habría de posibilitar un desarrollo industrial extraordinario que no se detuvo hasta mediados de los 70, año a partir del cual se produce una estagnación que dio argumentos a los reformadores como Gorbachov y después a un payaso alcohólico, Boris Yeltsin, para introducir reformas de signo capitalista que produjeron una caída brutal de la economía soviética. Si hasta 1963 el producto se había multiplicado 52 veces, a partir de las medidas reformadoras y neoliberales de 1991, el producto retrocedería a 25 años atrás y retrocederían a un modelo capitalista y neoliberal que hizo añicos las conquistas sociales y el nivel de vida de los soviéticos. Los pueblos de la Unión Soviética verían disminuir el acceso a la salud de calidad y gratuita, la educación gratuita a todos los niveles que había permitido tener más ingenieros y más médicos por habitante que EEUU, que había permitido que en sólo 4 décadas se pasara de un promedio de 40 años de vida a 70 años, de una economía que aseguraba a todos un empleo como un derecho, (en 1988 las oficinas de empleo estaban cerradas), una economía y una educación que había permitido enviar el primer satélite artificial al espacio, el primer ser vivo (la perrita Laika), el primer cosmonauta, la primera mujer cosmonauta, el primer paseo espacial fuera de la cápsula espacial y la primera estación orbital. Para la prensa occidental la carrera espacial comenzó con el primer triunfo norteamericano, el primer hombre en la luna, ampliamente publicitado con una filmación realizada en un estudio cinematográfico, debido a las dificultades de transmitir directamente desde la luna. Pero, como sabemos, el capitalismo es experto en vender y sobre todo en vender imágenes, el brillo de las pompas de jabón. Las luces de neón encandilaron a las generaciones que no vivieron la guerra y que no valorizaron lo conquistado porque los seres humanos seguimos siempre siendo algo niños y no prestamos atención a las experiencias ajenas y queremos tener nuestras propias experiencias. ¡Te vas a quemar! ¡No, el niño pondrá su mano en la plancha! La ilusión capitalista habría de mostrar su verdadera naturaleza: Moscú pasaría a ser la ciudad con más millonarios del mundo y Rusia diría adiós a la justicia social, la pobreza afectaría a millones de personas, los jubilados verían reducir sus pensiones y los rusos dirían adiós incluso a la seguridad en las calles. Los fenómenos de delincuencia hasta entonces problemas marginales, harían irrupción violenta con la aparición de las organizaciones mafiosas, del tráfico de armas al tráfico de órganos, de la trata de blancas a las estafas Ponzi y el tráfico de animales. Las obras de arte ya no estarían para el goce público sino para que algún millonario egoísta las contemple dentro de las paredes de su propiedad. Habían llegado las maravillas del capitalismo con su parafernalia luminosa y sus miserias escondidas como los 200 millones de niños que duermen en las calles de todo el mundo (salvo en Cuba).

De manera que no debiera sorprender a nadie que diversas encuestas llevadas a cabo en los ex-países socialistas demuestren que existe la convicción entre la mayoría de sus habitantes de que sus condiciones de vida no hicieron sino empeorar con el capitalismo. Efectivamente, para escarnio del "mundo libre" diferentes encuestas en los ex países socialistas demuestran que la mayoría de ellos manifiestan haber tenido mejores condiciones de vida bajo los regímenes socialistas, como lo revela la encuestadora norteamericana Pew Research Center. En 2011, después de 20 años de restauración capitalista, entre el 60% para la mayoría de dichos países y el 72% en el caso de Hungría opinaban haber vivido mejor bajo el socialismo. Naturalmente tales informaciones son totalmente ignoradas en nuestros países cuyos medios principales no dejan de tratar de convencernos que el capitalismo más brutal es el mejor de los mundos posibles y por tanto hay que ocultar que la restauración capitalista en el Este de Europa ha sido funesta, siendo esos países víctimas de una verdadera catástrofe económica, social y política. Pero las potencias occidentales han encontrado la solución: incentivan el fascismo como respuesta populista al malestar de esos pueblos, alimentan chovinismos, integrismos religiosos como en Kosovo u organizaciones abiertamente neo-nazis como en Ucrania. El parentesco de primer grado del nazismo con el capitalismo se evidencia constantemente aunque el desprestigio del fascismo obliga a muchos a mantener secreto y solapado ese compromiso ideológico.

Más recientemente, a los treinta años de restauración capitalista, una nueva encuesta del Pew Research Center realizada

a 17 países del bloque soviético.Ver: (http://cronicashungaras.
blogspot.com/2009/11/encuestas-nostalgia-por-el-comunismo-en.html), permiten asegurar que se mantiene la tendencia a valorizar mejor el "pasado comunista", aunque "la mayoría de los polacos, checos, lituanos y más del 40% de los húngaros y eslovacos creen que la mayoría de los ciudadanos de sus países están mejor ahora que hace 30 años". Pero la pregunta es engañosa: ¿Y cómo estarían si el sistema socialista hubiera continuado? Porque es evidente que 30 años no pasan en vano y algún progreso tenía que darse sobretodo en medio de la revolución tecnológica, cuyos frutos no corresponde atribuirlos al sistema capitalista ni a los capitalistas, sino a la eterna búsqueda de nuevos conocimientos y el afán de nuevas invenciones que motivan a los seres humanos de todos los tiempos, quienes hacen esos esfuerzos a veces con grandes sacrificios sin que tenga que ver en ello el afán de lucrar. Y en todo caso en nuestros días ya más del 50% de la nuevas patentes registradas son de China.

Nada suele ser más engañoso que generalizar experiencias y en el caso de Europa del este, el socialismo fue instaurado en países de diferentes culturas y niveles de desarrollo con puntos de inicio de las experiencias socialistas que condicionaron su posterior desenvolvimiento. Lo importante es relevar el hecho que ninguno de ellos practicó políticas imperialistas, colonialistas o neocolonialistas y participaron por el contrario solidariamente en una ayuda económicamente desinteresada al tercer mundo. Tampoco la mayoría de ellos fueron herederos del colonialismo europeo, más bien fueron también parte de la periferia. Y por el contrario, siempre debemos tener presente que la cara luminosa del capitalismo desarrollado tiene una explicación clara: colonialismo, neocolonialismo, imperialismo, 500 años de expolio del tercer mundo (que no ha terminado), imposición de dictaduras serviles a sus intereses, trabas permanentes a la industrialización "pateando la escalera", una historia de invasiones, atrocidades y masacres abominables, dos guerras mundiales interimperialistas devastadoras que costaron la vida a cien millones de seres humanos. En esto no hay que olvidar tampoco al Japón imperialista y descubrir como así como muchos responsables nazis de barbaridades, japoneses inspirados por las mismas ideas fascistas fueron aquitados, todo por impedir el avance del movimiento hacia el socialismo. (Ver: Documaster La Evolución del Mal 8: Tojo, la navaja japonesa del miedo). Ver: https://www.youtube.com/watch?v=euvWkVavSC8 y https://www.youtube.com/watch?v=7c50nZPIRSE).

La falsa leyenda del fracaso del socialismo ha ignorado también sistemáticamente que varios de los países socialistas de Europa del Este pertenecían al grupo de países desarrollados a nivel planetario como era el caso de Hungría, Checoslovaquia, Alemania del Este, Yugoslavia, Polonia y obviamente la URSS, desarrollo que no se debía a una historia de depredación de otros países, con la excepción del Imperio Ruso, que si bien sometió económicamente a muchas naciones, la mentalidad medieval del zarismo no utilizó su colonialismo para desarrollar Rusia sino para darle a la nobleza rusa una vida de lujos. Antes de la Segunda Guerra Mundial, algunos países exhibían al menos un nivel importante de industrialización como Checoslovaquia y Hungría y otros como Rumania y Bulgaria emprendieron exitosamente en la posguerra un proceso de industrialización acelerado. Los gobiernos de todos estos países enfrentaron el desafío de la reconstrucción de la posguerra con sus propios medios sin que la URSS pudiera ofrecer otra cosa que una disposición a compartir el conocimiento técnico y científico del que disponían, aunque también no escatimó, cuando fue necesaria, ayuda económico-financiera.

El caso de Polonia merece un punto aparte, un vergonzoso punto aparte. Varsovia, su capital, fue la ciudad más destruida por la guerra; los nazis se ensañaron con los polacos considerados igualmente como inferiores al punto de desarrollar durante la ocupación una verdadera carnicería de toda su población de intelectuales (abogados, profesores, artistas, etc.), incluido el fusilamiento de numerosos sacerdotes. El Papa no condenaría jamás explícitamente al nazismo y él como Juan Pablo Segundo nunca tuvo palabras tan duras como su condena del comunismo. Los nazis diezmaron la población polaca al punto de que como país ocupa el tercer lugar entre los países más martirizados por los nazis, detrás de la URSS y los judíos, con 5,6 millones de víctimas. Sorprendentemente serían muchos los polacos que colaborarían con los nazis en la persecución a los judíos y más sorprendente aún resulta saber que terminada la guerra emprenderían pogromos contra la población judía sobreviviente que resultaron en decenas de muertes, incluidos niños, cuando ya era conocido en todo el planeta el drama del holocausto.

A contrapelo de las políticas antirreligiosas de los gobiernos del este, en Polonia la iglesia católica sería tan respetada que aún conservaría una universidad en pleno régimen "comunista" y al término de la Polonia socialista renacerían incomprensiblemente movimientos ultranacionalistas que no ocultan su admiración por Hitler. La malintencionada interpretación del acuerdo sovieto-alemán Molotov-RIbbentrop (que de paso ignora las numerosas tentativas de acuerdo de la URSS con Francia e Inglaterra para parar a los nazis), alimentan vergonzosos sentimientos anti rusos en los polacos. Vergonzosos porque Polonia no existiría si los nazis no hubieran sido derrotados por la URSS y el acuerdo mencionado fue vital para que la URSS se diera un tiempo de preparación para afrontar el anuncio reiterado por años y explícitamente por Hitler, de invadir la URSS. Fue un acuerdo entre enemigos, de convergencia de intereses meramente circunstanciales. El gobierno polaco actual, premunido de un anticomunismo feroz ordenó destruir los monumentos a los soldados soviéticos que liberaron Polonia, llegando a prohibir el porte de camisetas con la imagen del Ché y participa con tropas en las aventuras neocolonialistas de las potencias occidentales. Se ignora igualmente que antes de que Polonia fuera invadida por los nazis, colaboraron abiertamente con ellos para atacar a Checoslovaquia y que terminada la guerra, oficiales de antiguo ejército se ofrecieron para formar tropas y apoyar el proyecto de continuar la guerra contra la URSS. Stalin, al parecer estaba bastante consciente de las particularices del pueblo polaco pues afirmó en una ocasión que "el socialismo le va a los polacos como una montura a una vaca". Sin duda, Polonia era el eslabón débil del campo socialista por lo que el BM la endeudó en 40 mil millones de dólares y Occidente se preocupó de elegir por primera vez en la historia milenaria de la Iglesia Católica, un papa no italiano, al polaco Juan Pablo Segundo que habría de ser una pieza clave de los planes occidentales de desmembramiento del campo socialista.

Cuba y su pueblo heroico

De todas las experiencias de socialismo, el caso de Cuba es el más representativo de lo que provoca la agresividad imperialista. Cuba ha sufrido el bloqueo más largo de la historia de la humanidad: nos acercamos a 60 años de agresiones permanentes que han incluido una invasión armada, bombardeos, introducción de pestes en cultivos y animales, intentos de asesinato de sus líderes, bloqueo financiero, interdicción de visitar el país, etc.. El gobierno cubano ha estimado en 750 mil millones de dólares las pérdidas provocadas al país por el interminable bloqueo norteamericano. Ciertamente la presencia de una experiencia de socialismo a sólo unas millas de la costa norteamericana ha sacado a relucir toda la conducta de un país que se cree con el derecho de violar cualquier precepto del derecho internacional.

El bloqueo de Cuba ha sido condenado casi unánimemente por Naciones Unidas (excepción hecha de Israel, EEUU y algún que otro lacayo), a lo largo de muchos años, conminando a EEUU a ponerle fin, condena que ha sido compartida por todos sus aliados europeos, tal es la vergonzosa injusticia que cometen que ni sus pares neocolonialistas la comparten. Ciertamente, los casi 60 años de bloqueo y agresiones sinfín han tenido consecuencias graves para el bienestar del pueblo cubano que sólo tuvo relativas buenas condiciones vida durante el periodo en que la URSS sostuvo su economía.

Pero Cuba no se ha rendido a pesar del boicot y de no disponer de importantes recursos naturales para su desarrollo. Es esto último que convenció a Fidel Castro que el camino que debía recorrer Cuba estaba estratégicamente determinado por la necesidad de un esfuerzo gigantesco en materia de investigación científica y tecnológica y ello ha conducido a que Cuba cuente hoy con una extraordinaria cantidad de institutos de investigación, cuyos frutos, particularmente en medicina, han beneficiado no sólo a los cubanos sino a la humanidad entera. No menos significativo es su constante colaboración con muchos países con las Brigadas de Médicos, que fieles a su formación humanista, actúan con una generosidad ejemplar.

F) El mito de la eficiencia capitalista

El modelo socialista fracasó y el capitalismo es el único sistema capaz de generar riqueza, mito que corre a parejas con la afirmación de la ineficiencia del estado y la eficiencia a todo evento de la empresa privada y el mercado desregulado. Y no cabe duda que en un momento de la historia el capitalismo fue el verdadero motor del desarrollo, cuestión sobre la que Marx y Engels no escatimaron palabras ni más ni menos que en su libro más emblemático, el Manifiesto Comunista, donde reconocen el fundamental rol del sistema para desencadenar el desarrollo de enormes fuerzas productivas.

No podían menos que rendirse a la evidencia de una Revolución Industrial que se manifestaba ante sus propios ojos, en la mitad del siglo XIX y que con ello al mismo tiempo enviaba al traste al empobrecedor sistema feudal. Pero ello, ¿Hace al sistema capitalista eterno? Quienes se benefician de él sin duda que quieren que así sea, como los nobles del Medioevo hubieran querido que también fuera su sistema feudal eterno. A pesar de las crisis periódicas y cada vez más frecuentes y frente al muy discutible fracaso de las experiencias de socialismo, el capitalismo ha mostrado una singular capacidad para reciclarse pero lo que no ha demostrado es su capacidad para resolver los acuciantes problemas de pobreza que afectan a la mayor parte de la humanidad. Bien al contrario se ha transformado en el principal escollo para avanzar hacia formas superiores de civilización, propiciando guerras y desastres sin fin.

Pero su subsistencia, más que su aparente éxito actual se basa en la ya comentada enorme capacidad de manipulación de la conciencia colectiva y en la afirmación de los mitos que hacen creer que no hay alternativa a su crítico desempeño actual. Las ideas socialistas han retrocedido y en paralelo, el capitalismo se vuelve crecientemente peligroso y fascistizado. El siglo XXI nos encuentra en el mismo dilema que cruzó todo el siglo XX: Fascismo o Socialismo o al decir de la revolucionaria alemana Rosa Luxemburgo que ya en 1920, en los primeros pasos del nazismo, nos advertía con otras palabras de lo mismo: Socialismo o Barbarie.

Entre los mitos más divulgados está la idea de la eficiencia que como toda categoría conceptual manipulada con fines de dominación, le es acordada una significación sesgada, un significado con pretensiones de universalidad pero que está como la libertad o la democracia, teñida de limitantes burguesas ("Las ideas dominantes son las de la clase dominante" (Marx)).Ciertamente se refiere a las ideas que tienen connotación político-ideológica.

Valga en primer lugar señalar que en términos generales y abstractos, la eficiencia es una relación entre esfuerzo y resultado, donde con fines de optimización el esfuerzo debe ser mínimo y el resultado máximo y depende por tanto de que consideramos esfuerzo y que consideramos resultado, los que pueden ser bastante diversos. Sin embargo para la burguesía hay una sola manera de entender la eficiencia: maximizar el lucro a costa de lo que sea. Ni esfuerzos ni resultados cuentan más que cuando generan lucro y si esos esfuerzos y resultados atentan contra la calidad de vida de las personas y familias es irrelevante y ejemplos sobre esto podemos encontrar por millares.

Existe la idea generalizada que la mayor crítica que el socialismo hace al capitalismo es que genera desigualdades crecientes en los ingresos y consecuencialmente pobreza y riqueza igualmente crecientes, asunto que sin duda forma parte de la denuncia que se hace del capitalismo. No obstante la principal crítica de Marx no se dirige a la injusticia de la distribución como lo deja en claro en estas frases: "es equivocado en general tomar como esencial la llamada "distribución y hacer hincapié en ella como si fuera lo más importante...El socialismo vulgar (y por intermedio suyo, una parte de la democracia) ha aprendido de los economistas burgueses a considerar y tratar la distribución como algo independiente del modo de producción y por tanto a exponer el socialismo como una doctrina que gira principalmente en torno a la distribución". Por ello observamos que cuando se trata de quejarse de lo mal que está la distribución del ingreso, nuestros "socialistas vulgares" hagan coro con quienes hasta de la derecha repiten la misma monserga: "Hay que mejorar la distribución del ingreso", tarea en la que nunca logran ningún resultado, por la sencilla razón de que está en los genes del modo de producción capitalista generar constante y crecientemente diferencias cada vez más abismantes y el país adalid del sistema es el mejor ejemplo de ello, donde la pobreza pura y dura podemos encontrarla en todos los estados. Sin embargo, con algo de razón los voceros de la burguesía alegan que esto corresponde a las necesidades de desarrollo de las naciones ya que a mayores ingresos de la burguesía, está en capacidad de invertir y generar por tanto más trabajo y riqueza ya que en virtud de la teoría del chorreo, esa mayor producción de bienes y servicios implica un crecimiento que se traduciría en un mejoramiento de las condiciones de vida de todos. Para ello utilizan además un indicador ad hoc, el famoso PIB, que refleja lo bien que marcha el crecimiento del lucro (y no la producción como sugiere su nombre) indicador que con razón cada vez le parece más sospechoso a la masa de ciudadanos. Es la prueba del "éxito" del modelo chileno, afamado en todo el mundo pero que resulta contradictorio con las numerosas muestras de subdesarrollo que el país ostenta en los más variados ámbitos, desde las carencias indignas de los deportistas de élite abandonados a su suerte, bomberos voluntarios mendigando, servicios de salud colapsados, pensiones miserables, alto nivel de endeudamiento, 80% de viviendas precarias, la precariedad de los recursos necesarios para la atención de la infancia desvalida, la escasa cobertura de salas cunas y jardines infantiles, personas recogiendo especies de los basurales como en Bangladesh, ancianos recogiendo deshechos en las ferias, carencias enormes en derechos fundamentales como la educación, la salud y la previsión, etc..

Ello deja en evidencia el meollo del problema de la dominación burguesa, la contradicción entre la búsqueda incesante de lucro y las necesidades reales de los habitantes de un país, la esencial contradicción entre la fundamental misión de la economía de obrar para satisfacer las necesidades materiales y espirituales y la estrechez de objetivos de quienes sólo buscan satisfacer su "pecaminosa" avaricia, cuando no van además acompañadas de soberbia, envidia, pereza u orgullo. La distinción entre desarrollo y crecimiento no recoge sino parcialmente la perspectiva socialista de una economía al servicio del hombre.

Desde luego las conductas individuales del burgués pueden variar ampliamente y en teoría, no sería motivo de crítica si, junto con lucrar, el lucro fuera destinado a la inversión, que esta inversión fuera destinada a la satisfacción de necesidades reales y se inscribiera en un plan de desarrollo coherente y que los retiros y consumos fueran proporcionales al aporte en trabajo de administración y gestión del respectivo negocio. Pero no es tal cosa que sucede habitualmente: en Chile por ejemplo, más del 50% del beneficio neto (el más alto de la OCDE) está destinado a ser consumido mediante retiros en lo que todo el mundo puede ver: la ostentación, el lujo, el exceso, la especulación financiera y la evasión hacia paraísos fiscales. El argumento que no deben aumentarse los impuestos para que haya más inversión es falacioso porque la inversión no se dirige a la economía real y por otra parte sólo se consigue que los dividendos aumenten en relación a la masa salarial; y mientras las ganancias aumentan las tasas de inversión en la economía real caen.

Vale entonces hacer una distinción importante: el lucro no es lo mismo que el beneficio. El lucro o ganancia es la forma específica que asume el beneficio bajo el sistema capitalista y que tiene la particularidad que no tiene como objetivo prioritario la satisfacción de las necesidades humanas sino que está motivado por el afán de lucro, de posesión y consecuencialmente de poder económico y político. Toda empresa y toda economía debe buscar tener beneficios que permitan desarrollar un país (sustentablemente desde luego) o si se quiere, excedentes, capacidad de reproducción ampliada, condición necesaria para el desarrollo. Lo que hace la diferencia con el lucro es lo que diferencia el socialismo del capitalismo más allá del tema de la distribución, a saber, con qué fin ponemos en acción las fuerzas productivas; ni más ni menos, cual es la razón de existir de la actividad económica desde tiempos inmemoriales y por qué esa fundamental razón de ser de la economía es alterada, alienada por usar un término marxista. ¿Qué no son acaso la satisfacción de las necesidades de alimentación, salud, educación, vivienda, abrigo, recreación y las necesidades espirituales? ¿Pero es esa la motivación de las élites cuando activan en la economía para lucrar? No sólo no es así, es la insensibilidad y el desprecio por las necesidades de las gentes. El cuento que nos venden es que las necesidades las satisface mejor el afán de lucro, de posesión y enriquecimiento de las élites pero podríamos hacer una lista interminable de situaciones que demuestran la alineación de la economía, empezando por la destrucción del medioambiente el cual puede producir lucro pero no beneficio en términos sistémicos, el ocultamiento de soluciones médicas que ponen en peligro el lucro de las farmacéuticas, la fabricación de mercancías que tienen calculada su limitada duración (obsolescencia programada), etc..

De manera que cuando hablamos de una economía eficiente nos referimos a la capacidad de ésta de obtener con recursos minimizados el máximo de satisfacción de necesidades reales y no el máximo de lucro, porque este segundo objetivo deforma los fines de la economía y revela cómo a pesar de emplearse una gran cantidad de recursos materiales, humanos y financieros estos no se traducen necesariamente en la satisfacción de necesidades reales. Por tanto es ineficiente desde el punto de vista social pero "eficiente" en cuanto procuran lucro mediante la apropiación privada de los resultados de un esfuerzo colectivo, social. Un ejemplo interesante es el gasto en publicidad que permite generar lucro pero que en sí no satisface fundamentalmente ninguna necesidad y además se agrega al PIB. No es extraño entonces constatar que el pretendido "crecimiento" no se traduzca en cambios significativos en el nivel y calidad de vida y la persistencia de la pobreza en todas sus dimensiones. No cabe duda de que las experiencias socialistas en materia económica han importado también errores que han inhibido el enorme potencial de crecimiento de este nuevo modelo de economía pero también ello no ha impedido que se obtengan logros extraordinarios precisamente en la satisfacción de las necesidades reales de la población. Es esa la fundamental diferencia de concepción sobre la eficiencia que ha permitido por ejemplo que Cuba posea la tasa de mortalidad infantil más baja de América, superando la de Estados Unidos o Canadá. Y que según datos de UNICEF, sea el único país de América Latina en el que no existe desnutrición infantil, a pesar de los desórdenes presentes en el mercado, tan publicitados por el anticomunismo mediático.

Pero en materia de manipulación del PIB la burguesía ha ido muy lejos, al punto que para continuar con el mito de la eficiencia y el éxito del capitalismo y decirnos cada vez que pueden que "está creciendo la economía", la composición del famoso indicador incluye cada vez más elementos distorsionadores.

¿Puede haber algo más aberrante y contradictorio con una actividad económica orientada al mejoramiento de la calidad de vida que la producción de armas que causan destrucción y muerte? Y sin embargo cuando escuchamos que el PIB creció están incorporando la producción de armas, una de las fuentes más importantes de enriquecimiento de las élites. El auge del militarismo que encabeza Estados Unidos y sus aliados occidentales incluidos Alemania y Japón a quienes se les levantaron las restricciones de rearme, han conducido a que el Índice Global de Paz registre un gasto en 2014 de 13,6 billones de dólares, lo que representa un 13% del PIB mundial, sin contabilizar los daños, crímenes y violencias y el aumento del número de refugiados que es el más elevado desde el término de la Segunda Guerra Mundial.

Y más aún, el PIB no refleja las pérdidas ocasionadas por las guerras y catástrofes pero si contabiliza los gastos derivados de las reconstrucciones de manera que tenemos la paradoja que un tsunami o una guerra es desde el punto de vista del crecimiento del PIB, una buena cosa pues lo hace crecer, aunque estrictamente no sea sino una recuperación de una pérdida anterior y no un mejoramiento. Valga como ejemplo de esto lo que ocurre en Turquía, un país prácticamente en estado de guerra desde 2015 desde que el integrista y pretendido nuevo "sultán" Erdogan las emprendió contra los kurdos aumentando los gastos sanitarios por los miles de heridos, los gastos de defensa en un 40% y los gastos derivados de las reconstrucciones posteriores a los bombardeos todo lo cual infla el PIB pero, ¿Podría alguien sostener que la vida de los kurdos mejora en paralelo con el aumento del PIB?

Vale la pena aclarar en este punto que la producción de armas si puede mejorar las condiciones de vida de un pueblo mediante dos vías: por las divisas que reporta la exportación de armas y por el uso agresivo que de ellas se pueda hacer. Si las armas son empleadas para la conquista, el saqueo y la imposición de tributos u otras formas más cínicas de dominio y explotación como la deuda, el pago de patentes o la repatriación de utilidades sin duda que ello contribuye a mejorar la calidad de vida de una nación imperial o imperialista, como lo es en el caso de los EEUU, Francia o Inglaterra. Si por el contrario, se produce para defenderse de la agresión imperialista, es una pérdida de recursos neta y si a ello agregamos la entrega solidaria de armas a los que combatían al imperialismo, ello se traduce necesariamente en una pérdida de calidad de vida, como fue el caso de la URSS. Ciertamente el desarrollo de capacidades productivas y tecnológicas en este ámbito de los ex países socialistas o Rusia actualmente, les permitió también exportar con fines comerciales pero no fue ese el objetivo que dio nacimiento a su industria bélica sino básicamente la necesidad de defenderse de las sucesivas agresiones.

De la misma manera el PIB no contabiliza en negativo los llamados "pasivos ambientales", se contabiliza la producción de cobre pero no se disminuye la riqueza en cobre que el país deja de poseer en su valor antes de extracción. Así como cualquier empresa contabiliza la depreciación del capital la depreciación por explotación de recursos no renovables y el deterioro del medio ambiente debieran ser depreciados como parte del "capital" de un país, pero como las cuentas tienen que hacerse de manera fraudulenta para mantener la leyenda del capitalismo exitoso, simplemente se desestiman estas disminuciones del PIB. Desde luego, sólo un aborde sistémico que solo el socialismo puede desarrollar, (es decir un rol protagónico del Estado en la economía), permitiría considerar todos estos aspectos.

Hace sólo unos decenios atrás, los gastos en seguridad pública eran suficientes para mantener a raya a una delincuencia reducida en número y que no tenía la peligrosidad de la actual y la seguridad privada era casi inexistente, pero a partir de la ola neoliberal ha habido una verdadera explosión de los delitos de todo orden y consecuencialmente un aumento extraordinario de los gastos relacionados con la seguridad y también aquí nos encontramos con las paradojas del PIB. El aumento del gasto en policías, rejas, cárceles, alarmas y demases hace crecer el famoso indicador en una prueba más de la contradicción existente entre el aumento de la actividad económica y el aumento del bienestar, en este caso como en el de las guerras en realidad, en la disminución del bienestar. Es bueno tener presente aquí que en los tan entusiastamente mal famados por los medios, los países socialistas del Este de Europa, no existían cesantes y la delincuencia era un problema marginal. Sin embargo este tema tiene aún otras sorprendentes aristas: La Unión Europea decidió incluir en el PIB a partir del año 2015, las actividades ilícitas como el tráfico de drogas lo que desde luego "entona" las tasas de crecimiento del PIB y así el capitalismo puede mostrar que goza de buena salud... "aparente". Con ello además cierran el círculo ya que si agregan los gastos de seguridad derivados de la actividad delincuencial que en gran parte son una consecuencia del tráfico de drogas, el PIB crece por partida doble: ¡¡ + tráfico de drogas, entonces + delincuencia, entonces + más gastos en seguridad y entonces... + PIB.

Si hay algo de lo cual se podía vanagloriar Occidente durante la guerra fría, era de la calidad y variedad de los productos que se consumían al contrario de los ex-países socialistas donde la preocupación principal era producir cantidades suficientes para atender las necesidades de las más amplias mayorías, lo que redundó en una relativa mala calidad de los productos, aunque es necesario aclarar que si bien la crítica es fundada en general, debe tenerse en cuenta que la noción de calidad tiene distintos aspectos y que en un análisis más detallado del problema, las diferencias de calidad se atenúan. Al considerar las distintas dimensiones de la calidad, a saber funcionalidad, fiabilidad, duración y aspecto estético no cabe duda que en los primeros tres aspectos las diferencias eran menos significativas y a veces superiores pero en lo que no podían competir era en el aspecto estético, ya que como hemos mencionado el capitalismo es experto en venderse bien, es ante todo imagen, lo que revela otra dimensión del carácter falsario del sistema, el capitalismo es una engañifa permanente. Sin duda que los ex-países socialistas y en particular la URSS, evidenciaron capacidades extraordinarias en el desarrollo de la investigación científica y tecnológica y en las aplicaciones técnicas de ese desarrollo pero ello no llegó a influir en la calidad de los productos de consumo masivo, tanto por la prioridad acordada a la satisfacción de las necesidades más imprescindibles y masivas como por secretismo burocrático y ausencia o dificultad en la transferencia de tecnología al sector productor de bienes de consumo. No cabe duda por ejemplo que la óptica y la electrónica desarrolladas en la carrera espacial eran desarrollos tecnológicos de punta pero ello no se traducía en productos electrónicos u ópticos de consumo masivo.

Traigo aquí a colación el tema de la calidad para ver como este aspecto incide también en el PIB de manera fraudulenta en particular sobre la fiabilidad-duración. Es conocido que hoy en día y cada vez de peor manera los fabricantes se esmeran formidablemente en hacer atractivos exteriormente sus productos pero al mismo tiempo, apuestan a rebajar su calidad en el aspecto fiabilidad-duración ya que el lucro, ¡otra vez el lucro¡, los impele a obtener más ganancias rebajando la calidad de los componentes para tener precios competitivos y está demostrado desde hace décadas que se incorporan componentes calculados para fallar al cabo de un tiempo determinado a fin de asegurar una sucesión de compras que mantengan el negocio en el tiempo. Un caso más en que el lucro entra en contradicción con el interés social pero que aumenta el PIB regularmente aunque en términos de calidad de vida sólo incorpore algunas nuevas prestaciones, las más de las veces poco significativas.Pero, atención, nuevas prestaciones que son consideradas también como un plus del PIB mediante lo que en la estadística de construcción del indicador llaman precios hedónicos.

Que se produzca deliberadamente para que los productos se rompan o deterioren rápidamente es una de las aberraciones más inaceptables del lucro capitalista desde el punto de vista ambiental y social en general. Si hace unas décadas era posible adquirir muebles que duraban toda la vida y podían incluso pasar de una generación a otra y por tanto su producción era contabilizada en el PIB una vez, ahora ese mueble se contabiliza numerosas veces aunque el servicio que presta sea el mismo, a menos que consideremos el espíritu consumista alimentado por el sistema, que las compras sucesivas otorgan varios momentos de felicidad efímeros y pasajeros que con el tiempo devienen menos felices y más un simple acto rutinario de comprar para desechar poco tiempo después, lo que es propio de las lógicas del consumismo. En este caso del deterioro de la calidad de los productos tenemos además otro problema en el que la tan afamada competencia no obra a favor del consumidor ya que como se ha constatado en los últimos años numerosas marcas han debido renunciar a la a veces legendaria calidad de sus productos al verse obligados a reducir sus costos y eliminar componentes más fiables y caros. Productores que no han renunciado a la calidad de sus productos han visto reducir su cifra de negocios cuando no han terminado en la quiebra sin que las febles legislaciones de protección al consumidor sirvan para protegerlos.

El PIB es igualmente "inflado" con un componente que ha ido ganando importancia en su estructura y donde una vez más constatamos la fundamental disparidad entre crecimiento del PIB y crecimiento del nivel de vida mediante la inclusión de los servicios financieros y empresariales.

Como sabemos, la existencia del capital bancario y financiero responde a la necesidad de utilizar los excedentes monetarios y financieros resultantes del ahorro de las personas, empresas y naciones para disponer de fondos necesarios a la inversión y por tanto al desarrollo de los países, es decir que ese desarrollo se haya vinculado necesariamente a la disponibilidad de recursos financieros para el crédito a las inversiones y eventualmente al crédito a las personas, para estimular el consumo y a través de él, el estímulo a la producción de bienes y servicios.

Este circuito necesario y normal está siendo alterado de manera esencial por la creciente financiarización de la economía que no es otra cosa que la autonomización de la actividad financiera con respecto a la economía real, aquella economía que produce los bienes y servicios que consumimos. Los fondos acumulados en los bancos ya no sirven para financiar proyectos productivos sino para comprar papeles. El monstruo ha ganado vida propia y crece de manera impresionante bajo la forma de burbujas que no dejan de inflarse y que de vez en cuando revientan inevitablemente como en la crisis de 2007-2008. ¿Qué aire le da vida a este monstruo? Pues el sacrosanto apetito de lucro de los que han acumulado enormes ganancias sin producir ni una albóndiga para saciar el hambre de un niño, dedicados a especular con papelería financiera, aprovechando sus posiciones de privilegio para obtener información sensible para salvar sus inversiones antes de los reventones y dejando en la estacada a los pequeños ahorristas, a los fondos de pensiones, a los soñadores de los fondos mutuos y a los deudores de hipotecas, enredados en los avatares del casino financiero donde algunos escasísimos afortunados logran algún buen resultado, suficientes para encender la llama de la codicia de otros miles que están condenados a ser presa de los grandes especuladores, los únicos que van a la segura.

El anormal crecimiento de la actividad financiera especulativa tiene actualmente directa relación con el concepto marxista de crisis cíclicas del capitalismo y que básicamente apunta al hecho de que producto de la competencia, las tasas de ganancia tienden cíclicamente a disminuir y los capitales tienden a buscar nuevos nichos más rentables. Tradicionalmente dichos nuevos nichos altamente rentables surgían como resultado de nuevos descubrimientos y desarrollos tecnológicos. La incertidumbre y el largo plazo para la obtención de resultados en la investigación científica y tecnológica no es precisamente un ámbito en el que el inversor neoliberal se sienta a gusto cuando su apuesta cortoplacista de siempre es invertir hoy y ganar mañana y espera en esta materia que el mal visto Estado se encargue para sólo aprovechar los resultados mediante la adquisición de patentes, espionaje industrial o en otros casos ocultar descubrimientos útiles a la humanidad pero negativos para el sacrosanto lucro privado.

El drama actual es que no se avizoran descubrimientos que revolucionen la economía, como los microcomputadores en los ochenta, los riesgos de deflación y por tanto de reducción de las utilidades junto con el peso de la deuda mantienen a la economía mundial estancada. Lo que queda es especular y es eso lo que hacen los más ricos de este mundo. El paso siguiente sería una vez más, la guerra.

Y en Chile nuestros "empresarios" siguen la receta. Entre 2003 y 2010 la industria bajó su aporte al PIB del 16,33% al 10,64 % y los servicios financieros y empresariales lo aumentaron de 14,88 % a 15,40 %, entre otros endeudando a la población, sin que esa misma población pueda encontrar trabajos estables y bien remunerados como los que debería dar un esfuerzo industrializador orientado a aumentar el valor agregado, como el programa de la Concertación y de la Unidad Popular lo señalaban. Resulta casi un escándalo que el ministro Valdés, la Presidenta Bachelet y la Derecha, proclamen en 2016 la necesidad de aumentar el valor agregado a nuestros productos, como si estuvieran descubriendo la pólvora y como si no fueran parte de la irresponsabilidad del abandono durante más de 40 años de ese objetivo esencial para de verdad desarrollar Chile. No sólo la industria pierde peso sino también la agricultura y en el otro extremo las ganancias van a las mineras, las forestales, la bolsa y los bancos.

Estamos entonces una vez más frente al carácter cíclico de las crisis del capitalismo que en la ya clásica afirmación de Marx, corresponde con la reducción de la tasa de ganancia y la aparición del fenómeno de la sobreproducción, sobreproducción entre comillas, pues no se trata de la ausencia de necesidades a satisfacer sino del sobreendeudamiento de los que tienen que consumir o de la escasez de sus ingresos, sobreendeudamiento que refleja claramente que las ganancias no resultan de la producción de bienes y servicios útiles sino en succionar dinero a través de la deuda de las familias, de las empresas y los países con el agravante de someter a los deudores en la espiral sin retorno de la deuda que crece y se vuelve finalmente impagable. Es el mismo mecanismo que opera cuando le quitan la casa y los muebles a una familia o cuando se privatizan los bienes del Estado para pagar las deudas de un país. En el primer caso son los bienes de propiedad individual, en el segundo los bienes de propiedad común: en ambos casos es el ciudadano de a pie el que pierde y en ambos casos es la élite cleptómana la que gana.

Dado entonces que producir bienes y servicios no es tan rentable como especular y endeudar (el ingreso de las élites por especulación supera al que proviene de la producción de bienes), el gran capital financiero de la oligarquía mundial se ha orientado en esa veta prodigiosa del lucro del interés compuesto. Desde luego, esto no es nuevo ya que desde hace siglos los prestamistas han utilizado la técnica de prestar a los que de antemano sabían que no pagarían para apropiarse de sus bienes. Hoy esta práctica ha asumido un amplor sin precedentes y son países enteros que son sometidos por la deuda mediante el pago de intereses sobre intereses utilizando el control que la oligarquía financiera internacional tiene sobre los gobiernos de las potencias occidentales, sobre los bancos, los bancos centrales, el FMI, el Banco Mundial, las calificadoras de riesgos y el más poderoso de todos, casi desconocido para el público, el Banco de Pagos Internacionales, entidad que en los hechos gobierna la economía mundial y donde ni siquiera los Gobiernos tienen derecho a palabra, entidad fundada por la élite mundial que se reúne cada dos meses en Basilea, Suiza para tomar decisiones que afectan a todos los habitantes del planeta, los mismos habitantes que son invitados a elegir sus "representantes y autoridades" que no tienen voz ni voto en dichos organismos y de los cuáles sólo reciben órdenes. Los grandes medios apenas si nombran a esta institución que en los hechos es más poderosa que las potencias occidentales y la ONU aunque sirven con entusiasmo para acusar a los gobiernos y países que no se someten como Cuba, Rusia, Irán o Siria, sometidos a guerras abiertas o encubiertas y a sanciones y guerras económicas.

La ex alta funcionaria del Banco Mundial, Karen Hudes es explícita al respecto, revelando como la élite domina al mundo utilizando un núcleo hermético de instituciones financieras y mega-corporaciones e instrumentalizando gobiernos poderosos como los EEUU, Francia, Alemania, Japón e Inglaterra. Desde luego más de algún ingenuo ciudadano debe pensar que la palabra élite lo remite a gente capacitada e inteligente y que tal vez buscan el bien de toda la humanidad cuando proclaman la necesidad de un nuevo orden mundial, ¡dirigido por ellos, desde luego! Sin embargo es una vana ilusión: se trata de ambiciosos sin límites, enfermos de ansias de poder, de pensamiento fascistizado, donde no faltan personajes de la talla del criminal de guerra George Bush, personaje alcoholizado de reconocida insolvencia intelectual. Alguien como Karen Hudes que conoció tan de cerca el mundillo de las élites no duda en catalogarlos como corruptos y habla directamente de crímenes: *"La meta es controlar, nos quieren a todos esclavos de la deuda y quieren a todos nuestros políticos adictos a las gigantes contribuciones financieras que ellos canalizan a sus campañas. Como la élite es también la dueña de los medios de comunicación principales, esos medios nunca revelarán que hay algo fundamentalmente errado en la manera en que nuestro sistema trabaja"*. Hudes señala que las finanzas internacionales están dominadas *"por un pequeño grupo de figuras corruptas hambrientas de poder"*.

A mayor abundamiento cito a Reginald Mackena, Presidente del Mildlands Bank of England:*"Aquellos que fabrican y emiten el dinero y los créditos son precisamente quienes dirigen las políticas gubernamentales y tienen en sus manos el *destino de la gente"*. A mayor abundamiento, Carrol Quigley, del libro "Tragedia y Esperanza": *"Los imperios económicos internacionales están interesados en promover el endeudamiento de los gobiernos. Cuanta más alta es la deuda más caros son los intereses. Pero además pueden exigir al presidente de turno privilegios fiscales, monopolios de servicios o contratos de obra. Si este no acepta provocarán su caída, promoviendo disturbios y huelgas que al empobrecer a la nación les obliga a claudicar ante lo que piden"*. No se trata entonces de élites preocupadas del destino de la humanidad sino de la cleptocracia, fascistizada y delincuencial. De ahí la importancia de que estén surgiendo con fuerza en el mundo contrapoderes como el de Rusia, China e India cuyas acciones se basan siempre en el respeto a la legalidad internacional, frecuentemente avasallada por el transimperialismo.

La talla moral de las élites queda bien reflejada en la quiebra de la aseguradora norteamericana AIG, rescatada con ¡85.000 millones dólares! cuyos directivos se tomaron una semana de vacaciones en un hotel de lujo de habitaciones de 1000 dólares, tratamientos de balneario incluidos, gastando alrededor de medio millón de dólares, a días de ser rescatados con dinero de los contribuyentes norteamericanos.

Tanta suerte no tuvieron los banqueros de Islandia, donde los ciudadanos salieron a protestar a las calles y donde un presidente más consciente se opuso a las recetas milagrosas del FMI, dejó quebrar a los Bancos, sin rescate con fondos de los contribuyentes y protegiendo el estado de bienestar. Se pronosticó que tales medidas llevarían a la debacle a Islandia y el resultado fue exactamente el contrario, pero claro un tal ejemplo fue un hecho desconocido por los medios. Y aún más desconocido fue que los ejecutivos de los bancos no se fueron de vacaciones lujosas sino a la cárcel. 26 banqueros y financistas junto con un importante inversor fueron condenados a una suma de 74 años.

De modo que la "mano invisible del mercado" que todo lo regula mágicamente se ha hecho visible como mano de predisgitadores-especuladores o como mano que se mete en el bolsillo de los ciudadanos y en las riquezas de los países a dominar. El recetario neoliberal del FMI es siempre el mismo: liberalización de los mercados financieros para la especulación, reducir el gasto fiscal con las consabidas reducciones presupuestarias de las prestaciones sociales del Estado y sobretodo, pagar las deudas de los países mediante la privatización-desnacionalización de las empresas y bienes del Estado, para ser capturadas por las grandes corporaciones de los países dominantes. No es demasiado diferente de la suerte de los modestos bienes de un ciudadano que ha dejado de pagar un préstamo y que se ve despojado de ellos manu militari.

Lo dramático de las recetas del FMI, orientadas en lo esencial a la concentración del poder económico en manos de las élites es que provocaron cesantía, hambre e incluso muerte. No es el error de un médico, que puede perjudicar a un paciente sino son los errores de la ideologización neoliberal y de la corrupción que esta ideología prohijó, implícita en las decisiones económicas que afectan la vida de millones. De manera que resulta lamentablemente tardía la confesión reciente de tres economistas del FMI que entre otras cosas sostienen en la revista oficial del organismo que algunas políticas neoliberales *"en vez de llevar al crecimiento"* han *"aumentado la desigualdad, a la vez que ponen en peligro la expansión duradera"*. Además, indican que *"los costos en términos de aumento de la desigualdad son prominentes"* y que esa desigualdad, a su vez, *"le hace daño al nivel y a la sostenibilidad del crecimiento (económico)"* de los países. Sin embargo, la confesión aparte de ser tardía es también incompleta: un discurso quejumbroso más sobre la consabida desigualdad pero nunca irán a la raíz del problema: el modo de producción capitalista que necesitamos sustituir.

Hemos traído a colación aquí el tema de la financiarización de la economía porque ello también incide en el PIB por la vía de los servicios financieros y empresariales los cuáles crecen en paralelo con la actividad especulativa y el aumento de la deuda. No sólo por estas causas, desde luego porque sería deseable que fuera a causa de créditos a la industria y a los sectores que producen bienes y servicios consumibles. Es así que como podemos esperar, el diario El Mercurio no deja de valorar "positivamente" el hecho de que el PIB crezca por causa de dichos servicios, aunque el área productiva se estanque. Así podía titular alegremente en la sección Economía y Negocios: "*Comercio, banca, bolsa y autos superan niveles previos a la crisis y lideran la expansión*" Nadie comerá más, ni se vestirá mejor, ni habitará mejores casas o educará mejor a sus hijos pero el PIB crecerá por el milagroso crecimiento de los servicios financieros y empresariales.

Finalmente cabe aclarar que las críticas expuestas aquí a un indicador que se pretende refleja el crecimiento de nuestro bienestar deben ser entendidas en sus justos límites por cuanto es también evidente que no pretendemos negar que el indicador refleja grosso modo el crecimiento económico, solamente que los márgenes de error derivados de estas observaciones son suficientemente importantes como para anular su significancia cuando estamos en presencia de tasas de crecimiento bajas como a las que asistimos en el momento actual del capitalismo mundial lo que constituye un espacio de desarrollo de estudios que no corresponde al propósito de este libro. Solamente llamamos la atención sobre las debilidades de un indicador con el que se nos pretende convencer de que vamos "creciendo" cuando en presencia de bajas tasas puede perfectamente estar ocurriendo lo contrario, indicador que a la vez pretende hacernos creer que el capitalismo es un sistema "eficiente", ¡Lo es, pero para los que lucran con él!

G) Mito de la eficiencia privada y la ineficiencia del Estado

Como hemos mencionado, la dominación de clases no se ejerce solamente en las relaciones que los seres humanos establecen en los procesos productivos y en la consiguiente apropiación privada de los frutos del trabajo de otros. La dominación requiere que ella sea justificada, amparada por un discurso ideológico, amén de su legitimación en la ley y tolerada por muchos individuos por la costumbre milenaria de aceptar de ser sometidos o dominadores.

Nunca en la historia fue más difícil enfrentar la ideología dominante como bajo la dominación burguesa que encubre esa dominación bajo un manto de hipocresía, cinismo y bajo una abrumadora maquinaria de manipulación mental que supera hoy hasta a la propaganda nazi, tanto o más eficaz precisamente por su carácter cínico, hipócrita, encubierto. Los nazis, los esclavistas o la nobleza medieval no ocultaban sus propósitos dominadores con palabras como democracia o libertad proclamando por el contrario, a quien quisiera escucharlos, sus propósitos racistas, esclavistas, de conquista y sometimiento. Aunque suele ocurrir que ocasionalmente algún importante representante de la élite mundial, convencido de la impunidad de la mayor parte de sus fechorías, diga con desparpajo y una soberbia inigualable: *"Yo era director de la CIA. Mentimos, engañamos y robamos y nos entrenamos para eso"*, durante una conferencia que el Secretario de Estado de Trump, Mike Pompeo brindó en la Universidad A&M de Texas.

El mito de que nos ocuparemos en párrafos siguientes es uno de los más difundidos por todos los medios posibles, incluidos por cierto, las redes sociales donde conocidos y bien pagados "conferenciantes" alimentan el mito urbi et orbi.

Acerca del tema conviene aclarar que una primera distinción debe hacerse entre el estado burgués y el estado que el socialismo propone y que ha tenido logros innegables en algunas de las experiencias realizadas en el s. XX en modelos fuertemente estatizados ya que muchas de las críticas dirigidas al estado si bien suelen ser pertinentes, ellas no son aplicables en todos los casos a las experiencias de los estados socialistas. Esos logros no excluyen tampoco los perfeccionamientos que toda obra humana requiere permanentemente y con mayor razón cuando de lo que se ha tratado es de construir un tipo de sociedad que rompe con la milenaria historia de las dominaciones de clase.

Una segunda distinción necesaria tiene que ver con el hecho de que el estado (burgués), realiza tres grandes funciones: La primera es la función represiva destinada a mantener el orden (burgués) cuya actividad más permanente es el orden interno (policía, tribunales y FFAA), instituciones que cumplen dicha función con cuanto o más entusiasmo el que es proporcional a los relativos privilegios que dichas funciones reciben y el nivel de corrupción en el que se desempeñen.

La segunda función es la prestación de diversos servicios (servicios públicos). Por otra, mantiene empresas que como cualquiera, deben producir servicios o bienes con resultados financieros, al menos normales. Desde luego hay casos en que algunos servicios públicos prestatarios de servicios, como el Registro Civil, generan beneficios. También debe considerarse el hecho que ciertos servicios públicos no deben considerarse como gastos ya que significan también aportes al desarrollo, como la educación que en lo inmediato es una gasto pero en el largo plazo genera desarrollo y por lo tanto puede considerarse también como inversión, aunque la visión inmediatista y asistémica del capitalismo no lo concibe así. Eso no cuadra con la visión miope del neoliberalismo, que tiene la mirada cortoplacista del burgués, que quiere invertir hoy y recibir ganancias al día siguiente. Similar reflexión cabe respecto de la salud, en especial, la preventiva, ya que un pueblo sano es más productivo. Cuando Allende instauró que a todos los niños de Chile, sin ninguna excepción, se les entregará medio litro de leche por día, sin duda era un gasto pero también una inversión. Pero sólo con una mirada de largo plazo y sistémica, la economía no concebida como una suma de intereses privados cortoplacistas, sino como un sistema en el que conviven gastos e inversiones y sus traslapamientos respectivos, en el que las diversas actividades económicas se realizan coordinada y equilibradamente para generar producción y al mismo tiempo ahorro e inversión, haciendo posible un verdadero desarrollo orientado al fin supremo de satisfacer crecientemente las necesidades materiales y espirituales de todos los seres humanos. Pero eso, es el socialismo y la economía planificada, que muchos creen superada, cuando en realidad es uno de los dos mundos futuros posibles: el socialista, en el que caben todos los seres humanos o el fascista que pretende reducir la población mundial, mundo en el cuál nadie podrá sentirse seguro.

Finalmente, una función importante del estado es la de recrear una institucionalidad, leyes y reglamentos que faciliten y legitimen las relaciones de producción capitalistas que bajo la ideología neoliberal ha sido acentuada bajo la expresión de "estado subsidiario", concepción que impregna la constitución chilena impuesta por la dictadura a través de un plebiscito fraudulento y cuyo objetivo central era asegurar el dominio del capital sobre el trabajo o mejor dicho, reforzar el dominio de los capitalistas sobre los trabajadores, dentro de lo cual el nuevo Código del Trabajo cumple una función central estratégica, propiciando la división y la reducción de la fuerza de los sindicatos. Una vez más el "divide y reinarás".

El Estado en el capitalismo

El estado como botín

Aunque la crítica al funcionamiento de las organizaciones estatales tiene una larga tradición que en general es admisible, ella ha sido impregnada de sesgos ideológicos que obscurecen la complejidad del problema lo que ha llevado incluso a la política del "laissez faire" que busca deliberadamente contribuir a la mala imagen de "lo estatal". Ello se puede observar en el caso chileno cuando la derecha, detrás del discurso de la "eficiencia", recurre a los mismos métodos de mala gestión. En realidad muchos de los problemas de la burocracia tienen soluciones técnicas, facilitadas en nuestros días por el auge de los medios de procesamiento de datos y contrariamente a la leyenda del funcionario público remolón son los procesos mal concebidos los que causan más problemas que la negligencia del empleado público. Creo que se es bastante injusto con el trabajo funcionario que generalmente suele acometerse con bastante responsabilidad, aunque excepciones habrá siempre.

Una práctica generalizada y utilizada por moros y cristianos es la de considerar al estado como un botín de los que acceden por la vía electoral a ocupar los gobiernos y que proceden habitualmente a despedir una masa de funcionarios, que supuestamente no llevarán a cabo las "nuevas" políticas del gobierno. En buena parte de los casos, los funcionarios que son despedidos o los que llegan, cumplen funciones rutinarias que no implican en modo alguno opciones políticas diferentes. Resulta curioso constatar que en Chile, bajo el gobierno de Salvador Allende, donde que llevaron a cabo transformaciones políticas y económicas importantes, a pesar de ello no hubo despidos de funcionarios públicos, limitándose el gobierno al reemplazo de los altos cargos que efectivamente podían incidir en el cumplimiento de las metas del gobierno.

No es inusual tampoco que los recién llegados desarrollen proyectos y programas que siendo de discutible necesidad o que replican funciones ya existentes, pero que sirven para pagar favores políticos mediante el otorgamiento de puestos de trabajo a los seguidores. Lo único positivo de tales prácticas suele ocurrir cuando los nuevos llegados están premunidos de sinceros deseos de contribuir a la buena realización de los proyectos del gobierno y ponen un empeño generoso y comprometido en ello.

Las empresas estatales no escapan a las prácticas lamentables de la política mal entendida, pero como lo demuestran numerosos casos en el mundo en que las empresas estatales funcionan con los mismos parámetros organizativos que la ciencia del management aconseja, los resultados pueden ser tanto o más eficientes sobre todo cuando estas empresas funcionan con independencia de los gobiernos de turno y deben responder a las mismas exigencias de cualquier empresa. Lamentablemente, es frecuente bajo la ideología neoliberal operar malosamente para provocar su mal funcionamiento y facilitar las privatizaciones que las más de las veces no son sino robos descarados a la propiedad pública.

Una de las causas frecuentes de mal funcionamiento de las organizaciones estatales deriva del excesivo celo por conservar una cuota de poder de decisión. Es un vicio frecuente en las organizaciones, incluidas las grandes empresas privadas, el no tomar en cuenta un principio fundamental: las decisiones deben ser tomadas en el nivel en el cual se dispone de la mayor y mejor información, principio relevante cuando se trata también de definir los niveles de centralización o descentralización óptimos.

El Estado como terreno de la lucha de clases

El estado burgués, como todo estado en una sociedad dividida en clases sociales, es un instrumento que sirve a los propósitos de dominación aunque las apariencias nos hagan pensar que el estado, es el garante del llamado interés general, es decir, que sería neutral y procesaría los conflictos de clases jugando el rol de árbitro. La existencia del estado "democrático" efectivamente permitió que las clases subordinadas lograran tener representación en algunas instancias del poder y lograran que algunas de sus reivindicaciones fueran atendidas, sobre todo cuando la existencia del campo socialista y la competencia con él, hizo necesario demostrar que el capitalismo también tenía disposición a atender las demandas de los trabajadores. Ello hizo posible el "estado de bienestar", aunque éste se limitara a las potencias capitalistas beneficiarias del despojo del tercer mundo que por ello disponían de suficientes recursos. Caído el "muro", ya no existía semejante exigencia y los trabajadores del primer mundo verían disminuir todos los parámetros de los que se habían beneficiado: sindicatos fuertes, remuneraciones, servicios de salud y educación, jubilaciones decentes. Los trabajadores norteamericanos no han mejorado sus ingresos desde hace 30 años, es decir exactamente desde la caída del mundo socialista. Ya no hay necesidad de demostrar que el capitalismo también podía atender las necesidades de los trabajadores.

Compartir el poder, aunque sea en pequeñas cuotas, con las clases subordinadas y con ello perder parte del control del estado y dejar por tanto, el estado de ser un instrumento de dominación, está en el origen de la embestida ideológica contra lo estatal, cuyo instrumento propagandístico ha sido la ideología neoliberal, disfrazada de novísima ciencia económica. En las sociedades esclavistas o las sociedades medievales había una estrecha simbiosis entre el estado y la clase dominante que no tenía que compartir con las clases subordinadas la administración del poder.

Bajo las condiciones creadas por la Revolución Francesa y las ideas republicanas, resultó necesario desmantelar el estado y crear una nueva institucionalidad que permitiera la presencia de representantes de los adversarios de la clase dominante. El estado mínimo y el predominio de lo privado asegura que la dominación, en sus dos instrumentos principales, la subordinación económica y la subordinación mental aseguren un poder cuasi-totalitario que incluye la cooptación de aquellos "representantes" que siendo esencialmente motivados por ambiciones muy personales, no oponen mayor resistencia a las tentaciones ofrecidas.

Al asalto del Estado

Por diversas razones, históricamente el estado emprendió actividades económicas en los más variados ámbitos. El estado "empresario" como suelen llamarlo los neoliberales, debió asumir esas tareas por diversas incapacidades de los dominadores. Entre ellas porque las burguesías no tenían capitales suficientes para levantar proyectos de mayor envergadura, porque los proyectos de largo aliento no "rinden" en el corto plazo, porque eran operaciones demasiado riesgosas, por simple incapacidad de gestión, (en el caso de las oligarquías apátridas latinoamericanas), porque podían colgarse de la ubre del estado administrando sus recursos en su beneficio y si llegaban a emprender algo lo hacían bajo el paragua de la protección arancelaria. Como siempre, lo único que importa es la ganancia rápida y sin complicaciones: nada de elaboraciones complejas con alto valor agregado, pero sí explotación intensiva de recursos naturales y que la masa de trabajadores realice trabajos simples que ni le procuran estabilidad laboral ni remuneraciones decentes. Lo que importa es una alta rentabilidad cortoplacista del capital.

Echar mano a Adam Smith (1723-1790) con sus ideas y disfrazarlas de "modernidad", de una "nueva y moderna teoría", llamada neoliberalismo les ha permitido embaucar nuevamente a numerosas personas para simplemente proceder al asalto a la propiedad pública, tarea en la que han hecho equipo los grupos económicos internos y el gran capital transnacional. Para decirlo claramente, las privatizaciones son un problema de ladrones.

En el caso chileno considerado ejemplar por la gran burguesía internacional y sus estaciones repetidoras en la gran prensa y los organismos internacionales que controlan, el resultado no puede ser más exitoso para ellos y sus partenaires locales de apellidos raramente españoles: (Luksic, Edwards, Saieh, Paulman): hoy el 80% del PIB lo producen empresas extranjeras y 2/3 del capital total son inversiones extranjeras y de paso propagandean el "modelo chileno" para que otros sigan tan suculento ejemplo. Mientras tanto, después de casi medio siglo de capitalismo salvaje, Chile sigue siendo un país subdesarrollado, a pesar de estar considerado el 7° país en el mundo con mayores recursos naturales per-cápita, dueño de una riqueza formidable como lo es el cobre, razón más que suficiente para ser ya un país desarrollado con un alto estándar de vida. Y al mismo tiempo ostenta un lugar destacado entre los países más desiguales del mundo y es el único país del mundo que tiene privatizadas todas las fuentes de agua, donde participan también capitales extranjeros. Nunca el colonialismo llegó a tanto como adueñarse de las aguas.

El abultado PIB esconde no sólo una desigualdad escandalosa sino también una depredación de los recursos naturales, un atentado al medioambiente que no se refleja en el indicador estrella.

Las privatizaciones en Chile realizadas sucesivamente por la Dictadura y los gobiernos que le sucedieron, constituyen ni más ni menos, junto a la privatización del cobre, los saqueos más grandes de la historia del país. Sólo en bienes raíces se entregaron a privados 15.888 inmuebles. La Compañía de Acero del Pacífico fue entregada a un grupo de generales en 105 millones de dólares cuyo valor real era de 812 millones;

la Sociedad Química y Minera de Chile, entregada graciosamente al yerno del dictador (un empleado público) implicó una pérdida patrimonial de 262 millones, etc.. Pero esos casos son sólo ejemplos. La pérdida patrimonial del estado bajo la dictadura se valora en 6.000 millones dólares los que actualizados darían montos notoriamente superiores. Lo ocurrido es una expropiación y lo que cabe es reapropiar para el conjunto de la sociedad esas riquezas mal habidas por los mismos que han hecho de la lucha contra la delincuencia una de sus banderas demagógicas más utilizadas. Los mismos, compran políticos y medios de comunicación para defender sus intereses y acallar sus latrocinios. La desvergüenza no se limita a apoderarse malosamente de lo que es propiedad colectiva. El estado debe además acudir con subsidios y socorros para mantener sus negocios, que sólo tienen justificación cuando por causas ajenas a la responsabilidad gestionaria las empresas se ven enfrentadas a situaciones fortuitas como calamidades naturales o en el caso de la agricultura, sometida como ninguna otra actividad, a los avatares del clima.

Sin embargo, las presiones de los poderosos consiguen que hasta sus actos de mala gestión deban ser cubiertos por el estado en lo que se conoce como **"socializar (estatizar) las pérdidas y privatizar las ganancias"**. Si el negocio marcha, contendrán las demandas salariales, eludirán y evadirán sus obligaciones tributarias con el estado. Si como resultado de su gestión ineficiente, que siempre atribuyen sólo al estado, presionarán para el salvataje de sus negocios con ayudas estatales que serán otorgadas con cargo a los impuestos que pagan todos los ciudadanos, cuyas fuentes de ingreso son fundamentalmente el impuesto al IVA y el cobre nacionalizado y casi nada de las empresas.

El estado es bueno para la burguesía sólo cuando puede esquilmarlo de alguna manera, directamente o con sus socios extranjeros. Ejemplos locales e internacionales no faltan: los millones de hectáreas de eucaliptus y pinos que han devastado el sur de Chile y generado enormes problemas a la subsistencia de las comunidades del campo, han sido sistemáticamente subsidiadas por el estado (Decreto Ley 701 de la dictadura) a dos grandes grupos económicos, CMPC y Celco-Arauco. ¿De qué buena gestión puede hablarse cuando enormes recursos pesqueros del mar chileno son entregados a título gratuito para usufructo de 7 familias poderosas que logran controlar esa actividad mediante una ley aprobada por parlamentarios coimeados? Recientemente se han fusionado en tres grandes conglomerados que controlan el 76% de la capacidad industrial pesquera de Chile. Ante tal concentración, ¿Tendrán los miembros de esas familias en su "propiedad privada" una incidencia determinante en la buena gestión, gestión facilitada por el regalo multimillonario de un recurso propiedad de todos los chilenos? ¿Se detendrán con su inagotable avaricia y afán de ganancias ante leyes de protección del medio ambiente? ¿Les importará el futuro de centenares de miles de niños pobres del país? Es totalmente iluso que piensen en la protección del medio ambiente y en sensibilidad social, atributos sólo posibles en un estado que efectivamente protege el bien común no sólo de los habitantes actuales sino también de las generaciones futuras.

El capitalismo pretende que el afán de lucro y el egoísmo de la clase dirigente es la garantía de la eficiencia y la fuente de bienestar de todos, entendida la eficiencia sólo como resultados contables-financieros y que el estado es ineficiente como empresario. Llegada la crisis de 2008, con la bancarrota de los bancos, Robert Zoellick, Presidente del Banco Mundial, banquero y hombre de la élite que ocupara cargos nacionales e internacionales de extrema confianza planteó en un discurso en el Instituto Peterson que había que ir a "la responsabilidad compartida por el Estado". El "progresista" Obama, en realidad hombre de confianza de Wall Street y de todo el lobby empresarial que financió su campaña se lo tomaría muy en serio: en vez de socorrer a las miles de familias que perdieron sus viviendas por hipotecas impagables entregadas a los especuladores, optó por salvar a sus mecenas lobistas con 700.000 millones de dólares que fueron en salvataje de los bancos que prestaron con mínimos de garantías y especularon con las deudas. Haber ayudado a los deudores de las viviendas con ese dinero habría mejorado la situación de los bancos, pero la prioridad fueron los accionistas y ejecutivos de los bancos que con esos millones pudieron mantener su vida relajada y suntuosa de privilegiados. El Estado con los impuestos recolectados de todos sus ciudadanos se haría cargo de los desaguisados de los "eficientes" banqueros.

Comentario aparte merece otra táctica ampliamente empleada para apropiarse de los bienes del estado: boicotear su funcionamiento desde adentro. Los casos en que los "eficientes" ejecutivos de empresas estatales y los gobiernos que los respaldan se dedican a hacerlas inviables en todo el mundo son numerosos y su propósito es claro: facilitar su privatización-pillaje. Por sólo citar dos casos en Chile: Aunque los servicios de agua y alcantarillado se financiaban, la dictadura prohibió por ley que esas empresas pudieran mejorar su actividad mediante la obtención de créditos, haciendo inviable su crecimiento. La eficiencia privada consistió en elevar las tarifas hasta hacerlas las más caras de América Latina, ayudando a los beneficios de las empresas con subsidios del estado a los usuarios que se vieron imposibilitados de pagar las nuevas altas tarifas.

El segundo caso que vale la pena mencionar es lo ocurrido con la mayor empresa cuprífera del mundo, la estatal CODELCO, la apetecida guinda de la torta de las transnacionales mineras las que ya se han apropiado ilegalmente del 74% de la producción chilena en virtud de las presiones ejercidas por EEUU. Para empezar, la dictadura estableció que la estatal debía aportar a las FFAA el 10% ¡¡de las ventas!!, ¡¡no de las utilidades!!, limitando con ello las posibilidades de inversión y consiguiente crecimiento. Es decir, hubiera o no hubiera utilidades, CODELCO debía financiar con sus propios recursos la que ha sido una caja negra en manos de los militares y como consecuencia, una fuente de corrupción multimillonaria. Pero es tal la formidable riqueza del cobre que aun así ha logrado no sólo sobrevivir sino continuar, aunque lejos de lo deseable, siendo la segunda fuente más importante de ingresos del estado detrás del IVA y por delante del escaso impuesto a la renta que pagan todas las empresas del país. El aporte de las transnacionales al estado que controlan el 74% de la producción es miserable.

Los dos gobiernos de derecha encabezados por el empresario-especulador Sebastián Piñera se han caracterizado por una muy deficiente gestión de la estatal, nombrando directivos que provienen de las transnacionales y que se "sacrifican" por remuneraciones menores a las de sus funciones anteriores, dicho de otra manera, "los zorros cuidando las gallinas". Según el economista Julián Alcayaga existen "inexplicables caídas de los ingresos por ventas de CODELCO durante los ejercicios 2010, 2011, 2012 y primer semestre de 2013", las que se deberían a ventas de cobre, plata y molibdeno a precios bajo el valor de mercado". Estas operaciones habrían implicado una defraudación que alcanzaría los 15 mil millones de dólares. También es sorprendente que en 2013 los excedentes de CODELCO fueran de sólo US$ 3.889 millones con un precio medio de 3,32 dólares la libra y que en 2006, con un precio inferior de 2,99 la libra los excedentes de CODELCO hayan sido más del doble llegando a los US$ 9215 millones. La eficiencia privada consiste en que las empresas extranjeras del cobre cuando exportan no pagan IVA, no pagan derechos de aduana, no pagan patentes mineras, no pagan royalty (sólo dos países en el mundo no exigen royalties), pagan (cuando no evaden y eluden) impuestos equivalentes a la mitad de lo que pagan en sus países de origen.

La táctica del endeudamiento impagable empleada para apropiarse malosamente de empresas, aplicada a países enteros (incluidos ex países socialistas que sus burócratas hicieron caer en la trampa de la deuda), está siendo usada en CODELCO. Mientras la desnacionalización inconstitucional incluyó la entrega a las transnacionales de yacimientos descubiertos por la estatal CODELCO, esta debe recurrir a empréstitos para adquirir yacimientos en proceso de agotamiento a precios inflados como fue el caso del affaire Angloamerican-CODELCO (también en el gobierno Piñera) y se emprenden inversiones multimillonarias excesivas en relación a los resultados esperados. Y además dichas inversiones se financian con créditos de bancos extranjeros a tasas que son el doble de la de los fondos soberanos del estado de Chile que sólo reciben un interés del 4%, ¡fondos que provienen de CODELCO! Para decirlo más claro: CODELCO le entrega sus utilidades al estado y este los ahorra para recibir un 4% de interés de la banca internacional. Después como CODELCO necesita invertir, pide préstamos al doble de interés a la banca internacional.¡Increíble pero cierto!

Todo claramente para quebrar la estatal y privatizar a favor de las transnacionales y sus secretos agentes locales, que con toda seguridad recibirán su tajada con acciones compradas por empresas fantasmas de algún paraíso fiscal, incluidos connotados políticos, empresarios y los infaltables agentes de los medios de comunicación que se encargan de mantener en la ignorancia de lo que pasa con la que es la principal fuente de ingresos del país y la mayor fuente de financiamiento de las múltiples demandas y carencias de la nación chilena.

Una vez más cabe insistir en que la manipulación mediática no consiste en mentir sino fundamentalmente en seleccionar lo que debe y no debe saber el ciudadano, se trata principalmente de lo que se oculta y el mayor secreto de Chile, es lo que pasa con su principal riqueza. ¿No es acaso curioso que el cobre que es sin duda el mayor tema de la economía y la política chilena sea un tema absolutamente ausente del debate público? Salvo desde luego, cuando hay que criticar algo relacionado con la estatal CODELCO acompañada de harta farándula con las aventuras de algún patán devenido "figura televisiva", incluida alguna famosilla prostituta.

El discurso neoliberal, como tantos otros discursos, sirve para disfrazar el despojo, para disfrazar la penetración del capital extranjero al mismo tiempo que limitar las capacidades de ahorro e inversión de los países de la periferia, haciendo imprescindibles la atracción del capital transnacional, lo que constituye otro círculo vicioso destinado a acrecentar la riqueza de las élites, ya que el capital extranjero necesariamente genera flujos hacia los centros de poder, aumentando la capacidad de inversión de éstos y limitando la de los países periféricos. No es de extrañar entonces que la dependencia se acreciente y la "independencia" se vuelva agua y que la permanencia de la pobreza y el aumento de las desigualdades sea una dinámica imparable. Imparable a menos que los pueblos despierten y se rebelen. La concentración de la riqueza a nivel global es el resultado más evidente de la reintroducción de las ideas "neoliberales" de Adam Smith.

Falta aclarar finalmente que no queremos sostener que en toda circunstancia, la propiedad privada de los medios de producción no sea un factor de eficiencia, tanto en el sentido burgués del término como el de su sentido en el socialismo. Cuando se trata de la pequeña o mediana empresa resulta evidente también desde el punto de vista de la práctica concreta, que en estas unidades productivas, la propiedad juega un rol importante por cuanto es bien sabido que la presencia del propietario incide directamente en el buen desempeño de la empresa.

Lo que aquí cuestionamos es la pretensión de que la eficiencia de una gran empresa dependa de la propiedad privada de ella, cuando también en la práctica, esta relación propiedad privada-eficiencia es inversamente proporcional a las dimensiones de la unidad productiva. Es simplemente ridículo creer que accionistas anónimos, las más de las veces alejados totalmente de la gestión de las empresas incidan en la buena o mala gestión de éstas. ¿Alguien con un mínimo de cordura puede pretender que Bernard Arnault y Familia, con una "propiedad privada" de 76.000 millones dólares tiene una influencia en la buena gestión de las empresas que posee? Cuanto más grande es la empresa más se diluye la incidencia de la "propiedad privada". La diferencia entre gran y mediana o pequeña propiedad capitalista se hace cuanto más necesaria cuando la gran propiedad ha derivado en la especulación y ha abandonado la economía real productora de bienes y servicios consumibles por la población y generadora de trabajo y se ha transformado en un poder político de rasgos totalitarios evidentes con su influencia apabullante en todos los poderes de los estados, los medios de comunicación y la instrumentalización de los sentimientos religiosos erigiendo contradictoriamente en valores admisibles el egoísmo y la avaricia.

La decadencia del sistema no es sólo económica. Es una decadencia moral, hecha evidente en la extensión creciente de la delincuencia de cuello y corbata, la corrupción y la delincuencia común. Pronto descubriremos que como durante la Segunda Guerra Mundial, la emergencia de grupos fascistas de ultraderecha tenga generosos financiamientos entre los miembros de la élite financiera internacional y entonces la humanidad estará nuevamente en grave peligro.

El desmantelamiento ideológico del Estado democrático y laico

El desmantelamiento del estado no sólo tiene que ver con las privatización de empresas sino también con la captura de roles cultural-ideológicos que permitían que sus instituciones cumplieran funciones con algún nivel de neutralidad en relación a los conflictos de clases. El retroceso de las ideas socialistas, su tergiversación, el acento y las exageraciones puestas en sus dificultades, obedecen a una estrategia de amplio alcance cuyo único propósito nada tiene que ver con la verdad sino con la muy prosaica necesidad de las clases dominantes de conservar sus privilegios mal habidos.

Entregar educación pública laica, despojada de la influencia de tal o cuál religión, culturizar para desarrollar el espíritu crítico y científico que es lo propio de una sociedad evolucionada y democrática, han sufrido embates muy bien organizados, publicitados y financiados.

La majadera queja empresarial contra los impuestos que supuestamente inhibirían la inversión no impide que esos quejumbrosos burgueses, se esmeren en subvencionar todo tipo de actividades que en una sociedad laica y democrática debe asumir el estado. Las sustitución del estado en el apoyo a la educación, la cultura, el deporte, la asistencia social, etc., mediante la creación de toda clase de fundaciones tiene propósitos político-ideológicos claros: prestigiar al empresario privado, demostrar lo incapaz que es el estado para atender diversos problemas pero sobretodo ejercer un control a la cultura y la educación, amén de instrumentalizar los sentimientos religiosos.

Y como guinda de la torta, las normas legales que facilitan esta intromisión empresarial en actividades que son las propias del estado, sus "generosas" subvenciones les permiten reducir impuestos, los mismos impuestos con que el estado puede de manera mucho más eficiente, ya que no selectiva y parcial, atender esas necesidades. De generosidad = cero. De paso, se utiliza una amplia publicidad que normalmente entona sus cifras de negocios. Como tales actividades empresariales suelen atender un número escasísimo de problemas, pero emplean recursos generosos, ello contribuye a que sus "obras" sean generalmente más prestigiadas mientras el estado debe con escasos recursos atender problemas de carácter masivo. La creación de fundaciones de todo tipo para reducir el rol del Estado, considerado demasiado neutral en la lucha de clases, es otro mecanismo de control cultural-ideológico para esconder los privilegios irritantes. De generosidad = cero, pero de otra arma de control en su gran arsenal de medios, sin lugar a dudas.

Ningún artista crítico del sistema, ningún académico contestarlo, ninguna institución educativa laica serán sujetos de su "generosa y desinteresada vocación de servicio". Falta solamente retroceder a los tiempos del mecenato, cuando la subsistencia de los artistas dependía de cuán convincentes eran las alabanzas a los nobles en sus obras.

El Estado en el socialismo

Como hemos demostrado, la URSS puede considerarse como el mayor éxito económico de todo el s. XX y se trata de una economía que eliminó absolutamente la propiedad privada sobre los medios de producción, coexistiendo sólo las dos formas de propiedad que se consideran socialistas: la estatal y la cooperativa. Ello constituye el desmentido más contundente a los predicadores del "estado ineficiente" y como lo hemos demostrado, éxito conseguido enfrentando enormes dificultades. Si ello fue así, sin dejar de reconocer falencias que de haber sido superadas y de no mediar la alta traición de Gorbachov y Yeltsin, estaríamos en presencia de un modelo de economía altamente eficiente, frente al cual los anti estatistas poco o nada podrían sostener.

Por otra parte, el capitalismo se vanagloria de su eficiencia, ignorando su cara obscura y su historia aún más obscura, se vanagloria de una "eficiencia" en el sentido burgués y los casos de quiebras de empresas demuestran todos los días, que la anarquía y no la supuesta "sabiduría" del mercado, rige su pseudo-racionalidad.

Indiferente de las dificultades que las experiencias de socialismo han tenido, derivadas de las agresiones, de los errores cometidos y de la burocratización, resulta doblemente meritorio que aun a pesar de ello sus logros en materia económica y social sean indiscutibles. Y como veremos, muchas de las críticas que al estatismo se hacen en el capitalismo, no son aplicables a estas experiencias.

La captura como botín del estado para fines electorales es absolutamente inconcebible en el marco de sociedades conducidas por un partido, (que no era único en todas las experiencias socialistas), pero sí dominante en el supuesto de representar a los obreros como mayoría entre los trabajadores.

Los casos de corrupción y de nepotismo en las experiencias socialistas, si bien existieron, así como la delincuencia, fueron fenómenos marginales que nunca alcanzaron ni de lejos las cúspides escandalosas que observamos casi a diario en el capitalismo. Era simplemente impensable que alguien, aun los más altos cargos, pudieran exhibir privilegios notorios. La riqueza obscena frente a los necesitados nunca fue observable en los países socialistas como asimismo, la pobreza dura no existía. Que un alto dirigente tuviera un automóvil de alta gama era simplemente impensable. Las diferencias de ingresos mostraban una clara voluntad de hacer valer políticas de igualdad, basadas en el principio de "a cada cual según sus capacidades", lejos de la caricatura igualitarista que la propaganda anticomunista difunde y también muy lejos de las desigualdades escandalosas del capitalismo. Las denuncias de los privilegios de la "nomenklatura" son una broma frente a lo que observamos en el mundo capitalista y a lo que observamos en la restauración del capitalismo, lo que no ha impedido que algunos "izquierdistas" desorientados asuman la crítica a una supuesta "nueva clase dominante". Moscú es hoy la ciudad con más multimillonarios y entonces no es de extrañar que el mayor reclamo de los habitantes de los ex países socialistas sea contra la desigualdad que se instaló como consecuencia natural de la restauración capitalista, con sus ultra ricos y la pobreza en todos sus estados.

Aunque la práctica de la meritocracia fue constante en todos los ámbitos de la vida socialista, también allí, la burocratización del estado y el partido dirigente empañó parcialmente este logro, al privilegiar a los miembros del partido, en el supuesto de un partido que debía ser "la quinta esencia de la clase obrera" y que por lo tanto quienes pertenecían al Partido, daban la garantía de contar con cualidades meritorias de honestidad, compromiso, generosidad, capacidades, etc., lo que no siempre fue el caso, ya que en ausencia de procesos democráticos al interior del partido y en la sociedad no siempre fue el mérito auténtico la condición de una promoción a responsabilidades.

Dado el carácter de economía planificada, las quiebras de empresas por deficientes resultados económicos tenían otro contexto. Siendo la propiedad estatal un ente unitario a nivel nacional, una empresa podía devenir inviable sólo si sus resultados eran de tal magnitud que contribuyendo negativamente a la generación de excedentes para el desarrollo, sus pérdidas no eran compensadas con aquellas empresas que tenían buenos resultados. El polinomio formado por la suma de las empresas eficientes y las no eficientes debía ser positivo y asegurar una tasa de ahorro e inversión suficiente. No era concebible, cerrar una empresa y echar sus trabajadores a la calle porque aun trabajando a pérdida, había producción que sumaba y sobretodo trabajadores que conservaban sus puestos de trabajo. Por ello la cesantía era casi inexistente. Obviamente una política económica de tal carácter es inconcebible en el capitalismo y solo es posible cuando la economía de un país es considerada como un sistema, regido por un plan y no como la suma anárquica de decisiones tomadas por una multitud de actores privados que obran sólo en su particular provecho. Esa sí era racionalidad económica.

Por lo mismo es impensable que bajo el capitalismo, regido por el afán de lucro privado y la codicia, sirvan de mucho las leyes de protección ambiental ya que el capitalista buscará siempre donde burlarlas o donde las regulaciones son más laxas o la corrupción permite pasar por sobre las leyes. Bajo las condiciones de una economía socialista donde el objetivo central es mejorar el nivel de vida de las personas y familias, el resguardo ambiental, en cuanto parte de la calidad de vida, no puede ser descuidado. Ciertamente en las experiencias de socialismo, salvo en Cuba actualmente, la competencia con el mundo capitalista, derivó en el abandono de políticas ambientales.

El estado como ente represor en el capitalismo y el socialismo, ofrece diferencias notables si consideramos los contextos históricos en los cuáles las represiones tuvieron lugar, con la excepción de Pol-Pot que ningún contexto ni menos una ideología humanista como el marxismo, puede explicar tratándose en ese caso simplemente de locura criminal sólo comparable con la de Hitler o Tojo. Nadie ha remarcado que el sismo de dimensiones continentales que significó la restauración capitalista en el este de Europa no haya sido tan traumático en términos de víctimas. Se cumplió la vieja ley, que las más brutales represiones siempre han corrido por cuenta de las clases privilegiadas, salvo el caso de Rumania que también debe ser contextualizado.

Ceaucescu había caído también en la trampa de la deuda con Occidente (que hoy alcanza dimensiones siderales en la Rumania del capitalismo restaurado, amén de un desastre económico general). Durante la década que antecedió a su caída, Ceaucescu decidió pagar deuda e intereses y sacar a su país de la trampa pero ello se hizo a costa de años de enormes dificultades económicas. Sin embargo, ironía de la historia, logra convertir a Rumania en uno de los escasos países del mundo sin deuda y es en ese momento que lograba salir del túnel, se produce lo que unos consideran un golpe de estado (telecomandado desde la Moscú de Gorbachov y la CIA) y otros una "revolución", que termina trágicamente con el asesinato de Ceaucescu y su esposa.

Ceaucescu había tenido enorme éxito en transformar su país de uno predominantemente agrícola a industrial y había resuelto exitosamente numerosos problemas sociales (vivienda, salud, educación, recreación). Pero a los años de penurias se agregaron dos factores: el culto a la personalidad llevado a su máxima e intolerable expresión, cuanto más intolerable en tiempos de penuria y en un pueblo que el propio socialismo había culturizado y educado en la ciencia y el espíritu crítico. Y por otra parte, la traición de Gorbachov, que en Malta acordara con George Bush, cerrar toda relación económica con los tres países resistentes a su perestroika: China, Cuba y Rumania. Numerosas vidas de ambos bandos se perdieron en Rumania, inútilmente, pues Rumania no habría podido subsistir cuando el conjunto de los países socialistas de Europa retrocedieron al capitalismo. Hoy en día la mayor parte de la población de Rumania es nostálgica del pasado socialista, sentimiento que se acompaña al mismo tiempo, de un sentimiento de impotencia cuando lo mejor de su juventud ha emigrado para servir de mano de obra barata en la Unión Europea y el país ha perdido 5 de los 23 millones de habitantes, entre ellos numerosos científicos y especialistas formados bajo el socialismo.

H) El mito de la libertad

No se trata solamente de aquello, muy verdadero por lo demás, de cuantos crímenes se cometen en tu nombre sino de cuantas mentiras, tergiversaciones, manipulaciones esconden los que se declaran como defensores irrestrictos de la "libertad".

Al menos habría que aclarar que un concepto abstracto es algo muy distinto a su aplicación en la realidad histórica, donde en estricto rigor, como abstracción no existe, ya que cada contexto histórico concede a la libertad espacios de desarrollo y limitaciones y al menos creo que habrá consenso en que siempre estamos limitados respecto de una libertad absoluta, que bajo cualquier sociedad ésta tendrá por costumbre o por norma jurídica, limitaciones. Dicho de otra manera, no hay ninguna sociedad que confiera a sus ciudadanos el derecho de atropellar todo y a todos. El socialismo busca equilibrar la autodeterminación individual con las determinaciones colectivas de manera tal que ambas se complementen y no sean contradictorias bajo la premisa de que las libertades y derechos de unos no limiten las libertades y derechos de los demás, lo que incluye fundamentalmente la idea de justicia social, de que el trabajo de cada uno no puede ser apropiado por otro. No cabe duda de que la pretensión liberal de acentuar el interés de los individuos por sobre lo colectivo, obedece claramente al propósito de asegurar el dominio de ciertos individuos por sobre el resto.

Una segunda precisión general es que hemos asistido durante la existencia de las experiencias de socialismo a una persistente campaña de desprestigio de ellas, donde el tema de la libertad ha ocupado cantidades inconmensurables de tinta. Tampoco negaremos aquí que en el marco de esas experiencias, ha habido evidentes restricciones al ejercicio de ciertas libertades las que como hemos señalado ya, obedecían a la necesidad de salvaguardar la viabilidad de proyectos constantemente asediados y agredidos por todos los medios posibles. Y debe quedar clara una distinción medular: que no es lo mismo restringir libertades para salvaguardar privilegios que para proteger conquistas sociales y económicas de las mayorías, lo que desde luego no justifica ningún exceso represivo.

El tema que tratamos en estas breves líneas, es de tal extensión y complejidad que difícilmente podemos siquiera esbozar un tratamiento en profundidad, pero si nos detendremos en uno de los temas más recurridos por la propaganda occidental anticomunista, el que fue considerado todo un símbolo de atropello a la libertad, "la cortina de hierro", que esencialmente criticaba la prohibición de abandonar el territorio de los países socialistas hacia Occidente.

Y acertaban muy bien con tocar un tema altamente sensible en importantes sectores de las poblaciones de esos países y que para la inocente opinión pública occidental era algo inconcebible. Era una aspiración bastante extendida de los habitantes de los países socialistas el viajar más allá de las fronteras de sus países o en el caso del bloque soviético, de visitar otros países que no pertenecieran al llamado mundo socialista. Esta prohibición era en realidad la principal aspiración de la mayoría de ellos, por sobre el reclamo de otras libertades o incluso por sobre el deseo de disponer de mayores y más variados bienes materiales, contribuyendo al malestar en esta materia, el todavía limitado desarrollo de los servicios turísticos fuera de las fronteras nacionales. Como en otras materias desde luego, muchos habitantes del Este de Europa, idealizaban a Occidente y también se dejaban impresionar por "su cara bonita" y mal podían imaginarse que incluso en países europeos, hay ciudadanos que por razones económicas, nunca han salido de su país. ¡Y para que hablar de turismo en la periferia del mundo capitalista! Pero por un mínimo de inquietud mental tendríamos que preguntarnos por qué ocurría esta prohibición. ¿Era acaso la "maldad intrínseca de los comunistas" la que inspiraba esta política restrictiva? ¿O es que acaso los dirigentes comunistas sentían placer de prohibirles a sus ciudadanos visitar otros países y amaban levantar muros y alambradas? Desde luego que no y entonces cabe preguntarse si había alguna poderosa razón para que una política per se impopular sea mantenida con tal rigor al punto de impedir incluso mediante medios armados que sus compatriotas salgan del país, todo lo cual desde luego no contribuía a enaltecer la imagen de los países socialistas y era materia de escarnio permanente en los medios de comunicación occidentales.

Y desde luego que habían razones y no sólo económicas, como la de gastar divisas extranjeras escasas desde luego debido al bloqueo de las exportaciones que sistemáticamente mantuvo Occidente, o la necesidad de protegerse de la introducción de agentes encubiertos de las agencias de inteligencia. La razón principal tenía que ver con la necesidad de impedir el robo de cerebros, el "drain brain", apoderarse de "capital humano" a título gratuito. Todas las experiencias de socialismo se han caracterizado por hacer grandes esfuerzos por dotar a sus países de trabajadores lo más calificados posible como una condición indispensable para su desarrollo, cuestión que hoy es una necesidad universalmente admitida.

El círculo virtuoso-vicioso de la riqueza atrae a la luminosa cara bonita del capitalismo a numerosas personas a quienes la perspectiva de mejores remuneraciones, condiciones de vida y de trabajo les tienta abandonar a sus países contribuyendo a reproducir los círculos viciosos de la pobreza y la riqueza. Y sus países, necesitados no sólo de capital sino también de capital humano deben contribuir a enriquecer a los que ya son ricos y satisfechos. Está demostrado, que el costo que les ha significado a los países subdesarrollados contribuir al enriquecimiento de los países ricos mediante el "drain brain" es cuatro veces el costo de las ayudas prestadas por los países desarrollados a dichas naciones ("ayudas" que muchas veces son préstamos que deben devolverse). Y existen programas organizados conscientemente por los países ricos, especialmente EEUU, para capturar especialistas y científicos provenientes de los países pobres. En esta como en otras materias, la libertad, en este caso, la libertad de movimiento, es para la burguesía un negocio más.

Sin duda no podemos culpabilizar a las personas que deciden emigrar cuando sus países de origen no ofrecen las condiciones para el desarrollo de sus proyectos personales y profesionales pero no cabe duda de que ello alimenta la paradoja de que los países pobres subsidian millonariamente a los países centrales. Pero no sólo los países pobres sufren de esta política pues sir Arnold Wolfendale, de la Asociación Europea de Física, solicitaba la creación de un fondo a pagar por los países externos a Unión Europea (léase EEUU particularmente) por los científicos de la UE que emigren hacia terceros países. Por otra parte ya Albert Einstein nos advertía que "solamente serán exitosos los pueblos que entiendan cómo generar conocimientos y cómo protegerlos; cómo buscar a los jóvenes que tengan la capacidad de hacerlo y asegurarse de que se queden en el país".

De manera que es perfectamente comprensible que los países socialistas, en abierta confrontación con los países centrales del capitalismo, se hayan visto obligados a mantener políticas estrictas de emigración toda vez que en cada ocasión en que algún destacado hombre de ciencia o deportista salía del país, inmediatamente era acosado por los servicios secretos de los países occidentales para obtener su asilo acompañado de la respectiva parafernalia mediática, con sus consabidas frases de la huida del "infierno comunista" y la llegada al llamado "mundo libre".

La caída del muro de Berlín y de la custodia de las fronteras permitió en primerísimo lugar una gran cosecha de personal calificado, de científicos, especialistas y obreros calificados, como por ejemplo, los carpinteros polacos que son los preferidos de los contratistas británicos de la construcción, no sólo por pagarles menos que a los locales sino por su alto profesionalismo. La desintegración de la URSS le significó sólo a Rusia la pérdida de 37.000 especialistas restando en el país sólo 27.000.

Pero Occidente no sólo se beneficia de la pobreza que enfrentan los profesionales de los países subdesarrollados ya que peor aún, se beneficia en este ámbito del drain brain, de las guerras a repetición que ha desatado en los países en que ha destruido no sólo su infraestructura sino además los Estados y su organización administrativa, con la emigración de funcionarios, sumiendo en el caos a Afganistán, Irak, Libia y ahora Siria.

Los empresarios alemanes que no son reticentes en absoluto a la emigración, pueden sentirse contentos de esas guerras ya que como Julian Assange nos señala "Las oleadas de refugiados que han inundado algunos países europeos son el resultado de la "despoblación estratégica de Siria", lo que vale para otros países igualmente, pues la mayoría de los refugiados son personas de clase media (los demás por razones económicas deben quedarse y aguantar la guerra y el terror), la mayoría son jóvenes en pleno disponibles para una vida laboral o ya son profesionales y los países ricos se ahorran todos los gastos que originan sus años de estudios, porque como se sabe, la educación es una inversión, pero cuyos frutos sólo se vienen a obtener en el ejercicio de la vida laboral. Y para que no se diga que cito una fuente anti sistema, tengamos a la vista lo que declaraba la Ministra del Trabajo alemana en 2013 quién calificaba de *"un golpe de suerte"* el creciente número de inmigrantes calificados del sur y el este de Europa: *"El nuevo perfil calificado de la inmigración es un golpe de suerte. Ayuda a nuestro país, lo rejuvenece y lo hace más creativo e internacional"*. La contestación a estas olas de refugiados proviene fundamentalmente de los trabajadores europeos que ven mermar sus fuentes de trabajo y sus sistemas de protección social constantemente atacados y reducidos por los voceros del neoliberalismo. La ultraderecha fascista aprovecha de meter sus discursos racistas y xenófobos para desviar la atención de los verdaderos culpables, pero no dicen una palabra para denunciar las guerras y conquistas colonialistas que devastan los países de la periferia y que son la causa de la inmigración. Bien al contrario, como el colonialismo forma parte de su ADN, no sospechan siquiera que la solución pasa por menos colonialismo y en consecuencia menos gasto militar y menos represión y por otra parte menos financiarización de las economías, en definitiva no más capitalismo, sino terminar con él.

La inmigración forma parte del arsenal de medios de guerra que las potencias capitalistas utilizan porque no solamente se trata de aprovecharse de los esfuerzos que en materia de educación hacen los países subdesarrollados sino al mismo tiempo contribuyen a desmantelar los estados que quieren controlar, como ha ocurrido con los países musulmanes invadidos y ocurre en nuestros días en Siria y Venezuela, países de los cuales emigran especialistas necesarios y también numerosos funcionarios, debilitando con ello el aparato estatal. Por otra parte, así como se escandalizaban del Muro de Berlín, poco o nada se sabe del muro construido en la frontera mexicana que Donald Trump quiere ampliar y enaltar, lo que refleja la impudicia del imperialismo que mientras desarrolla programas de robo de cerebros, al mismo tiempo cierra sus puertas a los inmigrantes no calificados en otra muestra de lo que significa para el cinismo imperial la "libertad de movimiento de capitales y personas". Mientras tanto, el desierto de Sonora arrebata la vida de más de doscientos migrantes mexicanos cada año, cuyos restos óseos son esparcidos por las aves de rapiña en otro desolador y triste espectáculo del imperio egoísta y depredador. Igualmente es ejemplificadora de las políticas norteamericanas de inmigración la llamada "Ley de Ajuste Cubano", la que incentivaba a los cubanos a emigrar a EEUU con un privilegio no acordado a ningún otro país y que constaba en que bastaba que un ciudadano de Cuba pusiera pie en Norteamérica y solicite asilo para obtener su tarjeta de residencia permanente un año después.

El corolario de las vergüenzas imperiales en materia de drain brain lo constituye uno de los mecanismos más utilizados por los países desarrollados para cobrar "tributos" a sus colonias, el cobro de patentes de invención y royalties. Obviamente, la concentración enorme de capitales de que han gozado los países centrales, fruto de las "ventajas originarias" (perfeccionamiento de las armas de fuego e invención de la imprenta) que le permitieron un secular saqueo colonial, les facilita estar a la punta de la investigación científica y tecnológica y desarrollar por tanto invenciones y mejoras tecnológicas que hoy se han constituido en una importante fuente de ingresos, pero naturalmente, la contribución que los países pobres han hecho tanto en recursos que facilitaron esos desarrollos como por la vía del drain brain, no les procura ningún "descuento" en el pago de patentes. Bien al contrario, por si no les bastara el drain brain, no pocos desarrollos tecnológicos y descubrimientos científicos del Tercer Mundo son objeto de pillaje por corrupción o espionaje. El respeto a la propiedad privada tan cara a los discursos en este caso no vale como tampoco vale cuando se trata de apropiarse de los frutos del trabajo de otros. Olvidándose del "pirateo" a que han sido sometidos los pueblos del Tercer Mundo", la Alianza Internacional de la Propiedad Intelectual (IIPA), conglomerado que agrupa a casi 2000 empresas norteamericanas, y la Cámara de Comercio de los Estados Unidos (AMCHAM) levantan costosas campañas y presionan gobiernos para luchar contra las copias no autorizadas y succionar más recursos por esta vía, cuando en realidad la piratería no es más que la respuesta de los consumidores a precios abusivos que imponen las transnacionales y sus monopolios y si de piratería se trata, el colonialismo ejercido por las grandes potencias es la muestra más ejemplar de aquello.

I) Aborto y divorcio

La Revolución Rusa no sólo importó la creación de nuevas relaciones de producción, siendo remarcable el haber desatado una verdadera revolución cultural, multiplicando en plena guerra civil gastos en educación y en los movimientos culturales que desataron una libertad creativa en todos los ámbitos del arte y la cultura, amagados posteriormente por las razones ya comentadas. Pero poco se sabe de la Revolución Sexual que implicó el aborto libre, el divorcio, la igualdad de la mujer en todos sus aspectos y aún un desconocido decreto que en 1922, despenalizó la homosexualidad. ¡De eso hace ya un siglo!

Continuando con los mitos que levantan los guardias del sistema fundamentalmente a través de los medios, en las últimas décadas han desatado una polémica que refleja una vez más que nos encontramos ante un retroceso de múltiples caras, acompañado de avances igualmente remarcables. Más que entrar en la discusión del tema del aborto y del divorcio lo que una vez más quiero remarcar es la capacidad de manipulación y tergiversación que se instala con gran facilidad en la opinión pública y que básicamente se refiere a la pretensión de dividir a los opinantes en estas materias entre "partidarios" del aborto y el divorcio y quienes se oponen. Desde luego, nadie es partidario del aborto o el divorcio porque ambas situaciones refieren a conflictos complejos que nadie desea. Nadie desea que los matrimonios se vean enfrentados a la separación y nadie desea que una mujer se vea enfrentada a la decisión de abortar, pero el mote de "partidarios de" servía de maravilla para desprestigiar a los que sólo pensaban en como mejor resolver conflictos reales de la vida. Porque la vida es más compleja que unas cuantas frases en un texto legal y demasiadas veces los seres humanos debemos enfrentar disyuntivas que nos obligan a optar por aquello que hace precisamente la vida más vivible. No se trata del bien o el mal sino de lo que puede ser mejor para rehacer una vida o para evitar el sufrimiento de un niño no deseado, por ejemplo. De manera que sostener que quienes consideramos que la posibilidad de abortar es una decisión que deben tomar libremente las mujeres y las parejas, no somos lo que mediáticamente se instaló como "partidarios" del aborto. Aunque en Chile nunca existió el aborto libre como existe en numerosos países, especialmente en los desarrollados(también culturalmente más desarrollados) sino sólo el terapéutico, la dictadura de Pinochet y sus asesores ultra reaccionarios lograron meter sus narices en el asunto siendo claves en la redacción de los textos legales dos conocidos personajes ultraconservadores del medio chileno, el Arzobispo Jorge Medina y Jaime Guzmán Errázuriz, ambos "solteros" acompañados para efectos de disponer del poder necesario por el artífice principal del golpe militar de 1973, el Almirante José Toribio Merino quienes sugirieron el texto "No podrá ejecutarse ninguna acción cuyo fin sea provocar el aborto".

Desde luego, son demasiado fuertes las razones que llevan a una mujer a decidir abortar por lo que ningún texto legal por muy restrictivo que sea ha impedido que sigan ocurriendo clandestinamente, con todos los riesgos que ello significa y a despecho de los "defensores" de la vida. Miles de abortos seguirán ocurriendo en la peligrosa precariedad clandestina aunque es de esperar que la institución de "la píldora del día después" haga una importante contribución. No faltaron desde luego, desde la Derecha los que opusieron con singular empeño a esta solución, ya desde lo que podemos calificar como irracionalidad pura al pretender que se le quitaba la vida a un ser humano, un cigoto que al tercer día recién mide un quinto de un milímetro.

J) ¿Somos los marxistas ateos y antirreligiosos?

La primera dificultad para responder a una pregunta como esta es a que religión nos referimos pues es tal la variedad de creencias metafísicas, religiosas, cultos y rituales en todo el mundo, la variedad de textos considerados de inspiración divina y la multitud de interpretaciones de esos mismos textos que ni siquiera puede afirmarse que todas ellas convergen de alguna manera a la creencia en un Dios único y superior, evolucionando desde el animismo surgido hacia varios miles de años al animismo más sofisticado como el sintoísmo del Japón hasta una doctrina de carácter filosófico y religioso pero sin un Dios, como el budismo; las religiones monoteístas, el judaísmo del cuál derivan el cristianismo y el islam, etc. Dado que el marxismo se plantea como una concepción del mundo, de la historia y de la naturaleza en su totalidad, aborda el tema de la religión como un fenómeno histórico que se expresa en una infinidad de variantes temporo-espaciales y aunque el mismo no escapa a ser heredero de la cultura judeo-cristiana de la que por una parte, rescata su acervo humanista y al mismo tiempo cuestiona, más que a la noción metafísica de Dios al rol bien terrestre que la religión juega en las sociedades divididas en clases, donde predominantemente, desde las más antiguas civilizaciones, ha jugado un rol conservador y de cobertura y justificación de las relaciones de dominación. Y decimos predominantemente porque sin duda que la mayoría de las grandes religiones ha contribuido al mismo tiempo a instalar un discurso valórico humanista, en particular la religión cristiana, aporte que no podemos sino valorar como el punto de encuentro con el humanismo marxista. Pero, como lo decíamos a propósito de los intelectuales y la disyuntiva planteada por Gramsci, de ser "ex parte populi o ex parti principi", en definitiva la religión toma partido en los conflictos de clases de nuestras sociedades. De allí nace la mayor crítica que podemos hacer a las religiones en general, la contradicción no resuelta entre hacer todo lo necesario para una vida digna de los seres humanos sobre esta tierra, que es la única certeza que tenemos o aceptar los rigores de este "valle de lágrimas" para los sometidos y poner la otra mejilla a la espera de una paradisíaca compensación en el más allá. Y los textos sagrados contienen esta contradicción presente también en el Nuevo Testamento, donde conviven por una parte, el discurso radicalmente revolucionario y por otra el discurso de aceptación de "al César lo que es del César", incluidos desde luego los tributos debidos al Imperio Romano. En nuestros días no dimensionamos suficientemente todo lo radical que podía ser el "amarás a tu prójimo como a ti mismo" en una sociedad esclavista, como también el "es más fácil que un camello pase por el ojo de una aguja a que un rico entre al reino de los cielos" o llegar a ejecutar la única acción violenta que le conocemos a Cristo al expulsar a los mercaderes del templo. Pero tales afirmaciones se contradicen con el llamado a la mansedumbre y la obediencia, ideas que con el tiempo habrían de dominar la doctrina y el quehacer concreto de la Iglesia, sobre todo a partir de la interesada conversión de Constantino, con quién el mensaje liberador y humanista de Jesús se perdería con la instalación de una dictadura totalitaria que haría pasar a los cristianos de perseguidos a perseguidores intolerantes: toda diferenciación cultural fue perseguida y el terror de las hogueras, los autos de fe, las confiscaciones y exilios forzados, la destrucción de templos y objetos de culto paganos dieron la tónica de lo que sería la obscuridad de más de un milenio del Medievo cuyo corolario sería la Inquisición y el Índice de los libros prohibidos, bajo la propuesta de Pablo de Tarso en Corintios de que la "ciencia sería abolida".

El asesinato de Hepatía de Alejandría por una turba de cristianos que le arrancaron la piel con caracolas ilustra bien lo que representó el obscurantismo como negación del razonar y de la demostración científica, de la inevitable necesidad de explicarse el mundo, sus procesos y fenómenos. Hepatía es la primera mujer matemática y que también incursionó en astronomía. Su adhesión al paganismo, a la ciencia y su condición de mujer resultó inaceptable para el fanatismo religioso de la época.

La sociedad medieval sería una vez más, una dominación de clase (los nobles), amparados por la religión como en las sociedades esclavistas del pasado y los reyes y nobles sostendrían que eran depositarios de un poder que provenía directamente de Dios, poder frente al cual no cabía sino ser obedientes. Pero la llama de la dignidad humana aunque debilitada y tenue en medio del obscurantismo nunca se apagó y aunque las sublevaciones campesinas contra el abuso de los nobles y el clero habrían de costar centenares de miles de vidas, el alba de una nueva humanidad restallaría en "El Siglo de las Luces". Aunque se suele difundir con entusiasmo la frase dicha por Marx a propósito de la religión de que "la religión es el suspiro de la criatura oprimida, el corazón de un mundo sin corazón, el espíritu de una situación carente de espíritu, es el opio del pueblo", si nos sumergimos en el contexto histórico-cultural en que dicha afirmación se expresa, nos daremos cuenta de que Marx estaba lejos de ser el más radical de los críticos a la religión, la cual, en tanto institución social vinculada al poder medieval venía siendo cuestionada fuertemente desde el s. XVII y es a fines de ese siglo y comienzos del s. XVIII que aparecen las sectas masónicas fuertemente anticlericales, con mucha anterioridad a Marx como asimismo es la Revolución Francesa de 1789 la que hace explotar por los aires la dominación de la nobleza y el clero y parece olvidarse que es en dicha revolución donde los ciudadanos convirtieron las iglesias en hospitales y escuelas, tal era la inquina que dominaba los espíritus contra la iglesia y el clericalismo.

De modo que la frase de Marx es casi insignificante en ese contexto y más aún frente a filósofos de su tiempo como Nietzsche que anunciaba la muerte de Dios. Este sería el filósofo que inspiraría más tarde a Hitler, el dictador que para efectos pragmáticos se declaraba católico y aunque el papa Pio

XII condenó al nazismo en general no condenaría ni menos excomulgaría a ningún nazi, ni denunciaría el holocausto ni aún después de la guerra. Por el contrario, en 1949, excomulgaría a granel a todos los comunistas, aunque entre ellos hubiera creyentes. Hitler se guardaba de ocultar su anticristianismo, una de cuyas frases dichas en la intimidad entre sus secuaces recogería Martin Bormann, su secretario privado: "el comunismo es el hijo de la cristiandad y ambos son hijos del judaísmo" y el mismo Bormann sostenía que "el Nacional Socialismo y el cristianismo son irreconciliables". Ello no impedía el mutuo apoyo que se prestaron el fascismo alemán y el franquismo que se proclamó el defensor de la iglesia y el cristianismo. Que otra explicación podemos encontrar detrás de discursos tan contradictorios sino el denominador común de los intereses de clase comunes que ambos defendían. Sin duda que Pio XII compartía con Hitler su anticomunismo pero justo es reconocer que prohijó políticas y acciones de protección a los judíos. El temor al comunismo llevaría a la Iglesia a extremos imperdonables, como el acuerdo entre la Iglesia Italiana, la Democracia Cristiana Italiana y la Mafia para reprimir los movimientos campesinos dirigidos por socialistas y comunistas que reclamaban una reforma agraria que se tradujo en asesinatos por parte de la Cosa Nostra de numerosos campesinos, en otra muestra de la delgada línea que limita al capitalismo de la delincuencia.

De manera que las religiones en general son hijas de su tiempo y espacios geográficos donde se desarrollan por lo que resulta difícil no reconocer que como saldo hayan hecho contribuciones significativas al progreso moral de las sociedades, pero que dependiendo de manera importante de una tan bien amplia variedad de textos considerados sagrados como inspiradores de su acción práctica y siendo éstos también de una enorme variedad de contenidos y versiones y dando pie a un sinnúmero de interpretaciones y acciones contradictorias, lo que podemos concluir es que finalmente no ha sido la religión el factor más contribuyente al progreso de la humanidad sino precisamente su contrario, la ciencia. Y hoy resulta que la mayor parte de los conflictos y guerras tienen como componente significativo la intolerancia religiosa.

De manera que, alejados por cierto de la pretensión cínica de ganar aliados para después desecharlos, el socialismo marxista formando parte del proceso de creciente humanización del hombre y de los logros civilizatorios, rescata y hace suyos los contenidos humanistas del cristianismo como igualmente los del liberalismo auténtico, pero no deja de señalar las incapacidades que históricamente han demostrado para hacer realidad principios y valores ciertamente valiosos como la esencial igualdad de los seres humanos o la democracia liberal.

Más allá de las discrepancias filosófico-metafísicas, hay un mundo terrenal y decenas de sociedades donde la injusticia impera y donde la consecuencia con el mensaje cristiano no puede menos que labrar un camino común con el socialismo marxista como lo comprendieron aquellos cristianos y laicos que dieron forma en el Chile de Allende al movimiento de los Cristianos por el Socialismo y que a nivel continental desarrollaron la Teología de la Liberación, sometida ella a la crítica acerba de los sectores más conservadores de la Iglesia cuyo principal argumento era precisamente la discrepancia metafísica, último etéreo reducto para amparar la muy terrenal injusticia social y económica.

Desde luego, los cambios operados en la Iglesia a partir del Concilio Vaticano II tuvieron efectos prometedores en la actitud de los cristianos y laicos y de manera correspondiente, la asunción de un compromiso social no podía sino acercar a dos mundos que por sobre todo valoran al ser humano como forjador de su destino. Por ello no es de extrañar que haya sido bajo la Presidencia del marxista y masón Salvador Allende y por propia iniciativa, que se haya instituido por primera vez en Chile una jubilación para los sacerdotes. A excepción del conservador papado de Juan Pablo Segundo, el cristianismo y en particular la Iglesia Católica ha seguido evolucionando y distanciándose de los males evidentes que el capitalismo causa en nuestro mundo porque ha seguido haciéndose evidente quienes promueven las guerras, las desigualdades irritantes y utilizan los sentimientos religiosos para ocultar el mal que anida en sus espíritus con el cinismo acostumbrado. George Bush justificaría la invasión de Irak, la muerte de un millón de personas y la destrucción de ese país señalando que Dios le había inspirado tal acción. El inmoral Premio Nobel de la Paz, Barack "Obomba", quien guarda la responsabilidad de haber ordenado el lanzamiento de más bombas que Bush y haber mantenido más guerras en más países, afirma desvergonzadamente "somos compañeros de Dios", que le hace el trabajo a Dios, y codo a codo, ¿casi como un igual a Dios?

No obstante si señalamos que tenemos puntos de encuentro evidentes con el cristianismo, ello no sólo proviene del tronco común judeo-cristiano que está en la base del sistema de valores que inspira a Marx, a saber, la justicia, la solidaridad, la igualdad, la fraternidad y la libertad sino que lo más importante hoy en día es aquilatar la urgencia con que se hace necesaria la unidad de todos los humanismos. Salvador Allende afirmó: "La fuerza política que hoy gobierna Chile, y que tengo el honor de representar, es la culminación de una alianza permanente, férrea e inquebrantable entre cristianos y no cristianos, entre hombres de distinto signo ideológico, que han entendido con precisión que el verdadero conflicto de nuestro tiempo, y por tanto la gran línea divisoria, no se da en el plano religioso o en el de las ideas filosóficas, sino entre el imperialismo y los países dependientes". Como no entender la cercanía de valores y al mismo tiempo la gigantesca lejanía con los discursos de otros creyentes como los que profesan el integrismo musulmán que promete el paraíso a quienes asesinan "infieles" (incluidos los cristianos) y condenan al infierno a sus seguidores por comer una chuleta de cerdo o beber un vaso de vino. Es decir asesinar a un ser humano conduce al paraíso y comer una presa de cerdo conduce al infierno.

Ciertamente la lucha contra los privilegios de los poderosos tiene un alto precio que los pueblos han pagado en demasía y cuando los creyentes han desafiado ese poder inspirados por sus valores religiosos no han tenido mejor suerte, aunque los represores vayan a misa todos los domingos, porque es su posición frente al conflicto de clases lo determinante de su conducta: con posterioridad al golpe militar 120 sacerdotes católicos, 30 pastores protestantes, 35 religiosos y 200 laicos que pertenecían a Cristianos por el Socialismo fueron expulsados de Chile. Muchos de ellos fueron víctimas de detención y tortura y 32 fueron asesinados a lo que debemos agregar las víctimas latinoamericanas asesinadas entre 1966 y 1992, 4 obispos, 85 sacerdotes y 19 religiosas católicas entre otros, asesinos que se decían cristianos pero en quienes pesaban más sus intereses de clase y su formación como criminales en la Escuela de las Américas. Sin embargo ya sabemos que la defensa del sistema de privilegios recurre a una batería de métodos amplia, que va desde el crimen alevoso al chantaje y la manipulación mental. Para el caso de la emergencia de un cristianismo que se comprometía con los pobres la respuesta imperial no se dejó esperar. Hemos asistido en los últimos decenios a una verdadera invasión de cultos evangélicos y protestantes financiados en su mayor parte por congregaciones y empresas norteamericanas. Uno de los ejemplos más claros lo representa en Instituto Lingüístico de Verano (ILV) organismo del cuál el titular de la arquidiócesis mexicana de Chihuahua, arzobispo Dizán Vázquez, aseveró que *"la Agencia Central de Inteligencia (CIA) utiliza sectas religiosas como instrumento de penetración ideológica y transculturización"* y agregó que, entre ellas, se encuentra *el ILV, al que tildó de "ultraconservador, fanáticamente anticomunista y aliado del militarismo estadounidense".* Desde luego no hay que ser demasiado inteligentes para deducir que la emergencia de un catolicismo comprometido crecientemente con los pobres era una piedra en el zapato de Norteamérica y aunque la memoria débil de los pueblos difícilmente recordará las documentadas relaciones de la CIA con los Cuerpos de Paz por ejemplo, si ello hoy es difícil de demostrar es simplemente porque los métodos se han hecho más sofisticados. Lo que está claro es que las ingenuidades están demás y los multimillonarios pastores como aquel que hacía campaña entre sus fieles para comprarse un Roll Royce "para mejor servir a Jesús", siguen engañando a millones y siendo fieles servidores del sistema.

Los tiempos que vivimos alientan una cercanía creciente entre el socialismo de Marx y el cristianismo "ex parti populi", única opción de ser consecuentes con el mensaje original más contestatario del humanismo cristiano. ¿O no es suficiente y unificador nuestro programa de suprimir la pobreza, reemplazar la primacía del dinero y el lucro por la primacía en satisfacer integralmente las necesidades reales, terminar con la guerra como vía de resolución de conflictos, erradicar la raíz de la violencia que constituyen los privilegios, eliminar la explotación y la opresión y la división de las sociedades en clases antagónicas, eliminar la hostilidad entre las naciones y pueblos y sustituirla por la solidaridad y la cooperación, asegurar en fin para todo ser humano "el libre desenvolvimiento de cada uno como condición del libre desenvolvimiento de todos"? ¿No es acaso este programa digno de cualquier cristiano consecuente? ¿Puede acaso explicar el mensaje cristiano la conducta de ciertas jerarquías tan dispuestas a convivir y apoyar el discurso fascista de Pinochet, Videla, Franco, Mussolini o Hitler? Sin duda la explicación es su opción: "ex parti principi", es decir, con Nerón y Pilatos, pero no con Cristo.

K) LOS MITOS DE LA DEMOCRACIA Y LA DICTADURA DEL PROLETARIADO

> *"La república democrática es la mejor envoltura política de que puede revestirse el capitalismo" (Lenin)*

> *"Podemos tener concentración de la riqueza o democracia pero no ambas cosas a la vez" (J.K Galbraith).*

Desde Aristóteles que la manoseada palabrita significa ni más ni menos que el poder debe o debiera ser ejercido "por los que son más" y por lo tanto ella es lo opuesto a la plutocracia, el gobierno de las minorías privilegiadas. ¿Vivimos en democracia? No cabe duda de que vivimos en democracia, sólo que no debemos nunca olvidar que a la palabra en cuestión le falta el apellido: vivimos bajo los parámetros de la democracia burguesa así como vivimos bajo los parámetros de la libertad... burguesa, del orden...burgués. Ciertamente actualmente no nos gobierna ningún sátrapa ni es esta igual a la primera democracia que registra la historia, la democracia ateniense que se practicaba en una sociedad esclavista que obviamente contenía más limitaciones que la democracia burguesa. Los valores mencionados no son etéreos, abstractos, atemporales ni aespaciales, se desarrollan en un contexto histórico determinado en el que se configuran sus límites porque nunca ha existido ni existirán ni democracia, ni orden ni libertad absolutas pero aspiramos a que dichos límites deben ser fijados cada vez de manera más democrática. El fin del feudalismo al que dio inicio la Revolución Francesa y la histórica rebelión del Tercer Estado que declaró que ellos y solamente ellos serían los representantes del pueblo ante la Asamblea Nacional, excluyendo a los representantes de las clases dominantes a saber la nobleza y el clero, constituye el momento histórico que da nacimiento a las democracias burguesas modernas. Proclama la voluntad de elaborar una constitución cuyo centro implicaba el término del poder absoluto de los monarcas y el establecimiento de nuevas instituciones políticas y de nuevos derechos y deberes de los ciudadanos.

Como toda conquista de la humanidad, y la democracia burguesa lo es sin duda alguna, ella no ha dejado de avanzar y retroceder a través de más de dos siglos y como toda idea progresista se ha ido imponiendo en el mundo y los regímenes monárquicos absolutistas, si bien aún subsisten en algunos rincones del planeta, reducen su número e influencia de manera constante y difícilmente podrán subsistir por muchos decenios más cumpliéndose en estos procesos igualmente la ley marxista del desarrollo desigual y combinado. La mayor parte de las monarquías sobrevivientes lo hacen en el marco del republicanismo y pertenecen más al ámbito del folklore que del poder aunque muchos "nobles" se han reciclado como burgueses o como lobistas-comisionistas. El Rey Felipe de España en enero de 2017 gestionaba la venta de navíos de guerra a Arabia Saudita en medio de la guerra que este reino libra contra Yemen, existiendo numerosas denuncias de diferentes organismos que revelan que se trata del régimen más violador de derechos humanos en el mundo. Desde luego no está incluido en las listas de regímenes indeseables que suele declarar el Departamento de Estado norteamericano, listas que suelen encabezar países como Venezuela, Cuba, Irán o Rusia.

El carácter histórico, acotado, de la democracia burguesa implica que ella no es un valor fijado en el firmamento de una vez y para siempre sino está sujeta a cambios que pueden ser regresivos o progresistas. Con toda la radicalidad que implicó la Revolución Francesa y el triunfo de las ideas democráticas y republicanas, aun así las primeras experiencias de democracia burguesa a las que dio aliento apenas esbozaron en la práctica el voto universal y menos el voto de las mujeres. La democracia y su desarrollo ha sido una larga historia de avances y retrocesos en cada país y en el mundo. En el caso chileno, el país que se enorgullecía de tener el mayor desarrollo de la democracia en toda América Latina, al punto que una coalición de partidos predominantemente de inspiración marxista ganaron el derecho a gobernar mediante elecciones, habría de ver como la burguesía local "patearía el tablero democrático" para imponer una dictadura brutal, evitando con ello que la crítica situación que se vivía en 1973 se dirimiera con el mecanismo democrático de un plebiscito demostrando una vez más que a la burguesía le interesa la democracia sólo cuando puede manipularla a su servicio. Otro ejemplo dramático de ello es el caso de El Salvador, cuando en 1932 el Partido Comunista gana las elecciones y un baño de sangre se abate sobre el país para permanecer a continuación y durante decenios bajo brutales dictaduras militares.

La Constitución de Pinochet escrita y aprobada entre cuatro paredes constituyó un retroceso enorme y sus posteriores modificaciones han eliminado sus preceptos más discutibles pero subsiste su esencia antidemocrática y neoliberal destinada a asegurar la dominación y los privilegios de la clase oligarco-burguesa sobre el conjunto de la sociedad y la dominación de la oligarquía financiera internacional de la que es tributaria y subordinada la primera. La ilusión de una democracia plena habría de sufrir con el tiempo limitaciones derivadas del creciente poder económico de la burguesía que podría controlar los peligros que una democracia verdadera representaba para sus intereses.

La experiencia de más de dos siglos de democracia burguesa ha demostrado que los niveles de democracia y libertades admitidos por la clase dominante son directamente proporcionales al nivel de peligro de pérdida de los privilegios que exista en un momento dado. Al menos, el sacrificio en la muerte, la tortura, la marginación, el exilio y las más variadas formas de represión que han sufrido centenares de millones de luchadores a lo largo de la historia no ha sido ni será en vano y el progreso social, económico y moral de las sociedades actuales así lo atestiguan: en estos tiempos ya no es tolerable que la dominación se ejerza con un látigo en la mano pero también poco a poco, se les hace más difícil burlarse de la voluntad de los pueblos y en razón de ello es que por primera vez en la historia el ejemplo de la vía de Allende se logra imponer en varios países latinoamericanos, no sin dificultades y siempre bajo el acoso, el boicot y la manipulación de los medios de comunicación.

Aunque en nuestros días se han hecho más visibles los fenómenos de corrupción, de desprestigio del parlamentarismo, de crisis de las instituciones, estas aparecieron tempranamente en los países que adoptaron formalmente los principios del republicanismo. La influencia del dinero en las decisiones de los poderes del Estado tiene una larga historia ya que a poco andar las promesas de la revolución francesa habrían de chocar con los nuevos dominadores, aunque estos hayan sido los grandes promotores de las ideas republicanas de la revolución. De manera que no es de extrañar que las duras expresiones formuladas ya en el siglo XIX contra el "parlamentarismo burgués" por Marx y Engels se constituyeran en una denuncia presente constantemente entre los pensadores marxistas como la frase de Lenin contra Kautsky en 1916: *"¿Puede admitirse que el sabio Kautsky no haya oído decir nunca que los parlamentos burgueses están tanto más sometidos a la Bolsa y a los banqueros cuanto más desarrollada está la democracia?"*.

Pero como Lenin ni Marx forman parte de las escasas lecturas del ciudadano común de nuestros días, estos suelen aun sorprenderse cuando escasamente los medios destapan algún descuido flagrante de intervención del dinero en la política, cuando en realidad ello es parte del funcionamiento normal de los parlamentos de los países capitalistas desde hace dos siglos y EEUU que se autoproclama el adalid de las libertades y la democracia (cinismo burgués obliga) es en esta materia uno de los países más profunda y gravemente corrompido de todo el planeta, siendo en esto como en otras materias el modelo que nuestra oligarquía, Chicagos boys y comparsas mediante, consideran el ejemplo a seguir como una democracia ejemplar.

Lo esencial del tema de la democracia es que debe quedar claro que la mayor profundidad, es decir los límites y la duración de los regímenes democráticos dependen de las relaciones de fuerza existentes en una sociedad entre las clases en conflicto abierto o soterrado, de las crisis económicas provocadas y/o reales y básicamente del nivel de peligro a que estén expuestos los privilegios. La democracia es el gobierno de los que son más pero la palabra puede ser sólo eso, una palabra vaciada de su contenido, reflejando una apariencia de poder ciudadano que en realidad no existe, una palabra cínica que esconde la dominación de una minoría cínica por antonomasia. Por otra parte, es una palabra que incluye un sinnúmero de conceptos entrelazados que permiten precisamente que sus numerosas aristas escondan por una parte una gran variedad de formas concretas de democracia y por otra generen grietas a través de las cuáles la clase dominante se las arregla para domeñarla: el poder de los más debe lidiar con la variedad de constituciones y sus preceptos, de la distribución de los poderes y sus equilibrios, de la distribución territorial del poder, de los sistemas electorales, de la separación del Estado y la religión, el peso y relación de los poderes fácticos, de las relaciones entre las naciones y los Estados, de las vinculaciones que surgen con el derecho internacional y los derechos humanos, la proporción entre democracia directa y representativa, incidencia de lo político en relación a las opiniones técnicas, el carácter vinculante o consultivo de los plebiscitos y referéndums, etc.

Al margen de las dificultades que implica articular una democracia a partir de esta gran variedad de elementos que la configuran hay que tener presente como elementos definitorios de su carácter enmascarado los poderes reales(fácticos) que inciden en el poder político y que subordinan a éste: el poder económico, el poder mediático y el poder represivo del Estado. Y en última instancia, es el poder económico el que a su vez subordina a los otros dos.

En las sociedades capitalistas va cada vez haciéndose más patente que la democracia burguesa es una ficción por la sencilla razón de que la concentración creciente de la riqueza en manos de minorías cada vez más reducidas y el control y límites que le fijan a la democracia hace en los hechos desaparecer el poder soberano, es decir el poder que debe nacer de "los que son más", las mayorías y sus intereses verdaderos. Por ello no cometen exceso los que se*ñalan que estamos en presencia de la* feudalización de nuestras sociedades y aunque parezca anecdótico, no es raro escuchar referirse a ciertos dirigentes políticos que conforman las castas como los príncipes o los barones, aunque esos títulos honoríficos de opereta no permitan compararlos con los políticos de izquierda o derecha de hace 50 años que demostrando una gran cultura argumentaban citando autores clásicos.

Una prueba más de que estamos frente a un retroceso civilizatorio de proporciones, un resumidero de la historia, un resumen y al mismo tiempo un resumidero de toda la basura que se nos ha venido encima con el frenazo postmodernista. Podemos hablar con total propiedad de la incompatibilidad de la democracia con el capitalismo y del carácter y esencia dictatorial de la dominación burguesa, aunque ella se esconda bajo formas aparentes de democracia.

En los últimos decenios hemos asistido a una conversión, muy interesada por cierto, de partidos (o sus "barones") que se suponían "socialistas" hacia posiciones que difícilmente podemos calificar siquiera de centristas y menos aún de izquierda aunque los medios empeñados como siempre en tergiversar las realidades, no cesan de calificarlos de izquierda. Si recurrimos a cualquier diccionario o enciclopedia para averiguar qué cosa es el socialismo, nos encontraremos en todos los casos con al menos la idea de que el socialismo en todas sus variantes concede al estado un rol importante en la economía, sino el más importante, pero estos curiosos socialistas han abrazado el más doctrinario neoliberalismo con un entusiasmo remarcable, aunque lo central del credo neoliberal sea su anti-estatismo delirante.

Disfrazados de "socialistas", los conversos al capitalismo, han borrado las diferencias abismales entre una doctrina y otra haciendo del llamado juego democrático una farsa muy parecida a las peleas de payasos en un circo, incluidas cachetadas sonajeras. Ello ha dado pié a sistemas políticos basados en el bipartidismo, sistema que contribuye a hacer de la democracia una ficción y no el terreno en que se enfrentan ideas que al menos debieran tener algunas diferencias esenciales y bien al contrario asistimos a discursos monocordes, propios de pseudo-políticos oportunistas, lejos del servicio público desinteresado y pensando más precisamente en el "autoservicio", aunque en esta materia es siempre justo señalar que hay notables excepciones y que no es correcto meter a todos en el mismo saco porque ello le hace el juego a los promotores del nefasto apoliticismo.

La escuela vino obviamente de EEUU, país en el que se enfrentan social-demócratas y republicanos, partidos que en su origen tenían diferencias notables que reivindicó el precandidato Bernie Sanders a quien como quedó demostrado, le trampearon su postulación como candidato presidencial, viéndose los norteamericanos obligados a elegir entre una Hillary Clinton decidida a seguir la política guerrerista de Obama, inspirada por las jugosas donaciones del complejo militar-industrial y un no menos agresivo Donald Trump. Los otros 3 candidatos fueron simplemente ignorados por los medios. Dado que el stablishment norteamericano descubrió que el bipartidismo era una buena receta para mantener una misma política con dos caras distintas, donde los actores se enfrentan para entretenimiento de los ciudadanos, habitualmente contendiendo por problemas menores, consideró que era un modelo político exportable. Documentos desclasificados en EEUU, revelan que en el caso de España, ya desde el final de la guerra, en 1945, el Departamento de Estado promovía una salida al embarazoso caso español, procurando que se establecieran allí dos partidos: uno socialista y otro demócrata. Sólo que las heridas de la guerra civil hicieron imposible que esto se consumara tempranamente pero el bipartidismo se instaló por largos años para administrar el sistema alternadamente con las consabidas privatizaciones, reformas laborales, cesantías masivas y reformas tributarias regresivas que acrecentaron la concentración de la riqueza en España.

En el caso chileno, el bipartidismo fue asegurado por Pinochet mediante el sistema electoral binominal férreamente instalado en la Constitución, lo que permitió a la Derecha empatar su representación parlamentaria durante años aunque en las urnas apenas sobrepasaba el tercio de los votos, bloqueando al mismo tiempo la posibilidad de que una tercera fuerza pudiera entrar a alterarles la supuesta "sana y amistosa convivencia democrática" para administrar el sistema, remitiendo sus "diferencias" a las siglas más que a proyectos y valores diferenciadores. Peor aún, el sistema binominal podría haber permitido que sólo una coalición se quedara con la totalidad del parlamento para lo cual bastaba que la coalición ganadora obtuviera 2/3 de los votos en cada distrito. Sólo ante el creciente desprestigio de tal sistema, este fue recientemente modificado. Había que mejorar la imagen antidemocrática del binominal, en todo caso sin mayor riesgo pues aún persisten otros instrumentos que se revelan suficientes para garantizar lo que llaman la gobernabilidad. En todo caso es tal la convergencia de intereses que solamente las masivas manifestaciones ciudadanas han logrado rascarle algunos beneficios para la población y aun ellas no son suficientes ya que la profundidad de las reformas iniciadas retrocede a medida que el Gobierno y la Derecha apuestan sea al desgaste de las movilizaciones ciudadanas sea a simplemente ignorar el reclamo ciudadano como ha ocurrido con la estafa de la privatización de las pensiones.

Los medios forman parte esencial del ocultamiento de los temas relevantes: puede ser noticia ampliamente divulgada el que un parlamentario le haya dado un empujón a otro pero que la principal riqueza del país haya sido desnacionalizada en silencio, no fue noticia. Hasta hace sólo unos años la mayor parte de los chilenos seguía pensando que el cobre "era chileno" y no supo sino tardíamente que el Estado que producía el 85% del cobre en 1990 había reducido su participación a sólo el 27% en el 2010, al entregar a las transnacionales la mayor parte de las reservas existentes, sin que hubiera la menor razón técnica o económica para ello y desde luego sin que fueran informados y menos consultados los principales interesados, los ciudadanos chilenos; sin contar las gigantescas pérdidas que significaron inundar el mercado del cobre con la consiguiente caída de los precios e ingresos estatales y para beneficio de sus filiales elaboradoras. Tampoco sabían que Chile era uno de solo dos países que en el mundo no cobraban royalty por la extracción de recursos naturales. Como tampoco fue informado que las reservas de oro del país fueron vendidas el año 2000 y que estas fueron reducidas a cero. Pero ¡El empujón era lo importante! De nada sirvió igualmente que bajo el Gobierno del "socialista??" Ricardo Lagos, la ciudadanía de la Región del BIO-BIO se pronunciara en plebiscito con un 90% de apoyo y una participación de 137.000 personas por la no privatización del agua potable. El Presidente "democr*á*tico y socialista" ignoró el resultado, el deseo de "los que son más".

Desde luego, no pretendemos afirmar que las mayorías siempre tengan la razón, aunque si tenemos una confianza enorme en la sabiduría de las masas, pero siempre que estas tengan precisamente la posibilidad de confrontar ideas en el marco de una democracia perfeccionada y no sometida a las manipulaciones del poder, cualquiera que este sea. Es esa la dirección que debe seguir una democracia que se perfecciona a sí misma. El pueblo, las inmensa mayoría de las personas actúan y deciden siempre en dirección del bien común, bien común que debe progresar mediante procesos de culturización hacia la comprensión de un bien común universal, planetario.

En una sociedad conducida por una clase dominante que lo que siempre procura no es el bien común sino su propio interés, siempre la democracia será limitada y manipulada lo que no excluye por otra parte que los pueblos no puedan también constituirse en fuerzas que alteren los equilibrios necesarios. En ese sentido, los vicios del ultrademocratismo que suelen presentarse, cuando se quiere discutir de todo en el nivel organizacional que sea pueden ser extremamente paralizantes. Como corrientemente se dice que el hombre es el único animal que se tropieza dos o más veces con la misma piedra, el resumidero nos ha traído de vuelta también algunas ideas anarquistas refutadas en su tiempo de manera contundente. La experiencia práctica nos indica que los seres humanos necesitamos organizarnos jerárquicamente y que debemos saber combinar centralismo y descentralización, poder central y poder comunal, democracia representativa y democracia directa, autoridad y control democrático, en fin que estas categorías no son excluyentes las unas respecto de las otras. La clave de resolución de estos equilibrios está dada por un simple principio: las decisiones se deben tomar en el nivel en el cuál se dispone de la mayor cantidad y calidad de las informaciones necesarias a dicha decisión.

No cabe duda de que la construcción de sistemas democráticos perfeccionados donde de verdad se dé la premisa de la soberanía del pueblo y el gobierno de los que son más, es un desafío preñado aun de dificultades y las experiencias de socialismo no han representado un avance cualitativo importante y en otros casos han derivado a formas totalitarias de ejercicio del poder, cuestión sobre la cual no podemos cerrar los ojos y que nos colocan en una posición incómoda en la crítica a la democracia burguesa. Resulta entonces que frente a la evidencia de mis convicciones ideológicas más de algún lector premunido de su sentido común burgués atribuya valor alguno a mis juicios sobre la democracia pero para su tranquilidad debo decirle que comparto la idea de que si bien los límites impuestos a la democracia en los países que han emprendido el camino socialista se explican en su mayor parte por la brutal forma en que las experiencias socialistas han sido agredidas desde el interior y desde el exterior, hay también en la ideología y la práctica política de los marxistas elementos que contribuyeron al ejercicio de formas totalitarias de poder.

Me refiero en primer lugar a la idea sostenida por Marx de que la revolución socialista sería una revolución mundial, no constreñida a los límites de un solo estado, lo que suponía disponer de una fuerza gigantesca para imponer el socialismo en todo el planeta a partir de la conquista del poder en los países más avanzados. Su célebre frase con la que termina el "Manifiesto Comunista", "Proletarios del Mundo, Uníos" constituye la demostración de cuán importante era el carácter planetario del proyecto socialista (y cuanto más importante lo sigue siendo hoy). La consecución de ese objetivo que era al mismo tiempo, la disposición de un enorme poder en manos de los trabajadores de todo el mundo contenía en sí la promesa de que la dictadura de los más, la dictadura del proletariado, sería la base para que esa dictadura tuviera un carácter estrictamente transitorio, sólo justificable mientras la resistencia de los privilegiados fuera amagada para acceder entonces a una sociedad donde por fin habría una verdadera democracia que garantizase las más amplias libertades, sin explotación del hombre por el hombre, donde reinara la justicia social y la solidaridad. Un magnífico proyecto que sigue vigente hoy pero que evidentemente en 1917 era tomar el cielo por asalto. De esa idea surgieron las sucesivas organizaciones Internacionales de los trabajadores y los ecos del himno "La Internacional" que aún no se apagan: "arriba los pobres del mundo, de pié los esclavos sin pan...agrupémonos todos, en la lucha final, y se alcen los pueblos, por la internacional"….

Pero la historia "es una señora de pasos lentos" nos dice Galeano y las condiciones para tan futurista proyecto no se llegaron a crear pero si establecieron un proyecto de futuro porque los marxistas somos los únicos que tenemos una proyecto de un futuro para la humanidad, humanista, valga la redundancia. El triunfo de la Revolución Bolchevique en Rusia en 1917, sería seguido del fracaso de las revoluciones alemana y húngara y pondría en el centro de la discusión una de las más arduas disputas ideológicas en el seno del marxismo, aquella de si era posible "la revolución en un solo país". Lenin no renunciaría a dicha posibilidad y emprendería la construcción de un país que llegaría a contar con numerosas naciones, la Unión de Repúblicas Socialistas Soviéticas en medio de una brutal resistencia interna y una agresión exterior que no descansaría hasta su desarticulación en 1990, periodo durante el cual la promesa de una democracia más desarrollada habría de ser torpedeada por las condiciones concretas en que se desarrollaba la experiencia, signada por un acoso permanente.

Es casi una ley de la historia que cuando los privilegios corren peligro estos son defendidos con saña y violencia extrema y así ha acontecido con cada una de las experiencias socialistas en el mundo. Valga traer aquí a comentario sólo tres ejemplos: la Unión Soviética cuyo accidentado y agredido recorrido ya hemos reseñado; Cuba, que ha soportado un bloqueo que ya dura casi 60 años, el más largo de la historia de la humanidad y el Chile de Allende que fuera objeto de un organizado boicot económico ordenado por el Presidente de los EEUU Richard Nixon con una frase histórica: "Hay que hacer crujir la economía chilena". Como la experiencia socialista de Allende lo demuestra, nuestra vocación por la democracia desarrollada nos llevó incluso a intentar una revolución tomando pié en la democracia burguesa y todos sabemos hoy que ello terminó en tragedia, en una represión inaudita que pretendía justificar crímenes por la "violencia de la Unidad Popular", cuando la historia dejará en claro que los más graves y más numerosos actos de violencia durante la Unidad Popular fueron llevados a cabo por la organización de ultraderecha "Patria y Libertad".

Hemos dicho y lo reitero, la democracia burguesa es una conquista de la humanidad y por ella también hemos luchado y lo haremos cuantas veces sea necesario, pero teniendo en claro sus trampas y limitaciones y esa defensa no la hacemos ni por cinismo ni hipocresía, ni por "doble rasero" ni ambivalencia alguna. De cinismo y el doble rasero acusamos a quienes defienden la democracia mientras pueden manipularla y cuando ello no les resulta como simple instrumento de dominación, entonces no dudan un instante en el empleo de la violencia y la instauración de dictaduras.

Hemos dicho y lo reitero, aspiramos desde siempre a una democracia que supere las trampas de la democracia burguesa y el cinismo se lo atribuimos a nuestros enemigos al punto que en contrario hemos pecado de franqueza: hemos llamado dictadura del proletariado al régimen transitorio en que se impone la voluntad de las mayorías. ¿Qué más democrático que la voluntad de las mayorías? Y entonces ¿Por qué llamarle dictadura? Por la simple razón de que los privilegios serían abolidos de manera ejecutiva. La expropiación (o reapropiación social) de los grandes capitales (acumulación y apropiación de trabajo ajeno) no se hará consultando a sus propietarios obviamente y la instalación de un sistema impositivo que garantice al mismo tiempo justicia social, solidaridad y desarrollo no puede ser objeto de negociaciones con los que quieran salvaguardar privilegios. Sin embargo, justo es reconocer que este discurso teóricamente correcto se reveló en la práctica bastante más complejo de aplicar sobre todo a partir de la necesidad de defender las experiencias socialistas que se tradujeron efectivamente en democracias y libertades restringidas. Por ello, Raúl Castro siguiendo el camino de la franqueza, ha reconocido que no todos los derechos humanos son cumplidos en Cuba pero al mismo tiempo ha remarcado que la mayoría de ellos son mejor cumplidos en Cuba que en numerosos países como el derecho a la salud, a la educación, la protección de la infancia, el derecho al trabajo ausente absolutamente en el capitalismo. Pero en el mundo de fantasía que nos pintan los medios y que la mayor parte de la población mundial se traga sin dudarlo, Cuba es una dictadura y EEUU una democracia ejemplar.

Veamos que de cierto hay en esto. En Cuba no existe una "dictadura" desde el momento que las instituciones que conforman el poder se constituyen a partir de elecciones en las que participan el 95% de los ciudadanos, mayores de sólo 16 años, siendo los comicios controlados por escolares. En todos los casos el número de candidatos es mayor al número de cargos a atribuir y nadie puede ser elegido sino cuenta al menos con un 50% de los votos. En caso de no ocurrir esto, las dos primeras mayorías deben concurrir a una segunda vuelta.

De lo que menos se puede calificar al gobierno cubano es de dictadura ya que el poder fundamental reside en la Asamblea Nacional que se conforma a partir de elecciones donde los ciudadanos en asambleas municipales eligen a sus representantes tanto a nivel local como provincial y nacional. En nuestras afamadas democracias lo habitual es que los candidatos los designen las cúpulas de los partidos. El voto es secreto, las urnas se sellan en presencia de la población y el conteo es público pudiendo participar quien lo desee, incluso la prensa internacional, turistas y diplomáticos. El Presidente y los Ministros que conforman el Consejo de Ministros no son elegidos directamente ni puestos a dedo por "los Castro" sino que lo son por la Asamblea Nacional. Los elegidos no son representantes del Partido ya que este sólo cumple funciones de promotor de debates y de la política. No todos los miembros de la Asamblea Nacional pertenecen al Partido ya que sus candidaturas son propuestas en asambleas de base y estas pueden elegir a un no miembro del Partido ya que el criterio de elección que se promueve es que sean personas que hayan demostrado vocación de servicio público y cualidades morales relevantes. Obviamente no hay patrocinadores empresariales, ni parafernalia publicitaria y no está permitido realizar "campañas electorales" dado que los candidatos no pueden basar sus posibilidades de ser elegidos ni en el dinero ni en los ofertones y promesas porque se supone que son personas que serán elegidas por los votantes no por lo que prometan sino por lo que han hecho y han demostrado a lo largo de una vida al servicio de sus comunidades. Al menos esto sería de desear que se practicara en nuestras "democracias", aunque justo es reconocer que bajo las condiciones en que se ha desenvuelto el socialismo cubano, la disidencia pro-capitalista no ha tenido mucho espacio para expresarse por razones del todo comprensibles y no escapa a mi conocimiento de que las elecciones cubanas son monitoreadas por el PCC y sus resultados no son en un cien por ciento un fiel reflejo de la voluntad ciudadana (que no deja de estar influenciada por la "cara bonita" del capitalismo), pero no debe caber duda alguna de que la inmensa mayoría del pueblo cubano aprueba su sistema. Las limitaciones que existen en Cuba para el establecimiento de una democracia plena son totalmente comprensibles en el marco de un país permanentemente agredido. Por otra parte, cabe preguntarse si el sistema de partido único despojado absolutamente de la influencia de los poderes económicos del capitalismo no es acaso más honesto que la ficción del bipartidismo que reina en las "democracias" que es esencialmente también un partido único del sistema dividido en dos para cubrir otra de las muchas apariencias de la sociedad burguesa, cuando ambos están subordinados a los intereses de los poderosos. Cabe entonces hacerse la pregunta: ¿Hay alguna diferencia esencial entre un sistema de partido único y el bipartidismo?

En EEUU lo que menos se puede afirmar es que haya una democracia y no sólo se trata de la trampa del bipartidismo sino sobre todo por el estrecho maridaje entre el poder económico y el poder político y donde las diferencias entre la élite socialdemócrata y la élite republicana se reducen al origen a veces diverso de los fondos que reciben de las grandes corporaciones ante una ciudadanía que da pena llamarla tal, apática y sumisa. Porque desde luego, el relativo confort de su cotidianeidad no los invita precisamente a inquietarse políticamente. El teórico norteamericano de la democracia Sheldon Wolin no duda en calificar su democracia de "*democracia dirigida en la que el pueblo es manipulado y no soberano*".

EEUU tiene el sistema electoral más complejo y multifacético del mundo, partiendo por los procedimientos de inscripción que varían de un Estado a otro e incluso dependen del lugar de residencia. En la elecciones presidenciales el ciudadano no vota por un candidato sino por alguno de los partidos y estos según el número de votos acumulados designan "grandes electores" que será los que finalmente voten por los candidatos presidenciales, lo que ha significado en más de una ocasión que no gane quien suma más votos a nivel nacional sino quien suma más "grandes electores". Los grandes electores son nombrados por los candidatos y normalmente son totalmente desconocidos por los electores.

Las elecciones tienen lugar en un día de trabajo y a muchos no se les permite ausentarse de sus ocupaciones; la mitad de los que se inscriben no concurren a votar; el bipartidismo se asegura con enormes exigencias que además difieren de estado a estado para validar la participación de terceros partidos; en algunos estados, las elecciones son controladas por los Secretarios de Estado, dándose el caso de que algunos de ellos al mismo tiempo dirigen las campañas de sus preferidos ¡Vaya imparcialidad asegurada¡; los sistemas de votación son de todas las maneras imaginables ya que cada estado y cada condado decide que usar (voto electrónico, papeletas, lápices, métodos de conteo y de entrega de resultados, etc.); miles de electores son eliminados de las listas de votantes hasta por no contestar una pregunta por correo o por simple confusión de nombres con interdictos; el Washington Post estableció que alrededor de 6 millones de personas estaban varias veces inscritas; dependiendo de las legislaciones estatales, por delitos o faltas no graves son interdictos de votar en su mayor parte negros y latinos; el uso de voto por Correo y de máquinas electrónicas ha derivado en numerosas denuncias de fraude; la fórmula "winner take all" que más parece una expresión de casino, permite que en 48 estados, el ganador se lleva todos los grandes electores, otro mecanismo para hacer imposible la victoria de un tercer partido; a la usanza del viejo oeste y de las mafias y caciques locales en muchos lugares simplemente no permiten que terceros candidatos se manifiesten, utilizando policías locales para impedirlo; las solicitudes de varias ONGs de tener observadores de Naciones Unidas para reducir el fraude son simplemente ignoradas, etc.. Recién instalado el Gobierno de Trump, el portavoz de la Casa Blanca, Sean Spicer, informaba que el nuevo Presidente estaba seguro de que en las elecciones se violaron los procedimientos y expresaba su preocupación por "esa fabricación de votos" y que tenía pruebas de esas violaciones.

En estricto rigor llamar a EEUU una democracia ejemplar es una broma ya que a fin de cuentas no es más que un espectáculo distractivo que financian los oligopolios para garantizar futuras vueltas de mano como bajadas de impuestos, desreglamentaciones para eludirlos o trasladar sus capitales a los paraísos fiscales, restringir derechos laborales y sociales, reducir las reglamentaciones medioambientales, etc.. Nuestro modesto país, sin siquiera utilizar sistemas electrónicos tiene un sistema electoral mucho más eficaz y fiable que permite conocer resultados a nivel nacional y local en las 6 horas posteriores al cierre de la mayor parte de las mesas y más ejemplar es aún el sistema venezolano.

Como hemos explicado, las experiencias de socialismo si bien han intentado profundizar la democracia se han encontrado con la necesidad de sobrevivir al acoso permanente de las oposiciones internas y externas y el caso cubano es una demostración evidente de aquello. Y es absolutamente comprensible que existan restricciones a la libertad de movimiento o de prensa y expresión. No es dable imaginar que habría significado para la sobrevivencia de la revolución una libertad de prensa por ejemplo que habría sido aprovechada de inmediato para instalar medios privados en suelo cubano, abundantemente financiados por los norteamericanos, comprando periodistas sometidos a la censura que no se ve pero que existe, a la autocensura u otros dando curso a su venalidad, donde el dinero que todo lo corrompe tendría las manos libres. Ya conocemos que significa en el mundo capitalista la libertad de prensa y de expresión: poner los medios a reproducir el discurso que asegura la sobrevivencia de los privilegios, de manera sutil, solapada y cínica, aprovechándose del enorme poder de disuasión y de manipulación que otorga el poder económico transmutado en poder mediático y político. Recientes acontecimientos en América Latina han puesto de manifiesto que el poder mediático y sus medios mercenarios permiten derribar gobiernos sin disparar un tiro.

Pero debemos admitir que si bien en todos los casos la agresión externa e interna ha obligado a limitar nuestras sinceras aspiraciones a más libertad y más democracia, debemos reconocer que ello no constituye la única explicación. Como todos los fenómenos que ocurren en la vida social y económica, no hay para esto tampoco explicaciones unívocas y hay también factores internos de los procesos revolucionarios que han incidido y en mi opinión uno que ha marcado toda la historia del socialismo ha sido una idealización del ser humano, ajena a los datos de la ciencia.

Sin conceder a los agoreros del mal que proclaman la imposibilidad de reformar al ser humano, que pretenden que el egoísmo es la esencia del ser humano (y que lo es sin duda pero sólo en algunos individuos) y que no conceden ningún valor a la acumulación de cultura y civilización, ha existido a lo largo de más un siglo y medio de luchas una idealización del ser humano que nos llevó a ignorar la necesidad de resguardos frente a datos que surgen a partir de la genética, ciencia desconocida por Marx, admirada por Lenin y perseguida por Stalin quien asoció sus investigaciones con las premisas fascistas del nazismo.

La afirmación de Rousseau de que "el hombre nace bueno y la sociedad lo corrompe" y el racionalismo cartesiano sin duda configuraron las bases que llevaron a pensar en el siglo XIX que eliminando la que se consideraba la única causa de las desdichas humanas a saber el sometimiento y la marginación que las sociedades divididas en clases sociales prohíjan por una parte y la ambición sin límites de los dominadores, advendríamos a un mundo donde eliminadas las marginaciones y dominaciones seríamos capaces de construir un mundo sin guerras, sin violencias, sin explotación, con justicia social, solidaridad entre los seres humanos y desarrollo económico para mejorar constantemente la calidad de vida de todos. Porque eso era y es el discurso del socialismo marxista que se funda en la profunda convicción de que es la búsqueda del bien lo que mueve a la mayor parte de la humanidad, exactamente a las antípodas del discurso fascista y neoliberal

Aquí nos situamos en el centro de la problemática de recrear ese "otro mundo posible" y sin renunciar a ello, lo que significaría nuestra derrota definitiva, debemos admitir que en esa construcción idealizada del ser humano pecábamos de ingenuos. *"El abrumador éxito del capitalismo bien podría ser el síntoma inequívoco de una naturaleza humana todavía demasiado natural, mientras que el fracaso del socialismo sería entonces la señal palmaria de que aquella naturaleza no está aún lo bastante humanizada".* (*) (de Aurelio Arteta. *Marx: valor, forma social y alineación, citado por Camilo Valqui en "Mitos del derrumbe del socialismo soviético en la ideología neoliberal"*).

En todo caso cuando nos referimos a la naturaleza humana estamos suponiendo una conducta uniforme que no existe en la realidad ni para el egoísmo ni para la generosidad sino en el marco de la variabilidad genética y cultural presentes en todos los grupos humanos y nuestras diferencias con el fascismo-neoliberalismo se reducen a nuestra profunda convicción de que el ser humano no sólo es reformable sino que ya lo ha sido en el largo peregrinar de la cultura y la civilización y que el egoísmo no es un comportamiento generalizado sino más bien una anomalía que contradice la esencia de animal social que somos los seres humanos. La pretensión neoliberal de elevar a valor "positivo" el egoísmo humano es simplemente una aberración inaceptable y la negación de las múltiples manifestaciones de altruismo, heroísmo, generosidad y solidaridad que conocemos a diario y en la historia, revelan exactamente lo contrario de la condición humana. Pero como "las ideas dominantes son las de la clase dominante", una clase cínica, hipócrita y egoísta, quiere pervertir la esencia social del ser humano.

Sin embargo en virtud de esta idealización de un ser humano más bien abstracto Lenin despreciaría el republicanismo y la división de poderes. Eliminada la sociedad de clases, donde los partidos representan a fin de cuentas los intereses de las clases sociales ya no sería necesario tener sino un solo partido, el partido de los trabajadores y tampoco sería necesaria una división de poderes que además era percibida entonces en justicia, como más aparente que verdadera. Los militantes del partido único serían reclutados entre los mejores representantes de los trabajadores, dignos de tal militancia por su entrega, generosidad y espíritu de servicio y Gramsci pensaría que el Partido constituía la prefiguración de la nueva sociedad. Completaba el cuadro la idea de que el proletariado era per se una clase con cualidades morales superiores y todo ello se basaba en la idea de que la cultura y su desarrollo eran la continuación del progreso evolutivo de la especie humana pero no aparecía con claridad el hecho de que este paso evolutivo no se superponía a su herencia biológica sino que se integraba a ésta y que por lo tanto el ser biológico del hombre, sus atavismos y su variabilidad genética, en mayor o menor medida seguían presentes y que los esfuerzos por racionalizar el comportamiento humano mediante la cultura y la ciencia y el término de las subordinaciones clasistas harían posible una sociedad nueva, un hombre nuevo, liberado de sus alienaciones.

No sabíamos entonces que no basta con culturizar a las masas, formar a los dirigentes en intensos cursos de educación política para que se empapen de los ideales del socialismo y que la meritocracia permita a los mejores acceder a los puestos de dirección. No sabíamos entonces que cada ser humano viene programado genéticamente y que los procesos de culturización progresista con toda la importancia que tienen en la conformación de la conducta humana no lo son todo y que el peso de la genética no es tan secundario como parecía, sin contar con la inmensa variedad de culturas reaccionarias que aún sobreviven inmersas en tradiciones a veces milenarias que el imperialismo estratégicamente ha estimulado a resurgir.

Ya en los años 70, investigadores soviéticos descubrían en un cardumen de peces que había un individuo que era el jefe de orquesta que hacía que el conjunto se moviera en una dirección u otra. ¿Significaba aquello que hay individuos que están genéticamente programados para ocupar posiciones de poder? Aunque recientes investigaciones en genética lo confirman, la práctica social demuestra que no todos los liderazgos actúan de la misma forma y no todos suponen aprovecharse de esa condición para someter a otros. ¿Acaso podemos considerar de la misma manera a un líder como Al Capone y a Jesús o el Ché? El aprovecharse de los demás no proviene de la genética animal sino de una conducta anómala de algunos seres humanos, es una deshonesta construcción cultural para la dominación. Ni siquiera la competencia es una conducta permanente en el mundo animal ni en todas las especies, la cual sólo es practicada con propósitos reproductivos, habiendo además una rica variedad de comportamientos que incluyen también actos que suelen ser considerados como conductas asimilables a lo humano o que esbozaban la humanidad por venir y sobre todo en las sociedades animales donde la cooperación y no la competencia prevalecen y aún se ha podido observar comportamientos sorprendentes de animales solidarios interespecies.

No situamos aquí en el eje de lo que ha sido la marcha progresiva de la humanidad, en una síntesis dialéctica de naturaleza y humanidad, donde el "orden natural" con que se ha pretendido justificar los privilegios y sometimientos debe dar paso a un orden humano. No otra cosa reflejan las luchas por la igualdad de género, el rechazo al racismo, el derecho de los más débiles, el derecho al respeto de los diferentes, todo lo cual representa la construcción de lo propiamente humano y el rechazo de las conductas atávicas.

A partir de estas constataciones, la nueva sociedad no puede construirse sobre la endeble base de suponer conductas siempre correctas de los seres humanos, del proletariado, de los miembros del Partido y no precaverse con una institucionalidad que sea capaz de proteger el proyecto socialista de conductas anómalas y sobretodo no fiarse de los discursos de la boca para afuera. Boris Yeltsin es un ejemplo sobresaliente de cómo ni la formación político-ideológica del más alto nivel recibida ni su origen "proletario" que supuestamente garantizaba su adscripción al comunismo, (hijo de un obrero de la construcción y de una costurera) pueden asegurar una honesta contribución a la construcción de una sociedad socialista. Su catastrófica contribución fue la de restaurador del capitalismo, ni más ni menos, al precio de una brutal destrucción de la economía soviética que la llevaron en los años 90 a reducir su PIB a la mitad, devastando el nivel vida de la inmensa mayoría de los soviéticos, sumergiendo a decenas de millones en la pobreza absoluta al mismo tiempo que se otorgaba y otorgaba a sus amigos la condición de oligarcas multimillonarios, recreando lo que bien sabemos del capitalismo: una desigualdad galopante y la emergencia de una delincuencia desatada. Sin contar con que él y claramente otros enquistados en las más altas esferas del poder soviético estaban lejos de compartir el ideario socialista y con toda seguridad contribuyeron desde mucho antes de 1990 a boicotear la marcha ascendente de la URSS.

Esta construcción idealizada de clase conductora, del Partido de los mejores ha terminado incluso en la degeneración de gobiernos hereditarios donde la promesa democrática se perdió totalmente. Si ya la democracia burguesa constituía un enorme avance con respecto a las monarquías absolutas, la democracia socialista tenía la obligación de ser mejor, la superación de ella, su perfeccionamiento para lo cual el republicanismo y básicamente, la división de poderes que garantiza los equilibrios y resguardos necesarios constituye una base fundamental de la nueva sociedad a lo que debe agregarse el ya indiscutible cuarto poder que se ha erigido en el mundo actual en un poder y contrapoder fundamental, que lamentablemente hoy por hoy se ha constituido en el principal instrumento de dominación, el poder que representan los medios de comunicación. Se trata de crear una institucionalidad socialista que tenga como base el sistema republicano como el peldaño progresista que nos antecede. El único remedio contra la burocratización, el desviacionismo y el oportunismo no es otro que la participación más amplia posible de las masas en la administración del estado.

Por consecuencia, podemos legítimamente pensar que las experiencias de socialismo, en cuanto democracias avanzadas, son posibles y porque dependen, por una parte de la derrota global del capitalismo y por la otra, de aprender de los errores cometidos y fundamentalmente asegurar lo que Lenin desde un inicio planteó: la participación de las masas en la administración del estado. No habrá en el capitalismo democracia posible sin terminar con el poder económico de minorías abusivas, poder que sustenta y subordina todo otro poder institucional y entre esos poderes, la necesidad de institucionalizar y rescatar de las manos de la clase dominante a los medios de comunicación, como poder independiente, donde de verdad exista por fin verdadera libertad de prensa y de información, garantizándole la total independencia del Gobierno de turno y garantizando al mismo tiempo que no sea presa de la corrupción y compra por gobiernos y poderes extranjeros. Por otra parte, debemos convencernos de que de haber existido en los países socialistas una división de poderes como la que menciono, la sociedades socialistas habrían tenido la capacidad de auto sanarse de sus carencias, los anticuerpos necesarios a su sobrevivencia y desarrollo porque adhiero a la idea de que el modelo económico si bien como toda obra humana presentaba carencias no fue la causa principal de la derrota de los años 90 sino fundamentalmente sus problemas institucionales que desmotivaron a dichos pueblos, prueba de lo cual son las encuestas que revelan que la mayoría de los ciudadanos de los ex países socialistas consideran que su situación económica no ha mejorado y son muchos los que añoran la seguridad en el empleo, en las calles, en la vejez, la salud, la recreación, la disponibilidad de viviendas como un derecho y la educación gratuita, de calidad y accesible a todos y sobretodo niveles de igualdad reales. Por otra parte una institucionalidad que profundiza la democracia habría influido positivamente en la economía.

Un factor no menor en el colapso de las experiencias socialistas tuvo que ver el hecho de que las fuerzas revolucionarias no triunfaron en países desarrollados económicamente como visualizaba Marx, lo que implicaba también un menor desarrollo de las experiencias de democracia. Tanto en Rusia como en Europa del Este, el socialismo triunfó en países sin tradiciones democráticas: la Rusia zarista era uno de los regímenes más represivos de Europa; Hungría, Rumania, Bulgaria fueron el resultado de la derrota del fascismo y de las dictaduras de corte fascista que habían imperado en esos países y que habían colaborado abiertamente con el Tercer Reich. Lo mismo acontece con innumerables experiencias en el tercer mundo donde los intentos por desarrollar sociedades socialistas surgen de la derrota de dictaduras brutales, de regímenes colaboradores del colonialismo o de luchas independentistas directamente contra fuerzas colonialistas. La resistencia soterrada del fascismo ha salido a la luz en los años posteriores a la caída del socialismo en el Este de Europa, donde han resurgido las organizaciones de ultraderecha que apenas ocultan su vieja y enferma admiración por el nazismo, su racismo y xenofobia y naturalmente su rabioso anti-comunismo llevado a extremos tales como prohibir a los jóvenes polacos portar poleras con la imagen del Ché. Así hemos visto el triste espectáculo de un euro-diputado polaco ingresando al parlamento europeo con el saludo nazi y haciendo gala de su cavernaria mentalidad afirmando que las mujeres no son iguales a los hombres porque ¡son más peque*ñas, más débiles y menos inteligentes!*

Pero la historia humana no se ha construido siguiendo un plan riguroso, sino sobre la base de una enorme complejidad de factores que la humanidad no controla pero que siempre en medio de la aparentemente confusa sucesión de los hechos históricos busca un norte, siempre, el progreso económico, el progreso social y el progreso moral para procurar una vida más plena y feliz a las nuevas generaciones: búsqueda incesante de mayores niveles de productividad, de derechos sociales y económicos y de realización individual y colectiva. Sólo una visión holística de la historia nos permite afirmar, a contrapelo del sentido común dominante en nuestros días, que el socialismo sigue siendo el faro que ilumina el futuro de la humanidad. La lucha entonces continua, sobre todo teniendo presente que las élites fascistizadas de nuestros días pretenden afirmar su poder detrás de lo que llaman el "Nuevo Orden Mundial", que básicamente busca hacerse de un poder global totalitario, haciendo de la democracia una ficción más profunda de lo que ya es.

Si la URSS demostró algo fue que logró ser una gran potencia sin saquear a otros países y no sólo la URSS ya que los países escandinavos han participado de desarrollos extraordinarios en todos los ámbitos sin que se les pueda acusar de haber llevado a cabo guerras de conquista aunque tuvieron una participación más presencial que otra en la Conferencia de Berlín de 1885 donde el mundo de la periferia fue repartido entre las potencias. Hoy en día, a pesar del drain-brain, China, India y Rusia están a la punta en muchos desarrollos científicos y tecnológicos aunque lamentablemente muchos de esos esfuerzos se orientan al ámbito militar debido a las presiones que ejercen las potencias occidentales y no vemos a Naciones Unidas embarcada en una campaña para reducir el gasto en armas y la carrera armamentista como debiera ser su primera prioridad, lo que prueba también como ha sido subordinada a los intereses de las grandes metrópolis imperialistas.

Las potencias occidentales se presentan ante el mundo como defensoras de los derechos humanos y la "democracia", como ellos la entienden desde luego, y no dudan en criticar a aquellos países que selectivamente consideran como no democráticos y no respetuosos de las libertades de las que gozan sus pueblos, discurso cínico como ya sabemos que a fin de cuentas no es más que una mascarada y que tiene mucho de simple aplicación de técnicas de propaganda, de guerras de cuarta generación o más recientemente las llamadas guerras híbridas. Parece que siguen inspirados por aquella lamentable frase del imperialista Benjamín Disraeli, primer Ministro inglés en 1874 quien sostenía que "Los derechos de los ingleses están por encima de los derechos humanos", por lo que podía ser un promotor en el mejoramiento de las condiciones de vida de los trabajadores ingleses.

La ecuación es simple: eríjase un país en potencia colonial en virtud de unos avances tecnológicos inicialmente poco significativos pero suficientes para tomar ventaja de los demás pueblos, saquea la periferia lo que permite no sólo enriquecer a las élites de sus países sino también otorgar un relativo buen pasar a la mayoría de sus habitantes los que dado que no tienen mucho de qué quejarse, tienden a tener una mentalidad conservadora e imperialista (cuando no también racista) lo que a su vez permite a las élites respectivas otorgar un lindo "juego democrático" a sus ciudadanos, bien amañado desde luego. Ello nos permite afirmar que a fin de cuentas el bienestar económico y la relativa libertad política de sus ciudadanos en última instancia se debe en gran parte al saqueo colonial y neocolonial y por tanto a la ausencia de democracia, derechos humanos, libertad y desarrollo económico en la periferia. Son las dos caras de la moneda del capitalismo. Obviamente también, ese desarrollo político y económico, como círculo virtuoso, se debe al trabajo de sus ciudadanos, trabajo cuanto más productivo cuanto la reproducción ampliada del capital y el consiguiente aumento de la productividad permite buena alimentación, buena salud, buena educación, mayores disponibilidades para el desarrollo de la investigación científica y tecnológica, desarrollo de tecnologías y técnicas cada vez más productivas, pero cuyo origen último se encuentra en la acumulación primitiva del capital a la cual contribuyó de manera importante el oro y la plata de las Américas como asimismo la reedición de un masivo esclavaje y colonialismo en todo el Tercer Mundo. De manera que los europeos y anglosajones no deberían sentirse tan orgullosos de su Primer Mundo. Por parte de la periferia, el círculo vicioso se vuelve inevitable al ser despojada de la capacidad de acumular excedentes, que fluyen hacia las metrópolis con la consiguiente disminución de la capacidad de ahorro e inversión. Y para completar la subordinación, deben recurrir al crédito de las metrópolis para sobrevivir, aumentando la dependencia.

Enseguida, como a algunos de los países de la periferia se les ocurre independizarse, los acusan de terroristas y si logran derrotar a las metrópolis entonces, o se las arreglan con las élites de dichos países o les infiltran agentes, les compran periodistas, les soban el lomo a sus militares, les asesinan a sus líderes más patriotas, etc., y si nada de ello resulta, les boicotean sus economías hasta que sus pueblos se cansan y los yanaconas los traen como salvadores lo que infla el orgullo nacional de las metrópolis y sus pueblos que se creen el cuento de que sus gobiernos andan promoviendo el bien en el mundo.

En todo caso, como lo que predomina en las decisiones de los grandes capitalistas es su insaciable sed de ganancias al precio ambiental y social que sea, a las víctimas de la periferia se han ido sumando crecientemente como víctimas también los trabajadores de las metrópolis, trabajadores que deben tomar conciencia también que otro mundo es posible en el que sus condiciones de vida también pueden mejorar para ellos, al menos en seguridad en el empleo, en el derecho a una vivienda digna, en el término de la inseguridad pública, en justicia social, en acceso a la salud y la educación pública, porque paradojalmente, el capitalismo no ha sido capaz ni siquiera de darles condiciones de vida dignas a todos sus habitantes siendo el caso norteamericano el más escandaloso con 40 millones de pobres, los que reciben ayudas en dinero con una enorme variedad de montos y condiciones, según el estado del que se trate. Lo increíble es que en EEUU hay muchas familias que pasan hambre. Está extendida la práctica de la entrega de cupones para alimentos, lo que se parece demasiado a las tan criticadas "tarjetas de racionamiento" que la mayoría de los rusos en plena crisis de restauración capitalista, pedían fueran restauradas.

L) El mito de los países democráticos y promotores del bien

Aunque nuestros socio-oportunistas se hayan olvidado de la palabra "imperialismo" este sigue existiendo y deviene más agresivo y fascistizado. Lo que queda claro es que el imperialismo es una realidad brutal de nuestros días y sigue teniendo como cabeza a EEUU y los países anglosajones, seguidos por

Francia, Alemania, Japón y otros países de Europa Occidental, estados estrechamente vinculados a las grandes corporaciones y que cuentan con una numerosa gama de organismos internacionales, fundaciones e instituciones que sirven a sus intereses.

Curiosamente quienes se consideran asimismo como los más civilizados son quienes reivindican las pulsiones más primarias y desprecian la humanización del hombre como debilidad y apelan constantemente a los instintos como basamento de las relaciones entre los seres humanos: competencia, agresividad, instinto territorial. Sin duda somos una simbiosis del animal del que provenimos y de cuyo origen no podemos renegar pero somos al mismo tiempo humanidad, humanidad que nos debe permitir superar la auto destructividad que como especie practicamos en las guerras y en las diferentes formas en que damos curso a nuestro instinto agresivo el cuál se manifiesta desde muy temprana edad lo que debería hacernos reflexionar sobre si el descontrol de nuestras pulsiones primarias no nos remite a un periodo infantil. Sin embargo, como nunca dejamos de ser algo niños, hacemos bien en sublimar nuestra agresividad en el juego y los deportes, bien más humanizado que la guerra. El fútbol, el deporte más "globalizado" es un buen ejemplo de ello aunque la sublimación pase necesariamente por la diversidad genética y cultural de los individuos y algunos crean que el deporte es un verdadero campo de batalla, como lo mal entendieron primero que nadie los hooligans ingleses y sus posteriores imitadores.

Es inevitable detenerse aquí en el hecho de sean los anglosajones en general y más particularmente los norteamericanos quienes manifiestan una particular inclinación al uso de la violencia y descartando factores genético-raciales particulares en dicho comportamiento, sin duda que tanto el imperialismo inglés con sus colonizaciones brutales, sus piratas y corsarios como el imperialismo norteamericano han mostrado al mundo poseer una evidente cultura de la violencia, la que sólo se explica por el hecho de que la violencia estando al origen de todo privilegio, les ha reportado beneficios inmensos. De ahí el interés por "normalizar" la violencia, por hacerla parte de nuestra existencia, renegando de la constante lucha librada por superarla uno de cuyos corolarios fue la eliminación del "derecho de conquista", como uno de los mayores avances civilizatorios que la conciencia universal logró después de la gran carnicería de la Segunda Guerra Mundial.

Hay múltiples hechos que muestran esa cultura de la violencia pero me detengo por ahora en algo que puede parecer anecdótico, el fútbol y el "fútbol americano": Es sintomático que EEUU sea el único país en el mundo que prefiere el segundo al primero y si observamos bien ambos deportes, resulta evidente que el fútbol requiere fundamentalmente de habilidades mótricas más finas en el manejo del balón mientras que en el "fútbol americano" predomina la fuerza por sobre la habilidad. La exaltación de los cowboys y la conquista del Oeste, dejando en las sombras las masacres y el exterminio de los pueblos indígenas, el esclavismo masivo de africanos como fuente de la acumulación primitiva del capital norteamericano, las intervenciones militares directas en Centroamérica con sus secuelas de represión y dictaduras, el hecho de que sea el país con más presos en el mundo por cantidad de habitantes (el 25% de la población penal del mundo está en las cárceles de EEUU), sus mafias de traficantes, sus asesinatos de políticos y de sindicalistas, el único país cristiano occidental que mantiene la pena de muerte y que ejecuta más personas en el mundo (el 94 %), incluyendo niños y mujeres, donde aún existen organizaciones racistas estructuradas como el Ku Klux Klan, que ha hecho de la filmología y los juegos violentos un gran negocio lucrativo, el mayor exportador de armas del mundo, que permite el uso particular masivo de armas al punto que muchos padres juzgan asertivo regalar a sus hijos menores armas de fuego reales en Navidad, los frecuentes tiroteos que dejan decenas de muertes, el asesinato de cuatro de sus presidentes, todo ello demuestra que estamos ante un pueblo y un país que ha hecho de la violencia un modus vivendi. Si ello no tuviera consecuencias para otros países podría no ser relevante, pero son los mayores exportadores de violencia y terrorismo bajo el paraguas de defender "los valores americanos". Según "The Mass Shooting Tracker" (Rastreador de Tiroteos en Masa), sólo en el año 2015 hubo más de un tiroteo al día en EEUU.

De manera que no es de sorprenderse que Michele Fiore, congresista republicana del Estado de Nevada asegure "no estar conforme con los refugiados sirios" y que quisiera "terminar con sus tristes vidas" y "estoy a punto de volar a París y dispararles a la cabeza". Desde luego no se trata de una salida de madre de una congresista de segundo rango sino de una mentalidad extendida en la sociedad norteamericana, teniendo en cuenta además, que como norma, en nuestros tiempos, un fascista suele esconder su pensamiento íntimo ya que aunque sea xenófobo o racista normalmente se cuidará de expresarlo a viva voz. ¡Es un modesto progreso ese silencio, pero es un progreso! Silencio que no guardó Madeleine Albright, ni más ni menos representante de EEUU ante las Naciones Unidas, quién reconoció en el Programa Sixty Minutes, de la TV norteamericana que en Irak habían muerto a causa del bloqueo de alimentos acordado por las Naciones Unidas a instancias de EEUU, 500.000 niños, pero dijo textualmente: "era un precio que valía la pena pagar" por lo que los iraquíes han instituido el Día 12 de Mayo, fecha de la entrevista, como el Día de la Memoria.

El fascismo no es Hitler, el nazismo y el holocausto judío solamente, es el primo hermano del capitalismo y se manifiesta constantemente de manera solapada. De manera que si alguien cree descabellada la idea de que el ataque a las torres gemelas pudo ser una operación conocida de antemano por el gobierno norteamericano y sus agencias y que "dejaron hacer" y quien sabe ayudaron con unas cargas explosivas suplementarias, puede estar muy equivocado. La muerte de más de 3000 personas "¿es un "gasto que bien valió la pena"? para desatar la guerra contra el terrorismo, justificar las impresentables "guerras preventivas", montar un gigantesco aparato de vigilancia y restricciones a las libertades individuales (Ley Patriota) y sobretodo y principalmente reactivar la industria de armamentos venida a menos con el término de la guerra fría? Resulta patética la admiración que manifiestan algunos personajes por la "democracia americana".

Para mayor claridad es necesario mencionar que EEUU es el único país que no ha ratificado la Convención sobre los Derechos de los Niños, ignora el tratado de la ONU contra la tortura y no ha ratificado la Convención sobre la eliminación de todas las formas de discriminación contra la mujer. En materia medioambiental, siendo de lejos el país que produce la mayor cantidad de gases de efecto invernadero se negó a firmar el Protocolo de Kioto y el Presidente actual se permitió decir que el cambio climático era "un cuento chino" y se disponía a retirar la firma de los acuerdos de París, redujo los presupuestos orientados a la protección del medio ambiente y aumento los ya abultados gastos de "¿defensa?". La Corte Internacional de Justicia cuyo tratado fue primero firmado por EEUU y posteriormente decidieron dejar de considerarse obligados a respetarlo, lo que no les impide proteger a sus aliados enjuiciados.

Esa cultura de la violencia que incluye la deshumanización brutal de sus soldados que no hacen sino aumentar el rechazo de los pueblos y alimentar a su vez más violencia y terrorismo, es una política conscientemente aplicada. El dramático testimonio del marine Vincent Emanuele que en un artículo titulado *"I helped create ISIS: testimony of an Iraq war veteran"* (*'yo ayudé a crear el Estado Islámico: testimonio de un veterano de la Guerra de Irak')* nos dice: *"He visto a mis compañeros marines matar a personas inocentes, torturar a civiles inocentes, destruir la propiedad, mutilar cadáveres, reír y tomar fotos de las personas mientras hacían todo esto", "Sabía que lo que veía estaba mal, sabía que era inmoral, sabía que era injusto, sabía que era ilegal". "Mis pesadillas y mis reflexiones diarias me recuerdan de qué nació el EI y por qué concretamente nos odia"*, confesó Emanuele en su texto, en el que describió las torturas, la violencia y el maltrato por parte de soldados estadounidenses a los iraquíes, niños entre ellos, a menudo por diversión. En el texto el activista recuerda cómo tiraban los desperdicios de la comida desde su vehículos armados en Irak y cómo sus compañeros lanzaban botellas llenas de orina y otra basura a los niños. Confiesa que no sirvió en ningún campo de detención, pero recuerda las historias sobre torturas, incluso sexuales, que tenían lugar en estos, donde servían los "adolescentes" de EE.UU.

Ni los "socialdemócratas" Barack Obama ni Hillary Clinton escapaban a la mentalidad agresiva de las élites a las que pertenecen lo que permite al historiador Norman Pollack llamar a este drama "fascismo liberal": *"Tenemos al frente del país al reformador fracasado y resentido, que planifica alegremente el asesinato con una sonrisa en la boca". "Todos los martes, el Nobel de la Paz Barack Obama supervisa una terrorífica red de aviones no tripulados que asesinan en todo el mundo a cientos de personas consideradas enemigas del país". "Entre tanto, los progres de Occidente siguen viendo en Obama al primer negro presidente en la tierra de la esclavitud, independientemente del rastro de sangre que su gestión presidencial está dejando".* Me imagino con esta descripción a un Obama como si estuviera delante de una consola de juegos violentos, autorizando el asesinato de "enemigos" por drones que frecuentemente yerran en sus blancos y asesinan civiles. Considero que no es una exageración considerar que esa cultura de la violencia tiene además rasgos mafiosos presentes en las más altas esferas del poder donde hacer desaparecer personas o mandar asesinar a ciudadanos de otros países sin que medie el más elemental procedimiento judicial ni el más mínimo respeto a la integridad territorial de los estados es una clara representación de la arrogancia imperialista.

> *"El indicio más claro de que existe vida inteligente extraterrestre es que nunca se han puesto en contacto con nosotros". (Internauta Fernando Luis en Facebook.)*

De esta cultura de la violencia no se escapan ni los extraterrestres que son mayormente descritos en sus films como invasores cuando de ser verdaderos ciertos testimonios, lo que parece más evidente es que con sus visitas distantes nos envían un mensaje silencioso: tenemos unas tecnologías tan avanzadas que si fuéramos agresivos los terrícolas no tendrían ninguna posibilidad de escapar a una agresión y conquista y uds. sólo deben seguir su camino. Está claro que si son civilizaciones más evolucionadas que la nuestra, hace ya mucho tiempo que superaron la enorme estupidez de la guerra y las conquistas y emplean sus recursos con más sabiduría que nosotros.

Sus acciones más "agresivas" también parecen decirnos lo mismo cuando han paralizado silos de armas nucleares tanto en EEUU, Alemania, Inglaterra y la URSS y algunas apariciones en campos de batalla a favor de los más débiles.

Tampoco habrá transferencias tecnológicas que desestabilizarían nuestro propio desarrollo porque la búsqueda incesante de la felicidad como sustancia de la vida misma, supone las metas que como individuos, como comunidades y como habitantes de un planeta nos fijamos y vamos alcanzando. Porque la felicidad no es un estado permanente inalcanzable, sino son los momentos más o menos importantes que nos confiere el logro de algún bien material o espiritual, desde un modesto cumpleaños, el triunfo de una selección nacional de fútbol o la derrota de una enfermedad así como la infelicidad es el resultado de una pequeña o gran derrota como la muerte. Esa es la dialéctica más esencial de la vida y ellos respetarán lo que apenas estamos aprendiendo: dejar que la vida fluya en una búsqueda constante de nuevas metas; sólo nos dejarán seguir nuestro camino, sin intervenciones que podrían provocar alteraciones traumáticas y seguramente las violencias y guerras las aprenderemos, por fin, de la historia, no para repetirlas sino para aprender, por fin, a no tropezarnos con la misma piedra para lo cual es imprescindible transmitir la cultura humanista a las nuevas generaciones para hacer posible que cada ser humano y cada pueblo pueda también fijarse sus propias metas y alcanzar su cuota de felicidad sin perjudicar a otros para ello.

"Quienes se niegan a aprender de la historia están condenados a repetirla" (Edmund Burke).

"¡Dejen las costumbres coloniales, dejen al mundo en paz¡" (Vitali Churkin, representante de Rusia ante Naciones Unidas, 2016).

Pero como bien sabemos no ha sido sólo América Latina el territorio de intervención norteamericano. Ya desde fines del siglo XIX, había intervenido puertos en China y en Hawái, Filipinas, Guam y Samoa aprovechando la decadencia y debilidad del imperio español. La Segunda Guerra Mundial le daría la oportunidad de erigirse en la primera potencia mundial y sus tentáculos se extenderían por todo el orbe, pero particularmente al Oriente Medio ante la imposibilidad que EEUU, que sólo representa el 5% de la población mundial pudiera con producción propia cubrir su consumo de energía que alcanza al 50% del total mundial. (También ese mismo 5% ¡consume el 50% de la droga que se produce en el mundo!).

Para asegurar no sólo energía sino un flujo gigantesco de recursos financieros y materiales, optaría por la vieja receta romana del "divide y vencerás", en primer lugar garantizando los privilegios de las élites y explotando las contradicciones de carácter religioso, étnico, político, etc., existentes en los países, siempre obligado, por el progreso moral que la humanidad ha logrado, a encubrir sus trapacerías con discursos cínicos e hipócritas de defensa de los derechos humanos, la democracia, los ¿valores americanos?, etc. Sus ochocientas bases repartidas por el mundo, sus agentes de la CIA, su gigantesco presupuesto militar, todo por ¡hacer el bien a la humanidad! Desde luego, sus afirmaciones cínicas son en realidad un insulto a la inteligencia y son una idiotez, pero si dicen idioteces no es porque ellos sean idiotas, sino porque nos toman por idiotas.

Las dos grandes carnicerías del siglo XX, fueron provocadas por estos adalides de la libertad que no quisieron compartir el botín del tercer mundo con Alemania y Japón (y Turquía a quien le desarmaron su Imperio Otomano) y que sólo la existencia de la URSS y el campo socialista, limitaron sus afanes de conquista apoyando todas y cada una de las luchas de los pueblos por su liberación y que influyeron poderosamente para que Naciones Unidas fuera un agente importante para la descolonización. Por otra parte, la presencia de la izquierda con poderosos partidos en los países occidentales que tenían el mérito de haber contribuido a la derrota nazi desde las resistencia como asimismo una opinión pública sensible a la idea de no repetir los horrores de las guerras, inhibieron los arrestos imperiales que permanecieron por decenios limitados pero siempre activos en las sombras.

El nacimiento de Naciones Unidas y la existencia de numerosos países socialistas permitieron un paso importante en el desarrollo de nuevas normas civilizatorias aunque ellas nunca fueron respetadas del todo, su atropello cobró fuerza después de la caída de la URSS y el campo socialista. Ciertamente Occidente, si bien adhirió a la Carta de las Naciones Unidas, siempre entendió que el apoyo que los países socialistas brindaban a los pueblos que luchaban por liberarse del colonialismo, minaban su poder y facilitaban por tanto el triunfo del socialismo, por lo que su firma siempre valió poco ya que sistemáticamente intervinieron por todos los medios en numerosos países según hemos mostrado. Vale repetir la observación de que la ayuda prestada por los países socialistas, era una ayuda signada por la generosidad por lo que no llamó la atención que un príncipe de uno de los reinos del golfo haya tomado la palabra en los funerales de Fidel Castro para agradecer a quién "les enseñó a defender sus recursos". Desde luego, la consecuente disposición a ayudar a liberar los países del tercer mundo tenía raíces ideológicas claras; ya Marx en el siglo XIX se había manifestado claramente por la independencia de Irlanda, Polonia e India, entre otros.

La vocación internacionalista y solidaria aunque mitigada por los retrocesos habidos, sigue estando claramente presente en cada una de las intervenciones de los máximos líderes actuales de China y Rusia que apelan constantemente al respeto a la Carta de las Naciones Unidas por lo que resulta de enorme utilidad leer de propia fuente y no de los medios occidentales, las opiniones que tanto Wladimir Putin como Xi Jingping han expresado repetidamente. Gracias a la propaganda y la desinformación se sataniza a Rusia y sus líderes con el objetivo no disimulado de intervenir con sus métodos solapados y hacerse de los inmensos recursos de Rusia entre los cuales se encuentran las mayores reservas energéticas del mundo. Es de esperar que los ciudadanos del planeta se sobrepongan al miedo prefabricado, a la explotación de sus emociones y hagan emerger una actitud racional y crítica frente a los acontecimientos mundiales. (*)Discurso de Wladímir Putin en la

70ª Asamblea General de la ONU https://www.youtube.com/watch?v=2ioGWPJuyW8).
Putin en rueda de prensa https://www.youtube.com/watch?v=yPzj9xeZQGI.
Vladimir Putin y el mundo paralelo de los anglosajones https://www.youtube.com/watch?v=65ieLXr1BRA.

Pasaremos ahora revista a algunos de las intervenciones más conocidas contemporáneamente del accionar imperial donde encontraremos el "divide et vinces" (Julio César) usado sistemáticamente, en el absoluto desapego a todo valor moral subordinando su accionar exclusivamente a los intereses económicos de la gran potencia y su también absoluto desinterés por la paz, en el entendido de que la búsqueda permanente de la superioridad militar y por tanto la violencia, es el basamento de su quehacer en el mundo. Una superioridad militar tanto más buscada cuando la influencia política del complejo militar-industrial constituye un factor decisivo en el delineamiento de la política y la economía de la potencia principal y sus segundones, siendo además una de las principales fuentes de corrupción de su casta política.

Como sabemos, la necesidad de mantener en funcionamiento la industria de armas como componente importantísimo del PIB imperial, importancia que deriva del lucro que genera (y del bienestar que reduce a sus propios ciudadanos) hace necesario que existan enemigos que si no los hay, hay que inventarlos lo que explica el porqué, a la caída de la URSS, la CIA siguió involucrándose en entrenar y apadrinar grupos extremistas islámicos, **cuestión sobre la cual hay antecedentes indesmentibles,** aunque al mal informado ciudadano de este mundo le parezca poco creíble con su manipulado sentido común. Es una política absolutamente inmoral pero hay que reconocer que inteligente: partiendo por Afganistán y siguiendo con Yugoslavia, Irak, Libia y Siria, el método ha sido el mismo: estimular el yihadismo radical para hacer caer los gobiernos poco dispuestos a regalar sus recursos y aparentar en todos los casos de que el terrorismo islámico es su enemigo, táctica ya empleada tempranamente contra el nacionalismo árabe de los años 50-60, nacionalismo árabe que estimaban "pro-comunista" y donde también estimularon al extremismo musulmán. Además es el enemigo perfecto, pues evidentemente el mundo civilizado rechaza esa excrecencia del pasado medieval y sus brutales acciones terroristas y ellos que primero los alientan y después los combaten (calculando bien si combatirlos "mucho, poquito o nada" según las necesidades tácticas) aparecen ante la opinión pública mundial gracias a su prensa bien amañada, como adalides de la lucha antiterrorista. Con un enemigo más brutal y más reaccionario que ellos están en mejor pié que frente a la URSS que había desarrollado una sociedad igualitaria, que había declarado desde el primer momento la igualdad de la mujer, que no practicaba relaciones de explotación con el tercer mundo, etc. ¡Ante el socialismo aparecían como reaccionarios, ante el islamismo, aparecen como progresistas!

Afganistán

En Afganistán, el gobierno progresista Taraki había iniciado un proceso de reformas que encontró resistencias importantes sobre todo en las áreas campesinas donde las modernizaciones chocaron con la mentalidad medieval que prohíja el islamismo más conservador, áreas donde sería reclutada la fuerza talibán. Una profunda reforma agraria, la autorización de no portar el velo a las mujeres como asimismo su incorporación a la escuela y a la universidad, conducir automóviles y transitar libremente, una masiva campaña de alfabetización, la eliminación de la costumbre de la dote, la guerra declarada al cultivo del opio, la legalización de los sindicatos y la instauración de un salario mínimo y sobretodo la instauración de la separación de la religión y el estado incentivaron por un parte la aparición de la resistencia islámica y la intervención norteamericana mediante el asesoramiento y ayuda militar a los talibanes (obviamente definidos como "luchadores por la libertad").

Los aliados sauditas serían importantes financistas de la guerra entre los cuáles aparecería Osama Bin Laden, entrenado y financiado por la CIA y el Pentágono junto a numerosos voluntarios yihadistas provenientes de oriente, operación que daría nacimiento al terrorismo islámico en el mundo, del cual tanto se quejan los norteamericanos. Mike Springmann, quien trabajó como jefe del departamento de visados entre 1987 y 1989 en Ryad, Arabia Saudita, señala haber sido testigo directo de la entrega de visas por agentes de la CIA, a "personajes repugnantes" que posteriormente eran buscados por las agencias antiterroristas.

Pakistán tendría un rol importante en la canalización de la ayuda militar y la introducción de combatientes e incomprensiblemente China participaría igualmente en apoyo a la guerrilla talibán, seguramente inspirado en su creciente nacionalismo y alejándose ya de toda consideración ideológica. En 1989 Gorbachov retira al ejército soviético y se inicia una guerra interminable hasta el día de hoy, costosísima en vidas y recursos con un país destruido. Es particularmente interesante constatar como la producción de opio y de heroína sufre subidas y bajadas según quién controla el poder. Hacia 1980 se había eliminado la producción pero con la presencia norteamericana esta subió al 80% del consumo mundial en 1998. Los talibanes a los que sus creencias los impulsaban inicialmente a destruir las plantaciones descubrieron con el tiempo que era su fuente principal de financiamiento y como suele ocurrir con la mezcla cancerígena de corrupción y drogas hoy en día la insurgencia y el gobierno bajo las narices de los ocupantes (y con más de alguna complicidad) han construido el principal narcoestado del mundo. Según el Washington Post y el reporte UNODC una vez que los norteamericanos y tropas de la

OTAN retomaron el gobierno e instalaron un gobierno afín a Occidente, la producción alcanzó un nivel tal que Afganistán proveía el 90% del consumo mundial de heroína. La ONU en informe del año 2007 constataba que el 53% del PIB provenía de la producción de opio y heroína cubriendo el 93% del suministro mundial.

Tras tres décadas de guerra y destrucción originadas en el apoyo que EEUU brindó a Osama Bin Laden y los talibanes, Afganistán es un país en la más completa deriva y su vecina Pakistán vio crecer el número de adictos desde una insignificante cantidad en 1979 a cinco millones en 1999. Como en Nicaragua, la mezcla CIA-Drogas-anticomunismo se hizo presente ya en la guerra contra los soviéticos según el analista Alfred McCoy "efectivos de la CIA controlaban el comercio de la heroína" para financiar a los talibanes ya que la meta era la derrota de los soviéticos.

Yugoslavia

La receta del divide y vencerás y "el caos constructivo" del asesor de Reagan, "socialdemócrata" de origen polaco Zbigniev Brzezinski, habría de cobrar la víctima siguiente, la Yugoslavia socialista sobreviviente de la caída de la URSS, país que había logrado unificar las naciones de los Balcanes, que tenían una larga historia de conflictos políticos y religiosos aunque étnicamente constituían el grupo de eslavos del sur de Europa.

El consejo de seguridad nacional de EEUU exigió mediante informe, que el Presidente Reagan diera los pasos necesarios para la destrucción del modelo yugoslavo de socialismo de autogestión, lo que devino viable a la muerte de su líder histórico Tito, más la consabida crisis de la deuda contraída con Occidente y posteriormente, la caída de la URSS. Conflictos históricos de larga data que el socialismo de Tito había logrado subsumir bajo la República Socialista Federativa de Yugoslavia, un país pacífico y floreciente, resurgieron frente a las dificultades económicas, todo lo cual creó las condiciones para que las potencias occidentales movieran sus peones. El anticomunismo enfermizo que los mueve no podía tolerar que en el sur de Europa subsistiera una experiencia de socialismo que logró notables éxitos hasta que cayó en manos del FMI y la Banca Mundial. Como en Rusia, las reformas neoliberales llevaron a un empobrecimiento brutal de la población que en esas circunstancias hizo reflotar viejas rivalidades político-religiosas que llevaron finalmente a la desintegración de una comunidad conformada por serbios, croatas, eslovenos, musulmanes, albaneses, macedonios, montenegrinos, húngaros, búlgaros, gitanos y turcos y que hablaban trece idiomas y adherían al catolicismo, al cristianismo ortodoxo y al Islam. Todo un promisorio escenario para hacer colapsar el "modelo yugoslavo". El socialismo había probado una vez más su humanismo y su capacidad de hacer convivir de manera ejemplar a seres humanos de culturas y religiones diversas. Para las potencias occidentales, fue la ocasión de aplicar su receta "divide y vencerás" y la OTAN y EEUU, atropellando una vez más la legalidad internacional, sin el acuerdo de Naciones Unidas ni del Consejo de Seguridad inician el bombardeo más brutal que haya conocido Europa desde la Segunda Guerra Mundial, lanzando 2300 misiles y 14.000 bombas y destruyendo 20 hospitales, 300 escuelas y 14.000 viviendas. Durante 78 días con sus noches, se suponía que bombardeaban las posiciones del Ejército Yugoslavo utilizando armas prohibidas con uranio empobrecido cuyas consecuencias las viven aún los ciudadanos de Serbia. Como de costumbre, los medios occidentales habrían de preparar a la opinión pública para justificar sus tropelías con cifras infladas al estilo de las decenas de millones de víctimas atribuidas a Stalin, hablando del genocidio de los albano-kosovares en cifras que oscilaban entre **100.000 y 500.000** víctimas. Era cierto; como de costumbre la guerra desataba lo peor del ser humano pero la Presidenta del Tribunal de Crímenes de Guerra cometidos en la Ex Yugoslavia, Carla de Ponte cifraba en 1999 en **2108** víctimas, entre los que se encontraban serbios y albaneses. Demasiado tarde aclarar el número de víctimas; ya se había cumplido el fin propagandístico de las cifras abultadas frente a una opinión pública de monumental ingenuidad frente a los medios internacionales que en general son considerados "serios".

En Yugoslavia una vez más, Occidente con la especial participación de los servicios secretos de Alemania, Inglaterra y la CIA utilizaron a los musulmanes de Yugoslavia para entrenarlos y armarlos formando el Ejército de Liberación de Kosovo que a pesar de ser reconocido como un grupo terrorista, el hecho de servir a los planes occidentales, los exculpó de sus crímenes. Mal que mal, la "independencia" de Kosovo permitió que la OTAN instalara en su territorio la más grande base de toda Europa y que el líder del ELK, Hashim Thaci, pudiera librar de una condena ya acordada por el Tribunal Penal Internacional, condena que de un día para otro fue eliminada provocando la renuncia de su Presidenta debido a la gravedad de las acusaciones: ni más ni menos que la venta de órganos de prisioneros serbios que eran asesinados. En el año 2008, Del Ponte publicaba "La Caza", donde probaba abundantemente que los albaneses del UCK dirigidos por Thaci contrabandeaban órganos humanos. Thaci se convertiría ni más ni menos que en Primer Ministro de Kosovo con el consentimiento de EEUU y sus aliados de manera que Europa tendría su Mobutu propio a pesar de que en 2014, un informe de la Unión Europea acusara a la organización de crímenes contra la humanidad y el ex consejero del Parlamento alemán Matthias Kuntzel estaba convencido de que los servicios secretos alemanes crearon y armaron al ELK. Cabe preguntarse si las elites del capitalismo están tan lejos de Hitler y sus crímenes o son simplemente sus continuadores que se diferencian solamente por no hacer discursos vociferantes y agresivos sino discursos cínicos e hipócritas.(*) (Ver **El peso de las cadenas (The weight of chains)** https://www.youtube.com/watch?v=CtCvJ6MnnZ8).

Aunque no abundaremos en los numerosos países que han sido víctimas de las ambiciones de las élites y de los estados que controlan y ponen a su servicio, al menos deseo detenerme en los casos de Irak, Libia y Siria, cada uno de ellos con particularidades que vale la pena analizar.

Irak

Sadam Hussein representa bien el tipo de líder que centra su accionar político en sus propios intereses al margen de toda consideración político ideológica y al margen de toda honesta vocación de servicio a su pueblo. Su oportunismo lo llevó desde posiciones antiimperialistas y acuerdos con la URSS que le proveyó de armas mientras aparecía como un nacionalista hasta la persecución y asesinato de los comunistas iraquíes. Los zigzagueos oportunistas le condujeron a ser el "buen dictador" que los norteamericanos armaron e instigaron a declarar la guerra a Irán (y las transnacionales que esperaban hacerse de los pozos iraníes cercanos a la frontera). Una guerra de centenares de miles de muertos que financiaron y aprobaron EEUU y Francia y que terminó sin ganadores. En medio de la guerra sostenida por las potencias occidentales y las transnacionales, tuvieron lugar horrorosas y masivas matanzas de la minoría kurda. Para entonces, los medios cumplirían su habitual manipulación, escondiendo sus crímenes mientras era útil a los intereses occidentales y satanizándolo cuando comenzó a ser un problema, acompañando como ya sabemos de grandes mentiras como su supuesta vinculación con Al Qaeda y el atentado del 11 de septiembre y la existencia de armas de destrucción masiva. Un ejemplo más de cómo los medios se encargan de recubrir las acciones políticas de las élites frente a un público carente de interés por descubrir críticamente los hechos reales.

Los crímenes ignorados del dictador salieron a luz sólo cuando invadió Kuwait, aliado importante para EEUU e incluso su asesinato se basó en una masacre de 148 chiitas perpetrada en pleno conocimiento y ocultamiento mediático norteamericano (Masacre ocurrida 10 años antes de la invasión a Kuwait, en un pueblo donde Sadam Hussein había tenido un atentado). Sadam no fue juzgado por el uso de armas químicas que mataron a 150.000 soldados iraníes y 13.000 kurdos porque tales crímenes fueron cometidos cuando se hallaba bajo el amparo de Reagan que le proveía de armas y apoyo irrestricto y le había retirado de la lista de países que apoyaban el terrorismo. Según el periódico Foreign Policy los ataques, en los que se empleó gas mostaza y gas sarín, "ayudaron a inclinar la guerra a favor de Irak y a llevar a Irán a la mesa de negociaciones. La administración Reagan lo sabía". Mal podría el "Tribunal" bajo las órdenes de EEUU que condenó a Sadam sacar a luz dichos crímenes que comprometían directamente al gobierno norteamericano y entonces sólo fue condenado por la masacre de los 148 chiitas.

La mala idea de invadir Kuwait habría de costarle caro a los iraquíes más que a Sadam. El embargo comercial que aisló completamente a Irak y que provocó penurias sin fin habría de generar el descontento del pueblo iraquí con su líder, provocar políticas crecientemente represivas, creando las condiciones políticas necesarias para invadir Irak, derrotar su maltrecho ejército después de la aventura en Kuwait y llevarle "la democracia y la libertad". La crisis económica provocada como parte importante del arsenal subversivo utilizado por EEUU con éxito en el Chile de Allende y ahora en Venezuela, cumplió su objetivo también en Irak donde un embargo genocida de 12 años provocó la muerte de más de un millón de iraquíes, entre ellos medio millón de niños, cifras entregadas por la FAO y la OMS. La resistencia a los invasores norteamericanos, ingleses, polacos, australianos y españoles habría de desarrollarse con fuerza y Sadam sellaría su suerte al no aceptar la oferta de Rumsfeld de declarar que las fantasmales armas de destrucción masiva habían sido enviadas a Siria, país en lista de invasión (Ah., ¡por poseer armas de destrucción masiva!), con lo cual salvaban su mentira y tenían argumento para atacar a Siria. Tampoco aceptó participar con un partido en las elecciones organizadas por los ocupantes y finalmente fue asesinado apresuradamente un par de días antes de las elecciones parlamentarias norteamericanas para mejorar el apoyo al Partido Republicano ante electores que se sienten orgullosos de las tropelías que cometen sus gobernantes. Antes habían sido asesinados dos de sus abogados defensores.

La resistencia iraquí hizo aumentar dramáticamente las bajas occidentales por lo que como en Afganistán, había que sacar las castañas con la mano del gato, armando y entrenando un ejército local y al mismo tiempo armando y entrenando terroristas a través de sus aliados del Golfo Pérsico, especialmente Qatar y Arabia Saudita "ejemplos de democracia", para cumplir a cabalidad con el deseo de "Killary" Clinton, revelado en uno de sus famosos correos, de que "se maten entre ellos" y provocar lo que Maquiavelo había escrito: "Con todo, la mejor estrategia y la única realmente efectiva es la de destruir la ciudad conquistada y dispersar a sus habitantes: no hay medio más seguro de posesión que la ruina".

Bush, Blair y Aznar tenían información de que las armas de destrucción masiva no existían porque ni más ni menos que el Ministro de RREE del Reino Unido Robin Cook había hecho saber su convicción de que tales informaciones carecían de sustento real. Un mes antes el senador estadounidense Gary Hart advertía que aumentaría el terrorismo: "Vamos a abrir una caja de Pandora y no estamos preparados para eso" por lo que tienen plena razón quienes piden que los responsables encabezados por George Bush sean condenados por crímenes de guerra (Comisión de Crímenes de Guerra de Kuala Lumpur), toda vez que la invasión una vez más violaba la Carta de la Naciones Unidas y pasaba por encima del Consejo de Seguridad siendo denunciada como ilegal por el propio Secretario General de las Naciones Unidas Kofi Annan. Por otra parte la resistencia a la ocupación es legítima según la Convención de Ginebra en sus Protocolos I y II. Lo que ha seguido es la destrucción de una nación al punto que los iraquíes añoran a Sadam Hussein, quien mantuvo a raya a los extremistas islámicos en un país que como Siria y Libia, mantienen en su territorio numerosas divisiones étnicas, religiosas, de clanes, consejos tribales, etc. "Vais a fracasar. Vais a descubrir que no es tan fácil gobernar Irak": esto es lo que Saddam Hussein le dijo tras ser capturado en 2003 al agente de la CIA John Nixon.

Un monje cristiano (la más perseguida de las religiones por el Estado Islámico) cuenta: "Antes del año 2013, en Irak había más de un millón y medio de cristianos, y ahora un poco más de 200.000. Saddam Hussein habría podido acabar con este lío en un par de semanas. Él habría podido detener las matanzas, la destrucción y el caos que ahora reina en todas partes", sostiene el padre José. Pero ni la suerte de los cristianos interesa a las élites criminales de Occidente ya que lo mismo está sucediendo con los cristianos en Siria que no habían tenido problemas durante los decenios de los gobiernos Assad.

El informe Chilcot ha logrado desenmascarar la burla de las élites y las agendas agresivas de los medios que controlan y con razón Vladimir Putin le espetó en su cara a Obama: "¿Se han dado cuenta de lo que han hecho?", no sólo por Irak, también por Afganistán, Libia y Siria. En una entrevista con la cadena CNN, Tony Blair pidió disculpas por primera vez en 2015 desde 2003 por los errores cometidos durante la guerra de Irak y admitió que el conflicto pudo haber provocado el ascenso del Estado Islámico. Sin embargo, a pesar de la indignación moral que nos provocan estas acciones no podemos sino constatar que las élites logran sus objetivos: aumentar sus ganancias apoderándose de los recursos de los países y con el vergonzoso negocio de las armas. Las excusas y arrepentimientos son parte del disimulo y el cinismo aunque a veces el insolente desprecio por la verdad los lleve a confesar sin vergüenza sus manipulaciones como los dichos del ex secretario de defensa Rumsfeld quién sostuvo que: *"Actualmente, la estrategia militar debe ser concebida en función de la cobertura televisiva pues si uno logra tener a la opinión pública de su lado, nada es imposible".* La guerra de Irak se pretendió justificar a base de mentiras elaboradas por la Oficina de Influencia Estratégica del Pentágono creada bajo la administración Bush: las armas de destrucción masiva, el "rescate" desde un hospital con balas de fogueo de la "heroína" Jessica Lynch que se rompió una pierna en el choque de un camión. Antes ya se había empleado el método de mentir con el falso asesinato de bebés por soldados iraquíes "que los extraían de sus incubadoras para lanzarlos al suelo". Todas informaciones falsas difundidas no sólo por los medios norteamericanos sino también por otras agencias internacionales como France Press.

Libia

La caída de Muhammar Khadafi siguió el libreto ya conocido. En un país conformado por alrededor de 140 tribus y clanes diferentes, de etnias árabes, bereberes y africanas, sólo el poder centralizado en Trípoli tuvo la capacidad de conformar una nación y un estado, donde el gobierno de Kadhafi se esmeraba en desarrollar una democracia directa y tenía planes de crear una moneda de intercambio en África que desestimara el dólar, asunto imperdonable que precipitó el asalto a mano armada. Sólo el 15% de la población no tenía pertenencia tribal. Un país donde lo que conocemos como unidad nacional era una débil estructura y entonces presa fácil para los seguidores de la doctrina Brzezinski del "caos constructivo" que ha inspirado el accionar imperialista desde Jimmy Carter en adelante.

Libia era un país próspero de sólo 6 millones de habitantes con una superficie que triplicaba la de Italia, su vecino europeo frente al Mediterráneo, con petróleo, gas, oro y una inmensa reserva de agua dulce. Adhirió al nacionalismo árabe de Nasser, pero a la caída del bloque socialista se volcó a desarrollar buenas relaciones con los países europeos al punto de haber financiado la campaña electoral del que fuera Presidente de Francia Nicolás Sarkozy, todo lo cuál de poco sirvió frente a las apetencias coloniales impulsadas por el gobierno Obama y sus secuaces de Europa: Francia, Inglaterra, Noruega, Italia y España. Hasta 1992 era un "enemigo" de Occidente calificado de "estado terrorista" ya que había expulsado las bases occidentales y tomado el control del petróleo pero a partir de ese año, ya caída la URSS, Kadhafi se ve obligado a permitir la entrada de las transnacionales a los campos petrolíferos y pasa a ser considerado un aliado solamente "molesto" por Silvio Berlusconi (Italia), Nicolás Sarkozy (Francia) y David Cameron (Inglaterra). Igualmente se pudo hablar de la estrecha amistad con Aznar y Tony Blair pero una vez más aparece el comentado cinismo burgués porque la brutalidad de la invasión y el asesinato de Kadhafi poco tienen que ver con la noción de amistad. Por su parte Hillary Clinton diría con una sonrisa criminal: "¡fuimos, vimos y se murió¡" y Berlusconi exclamaría ¡Tenemos petróleo para este invierno!

El petróleo y el gas nunca fueron negados a Europa y los recursos que proveía el petróleo desde su nacionalización permitieron a Kadhafi mejorar ostensiblemente el nivel de vida de su población: era el país con el más alto PIB per cápita de África y el segundo en PIB por PPA (paridad de poder adquisitivo), con una esperanza de vida de 74,5 años, una tasa de alfabetización del 88,4 %, atención sanitaria y educación gratuitas lo que le valió igualmente ser reconocido como el primero en África en Desarrollo Humano. A pesar de su adscripción a la religión musulmana y a la sharia, las mujeres tuvieron una alta tasa de participación al punto que la guardia personal de Khadafi estaba conformada en su mayor parte por mujeres. Ello explica en parte porque una vez más recurren a esa mezcla de opositores que les ha rentado tanto: por un lado clandestinamente armando y entrenando extremistas islámicos y por otra parte visibilizando y promoviendo con publicidad a los opositores "democráticos" habitualmente reclutados entre las élites molestas con estados controladores. La satanización del dictador corre a parejas con el estímulo a las salvajadas extremistas contando una vez más, con las cavernarias monarquías del golfo e Israel en su campaña contra Libia. Israel empuja y participa de cualquier acción que signifique debilitar los países musulmanes, con la excepción de sus medio-ocultos aliados, las intocables monarquías del golfo pérsico.

Como de costumbre, alguna mentira había que lanzar para contar con la aprobación de la opinión pública occidental y mundial y como de costumbre la CNN, France Internacional, la Deutche Welle, la BBC, todas "prestigiadas" cadenas informativas, habrían de denunciar que Kadhafi estaba bombardeando a la población civil y que se hacía necesaria una "intervención humanitaria" contra el dictador, bombardeo que como las armas de destrucción masiva en Irak, nunca se comprobó. ¡Pero tampoco, nunca se desmintió! Ya no era necesario: la invasión estaba hecha y extremistas islámicos habían asesinado a Kadhafi y la domesticada opinión pública occidental ni siquiera se detuvo a pensar un segundo en la inconsistencia y estupidez de sostener que el dictador se dedicaba a bombardear su población civil.

Vana esperanza de conductas más humanas de los socialdemócratas europeos y norteamericanos, del mito-ilusión Obama que se permite hablar de "juego" refiriéndose al ataque a Libia, cuyo desprestigiado Premio Nobel de la Paz, no lo inhibió de provocar conflictos internacionales, de hostigar por todos los medios a Rusia y de armar y entrenar a fundamentalistas islámicos radicales y usarlos o combatirlos según las necesidades tácticas del imperialismo, siguiendo al pié de la letra el consejo de James Baker, antiguo ministro estadounidense de asuntos exteriores: "No debemos combatir a los integristas más que en la medida de nuestros intereses".

Mientras Naciones Unidas declaraba zona de exclusión aérea, es decir, que la aviación libia no podía operar, la capital Trípoli era bombardeada por la aviación occidental y se ensañaban con un país de apenas 6 millones, de los cuáles hoy en día hay dos millones exiliados, es decir ¡Un tercio¡; destruyeron no sólo el gobierno sino también sus fuerzas armadas y numerosas infraestructuras; el estado fue totalmente desarticulado ya que no existe un gobierno central y cada ciudad es controlada por distintas milicias entre las que se arman y desarman alianzas; fuera de los exiliados hay un millón de desplazados al interior que buscan precario refugio en otras zonas sin la certeza de poder seguir viviendo. Los norteamericanos organizan elecciones donde se prohíbe a decenas de miles de simpatizantes de Kadhafi de participar, elecciones en las que finalmente ganan los extremistas islámicos los que se apoderan de los pozos petrolíferos y negocian con las transnacionales para su envío al exterior y el financiamiento de sus actividades criminales. La regularidad de los envíos de gas y petróleo a Europa ha devenido caótica y Libia se ha transformado, como el propio Kadhafi lo advirtiera en el trampolín de todos los africanos que buscan llegar a Europa huyendo del terrorismo, la represión y pobreza y donde decenas de miles mueren ahogados en la travesía del Mediterráneo.

Pero la élite irresponsable, corrupta y criminal que pretende instaurar un "nuevo orden mundial" (que les asegure sus privilegios) no tiene empacho en reconocer sus "errores" tanto con sus acciones en Irak como en Libia, porque como la opinión pública comienza a darse cuenta de sus manipulaciones mediáticas, es mejor reconocerlos, sobre todo cuando ese reconocimiento no cambiará en absoluto los objetivos colonialistas que se han planteado y que han conseguido. Pero a fin de cuentas no son más que lágrimas de cocodrilo, pues junto con reconocer sus errores, no sueltan la presa de los pozos petroleros y la muerte de millones de seres humanos nunca ha contado para las mentalidades fascistas.

Siria

Los planes de desarticular Siria así como en general en todo el Oriente Medio son de larga data y se basan en el hecho cierto de que cada uno de dichos países están conformados por diferentes grupos étnicos y religiosos y cuya coherencia como estados ha dependido de gobiernos inevitablemente autoritarios, lo que ha permitido a las potencias occidentales, sus transnacionales y a su principal aliado, Israel, desarrollar una estrategia que se basa fundamentalmente en explotar las disensiones internas y apoyar a los grupos que pueden desestabilizar esas naciones. Si ello importa la muerte de millones de inocentes no es un asunto que conmueva a los modernos nazis disfrazados de redentores de la democracia y las libertades. La financiación no sólo de grupos armados sino también de manifestaciones populares, de ONGs o la instrumentalización de éstas, la satanización mediática de "dictadores" enfrentados a la elección de dejar avasallar sus países o reprimir a los que traicionan sus Patrias, constituyen parte del variado arsenal subterráneo con el que las potencias occidentales disimulan sus verdaderos objetivos saqueadores. En ese proceso, aunque escasos y minoritarios, no faltan incluso movimientos de izquierda o progresistas que no visualizan que no se trata de hacer caer un dictador sino de un juego de dimensiones estratégicas, lo que ha permitido al imperialismo hacer desaparecer las enormes manifestaciones de rechazo a la invasión de Irak que en los casos de Libia y Siria, se ha traducido en la ausencia de solidaridad internacional que las fuerzas progresistas estaban obligadas a prestar, siendo también víctimas de la maquinaria mediática de Occidente.

El "dictador" Bashar al Assad, reelegido con el 88,7% de los votos en la últimas elecciones del 3 de junio del 2014 que podrán cuestionarse pero no al punto de negar un apoyo popular fuertemente mayoritario, que dirige el único país árabe con un gobierno laico de clara separación del estado de la religión, donde convivían en armonía diferentes etnias y religiones, entre otras, el país que acogía al mayor número de cristianos del Medio Oriente y el de mayor apertura cultural. Además Siria es el único país árabe que no tiene deudas con el FMI ni el Banco Mundial y que mantiene la propiedad estatal de las explotaciones petroleras, las mujeres tienen los mismos derechos que los hombres a la educación, el extremismo islámico es perseguido, la Sharia es inconstitucional y por tanto la burka es poco usada, ha prohibido el uso, cultivo o importación de productos transgénicos; era el único país que no tenía conflictos internos ni guerras pero que mantiene una firme oposición a los planes de anexión para la constitución del Gran Israel (a cuenta también de territorios de Siria). Todo esto era demasiado para la Entente Neocolonialista y Siria ha sido la siguiente víctima de los planes del Pentágono referidos por el General Wesley Clark de "tomar 7 países". Pero los más activos en asaltar Siria eran los británicos según se desprende de la entrevista al Ex ministro de Relaciones Exteriores de Francia Roland Dumas: "Hace dos años me encontraba en Gran Bretaña en una misión diferente y no por Siria, me reuní con responsables británicos, entre ellos algunos amigos. Me prepararon y me dijeron que algo ocurrirá en Siria, esto fue en UK y no EE.UU. El Reino Unido se estaba preparando para invadir Siria y me preguntaron como Ministro Exterior francés si participaría en la operación, les contesté que soy francés y no tengo ningún interés en ello... Digo todo esto para señalarles que esta operación fue planificada, concebida y preparada desde muy lejos con el único propósito de destruir Siria. *Disculpe, pero ¿cuál es el propósito de destruir un país?*

Porque se opone a Israel, es importante saber que cualquier país que se opone al Estado de Israel todo será en su contra por todos lados, en aquellos momentos me lo dijo el Presidente del Gobierno Israelí: "Nos encargaremos de los países vecinos, y aquellos con los que no podamos, los enfrentaremos". El Sr. Dumas hubo de padecer persecuciones por haber mencionado esto, acusándolo de corrupción pero logró defenderse y no sólo eso, ya que demandó formalmente a la OTAN por asesinato de civiles y la destrucción de las infraestructuras en Libia. Estos preparativos ingleses tenían lugar antes que se iniciaran las revueltas contra el Gobierno Sirio, en el 2011. Por su parte los EEUU ya habían gastado varios millones de dólares a partir de 2006 en desarrollar su libreto conocido con los mismos actores: insurgentes yihadistas, insurgentes "moderados", manifestaciones antigubernamentales "espontáneas", canales y publicaciones de TV opositora, apoyo a activistas, instructivos a periodistas para manipular las informaciones, etc. La impudicia imperialista llegaría al extremo de verse a los embajadores de Francia y EEUU participando de las manifestaciones organizadas contra el Presidente Assad. La honestidad de Roland Dumas, hijo de un resistente fusilado por los nazis y el mismo miembro de la Resistencia francesa no tendría continuidad con sus camaradas Laurent Fabius y Francois Hollande quienes junto a Alemania pondrían el mayor entusiasmo en apoyar los esfuerzos anglosajones por desestabilizar Siria. Y ello por un motivo distinto pero complementario: la dependencia del gas ruso en el abastecimiento de Europa los había puesto nerviosos y como revelara Robert F. Kennedy Jr., sobrino del ex presidente norteamericano, la principal causa de la guerra en Siria es la negativa de Assad a permitir que pase por el territorio sirio el gasoducto con destino a Europa desde Qatar pasando por Arabia Saudita, Jordania, Siria y Turquía.

La mayoría de los estadounidenses son completamente inconscientes de que nosotros intentamos derrocar al gobierno democráticamente elegido de Siria". La "dulce" Hillary Clinton escribiría en uno de sus famosos correos: "Assad con su vida y su familia en situación de riesgo, solo la amenaza o el uso de la fuerza va a cambiar su postura". De manera que Siria estaba en la mira de las potencias occidentales, de Israel y de las monarquías del golfo: el financiamiento de la oposición a Assad fue gigantesco(Arabia Saudita proveyó en un año, 100 millones de dólares) y explica porque de la noche a la mañana vimos aparecer al Estado Islámico, fuertemente armado, transportándose en flamantes camionetas Toyota, con miles de combatientes pagados, mayoritariamente extranjeros venidos de todos los países musulmanes y cometiendo las barbaridades más espantosas. La muerte de algunos rehenes occidentales no es más que un daño colateral y los centenares de miles de sirios e iraquíes asesinados no cuentan demasiado para los hipócritas y racistas que escandalizan al planeta entero cuando ocurre algún atentado en alguna ciudad europea. Por otra parte, Turquía compraba el petróleo en manos del Estado Islámico para su financiamiento y atendía a sus combatientes heridos hasta que los occidentales tuvieron la mala idea de prepararle un golpe de estado al Presidente turco y éste, entendiendo que clase de amigos eran sus aliados de la OTAN buscó aliarse con Rusia que ya combatía al Estado Islámico como aliado de Siria, resultado de lo cual la organización terrorista llevó a cabo varios atentados en Turquía.

Hacia 2014 se iniciaría el circo de la guerra al Estado Islámico que se desarrollaría en dos frentes principales: Irak y Siria. En el caso de Irak, ya controlado por las potencias occidentales, no seguirían arriesgando tropas propias y como en Afganistán, sacarían las castañas con la mano del gato, asesorando al nuevo Ejército Iraquí y en Siria, simplemente harían el teatro de combatir al Estado Islámico, pero como éste se enfrentaba al Ejército Sirio, ha quedado claramente establecido que por intermedio de Qatar y Arabia Saudita, era alimentado de combatientes y recursos mientras una supuesta coalición conformada por 59 países liderada por EEUU bombardeaba al Estado Islámico sin que se notaran efectos significativos al punto que el general Andrei Kartapolov, responsable del Departamento de Planificación Operacional del Ministerio de Defensa de Rusia los calificó de farsa: "Hemos visto que todo lo que está haciendo la coalición liderada por EE.UU. es una farsa. Son imitaciones de ataques", ha asegurado el general en una entrevista al rotativo ruso Komsomólskaya Pravda al ser preguntado sobre la causa del inicio del operativo aéreo ruso en Siria. Y para guardar la debida diversidad de fuentes cito al congresista estadounidense Ed Royce, presidente del Comité de Asuntos Exteriores de la Cámara de Representantes, citado por 'The Washington Free Beacon' quien señaló que los ataques de la aviación estadounidense contra objetivos de los terroristas del Estado Islámico son a menudo "bloqueados",(los pilotos le señalaban que el 75% de las misiones eran bloqueadas) debido a la política de la Administración de Barack Obama "de evitar muertes civiles y daños colaterales". Desde luego las razones dadas por Obomba, eran incongruentes con lo que realmente ocurría: los bombardeos de la Coalición se dirigían fundamentalmente a la infraestructura de Siria: puentes, pasos superiores, estaciones y subestaciones eléctricas, redes de calefacción, plantas agua potable lo que dificulta las operaciones del Estado Islámico pero también del Ejército sirio y provoca dificultades a la vida del común de las gentes en una clara muestra del inmoral "caos constructivo". La incógnita principal, no obstante sigue siendo el como una fuerza militar como el Estado Islámico, que no supera las dos divisiones puede poner en jaque al mundo entero y el porqué de la negativa constante de EEUU frente a las propuestas de Rusia de conformar una fuerza internacional a la manera de los aliados que derrotaron a los nazis y japoneses en la Segunda Guerra Mundial, fuerza que sin duda alguna podría derrotar a los yihadistas en un corto plazo, ya que los yihadistas carecen de fuerza aérea y naval. El Canciller de Rusia Sergei Lavrov fue enfático en declarar que EE.UU. se niega a formar una coalición en contra del Estado Islámico con la ayuda de las Naciones Unidas por razones políticas.

La explicación sigue siendo la misma que hemos analizado anteriormente: los grupos terroristas son aliados objetivos de los planes del imperialismo. A Obama se le salió una palabra decidora: "Había que *contener* al Estado Islámico", no combatir, abatir, eliminar, porque evidentemente su expansión habría puesto en peligro a otros socios cercanos al conflicto como Jordania e Israel. Pero no sólo "contenerlos" ya que ha quedado claro que las operaciones que llevaban a cabo en Irak, buscaban "empujar" a los yihadistas hacia la vecina Siria. Son decidoras al respecto las palabras de Haidar al-Hosseini al-Ardavi, jefe de las fuerzas armadas chiitas en Irak, quien afirma que la interferencia de EE.UU. provoca demoras en las operaciones de las fuerzas voluntarias contra los terroristas del Estado Islámico. La agencia Fars, reproduce estas palabras del militar: "Washington planea evacuar a los líderes de los terroristas en dirección desconocida".

Desde el 2014 que la coalición dirigida por EEUU "combatía" a los yihadistas y apoyaba a los que ellos llaman curiosamente "oposición moderada", que desde luego resulta imposible calificarla de tal en cuanto combaten al Ejército Sirio armados hasta los dientes en alianzas y encontrones con los múltiples grupos yihadistas. ¿Quién ha oído hablar antes de un moderado con fusiles en sus manos?", se pregunta en su artículo Robert Fisk, corresponsal en Oriente Medio del diario "The Independent". No faltaron tampoco los agradecimientos del Jefe del Frente al Nussra, filial de Al Qaeda a los Jefes de los "moderados" (Ejército Libre Sirio) que le transfirieron misiles anti-tanques Tow proporcionados por los norteamericanos. De todo este entuerto presidido por Obama se dio cuenta entre otros el candidato republicano Donald Trump que no dudó en afirmar en entrevista al canal CBS: "Si nunca hubiésemos hecho nada en Oriente Medio, tendríamos ahora un mundo mucho más seguro. Nos deshicimos de Saddam Hussein. No estoy diciendo que fuera alguien bueno. Fue muy malo, pero lo que tenemos ahora es mucho peor"; "Todo esto ha llevado a la aparición del grupo terrorista Estado Islámico. Todo esto llevó a los refugiados. Todo esto ha conducido a la muerte a gran escala y a la destrucción", agregó Trump. Es de esperar que sus opiniones una vez llegado a la Presidencia no sean objeto de las presiones de los halcones republicanos y demócratas y sobretodo los lobbies empresariales y sionista.

El sacerdote flamenco Daniël Maes (78) del monasterio Mar Yakub, desmiente las informaciones vehiculadas por las "tan objetivas" BBC, Deutche Welle, CNN, etc.:*"los estadounidenses y sus aliados quieren arruinar por completo al país. Arabia Saudita y Qatar quieren establecer un estado suní en Siria, sin libertad religiosa: por consiguiente, Assad debe irse. Sabes una cosa: cuando el ejército sirio se estaba preparando para la batalla de Alepo, soldados musulmanes vinieron a mí para ser bendecidos. Entre los musulmanes corrientes y los cristianos no hay problema. Son los rebeldes radicales islámicos, respaldados por los occidentales, los que quieren matarnos. Todos ellos son Al Qaeda e ISIS. Antes de la guerra, este país era armonioso: un estado laico en el que las diferentes comunidades religiosas convivían pacíficamente. No había casi pobreza, la educación era gratuita y los cuidados médicos eran buenos. No era posible expresar libremente sus opiniones políticas, pero eso a la mayoría de la gente no le importaba".*

Por fin desde el 30 de septiembre de 2015 Rusia decidió apoyar a Siria enviando un número importante de aviones y helicópteros y disparando misiles desde 1500 kilómetros de distancia desde el Mar Caspio que destruían blancos del Estado Islámico con margen de error de 10 metros con apoyo de inteligencia en terreno y satelital, con lo que por primera vez desde la caída de la URSS, los occidentales se enfrentaron a una potencia que les decía ¡hasta aquí no más llegaron¡, haciéndose eco tardío de lo que la URSS había contribuido en el pasado a la descolonización del tercer mundo. Ello explica en parte la satanización de Rusia y su Presidente, las renovadas sanciones económicas al país y la guerra mediática contra Rusia con acusaciones de las más inverosímiles y como estilan, muy cínicas como aquella de intervenir en las elecciones estadounidenses. ¿Tendrán un milígramo de moral para acusar a otros de intervención cuando es lo que hacen y han hecho permanentemente en todo el planeta, interfiriendo hasta las comunicaciones de sus aliados como a la Sra. Merkel? En realidad se trataba de desviar la atención sobre lo verdaderamente grave que era lo que revelaban los correos de Killary Clinton, las intervenciones criminales en terceros países. Los medios, una vez más se encargaron de difundir masivamente la cortina de humo de la "intervención rusa" escondiendo las graves afirmaciones contenidas en los correos revelados por Wikileaks.

Rusia tenía también necesidad de terminar con el criminal juego occidental que también apuntaba a sus propios intereses ya que una de las dos únicas bases que Rusia mantiene en el extranjero estaba situada en la costa mediterránea de Siria (Base Tartus). Otra razón importante por la que Rusia no podía abstenerse de intervenir era la vulnerabilidad de sus fronteras con países musulmanes como Afganistán, toda vez que ya había sufrido atentados yihadistas en su propia capital amén de contar con una población musulmana estimada entre 7 y 14 millones, sin olvidar la guerra separatista de Chechenia donde hicieron su aparición los muyahidines extranjeros financiados y dirigidos por el saudita Ibn Al-Kata.

Según el exjefe de la Inteligencia militar de EEUU y Teniente General retirado Mike Flynn la entrada de Rusia en Siria "ha provocado un cambio radical en la situación" sugiriendo "la necesidad de colaborar con Rusia" contra el estado islámico. Flynn, quien fuera jefe de la Agencia de Inteligencia de Defensa de EE.UU. (DIA), aseguró que Washington desoyó los informes de la DIA sobre el surgimiento de grupos radicales yihadistas en Siria emergentes en la oposición. "No sé si hizo la vista gorda"."Lo que creo es que fue una decisión deliberada".(Entrevista al canal Al Jazeera).Un informe de la DIA presentado en agosto de 2012 rezaba que "los salafistas, los Hermanos Musulmanes, y Al Qaeda en Irak son las principales fuerzas que impulsan la insurgencia en Siria", apoyados por "Occidente, los países del Golfo y Turquía".

¿Cuál fue la respuesta del Premio Nobel de la Paz Obama? Una campaña mediática al más puro estilo goebbeliano para denunciar que los bombardeos rusos afectaban a la población civil, escuelas y hospitales. Todas las cadenas occidentales a coro repitiendo lo mismo y casi toda las informaciones reportándose a un Observatorio Sirio de los Derechos Humanos, con sede en Londres dirigido por un abierto opositor al gobierno sirio, vinculado a un ex oficial británico, informaciones replicadas sin un mínimo de decencia por las televisiones y radios de casi todo el mundo, incluyendo las que se vanaglorian de una supuesta independencia. Turquía derriba un bombardero ruso dando una explicación insostenible y burlesca, ¡que el avión había permanecido 15 segundos sobre su territorio¡, es decir ni siquiera el tiempo necesario para solicitarle que se retire; el gobierno griego por su parte confirma que EEUU le pidió cerrar el espacio aéreo a los aviones rusos que se dirigían a Siria.

Ígor Konashénkov, portavoz del Ministerio de Defensa ruso señalaba que Moscú estaba preparada para que una vez lanzada la operación a gran escala contra el Estado Islámico tuviera lugar "la siguiente porción de mentiras en los medios occidentales basadas en observatorios falsos de derechos humanos y otras oficinas propagandísticas". De que de vulgar propaganda se trataban todas las acusaciones de Washington sobre los bombardeos indiscriminados salta a la vista cuando a cada acusación, Rusia ha exigido pruebas sobre esas afirmaciones mentirosas, pero nunca le han sido presentadas, conscientes los occidentales de que sus mentiras se reproducen masivamente y quedan instaladas firmemente y que por tanto, no hay necesidad de presentar ninguna prueba cuando los objetivos de la guerra comunicacional han sido cumplidos. Nadie desde luego ha hecho notar que la intervención rusa cumple enteramente con la legalidad internacional y conforme a la Carta de las Naciones Unidas según la cual "todo tipo de asistencia, incluida la militar puede y debe ser prestada exclusivamente a los gobiernos legítimos, con su aprobación o a instancia suya, o por Resolución del Consejo de Seguridad de la ONU", sin dejar de contar con el hecho de que es el Ejército Sirio el único llamado a defender su país el que a pesar de luchar denodadamente contra el islamismo radical ha sufrido ataques directos de la Coalición encabezada por EEUU e incursiones aéreas de Israel. De acuerdo a la legalidad internacional la presencia de tropas y aviación occidental sobre Siria es totalmente ilegal como igualmente la asistencia militar para la conformación de un ejército subordinado a los intereses de Occidente cuyos miembros transitan entre el llamado Ejército Libre Sirio y los grupos yihadistas en una mescolanza que ha impedido también que las reiteradas solicitudes rusas de que EEUU les indique las posiciones de su ejército pelele para no bombardearlos, no hayan sido respondidas. La encomiable actitud de Rusia de insistir en una solución política y en la instalación de treguas no ha contado tampoco con una colaboración efectiva de parte de Occidente.

EEUU opera sin ataduras legales ni principios morales, fundado en el Proyecto del Nuevo Siglo Estadounidense creado por belicistas neoconservadores bajo el gobierno de Bush, que ya en los pocos años de la presente centuria parece por suerte destinado al basurero de la historia, debiendo ceder ante potencias que no tienen afanes de conquista y sometimiento como lo son Rusia y China, donde por suerte para la humanidad aún resuenan los ecos del socialismo humanista e internacionalista. Aunque sorprendente, no parece del todo imposible que sea cierto que cinco generales del Ejército estadounidense habrían advertido a Barack Obama que podría ser arrestado y acusado de traición por intentar brindar ayuda y asistencia a la organización terrorista Al Qaeda, asociada en Siria al frente Al-Nussra y declarada oficialmente enemiga de Estados Unidos. La información fue revelada por el editor norteamericano Bob Powell. No habría porque creer que entre los militares norteamericanos haya solamente cabezas calientes, halcones y corruptos. El propio general Clark que en entrevista televisiva dio cuenta de los planes de tomar siete países, lo hizo en tono de crítica a dicho proyecto.

Todas las opiniones aquí recogidas desmienten de manera contundente las informaciones vehiculadas por los medios occidentales que el público de nuestros países se traga por completo, aun tratándose como es evidente de opiniones de extraordinario valor periodístico, toda vez que ellas provienen de una variedad de fuentes que incluyen ex militares y ex funcionarios norteamericanos, porque es evidente que existe una oposición a las aventuras de sus gobernantes que más que considerar las opiniones de organismos como la DIA y los intereses de sus pueblos, se someten a sus verdaderos amos, aquellos que realmente gobiernan EEUU: el complejo militar industrial, los negociantes-contratistas del Pentágono y la élite financiera en sus guaridas de la City de Londres y Wall Street, financistas entre otros de la campaña de Barack Obama que sacan cuentas alegres de las aventuras criminales de sus gobernantes. El periodista y ex corredor de bolsa Max Keiser en emisión del programa "Keiser Report" en RT afirma: "Cuantas más guerras se hacen, más suben las acciones; esa es la principal consecuencia de la guerra". Su copresentadora comenta que las acciones del contratista de defensa estadounidense Northgroup Grumman Corporation han aumentado un 27,8 por ciento en lo que llevaba de año 2015. "Por cada 100.000 civiles inocentes que mueren asesinados, las acciones de Northgroup Grumman suben un 5 por ciento". Por su parte, las acciones de Raytheon y Lockheed Martin han subido entre el 17% y el 18%. Sin embargo, eso no ha beneficiado al común ciudadano norteamericano ya que según el análisis realizado entre otros por el renombrado economista Thomas Piketty y publicado por la Oficina de Investigación Económica de EEUU en 2016, la mitad de los adultos norteamericanos no ha mejorado sus ingresos ¡Desde 1970! y el 1% más rico ha visto crecer sus ingresos en más de 3 veces. Ello no provoca ninguna reacción porque la prensa dominante se encarga de mantenerlos quietitos y sólo preocupados de la inminente amenaza terrorista y con el cuco de ¡Vienen los rusos¡, como en plena guerra fría. Es así, como no sólo los pueblos agredidos sufren sino también una importante masa de ciudadanos de EEUU mientras su gobierno dilapida recursos inmensos en las guerras sin fin que emprende, desatendiendo los derechos sociales incluso de los veteranos de las guerras que en virtud de la deshumanización en la que han sido entrenados son presa fácil de desequilibrios emocionales al punto que sólo el 2016, 6500 de ellos se han suicidado, ¡cantidad muy superior a las bajas tenidas ese año en las aventuras guerreristas! Pero el pueblo norteamericano, quizás el más manipulado por su prensa y los que están detrás, no abandona su predisposición a la violencia en la que crecieron y cada vez que un presidente pierde popularidad, este inicia alguna nueva escalada bélica para subir su aprobación.

Recientemente el nuevo mandatario a nuevamente aumentado el gasto militar elevándolo a 650 mil millones de dólares, haciéndose eco de las supuestas amenazas que representan los rusos y para la continuidad de "la lucha contra el terrorismo". El presupuesto de Rusia, representa menos del 10% del norteamericano sin contar con el de sus aliados de la OTAN y del Medio Oriente. Baste considerar que el año 2015 la fuerza aérea de EE UU contaba con 13.892 aviones y 6.196 helicópteros, mientras que la rusa dispone de 3.429 aviones y 1.120 helicópteros. Durante muchos años el Pentágono ha alardeado de los peligros a los que está expuesto EEUU con el único propósito de aumentar los negocios del Complejo militar-industrial sobre lo que con muchos años de anticipación el Presidente Eisenhower advirtiera del peligro que representaba para los intereses de los norteamericanos. En su discurso de despedida a la nación del 17 de enero de 1961, Eisenhower señaló: *"Los responsables del gobierno, tenemos que estar atentos a la adquisición de una influencia ilegítima, que sea o no proyectada por el complejo militar-industrial. El riesgo de poder desarrollar o utilizar un poder usurpado existe y persistirá. Jamás debemos permitir que el peso de esta amenaza nos impida o nos arrebate nuestras libertades y procesos democráticos. Nada debe considerarse como absolutamente ganado. Sólo una vigilancia y una consciencia ciudadana pueden garantizar el equilibrio entre la influencia (lobby) de la gigantesca maquinaria industrial y militar de defensa que hemos desarrollado y nuestros métodos y objetivos pacíficos, de tal forma que la seguridad y la libertad puedan desarrollarse harmoniosamente".* Igualmente previno sobre los peligros del enorme gasto militar del país y en particular sobre el déficit que este generaba y los contratos que el gobierno tenía con los fabricantes privados de armamento. Pero EEUU ha ido más lejos de lo que malamente podría haber imaginado Eisenhower: la creación y sostenimiento de grupos terroristas, las guerras provocadas y justificadas con mentiras alimentan la perpetuación de conflictos armados y ello sin duda hace ganar más dinero, todo lo cual es amparado por políticos sobornados, carentes de conciencia.

Francia, la engañadora

Cuando hablamos de imperialismo los latinoamericanos solemos asociar la palabra con el que es sin duda su principal agente, los EEUU de Norteamérica pero se nos escapan quienes han conformado la principal alianza imperialista, los ingleses y los franceses, aliados también durante las dos guerras mundiales y que en el presente, conforman el actual "Eje", con la retenida complicidad de sus viejos competidores en el saqueo del tercer mundo, Japón y Alemania, algo más cohibidos por su pasado más horripilante, pasado no mucho más criminal que el historial del eje actual. Los mismos países conforman el llamado G7 junto a Canadá e Italia quienes reunidos en abril de 2017 avalaron el montaje del ataque químico atribuido al gobierno sirio para justificar el ataque norteamericano a Siria, reuniéndose para ello al segundo día ni más ni menos que con Turquía, Emiratos Árabes Unidos, Arabia Saudita, Jordania y Catar: todo un ramillete de demócratas antiterroristas.

Como este libro trata de mitos, dejaremos un instante a los anglosajones para develar otra gran falsificación: la Francia de la cultura y las artes, por tanto del humanismo, la Francia de los derechos humanos, de la libertad, igualdad y fraternidad, la Francia de las ideas republicanas que influyeron poderosamente en la amplia derrota, parcialmente inconclusa, del sistema monárquico-absolutista que pasa en general desapercibida como potencia imperialista de primer rango, que como sus socios anglosajones no ha dejado jamás sus malas costumbres imbuidos de la doctrina de la supuesta superioridad racial negando a los pueblos subyugados a gobernarse por sí mismos.

Aún bajo la Presidencia del socialista Francois Mitterand, de sinuosa trayectoria política, Francia reprimiría de manera brutal a los independistas de Argelia, asumiendo en general posiciones centristas para mantener las colonias bajo su férula, especialmente su "patio trasero" en África. Como los norteamericanos y los ingleses, su orgulloso poderío y desarrollo en todos los ámbitos, se explica por lo que nos dice Galeano: "no hay ninguna riqueza inocente: toda riqueza se nutre de alguna pobreza".

Pero el gran discurso de la empresa civilizadora llevada a los pueblos bárbaros se cae a pedazos con sólo un dato: **todas las colonias africanas de Francia, al momento de su independencia tenían en promedio más del 90% de su población analfabeta**. Ciertamente la introducción del francés como lengua generalizada en las colonias es sin duda el único aporte relevante en regiones donde la multitud de lenguas y dialectos era también un factor de retraso pero no debemos dejar de mencionar que la introducción de la lengua y la cultura francesa permitió a la metrópolis asegurar la domesticación de las élites, incluidos brutales dictadores que frecuentaron la educación francesa incluso en el mismo París, lo que demuestra que aun siendo un aporte, Francia sacó y saca ventaja de esa dependencia cultural.

Con la vieja táctica de la zanahoria y el garrote, los franceses ora aceptaban la inevitable ola liberadora con medidas como el otorgamiento de la ciudadanía francesa a los colonizados ora una brutal represión como la que fue particularmente odiosa en Argelia, donde la represión armada, la tortura, la desaparición de personas y la organización de atentados de bandera falsa fueron moneda corriente y donde la doctrina de seguridad nacional tuvo su nacimiento, todo lo cual constituyó una experiencia "exportable" a los EEUU y Latinoamérica. Militares franceses de alto rango fueron los profesores de los norteamericanos en las tácticas antisubversivas traspasando sus criminales experiencias en Argelia al imperio rector que se sentía agobiado por el éxito guerrillero de Cuba y los numerosos imitadores que habían surgido a lo largo y ancho de Latinoamérica. Pero no sólo transfirieron sus "experiencias" a los norteamericanos sino también han co-ayudado a la represión en varios países latinoamericanos, siendo el caso más demostrativo el de Argentina que es todo un emblema de los excesos represivos.

El Dictador argentino Rafael Videla declara a propósito de los métodos represivos empleados; "La incorporación de la doctrina operacional es de larga data, la hipótesis de insurgencia interna también: es de 1962, creo que ahí ya se venía dando con el tema de Argelia…".

El general argentino Martín Antonio Balza, declara más explícitamente: "los franceses aportaron a la Argentina una concepción nefasta y perversa, que literalmente envenenó el espíritu de los oficiales de mi generación: la del *enemigo interior*"; "todos nosotros, yo incluido, interiorizamos el hecho de que el enemigo contra el cual debíamos batirnos era nuestro propio conciudadano: con el que estábamos a punto de almorzar, el profesor de nuestros hijos o nuestro vecino".

El resultado de tales asesorías lo conocemos hoy: treinta mil muertos, la tortura, la desaparición masiva de personas, el rapto de los hijos de los y las asesinadas, muchos de ellos nacidos en las mazmorras de la dictadura antes de ser asesinadas sus madres.¡10 veces los asesinados por la dictadura de Pinochet en un país que tenía una población de poco más dos veces la de Chile! ¿Tendrá algún valor moral el homenaje a las víctimas que realizara en Argentina el Presidente de Francia, Francois Hollande, el mismo personaje que negocia ventas millonarias de armas a Arabia Saudita, la Arabia Saudita que financia y arma a los yihadistas que atentan en París e invaden Siria y cuando al mismo tiempo ha llamado a derrocar al presidente sirio? Una vez más, el cinismo burgués.

Como es sabido, EEUU es el mayor exportador de armas del mundo, pero si consideramos la población de Francia, ésta exporta la misma cantidad por habitante. Igualmente Francia posee el tercer arsenal nuclear más grande del mundo, aunque muy por detrás de EEUU y Rusia.

Visto lo anterior no es de sorprenderse que la ultraderecha haya levantado cabeza en Europa en primer lugar en Francia ya desde el año 1972 con la creación del Frente Nacional que en las elecciones al Parlamento Europeo de 2014 obtuvo ni más ni menos que un 25% de los votos. Se entiende por qué los colaboracionistas con los nazis y los voluntarios franceses que lucharon junto a las Waffen SS en la invasión a la URSS eran más numerosos que los que participaron en la resistencia a la ocupación alemana de Francia. El actual Presidente, Emmanuel Macron, ex ministro del gobierno "socialista" titula su programa electoral con la frase "retrouver notre spirit de conquete" (reencontrar nuestro espíritu de conquista) algo así como "america great again", objetivos que no pueden ser alcanzados más que por la vía del neocolonialismo. En nuestra América Latina, Francia ha mostrado su garra imperial en su intervención en Haití donde de la mano del Departamento de Estado y de la ONG Human Watch Rights (fuertemente ligada al anterior) se han burlado de la voluntad democrática del pueblo haitiano, impidiendo que el más reconocido de sus líderes políticos, Jean Bertrand Aristide, dirija los destinos de su país. En el caso de Siria es también Francia la que ha incentivado la guerra en su ex colonia, con las creación del Ejército Libre Sirio (armado con grupos ligados a Al-Qaeda), ha declarado legítimo un Consejo Nacional Sirio que nadie ha elegido ni representa a nadie y que cuando los EEUU y Rusia acordaron los términos de evitar una escalada en dicho país según acuerdos suscritos en Ginebra el 30 de junio de 2012, Francia los rechazó e incentivó el reinicio de la guerra como lo comentó el periodista y politólogo francés Thierry Meyssan.

La huella civilizadora de Francia en África no parece ser muy profunda, pues de los diez países más pobres del planeta, cinco de ellos, todos africanos, fueron colonias francesas.

El sufrido y explotado Congo

Quisiera detenerme en uno de entre los muchos ejemplos de la actualidad del imperialismo que podríamos traer a colación: el Congo, cuya historia conocida se remonta al 1500, siglo en el que ya existía un reino con una economía y cultura propias. Al ser invadidos por holandeses y portugueses, éstos logran hacer implosionar el reino en una sucesión de guerras civiles con el consabido divide y reinarás. Finalmente en la Conferencia de Berlín de 1885, los países colonialistas se repartieron África enviando expediciones científicas para la explotación económica, instalando guarniciones militares y comercios y al mismo tiempo, como ya sabemos, con el discurso de civilizar y cristianizar a los pueblos conquistados. El nombre de fantasía que el Rey de Bélgica dio a la colonia que le tocó en la piñata, era el de "Estado Libre del Congo o Estado Independiente del Congo" que fue incluso instituido como "propiedad privada" de Leopoldo II. La empresa "civilizatoria" con el consabido saqueo de sus recursos, emprendido bajo un régimen de terror costó 10 millones de víctimas resultado del esclavismo, las mutilaciones y las masacres de poblaciones enteras resistentes a la "civilización". El avance de las ideas socialistas en el mundo y de la solidaridad internacional que estos promovían ya en el siglo XIX, crearon las condiciones para que la barbarie diera paso paulatino al término del esclavismo y la instalación de relaciones de explotación burguesas algo más tolerables. Posteriormente al término de la Segunda Guerra Mundial, la existencia del campo socialista y la influencia que estos países tenían sobre los movimientos liberadores como asimismo el nacimiento de Naciones Unidas, dieron paso a la independencia de numerosos estados que serían objeto de operaciones de colonialismo encubierto (neocolonialismo) por los mismos países recurriendo cínicamente a tapar sus mismos objetivos con el trabajo de agentes encubiertos, la manipulación de la prensa, la cooptación de las élites, las presiones económicas y cuando todo eso es insuficiente, al envío de tropas regulares o la contratación de mercenarios.

La historia del Congo sería la de muchos países del mundo. Su líder, Patrice Lumunba, un progresista y pan africanista ganaría limpiamente las primeras elecciones libres y debió enfrentar una primera secesión territorial apoyada por Bélgica. Recurrió ingenuamente a los norteamericanos que ni siquiera lo recibieron; recurrió a los soviéticos y terminó asesinado por intervención de la CIA. La misma CIA se encargaría de instalar la brutal dictadura del General Mobutu que duraría 42 años, tiempo durante el cual sería "reelegido" en elecciones en la que era candidato único y tiempo en el cuál acumularía una fortuna de 4000 millones de dólares, equivalente a la deuda total de su propio país y tiempo en que las potencias occidentales adalides de la democracia y la libertad serían su sostén permanente.

Después de Mobutu, el Congo ha estado en guerra permanente, uno de los conflictos más largos del presente, totalmente ignorado por los medios, una guerra invisible en la que han muerto 10 millones de personas en los últimos 15 años, donde están indirectamente implicadas las transnacionales a través de los gobiernos de Ruanda y Uganda que invaden territorio congolés u organizan grupos guerrilleros que cometen barbaridades.

Entre los muchos asesinatos menciono el del Arzobispo Munzihirwa quien había denunciado públicamente la ayuda que EEUU le brindaba a los ejércitos de Ruanda y Uganda. En otros casos son las mismas transnacionales que organizan y arman grupos que protegen sus explotaciones aprovechando riquezas extraordinarias en un país donde la población está sumida en la pobreza más abyecta con el 80% de su población viviendo con 30 centavos de dólar al día. Recomiendo ver este video: El Congo, mi tesoro www.youtube.com/watch?v=1OZ4da6JQxi.

El Congo posee el 30% del cobalto del mundo, el 10% del cobre y 80 % del tantalio (elemento clave en los circuitos electrónicos) lo que explica la presencia de empresas predominantemente norteamericanas: OM Group, Cabot Corp., Freeport McMoRan, De Beers o American Field Inc., Forrest Group, Barry Gold Corporation, la Societe Miniere des Grands Lacs. Naciones Unidas ha publicado varios informes sobre la nula legalidad de las explotaciones hechas por las corporaciones transnacionales en el Congo pero no han tenido ningún efecto y la esperanzadora lucha que el Ché Guevara llevó adelante clandestinamente en el Congo no logró impedir la sumisión de un pueblo que ha sufrido más que ningún otro en el nuevo siglo aunque su mensaje nos sigue obligando: "Porque, en cuanto al imperialismo yanqui, no vale solamente el estar decidido a la defensa; es necesario atacarlo en sus bases de sustentación, en los territorios coloniales y neocoloniales que sirven de basamento a su dominio del mundo".

Arabia Saudita, las monarquías del golfo Pérsico, el más escandaloso doble rasero

El Presidente Trump, acusa a Irán, como el principal país promotor del terrorismo, el mismo país al que el Gobierno israelita define como su principal enemigo. ¿Simple coincidencia? Estoy lejos de considerar a Irán como un país progresista pero incomparablemente menos integrista que Arabia Saudita, prueba de lo cuál es que participa activamente en el combate al Estado Islámico y las mujeres no tienen otra restricción que el porte del velo sobre su cabello. Seguidamente Trump decidió suspender el visado a ciudadanos provenientes de varios países musulmanes, encabezados por supuesto por Irán y donde no estaba ni Arabia Saudita ni las monarquías del golfo.

La intocable Arabia Saudita o al menos, varios de sus más prominentes personajes, han sido identificados como financistas de Al Qaeda y del Estado Islámico y enfrentan en EEUU juicios donde aparece como parte acusada por los familiares de centenares de víctimas del 11 de septiembre (casi todos los terroristas eran saudíes), promueve en todo el mundo y particularmente en Europa la construcción de mezquitas que son dirigidas por mullah radicales, la versión oficial que rige la vida de los saudíes es el islam wahabita, su versión más extrema, las mujeres sólo recientemente han podido votar solamente en elecciones municipales y también sólo recientemente las mujeres han sido autorizadas a conducir automóviles acompañadas de un varón familiar directo o su marido; sólo fueron autorizadas a estudiar hace 10 años; sólo el islam es la religión autorizada, la música está prohibida en las escuelas públicas, los cines están prohibidos y hasta los negocios tienen secciones separadas para hombres y mujeres, se ejecuta públicamente por decapitación a oponentes políticos o religiosos y como en los bellos tiempos de la inquisición, hasta por brujería.

Pero los adalides de la democracia y la libertad no consideran tocar ni con el pétalo de una rosa a Arabia Saudita ni los otros "reinos". Bien al contrario, apenas asumido el nuevo jefe de la CIA Mike Pompeo, condecoró a Arabia Saudita por su labor antiterrorista, acción que fue calificada por el ex analista de CIA Ron Aledo como "una especie de broma de mal gusto". Esforzándonos por encontrar explicaciones, si cabe alguna, porque de justificaciones ni hablar, debemos tener presente los negocios millonarios de Arabia Saudita por compra de armas (el mayor comprador de armas del tercer mundo); el hecho de tener inversiones en EEUU por 250.000 millones de dólares; los subterráneos acuerdos de fomento al terrorismo, funcional a los intereses de EEUU e Israel. Nótese que aparte de las amenazas verbales contra el sionismo, el Estado Islámico no ha tocado intereses de Israel ni de Arabia Saudita. Todo un cuadro que a fin de cuentas refleja la inmoralidad y la decadencia del imperialismo y la absoluta convicción de las élites de que pueden hacer lo que les dé la gana teniendo bien controlada la opinión pública que en otros tiempos se habría manifestado masivamente como ocurrió durante la guerra de Vietnam y más recientemente contra la invasión de Irak, lo que muestra una vez más lo formidable que es como arma, el control y la manipulación de los medios. Aún más, saben que incluso si la opinión pública se manifiesta contra la guerra como ocurre aun hoy con el 80% de los franceses y alemanes, los gobernantes pueden hacer caso omiso de ello siguiendo la recomendación de la CIA en documento divulgado por Wikileaks marcado "confidencial/no para ojos de extraños," que ofrece una salida: la apatía pública.

He considerado necesario extenderme en el tema del imperialismo porque es fundamental conocer la principal amenaza para los pueblos, incluido el apadrinado Chile, para su desarrollo y dignidad aunque a los socio-oportunistas se le atragante la palabra "imperialismo". Pero ¿Te cabe alguna duda lector, de que el imperialismo existe y constituye en el mundo de hoy el mayor peligro para la paz y el progreso en el mundo y que la afirmación dada hace varias decenas de años atrás de ser "el enemigo principal" de los pueblos es certera y plenamente actual? ¿Es que la naturaleza agresiva del imperialismo ha desaparecido, es que alguien puede pensar que han renunciado a dominar el mundo cuando sólo EEUU tiene alrededor de 800 bases repartidas por todo el planeta... y la "agresiva Rusia" tiene 2?

Peor aún, ¿Es que es posible pensar que son los adalides de la libertad y la democracia? ¿Y alguien puede considerarse patriota sometiéndose a esa dominación o peor aún considerar a EEUU un país amigo y hacer alianzas subordinantes? Durante muchos años la derecha y otros yanaconas sostuvieron que había que aliarse a los EEUU frente al peligro de ser dominados por la URSS o incluso la ridiculez, de ser sometidos por los cubanos y era frecuente escuchar que no debíamos aceptar "doctrinas extranjeras", como si los padres de las patrias latinoamericanas no hubieran importado las ideas republicanas de la revolución francesa o peor aún como si el neoliberalismo y sus asesores gringos o agringados fueran "vino tinto y empanadas" o si la doctrina de la seguridad nacional haya sido elaborada por "Don Chuma".

Es impresionante constatar cómo a pesar de ser afirmaciones insostenibles ante un mínimo de raciocinio, ellas son asumidas por buena parte de la población, incluso por personas con educación. Roberto Thieme, el segundo jefe de organización de ultraderecha Patria y Libertad confesaba, no sin algo de incomodidad, que él estaba convencido de que los avisos que se publicaban en El Mercurio en tiempos de la Unidad Popular mostrando un tanque ruso frente a La Moneda era algo plausible de ocurrir y lo impresionaba, y que sólo con los años se dio cuenta de lo irreal del mensaje.

IV. La Unidad Popular

Hemos ocupado un importante número de páginas en este libro para referirnos a los métodos invisibles de dominación pues la experiencia de la Unidad Popular y la ideología socialista que la inspiraba han sido objeto de un ataque plagado de mitos y verdades a medias y el propósito de este libro es tanto desmitificar como redimir ese proyecto tan original como lo fue el programa de la Unidad Popular, rescatar todo lo valioso contenido en él como entender también que los decenios transcurridos obligan a plantearse algunas cuestiones nuevas y a desbrozar aquello que ya no tiene validez hoy. Pero, sin caer desde luego en la negación total, como han hecho los personajillos oportunistas de una pseudo-izquierda que es irreconocible para quienes tenemos la convicción de que la lucha por el socialismo sigue siendo hoy plenamente válida y desesperadamente necesaria en estas horas de negación y regresión del progreso civilizatorio lo que ha llegado al extremo de cuestionar los derechos humanos y la existencia de Naciones Unidas.

Tarea difícil que me dispensará no pocos enemigos, que deberá enfrentar no sólo los diecisiete años en que la Dictadura pudo manipular la opinión pública a su antojo sino los años "de democracia", de silencios y complicidades y sobretodo, medios de comunicación funcionales al sistema, dependientes económicamente del avisaje privado y público, bajo la bota invisible de un poder aparentemente democrático pero de rasgos totalitarios apenas disimulados, medios que si bien suelen permitirse algunas meneadas democráticas no lo hacen sino en bien dosificadas medidas, que no representan sino una tolerancia bien calculada, la aplicación de la técnica de la válvula de escape para evitar presiones peligrosas.

Para ello sirven apariciones y entrevistas a personajes contestatarios que dada su escasez, no hacen mella al sistema pero si permiten dar la impresión de vivir en una sociedad democrática en que todos tenemos las "mismas posibilidades" de opinar, revelando en ello una vez más el carácter cínico del sistema, su pretensión de "democrático" y de espacio para el ejercicio "de las más amplias libertades". Todo lo cual no excluye desde luego los métodos criminales, la tortura, la desaparición, los bombardeos e invasiones, etc., que nunca han sido abandonados.

A) La unidad popular, la esperanza de un pueblo

En medio del ambiente político creado por el avance de las fuerzas populares, resurgió en 1970, la figura de Salvador Allende que tenía sus propias convicciones sobre Chile y sobre lo que él consideraba eran las particularidades de nuestro país, particularidades sin duda existentes: Chile era la democracia más estable de América Latina, donde las asonadas militares, tan frecuentes en el resto de América Latina, habían desaparecido durante los últimos decenios, salvo los episodios Viaux bajo el Gobierno de Frei y el "ariostazo" contra Pedro Aguirre Cerda en 1938, ambas intentonas golpistas fracasadas, además. Eso cambiaría de manera brutal desde el momento en que Allende resultó ganador en las elecciones de 1970 y aún antes de que asumiera, con el asesinato ni más ni menos del Comandante en Jefe del Ejército René Schneider, quien fiel al respeto de la Constitución se transformó en un escollo para los sectores golpistas. Una vez más se demostraba que el imperialismo no se andaba con miramientos y que encontraría como siempre, aliados internos, incluso en las propias Fuerzas Armadas, cuyo rol principal es defender los intereses patrios.

La existencia misma de una democracia estable había permitido que en Chile se desarrollara un movimiento popular extraordinariamente poderoso, con una importante masa de obreros, empleados y campesinos organizados sindicalmente y dos partidos declaradamente marxistas, el Partido Comunista y el Partido Socialista, el primero de los cuáles ostentaba el mérito de ser el segundo partido comunista de más peso electoral de todo el mundo occidental después del PC de Italia y Henry Kissinger haría notar como incomprensible, según él, que el Partido Socialista chileno fuera más izquierdista que el Partido Comunista. Apenas fundado en 1933 se declararía marxista y alejado de toda tutela exterior, aunque claramente internacionalista, latinoamericanista y bolivariano. En el programa de 1947 elaborado bajo la dirección de uno de los más brillantes intelectuales de la época, Eugenio González, sería claramente crítico del estalinismo, anticipándose a la debacle de los 90, lo que reafirmaba lo que ya había estado en su origen ya que la fundación del PS tuvo directa relación con crear una alternativa al Partido Comunista, demasiado disciplinado a las directivas de la Internacional (Komintern) y poco atento a las particularidades del país. El PS reivindicaría la necesidad de fundar la estrategia y la táctica en el desarrollo de la lucha política en nuestro país, sin menoscabo de las obligaciones de solidarizar con los demás pueblos de la tierra que luchaban contra el imperialismo y el colonialismo, por la independencia nacional política y económica.

Allende resume en estas palabras pronunciadas ante el Congreso Pleno en 1971, el proyecto de la vía chilena al socialismo: *"Chile se encuentra ante la necesidad de iniciar una manera nueva de construir la sociedad socialista: la vía revolu-*

cionaria nuestra, la vía pluralista, anticipada por los clásicos del marxismo, pero jamás antes concretada. Chile es hoy la primera nación de la tierra a conformar el segundo modelo de transición a la sociedad socialista.

Este desafío despierta vivo interés más allá de las fronteras patrias. Todos saben, o intuyen, que aquí y ahora, la historia empieza a dar un nuevo giro, en la medida que estemos los chilenos conscientes de la empresa. Algunos entre nosotros, los menos quizás, sólo ven las enormes dificultades de la tarea.

Otros, los más, buscamos la posibilidad de enfrentarla con éxito. Por mi parte, estoy seguro que tendremos la energía y la capacidad necesaria para llevar adelante nuestro esfuerzo, modelando la primera sociedad socialista edificada según un modelo democrático, pluralista y libertario.

Los escépticos y los catastrofistas dirán que no es posible.

Vamos al socialismo por rechazo voluntario del sistema capitalista y dependiente cuyo saldo es una sociedad crudamente desigualitaria, estratificada en clases antagónicas, deformada por la injusticia social y degradada por el deterioro de las bases mismas de la solidaridad humana". (Salvador Allende, en su discurso ante el Congreso Pleno de la República el 21 de mayo de 1971).

Gracias a la existencia de medios de comunicación y a una libertad de prensa muy amplia, el discurso programático que la izquierda había levantado en los últimos decenios había penetrado en amplios sectores de la población chilena, en consonancia con lo que ocurría, aunque con mayores dificultades, en otros países de América Latina: ya casi no se escuchaban las voces de la derecha para oponerse a reformas imprescindibles como la Reforma Agraria o la recuperación de los recursos naturales en manos extranjeras.

Alarmados los norteamericanos por la experiencia cubana y los movimientos guerrilleros que encontraban apoyo en los campesinos despojados de tierras, incluso ellos también propiciaban una Reforma Agraria en América Latina. De manera que, aunque los luctuosos hechos ocurridos a partir del Golpe Militar y la instauración de la dictadura de Pinochet parecieran dar la razón a quienes sostenían la imposibilidad de la vía de Allende, la Vía Pacífica al Socialismo en Chile, los elementos en los que el presidente mártir se basaba no eran de manera alguna puro subjetivismo sino que revelaban un profundo conocimiento de la realidad histórica, socio-económica y política de Chile.

Guardo la convicción de que la continuidad del proyecto de la Unidad Popular pudo ser posible de no mediar un conjunto de factores negativos, aportados por unos y otros, y la prueba de ello es que Allende abrió el camino para que otros procesos hoy se hayan abierto paso, como ha ocurrido en Nicaragua, Argentina, Venezuela, Bolivia, Ecuador, Uruguay y Brasil, todos con distintas características nacionales y con profundidades diversas, todos con sus "vinos tintos y empanadas". Pero ello, no es más que la confirmación de que la historia no es lineal ni esquemática: el progreso social y económico se abre paso con dificultades, con avances y retrocesos, se mete por pasajes sin salida, busca a veces derroteros que no llevan a ninguna parte. La evolución de las especies en la naturaleza, nos señala la ciencia, sigue los mismos azarosos derroteros.

Si bien la interpretación marxista de la historia, el materialismo histórico, nos revela el movimiento general de la historia y cumple con permitirnos entender los grandes trazos que marcan el devenir de la humanidad, reducirlos a una pura escolástica, aplicables en todo tiempo y lugar, es renegar claramente de Marx. Para entenderlo, no hay más que tener presente la ley marxista del "desarrollo desigual y combinado" y entender que en medio de ese azaroso deambular de la historia, el progreso existe y finalmente se instala, hay un vector central que dirige el movimiento hacia formas superiores de organización de la vida de los seres humanos, opera igualmente Pavlov y su "ensayo y error" que es también dialéctica. Eduardo Galeano, como siempre brillante y pedagógico decía que "la historia es una señora de digestiones lentas y de andar suave, no cambian las cosas en una semana o un mes, es legítima la necesidad humana de que el mundo cambie, cambie mientras estoy vivo, yo quiero ver esos cambios, eso es una pasión humana absolutamente comprensible y compartible pero no coincide con la realidad, la realidad se toma sus tiempos y el mundo no camina en línea recta tampoco, ni hacia arriba ni hacia abajo". ¡Pero, cambia! agrego, según las circunstancias históricas y las relaciones de fuerza entre los conservadores y los partidarios del cambio. Eso implica que aceptemos que si bien las revoluciones son sacudidas, empujones valiosos y que bajo ciertas circunstancias históricas se han revelado imprescindibles para quebrar resistencias obcecadas de las fuerzas conservadoras, la historia demuestra que los caminos del progreso son diversos y se desarrollan en un tándem revolucionando-evolucionando, dependiendo siempre la radicalidad del cambio de las condiciones objetivas y subjetivas existentes en un momento histórico dado, pero fundamentalmente de la relación de fuerzas entre los partidarios de las transformaciones y los sectores conservadores que quieren mantener sus privilegios.

Además, el socialismo implica llevar adelante cambios de enorme profundidad que rompen con estructuras económicas y mentales milenarias fuertemente arraigadas por lo que sin duda costarán aún modificar. El socialismo es sin duda, la revolución de las revoluciones, aquella que pretende no sustituir una dominación por otra sino terminar con toda forma de opresión y explotación y en esa radicalidad reside su principal dificultad por las enormes fuerzas de resistencia que levanta.

Además, nuestra idealizada concepción del hombre, nuestra desconsideración por una naturaleza humana diversa, conocimiento enriquecido por la ciencia genética hoy en día y que Marx desconoció, nos debe llevar a ser más cautelosos respecto de idealizaciones y generalizaciones como la de la clase obrera, o la condición idealizada también del militante. Buena parte de los ensayos de socialismo se han topado con el "porfiado hecho", de que siempre aparecen individuos cuyas motivaciones íntimas (no la de los discursos de la boca para afuera), no tienen que ver con la generosidad que anima a los auténticos revolucionarios. Los "Yeltsin" siempre aparecen en los procesos revolucionarios: olfatean el poder y sus prebendas (aunque éstas no sean más que un espacio de prestigio personal en el caso del socialismo) y su poderoso ego domina todo sentimiento auténtico de servidor de una causa que obliga a una entrega sin compensaciones. En descubrir a tiempo a estos individuos reside una de las mayores dificultades que han afrontado los procesos revolucionarios fallidos y ello porque, por diversas razones y circunstancias, la necesidad de defender los procesos frente a la pertinaz agresividad de las fuerzas conservadoras, ha llevado a la construcción de estructuras rígidas carentes de democracia auténtica, en las que ha sido fácil la instalación de esos personajes perniciosos a quienes el poder, más que la vocación de servicio a sus semejantes, atrae como un imán. Sólo una democracia llevada hasta las últimas consecuencias y que supere la pseudo-democracia burguesa puede hacer irreversible el socialismo. De ahí la doble obligación moral de que la democracia interna de los partidos que luchan por el socialismo sea no sólo mejor que la pseudo-democracia burguesa sino que sea como Gramsci dice, "el partido como prefiguración de la nueva sociedad". Pero en Chile y en otras latitudes hemos estado a las antípodas de tan noble objetivo. ¡En los partidos suele haber menos democracia que en la sociedad burguesa!

Bajo el impulso de miles y miles obreros, campesinos, estudiantes, trabajadores manuales e intelectuales de todos los ámbitos y en el contexto de un mundo y una América Latina en ebullición, cuyo denominador común era el firme convencimiento de que era posible cambiar las condiciones de vida y de subdesarrollo de nuestros pueblos cortando el gigantesco río de recursos que nos eran expoliados y que paraban en quienes menos los necesitaban, los países desarrollados, surge el proyecto de la Unidad Popular.

Debíamos igualmente enfrentar a los eternos aliados de los capitales extranjeros, las propias clases dirigentes de nuestros países y sus variopintos colaboradores y romper por tanto con un capitalismo a medias, un capitalismo dependiente y al mismo tiempo, el resabio del atraso en el campo, dominado por propiedades latifundistas, ineficientes, semifeudales, con grandes concentraciones de la propiedad y una muy baja productividad, lo que obligaba a masivas importaciones de alimentos que mantenían a nuestros países con permanentes y crecientes desequilibrios en la balanza comercial y la balanza de pagos, sumándose aquello, para una creciente y mayor dependencia de los países dominantes.

Vale la pena consignar aquí como la Unidad Popular fue capaz de construir un Programa de Gobierno que fue ampliamente discutido, difundido y conocido lo que contrasta con los ofertones publicitarios amañados de hoy, generalmente inconsistentes y vacíos de contenido y que no permiten diferenciar las propuestas entre unos y otros candidatos, muy al contrario de lo que sucedía entonces, cuando la opinión pública era informada de las distintas visiones que se tenían del futuro del país, cuando los partidos de izquierda tenían medios de comunicación propios que les permitían difundir sus ideas.

La Unidad Popular planteó un conjunto de medidas en el ámbito de la economía, lo social y lo político cuyo propósito era sacar a Chile del subdesarrollo y asegurar una distribución de la riqueza que garantizara condiciones de vida digna para todos los ciudadanos, inspirados en los principios de justicia social y solidaridad. La cantidad de poderosos intereses que habría de tocar dicho programa explica la feroz oposición que dichas medidas tendrían, aunque curiosamente, dichas decisiones seguirían en los años posteriores al golpe militar, demostrando su validez, ya que Chile no volvería a ser el mismo y pasaría a ser un país capitalista sin el resabio del feudalismo en el campo, aunque siempre, un capitalismo dependiente, con una clase dominante de rasgos oligárquicos básicamente productor de materias primas con escaso o nulo valor agregado y servidora de los grandes centros de poder mundial.

Ello curiosamente, de manera importante debido a los avances que llevó adelante el gobierno popular, cuyas principales medidas no fueron esencialmente revertidas, sino aprovechadas para completar la revolución burguesa inconclusa desde la guerra de la Independencia, aunque sin despojarse de los rasgos oligárquicos que se expresan en la Constitución pinochetista. El país semi-feudal y semi-capitalista de 1970 que la izquierda quería transformar en un país socialista había sido transformado para dar nacimiento al peor de los capitalismos, el capitalismo neoliberal que exacerbó hasta el día de hoy, la desigualdades sociales como nunca antes en la historia de Chile y haciendo de nuestro país uno de los más desiguales del mundo, dominado por un individualismo feroz porque desde luego, la instalación de un capitalismo primario, salvaje, en el irrespeto a los trabajadores, no podía hacerse sino con una brutal represión y jugando a la vieja táctica de dividir para reinar: ¡Qué mejor método que aislar a cada ciudadano en la pequeñez de sus intereses cercanos e inmediatos¡, hacer desaparecer el sentido de pertenencia a una clase que vive de su propio esfuerzo y que se diferencia claramente por tanto, de quienes viven de sus rentas, (a veces, parcialmente de su esfuerzo), pero esencialmente de la apropiación de trabajo ajeno.

Los derechos universales fueron trastocados en derechos individuales que predominan por sobre los anteriores y por sobre el interés general y el desarrollo centrado en la satisfacción de las necesidades humanas transfigurado, en un crecimiento de los negocios y el lucro que como producto secundario mejora y desmejora al mismo tiempo las condiciones vida de los chilenos, dentro de los parámetros de una "sociedad de consumo desigual". El espíritu burgués ha permeado la sociedad entera y no han escapado a su influjo ni siquiera los partidos que otrora fueran considerados de izquierda, en particular el Partido Socialista, cerrando con ello el anillo de acero de una dominación económica y cultural, de disimulados rasgos totalitarios.

El programa de la Unidad Popular contenía una serie de medidas inmediatas de carácter más particular como las conocidas "40 medidas" entre las cuales la mayoría eran ciertamente consistentes con las necesidades sociales más urgentes, aunque algunas tenían sin duda un sesgo populista. La más emblemática de ellas y la más recordada, también sin duda, la más concreta y efectiva, era la entrega de medio litro diario de leche a cada niño chileno. Como médico, Salvador Allende estaba muy consciente del efecto que tenía una mala alimentación en la infancia para las futuras generaciones y para el país mismo y esta medida fue llevada a cabo con el máximo de eficacia y preocupación por todas las autoridades con un alto costo para el erario nacional. Las estadísticas oficiales de la época mostraban una situación alarmante: el 50% de los menores de 15 años estaban sub-alimentados en un país con un enorme potencial agrícola y pecuario.

Si bien el programa y las 40 medidas se referían a un conjunto de materias muy diversas, eran las medidas económicas más fundamentales las que habrían de concentrar los esfuerzos más importantes y al mismo tiempo las que habrían de encontrar las mayores resistencias y ser el motivo central de la violencia que se desataría contra Allende y sus partidarios. Entre ellas, tres eran las más importantes: la nacionalización del cobre, la reforma agraria y la creación del área de propiedad social (APS) conformada por el conjunto de las empresas consideradas estratégicas y sin el control de las cuales era imposible hacer viables las transformaciones prometidas (banca privada y seguros, el comercio exterior, los monopolios de la distribución e industriales, la energía, la siderurgia, el cemento, la petroquímica y la celulosa y el papel).

El programa de la UP estaba muy lejos de pretender que el Estado se hiciera cargo de todas las actividades económicas ya que el número de empresas a nacionalizar no superaban las 120 de las decenas de miles que existían al llegar al gobierno y lo que se buscaba era tener el control de las actividades que eran determinantes para asegurar que las políticas económicas diseñadas pudieran implementarse y para asegurar un desarrollo centrado inicialmente en la satisfacción de las necesidades básicas de la población como: alimentación, vivienda, salud, educación y al mismo tiempo impulsar preferencialmente el desarrollo de la industria y de la investigación científica y tecnológica.

Por tanto, no se trataba de copiar experiencias que llevaron a ideologizar en exceso las decisiones económicas, haciendo caso omiso de los datos de la realidad que demostraban que el Estado no podía de manera alguna hacerse cargo de la gestión total de la economía y que no es que no importe el "color del gato", sino que debemos hacer compatibles formas distintas de propiedad siendo lo único importante que los principios de justicia social y solidaridad vayan imponiéndose en función de las condiciones históricas concretas y que efectivamente el Estado sea el centro del poder soberano del pueblo y garantice el interés general y por tanto no sea un pelele de los poderes fácticos y el Estado y la sociedad no sean víctimas del chantaje de la alta burguesía que no tiene otro interés que acrecentar su poder y riqueza y que en estricto rigor les importa un carajo el desarrollo del país y el bienestar de sus gentes.

Sin duda que al margen de ensayar un modelo de socialismo anclado en nuestra realidad como país no significaba en modo alguno la renuncia a las características más esenciales de un modelo de socialismo universal como una clara voluntad de dotar al Estado de un rol protagónico en la economía, (como rasgo definitorio de lo que es socialismo), de la necesidad de una planificación centralizada de los esfuerzos de todos los actores de la economía, de conceder la máxima importancia al desarrollo científico y tecnológico y al rol rector y dinamizador del crecimiento que representa la industrialización junto con una voluntad clara de descentralización económica y administrativa. Lo que estaba claro era que no se trataba de copiar experiencias ajenas aunque era también evidente que los éxitos alcanzados por los países del Este de Europa y en particular la URSS merecían ser tomados en cuenta aún más si esos países practicaban una disposición solidaria imposible de encontrar en el mundo capitalista desarrollado.

B) La nacionalización del cobre

La nacionalización es conceptualmente un acto soberano mediante el cual un estado recupera la propiedad de una empresa extranjera establecida en su territorio, más frecuentemente para la explotación de algún recurso natural, siendo un acto que nacionaliza y que casi siempre implica también una estatización y que puede o no implicar indemnizaciones en función de las ganancias obtenidas por los inversores extranjeros.

La Nacionalización del Cobre realizada por la Unidad Popular constituye la medida más importante tomada por el Gobierno de Allende, un hecho histórico trascendental que debe considerarse como el mayor hecho patriótico de todo el siglo XX, suficiente en sí mismo para que dicho gobierno deba ser señalado como el creador de una base fundamental para el desarrollo posterior del país. No en vano el gobierno de Frei consideraba la producción de cobre como la "viga maestra de la economía chilena" y Allende lo definiría como "el sueldo de Chile", que hoy lamentablemente ha vuelto a ser explotado mayoritariamente por empresas extranjeras como consecuencia de actos y omisiones fundados en la irresponsabilidad, la corrupción, el chantaje, el ideologismo neoliberal cuando no simplemente de la ignorancia y la ligereza de quienes participan de decisiones tan fundamentales para el destino de nuestro país y su pueblo. Los enormes aportes a las finanzas públicas y a la economía en general nos permiten afirmar que de no mediar la nacionalización, los gastos e inversiones del Estado en salud, educación, vivienda y defensa habrían sido mucho menores a lo largo de todos los años transcurridos desde 1971 hasta hoy. Fue un acto de soberanía legítimo y legal y se basaba en el derecho de los pueblos a disponer libremente de sus recursos.

La nacionalización del cobre llevada adelante por la Unidad Popular no era una originalidad en el mundo en el siglo veinte y ya desde el siglo XIX era tema en el mundo y en Chile en particular en relación al salitre, otro privilegio extraordinario con el cual existen paralelismos históricos que llaman la atención.

Las nacionalizaciones en el mundo subdesarrollado surgieron como respuesta a la creciente dependencia que implicó la penetración del capital extranjero en los países de la periferia, generalmente asociado a recursos estratégicos de los países pobres y que en el tiempo se transformaron en sangrías de recursos que al mismo tiempo que alimentaban el crecimiento de las metrópolis empobrecían y limitaban el desarrollo de la periferia y es una de las causas más importantes de las enormes desigualdades existentes en el mundo entre países ricos y pobres por diversas razones, entre otras, por las remesas de utilidades y repatriación de capitales, que tratándose de grandes empresas monopólicas se erigen en poderes paralelos a los estados, corrompen políticos, presionan para obtener rebajas de impuestos y royalties, falsifican sus contabilidades para eludir impuestos, buscan favorecer al desarrollo de industrias elaboradoras en las metrópolis limitándose a actividades puramente extractivas, manipulan los precios internacionales para favorecer a sus filiales con precios de rebaja, etc..

Se argumenta mañosamente, que toda inversión extranjera es beneficiosa per se aunque la práctica demuestra que ello depende de muchos factores pero que el balance final es que habitualmente ha servido más que nada al país exportador de capital. Ocurre también que no pocas veces no se ha importado capital pues se suelen emplear los propios recursos financieros existentes en el país destino de la inversión. En esta materia como en otras de interés de los dominadores, se levantan mitos justificadores, ampliamente difundidos, de relaciones económicas que en la realidad terminan perjudicando al "beneficiario" de la inversión extranjera.

Esta forma solapada de invasión de un país por otro (como toda la cultura del cinismo propia de la dominación burguesa), tiene su origen en el desarrollo del capitalismo en Europa, EEUU y Japón que se vio limitado por una parte, por la escasez de materias primas y por la otra por la disponibilidad de productos y capitales que debían ser colocados en los mercados del mundo subdesarrollado: es el origen del colonialismo y el imperialismo y de las dos grandes guerras surgidas de los conflictos interimperialistas por el reparto y sometimiento de los países de la periferia. La historia consigna el inmenso costo en vidas y sufrimientos sin fin a que ha sido sometida la humanidad hasta el día de hoy, para hacer posible el desarrollo del capitalismo y la instalación de las enormes desigualdades que imperan en el mundo.

Pero algo que permanece en las sombras en el proceso de la expansión del capitalismo es la fundamental colaboración entregada por las élites de los países incluyendo a las élites militares, que se vieron beneficiadas de esta relación y se transformaron en los sostenedores de la dependencia económica y de la subordinación y empobrecimiento de sus pueblos, muy lejos de la verborrea patriotera con que se suele encubrir el oculto submundo de los buenos negocios para unos pocos. Un soporte importante para la subordinación de nuestros países a los países dominantes lo constituyeron los inmigrantes de mayor poder económico de los países centrales que conformaron parte de las élites dirigentes y en facilitadores de la penetración imperialista, tarea que siguen cumpliendo hoy en día, aunque debe quedar en claro que la mayoría de los inmigrantes eran modestos y esforzados campesinos y obreros escapando de las miserias de Europa que premunidos de un pequeño "saber hacer" también pudieron desarrollarse desde una posición ventajosa. Ciertamente hoy en día, con el traslado de muchas industrias a la periferia y la acentuación de la mundialización de la economía podría ser que la inversión extranjera aporte al desarrollo, pero ello siempre dependerá de las condiciones bajo las cuales se instalan en un país y la capacidad de los pueblos, estados y gobiernos para hacer valer sus intereses e inscribir dichas inversiones en el marco de un plan de desarrollo coherente con los intereses de los pueblos como ha sido el caso de los países asiáticos (los llamados "tigres" del Asia y los últimos decenios, de China) donde el estado respectivo ha jugado un rol fundamental, muy lejos por lo demás del "laissez faire, laissez passer" neoliberal. Además, las transnacionales operan con la ventaja de poder elegir dónde invertir por lo que los países se ven obligados a participar de un virtual remate de quién ofrece menores costos para acceder al maná de las inversiones. Se argumenta con demasiada liviandad las ventajas de las inversiones extranjeras pero los países subdesarrollados siempre están en una posición débil frente a los gigantescos oligopolios. Es común escuchar que las inversiones extranjeras crean empresas que el país receptor no es capaz de levantar. En el caso de Latinoamérica, mediante la deuda y las privatizaciones la mayor parte de las inversiones se emplearon en comprar empresas estatales o privadas funcionando, habitualmente a precio de liquidación; muchas empresas concesionadas fueron tomadas por poderosas compañías multinacionales norteamericanas y europeas, en las décadas de los 60, 70 y 80 casi siempre gobernadas por dictaduras militares y en total desprecio por la voluntad de sus pueblos y donde el rol de los organismos internacionales adjuntos al poder imperial consistía en presionar a los gobiernos a privatizar a precio de saldo.

Otro mito de la inversión extranjera es el de la transferencia de tecnología que consiste básicamente en transferir medios de producción sofisticados que son diseñados y producidos habitualmente en las metrópolis y raramente hay algún pequeño departamento creativo nacional siendo la norma la dependencia, sea de algún proceso físico-químico o de una materia prima particular.

También se sostiene que crean empleos lo que es también ficticio en importante medida pues habitualmente las inversiones son intensivas en capital requiriendo poca mano de obra. No son pocos los casos en que las operaciones de inversión han implicado lavado de dinero; muchas inversiones extranjeras implican la adquisición de materias primas, insumos, maquinaria y sus repuestos en el extranjero para lo cual deben emplearse divisas que no siempre son compensadas por las exportaciones que generan las inversiones extranjeras. No se trata de oponerse a toda inversión extranjera, pero ella debe al menos responder a los intereses nacionales y cumplir con tres criterios básicos: aportar capital, aportar tecnología y aportar mercados: la privatización del cobre no responde a ninguno de estos criterios. Ni siquiera bajo el gobierno de la Unidad Popular hubo una oposición absoluta a la inversión extranjera ya que se estaban negociando con empresas europeas importantes acuerdos sobre todo en el rubro automotriz.

La reacción de los pueblos y sus más honestos dirigentes frente al colonialismo y el imperialismo llevaría ya en el siglo

XIX a la aparición de la idea de la nacionalización y esta se extendería en todos los continentes y se asistiría a nacionalizaciones importantes como la Nacionalización del Petróleo en México y la del Canal de Suez, en Egipto. Las explotaciones de petróleo en México por parte de varias compañías extranjeras, predominantemente norteamericanas, se llevaban a cabo durante decenios en los términos conocidos: gobiernos exigentes con las empresas y gobiernos corrompidos por ellas, las compañías negándose a pagar los impuestos exigidos, incluso negándose a controles tan elementales como dar a conocer al estado las cantidades extraídas y el valor de sus propiedades, las presiones y amenazas de intervención militar de los gobiernos norteamericanos a través de sus embajadores, recomendaciones de senadores de no reconocer al Gobierno Mexicano mientras no derogara artículos de la constitución de 1917 mientras las empresas promovían acciones separatistas de los estados mexicanos con recursos petroleros. Como consecuencia de lo anterior, el 25 de noviembre de 1936 se promulgó la Ley de Expropiación en el *Diario Oficial y* el general Lázaro Cárdenas del Rio procedió a la expropiación de las empresas extranjeras del petróleo en marzo de 1938.

Gamal Abdel Nasser, fue una figura clave en la descolonización que siguió a la Segunda Guerra Mundial, erigiéndose en la más importante figura árabe de la posguerra, militar egipcio que impulsó el panarabismo y el socialismo árabe, combatido también en su tiempo por un integrismo musulmán entonces muy minoritario. La negativa de Occidente para la construcción de la Presa de Asuan, motivó en 1956 la nacionalización del estratégico Canal de Suez controlado por ingleses y franceses, quienes organizaron una embestida militar bajo un acuerdo secreto entre Francia, el Reino Unido e Israel que incluía ocupar otros territorios egipcios y derrocar a Nasser. Sin embargo, la firme oposición de la URSS e inexplicablemente de EEUU, los obligó a echar pie atrás. De hecho, Nasser recibió la más alta condecoración de la URSS, habiéndosele declarado Héroe de la Unión Soviética no siendo marxista, sino adhiriendo a la religión musulmana y al mismo tiempo promoviendo la igualdad de género. Ya en esa época, la oposición islamista a Nasser era estimulada por Francia e Inglaterra como lo siguen haciendo clandestinamente hoy. Finalmente fueron los soviéticos los que se harían cargo de la construcción de la presa de Asuán, la que sería financiada con los beneficios de la nacionalización. Y desde luego, la Presa de Asuán no es una inversión extranjera de la URSS.

Resulta interesante consignar, que una de las primeras acciones de nacionalización de recursos (y estatización) en América Latina surgiera en el Perú en 1875, por el gobierno de Manuel Pardo, continuada después por Mariano Prado, nacionalizaciones de salitreras que afectaron a inversionistas ingleses, chilenos y peruanos y que estaba motivada por la bancarrota del estado peruano, gobierno que pagó con bonos la expropiación que como resultado de la Guerra del Pacífico perdieron todo valor. Especuladores ingleses los adquirieron para después reclamar su pago a Chile, vencedor de la guerra y que ¡los reconoció como deuda del estado chileno! Chile y Perú, cuyos 20.000 muertos y actos de admirable y sublime heroísmo sirvieron a fin de cuentas para la entrega al capital inglés de los yacimientos de salitre por la oligarquía chilena a la cual, fiel a una permanente conducta, no le interesaba el desarrollo del país y el bienestar de su pueblo bastándole con las recaudaciones tributarias y colgarse de la teta del Estado para asegurarse un buen pasar.

En Chile, quién primero hablaría de nacionalización, sería el Presidente José Manuel Balmaceda, convencido de que los enormes recursos que generaba ese otro privilegio de Chile, el salitre, debía ser chileno, aunque sus ideas liberales excluían que la nacionalización fuera al mismo tiempo estatización. El aspiraba a que el salitre fuera explotado exclusivamente por capitalistas chilenos que pudieran reinvertir sus utilidades en el propio país, cuestión que hoy resultaría inviable debido la extrema libertad con que los capitales se mueven a nivel planetario. Balmaceda hizo uno de los Gobiernos que la historia recuerda como uno de los más realizadores: fueron emprendidas numerosas obras en establecimientos educacionales, hospitalarios, extensión del ferrocarril, etc.. Pero como decíamos, tuvo la osadía de desafiar al capitalismo inglés del salitre y a sus infaltables aliados internos.

¡Historia conocida¡: Acusado de dictador, la Armada (donde abundaban entre sus oficiales los apellidos ingleses) inicia las acciones como en 1973 y se desata una guerra civil. Se conoce hoy de fuentes inglesas que el servicio secreto, el Foreign Office, financió a parlamentarios para acusar a Balmaceda, mezclados en una coalición anti-chilena de liberales, radicales y conservadores; el Mercurio de Valparaíso, propiedad de un Sr. Edwards (¿Les suena conocido?) llevaba la voz cantante de la prensa opositora, el Ejército que apoyaba a Balmaceda es derrotado en Con-Cón y Placilla, el Presidente se suicida y sus partidarios son perseguidos.

La idea sería retomada por el fundador del Partido Comunista de Chile, Luis Emilio Recabarren, quien en un artículo publicado en el diario "El Socialista" de Antofagasta en 1920 sostendría que los problemas sociales y económicos de los trabajadores tenían una solución: *"Nacionalicemos las minas de carbón, las salitreras, los bosques, el cobre, la agricultura y procedamos a que toda la industria muy nacionalizada sea administrada bajo el control de comisiones nombradas por el gobierno o las municipalidades respectivas".* La batalla por la nacionalización del cobre en Chile, seguiría desde los años 30, cuando el Comodoro del Aire Marmaduque Grove diera un Golpe Militar con un grupo de civiles y militares y proclamara la República Socialista de 1932, en cuyas proclamas aparecería como uno de los puntos principales junto a la Reforma

Agraria. La República Socialista decretó que el cobre no podía ser objeto de concesión, lo que en otras palabras implicaba su nacionalización, la que no se llevó adelante pues sería un efímero gobierno de 12 días que sería derribado por otro golpe. Nunca se pudo determinar si ello tuvo alguna relación con la presencia de buques de guerra norteamericanos surtos en Valparaíso.

En 1942, el Presidente Pedro Aguirre Cerda, llega al poder por una coalición de partidos de izquierda llamada Frente Popular y que es el antecedente histórico de la Unidad Popular y entre las numerosas medidas progresistas que impulsa su Gobierno aumenta los impuestos a las compañías y establece una serie de normas sobre el retorno de dólares asociados a las ventas del cobre.

Sendos proyectos de nacionalización serían presentados en 1951 por los comunistas Elías Lafferte y Salvador Ocampo, quienes por encontrarse proscritos por la llamada "Ley de Defensa de la Democracia" hicieron entrega del proyecto a Salvador Allende quien enarbolaría esta fundamental bandera de lucha del pueblo chileno en cada una de las 4 campañas presidenciales que finalmente lo condujeron a La Moneda. El proyecto presentado por Allende pretendía establecer el estanco del cobre, creaba una Corporación del Cobre que se encargaría de pagar en moneda nacional a las compañías y comercializaría el cobre en el mercado nacional e internacional. Poco antes los senadores socialistas Eugenio González y Carlos Martínez presentaban un proyecto que imponía a las empresas productoras el retorno total y las obligaba a constituirse en sociedades anónimas chilenas, sujetas a la fiscalización de una "Comisión Nacional del Cobre". Ambos proyectos marcan un hito importante de esta larga lucha.

La idea recorrió un largo camino y un largo tiempo, durante el cual muchos fueron tomando conciencia de la justicia del proyecto y no es en consecuencia extraño que poco a poco fuera encontrando apoyos no sólo en la izquierda sino en un amplio abanico de posiciones políticas. Justo es recordar que el líder del partido "nazi" chileno Jorge González von Marees proponía la nacionalización del cobre y del salitre en 1940. El líder del Partido nazi chileno (cuyos seguidores se enfrentaban en las calles con las milicias del Partido Socialista), reivindicaba la necesidad de la nacionalización del cobre sin entender que esta reivindicación no era posible sino en un mundo donde las potencias imperialistas, incluida la Alemania nazi, fueran derrotadas e impedidas de someter a los pueblos más débiles y apropiarse de sus riquezas. No entendían que no era posible ningún nacionalismo sin la solidaridad internacionalista de todos los pueblos de la tierra que luchaban por su autodeterminación y contra la dominación colonial y neocolonial, esta última expresada en nuestro país principalmente por la presencia de las compañías cupríferas norteamericanas. Salvador Allende en su primera campaña presidencial de 1952, comienza a difundir con fuerza la idea de nacionalización, generándose el ambiente propicio para que en el gobierno del General Carlos Ibáñez del Campo se aborde el tema de salvaguardar los intereses nacionales en una materia tan estratégica para Chile y surja una ley llamada del "Nuevo Trato" publicada el 5 de mayo de 1955, que estableció al menos algunas salvaguardas de los intereses nacionales regulando aspectos tributarios y de fiscalización pero que finalmente se convirtió en otro buen negocio para las empresas que vieron aumentar sus utilidades significativamente.

En 1958, el entonces senador Salvador Allende vuelve a presentar un proyecto que pretendía aumentar el control chileno sobre su principal riqueza e insistía en que el Departamento del Cobre gestionara el estanco del comercio del cobre, lo que significaba que el cobre producido por las empresas no sería comercializado por ellas mismas sino por la entidad estatal entregándole la facultad exclusiva de vender, lo que redundaría en la obtención de mejores precios y evitaría las consabidas maniobras elusivas y evasivas de impuestos.

El líder democratacristiano Radomiro Tomic sostuvo el 18 de junio de 1961 *"Los dos tercios de la economía exterior de Chile están constituidos por la actividad cuprífera. Quien controla los dos tercios de la economía exterior de un país controla a este país. Por eso es obvio que mientras pretendamos, no sólo en lo formal, sino en lo real, ser un Estado soberano, el control del cobre debe estar en manos de los poderes públicos del Estado de Chile y no en las empresas extranjeras"*. Ya en 1941, el diputado Radomiro Tomic R., se había erigido en uno de los principales impulsores de la recuperación del cobre para nuestro país señalando que "el *cobre podría ser para la economía chilena como la 'lámpara de Aladino' (como el petróleo para los árabes), pero la tradicional desconfianza del 'huaso ladino' frente a lo nuevo o el 'peso de la noche' de que hablaba Portales, nos impide aprovechar el don prodigioso de la naturaleza que representa tener en nuestro territorio un tercio de la reserva mundial de cobre terrestre, de los mejores y mayores yacimientos con los más bajos costos comparativos de producción del orbe, del metal más escaso y más indispensable para la generación, distribución y uso de la energía eléctrica. El desarrollo industrial y el progreso de la civilización dependen sustancialmente de la energía eléctrica, y la electricidad, depende en un grado tan importante del cobre que más de la mitad del cobre refinado que el mundo consume, es utilizado directamente en la generación y transmisión de electricidad… y la producción y consumo de energía eléctrica se duplica cada 10 años…"*. (De: "El cobre, historia que viene").

Bajo el gobierno del derechista Jorge Alessandri Rodríguez no hubo avance alguno en esta materia pero ya el tema estaba instalado en una opinión pública que al contrario de lo que sucede hoy en día en que prácticamente es un tema tabú en los medios, estaba al tanto de lo que acontecía con su principal recurso como país y compartía, incluso desde sectores minoritarios de la derecha, la necesidad de poner esta riqueza al servicio de nuestro desarrollo.

La bandera de la nacionalización en su largo recorrido había ido ganando adeptos y logró imponerse como el gran problema de la economía y la política chilena, como también lo es hoy, por lo que en las elecciones presidenciales de 1964, los principales candidatos debieron pronunciarse claramente ante la opinión pública y Eduardo Frei, líder de la Democracia Cristiana gana las elecciones y pone en marcha su proyecto de "chilenización del cobre", expresión que pretendía equilibrar los intereses de las compañías y el país y que reflejaba una ambigüedad que se explicaba por el compromiso que significó el masivo apoyo financiero que los EEUU procuraron a su campaña electoral para impedir que Allende ganara en 1964.

La chilenización fue un fracaso porque las compañías siguieron administrando las empresas, se beneficiaron de nuevas franquicias tributarias y aduaneras, amortizaciones especiales y obtuvieron la invariabilidad de sus beneficios económicos por un periodo de veinte años con el sólo compromiso de aumentar sus inversiones las que ejecutaron con el alza de precios del cobre que les aportó enormes beneficios debido a la disminución de sus tributos. Baste decir que la Embajada norteamericana y el Departamento de Estado aprobaron esta "nacionalización pactada" que los dejaba tan contentos que un ejecutivo de Kennecott dijo: "lo bello del convenio es que los chilenos están contentos y Kennecott está obteniendo una tajada mayor de una torta más grande sin ningún gran influjo de dinero desde Estados Unidos". Las reacciones no se dejaron esperar incluso en el seno del PDC y la idea de Nacionalización total de Tomic habría de inscribirse en el programa de gobierno de la Democracia Cristiana para las elecciones de 1970 coincidiendo con el programa de la Unidad Popular.

La propuesta del Gobierno de Frei de "chilenización" no sólo no convenció a Tomic y tampoco, para sorpresa de muchos, al senador de derecha Julio von Mülembrock quién sostuvo una posición coincidente totalmente con la izquierda al proponer la inmediata expropiación de todos los bienes que poseyeran en Chile las empresas productoras de cobre de la Gran Minería, la que se debía pagar según el valor libros de la contabilidad. El nacionalismo auténtico de la izquierda, despojado de chovinismo y del patrioterismo vocinglero, coincidía con el espíritu nacionalista presente en algunos representantes de la derecha y ello será una constante que se manifestará incluso en sectores militares y civiles de la dictadura que se opondrán a los deseos de los "Chicago Boys" y el propio Pinochet, de desnacionalizar el cobre.

Cabe también en justicia reconocer que las condiciones en que se había pactado la chilenización, si bien, aceptaban bajo presión de las empresas y el gobierno norteamericano condiciones discutibles, éstas resguardaban por lejos de mejor manera los intereses de Chile que las condiciones francamente vergonzosas bajo las cuales operan hoy las transnacionales del cobre en nuestro país gracias a la irresponsablemente generosa política minera de la Concertación con el capital extranjero sumado a ello, el silencio cómplice de la Derecha, un vergonzoso "consenso".

Asumido el gobierno, Allende demostró de manera irrefutable la necesidad ineludible de rescatar para beneficio de los chilenos, la principal riqueza de la que disponemos hasta el día de hoy. Fue de tal peso la argumentación presentada por el Gobierno de la UP, que la Nacionalización fue aprobada por la unanimidad del Congreso Pleno y, aunque hoy nos parezca increíble, la nacionalización se llevaba a efecto SIN INDEMNIZACIONES y efectivamente, sólo se pagó una parte del valor de libros de una sola empresa. Ello porque Allende demostró que nuestro país había sido objeto de una expoliación inaceptable procediendo a descontar de las eventuales indemnizaciones, las ganancias que se consideraron excesivas (Doctrina Allende). La toma definitiva por el estado chileno ocurrió el 11 de julio de 1971, fecha que para la izquierda debiera ser feriado e instituirse como el Día de la Dignidad Nacional por su enorme relevancia histórica.

Pero no se trataba solamente de dignidad sino de una medida indispensable para contar con una importante cantidad de recursos necesarios para llevar adelante importantes gastos sociales e inversiones productivas que permitieran sacar a Chile del subdesarrollo. Cuando algunos argumentan del supuesto éxito económico de la dictadura, olvidan que sin la nacionalización del cobre los resultados económicos de la dictadura habrían sido más reducidos.

Allende deja en claro la contradicción entre los intereses de las compañías y el del país, señalando que a Chile le interesan precios altos para sus materias primas exportadas y las compañías, precios bajos, pues le venden barato a sus fábricas elaboradoras en los países desarrollados; la elaboración es fuente de desarrollo, salarios más elevados, desarrollo de tecnologías, más compras en el país y más tributación. Dicho de otra manera tiene efectos multiplicadores que en la práctica ocurrían en las metrópolis, estando éstas interesadas en mantener a la periferia produciendo materias primas para vender ellos productos industriales.

Sin embargo, esta trascendental medida se constituiría en el principal motivo por el cual el gobierno de Allende sería combatido por el gobierno norteamericano y sus aliados, no sólo por defender las compañías afectadas sino por el hecho de perder el control sobre la que es considerada la segunda materia prima más importante desde el punto de vista estratégico, inmediatamente después del petróleo, aunque no estuvo jamás la idea de no vender el cobre a quién quisiera pagar un precio justo. La CIA organizaría y financiaría junto a empresas norteamericanas y sus aliados internos desde el asesinato del General Schneider, Comandante en Jefe del Ejército de Chile hasta las huelgas de los camioneros en cuyos campamentos circulaban los dólares de la traición.

Debemos tener presente que el cobre es empleado básicamente como conductor eléctrico y no viene al caso redundar en lo que significaba ayer, lo que significa hoy y en el futuro un material tan valioso, material para el cual aún se descubren nuevos usos como en el ámbito sanitario. Aunque no han faltado voces interesadas en privatizar que han anunciado la sustitución del cobre por nuevas tecnologías que se han revelado a poco andar como totalmente falsas. Si a ello agregamos que Chile tiene el privilegio de contar con las mayores reservas del mundo, las que según diversas fuentes oscilan entre el 34% y el 50% y actualmente, Chile provee al comercio mundial del cobre el 50% del total transado en los mercados del metal rojo. Una posición productiva y comercial casi monopólica que le permitiría el control tanto de los niveles de producción como consecuencialmente los precios. Ello es al mismo tiempo una bendición y una maldición para nuestro país. Es una maldición porque, como país pequeño, somos víctimas de la presión permanente de los países imperialistas y estamos obligados a un importante gasto militar para resguardar nuestro territorio, en particular en la zona norte donde se concentra la mayor parte de la producción. Gasto militar dicho sea de paso, dependiente tecnológicamente de los mismos que nos saquean que en una situación de crisis y según los intereses y alianzas en juego pueden cerrarse los aprovisionamientos de insumos para la tecnología militar.

El drama es que hoy si bien resguardamos pertenencias mineras de CODELCO, es decir pertenencias de todos los chilenos, también resguardamos el saqueo de las transnacionales extranjeras de que somos víctimas, que explotan casi a título gratuito las minas de cobre que según la constitución pertenecen al Estado "de manera absoluta, exclusiva, inalienable e imprescriptible", (Artículo 19, Nº 24), artículo que hoy es "letra muerta" en el país donde nos dicen que "las instituciones funcionan" y que es "un estado de derecho". Pero no hay derecho ni instituciones que resistan al poder de las transnacionales, sus estados patrocinadores y el silencio cómplice (y con toda probabilidad corrupto) que se apodera de esa mescolanza de casta política-grupos económicos-transnacionales que nos gobierna. Las fabulosas ganancias que obtienen las transnacionales permiten pagar silencios cómplices y afirmaciones falsas, como la "necesidad" de inversión extranjera en el cobre, argumento falaz porque la privatización del cobre no tiene ninguna justificación económica como lo han demostrado numerosos economistas cuyos libros y artículos permanecen desconocidos para la mayor parte de los chilenos y son objeto de censura permanente en los medios. Destaco en particular al economista Julián Alcayaga, que conoce desde sus raíces de hijo de pirquinero hasta el peso académico de sus argumentos "la felonía y la traición" cometida con la privatización fraudulenta.(*)"Manual del Defensor del Cobre" Ediciones Tierra Mía.

El cobre es a Chile más que el petróleo para los países árabes, afirmación que como otras que haremos aparecen como "exageradas". Nada es exagerado en relación al cobre chileno porque es demasiado importante: con mucha razón se ha dicho que es la viga maestra de la economía chilena o el sueldo de Chile. Nosotros hablamos del saqueo del siglo o mejor, el saqueo de dos siglos; la nacionalización como el hecho de mayor significación patriótica del siglo XX, el mejor negocio que Chile ha hecho en su historia así como su privatización entre gallos y medianoche es el peor negocio de su historia y el más grave caso de corrupción jamás habido en nuestro país. Pero no hay información, los medios y los políticos callan. La mayoría de nuestros compatriotas todavía cree que el cobre es propiedad del estado chileno y por lo tanto de todos los chilenos. Chile no debiera tener los problemas sociales graves que arrastra por años (Salud, Educación, Vivienda, Previsión, inseguridad en todas sus dimensiones, economía centrada en productos primarios sin valor agregado). Tampoco debiera carecer de infraestructura básica y moderna (Sistema vial, ferroviario, portuario). Ni debieran faltar los recursos necesarios para insertarse activamente en el desarrollo actual mediante una participación consistente en la investigación científica y en el desarrollo de tecnologías propias.

Ningún país petrolero tiene proporcionalmente el peso de Chile respecto de su materia prima principal. La OPEP tiene menos peso real con relación al petróleo que Chile en relación al cobre. La diferencia esencial es que ellos controlan el mercado del petróleo, manejando los niveles de producción y por tanto los precios a pesar de que deben ponerse de acuerdo entre un número importante de países. Y cobran royalty e impuestos notablemente más elevados que los impuestos que Chile aplica que están entre los más bajos del mundo, rayando esto simplemente en una pura estupidez. No aprovechamos en absoluto la posición dominante de nuestro país en el mercado del cobre y entregamos al arbitrio e intereses de las transnacionales un negocio estratégico. Si no fuera por el cobre nacionalizado por Allende (CODELCO), el Estado chileno no tendría los recursos de que hoy dispone, porque las compañías privadas pagan migajas, eluden y evaden impuestos en cantidades gigantescas. La irresponsabilidad en esta materia atraviesa todo el espectro político. También atraviesan todo el espectro político los pocos que han denunciado esto, y que han sido acallados. Una conspiración del silencio de la que participan todos los medios intrasistema, incluidos aquellos a los que considerábamos voces medianamente disonantes, como Tolerancia Cero o Radio Bío-Bío. Parece que los tentáculos de las transnacionales del cobre son los más largos del reino animal. ¿Tenemos o no tenemos derecho a tener sospechas fundadas de que el poderoso señor "Don Dinero" ha metido sus narices en este asunto?

¿Cómo es que el principal tema de la economía y la política chilena es sistemáticamente ignorado por los medios, a excepción de las críticas que se lanzan a la empresa estatal CODELCO por desaciertos cuyos responsables son los que la quieren hacerla fracasar para proclamar a todos los vientos "la necesidad imperiosa de privatizar" y demostrar una vez más el mito del "Estado ineficiente" que tanto les conviene? Siendo un tema de tal importancia, ¿No correspondería que hubieran foros y conversaciones sobre un asunto tan relevante para la vida de todos los chilenos? ¿Por qué es un tema tan tabú que ni siquiera los Presidentes en su cuenta anual lo mencionan?

Sin duda, hay corrupción proporcional a los gigantescos intereses en juego, hay ignorancia también, pero sobre todo, el peso de la noche neoliberal, el ideologismo estrecho, el recetario universal que pretende que todo se resuelve con privatizar y conseguir inversión extranjera, entregando con irresponsabilidad las riquezas que pertenecen a todos los chilenos. Son tales las ventajas que Chile otorga a las transnacionales que éstas, como si estuvieran desesperadas por la posibilidad que la ganga se acabe, han intensificado de tal manera la explotación del cobre que provocaron la caída de sus precios durante años por sobreoferta (¡para beneficio de sus filiales procesadoras en el extranjero!) y han recurrido a varios métodos inescrupulosos para evadir impuestos (precios de transferencia, gastos inflados, ventas a futuro, etc.) para lo cual operan en los paraísos fiscales. ¿Cómo hemos llegado a esta situación que resulta insostenible no sólo ante la ciencia económica sino también hasta frente al más elemental sentido común? Hoy por hoy resulta insostenible pretender que aquí no pasa nada. Simplemente estamos frente al peor negocio de la historia de Chile y al más grande de los escándalos, frente al cual los actos de corrupción de Chiledeportes, mop-gate, financiamiento ilegal de campañas, caso Dávila y otros, son si bien importantes frente a la pobreza de tantos de nuestros compatriotas, ante la cuantía del despojo de que somos objeto parecen trapacerías de pungas de poca monta. ¡Pero, cuanta tinta y cuanta saliva ha corrido para denunciar estos escándalos y que monumental silencio para callar lo más importante! El silencio se hace sepulcral porque está comprometido el modelo neoliberal y sus excesos que tanto daño le han hecho a la gente de nuestro país (léase ISAPRES, AFP, carencias interminables en salud y educación a pesar de las reiteradas promesas demagógicas en tiempos de elecciones, alta cesantía ya que no se pueden tomar en serio las estadísticas oficiales, inseguridad pública, desarticulación de la vida social y familiar, etc.).

Encandilados por un PIB que crece moderadamente (3,04 % en promedio durante los ya largos 40 años de aplicación del "modelo"), se alegraban de las tasas entre 2005 y 2014 en las que ha tenido una particular incidencia el precio del cobre y donde por tanto no tienen ninguna incidencia las políticas neoliberales. Por lo demás hace mucho que el famoso PIB con que nos engatusan es un indicador cuestionado. Más allá de cualquier consideración ideológica, la renacionalización del cobre es una obligación de todo ciudadano y todo verdadero patriota porque necesariamente el cobre por su importancia, debe tener un estatuto particular y ser enteramente controlado por el Estado que además ha demostrado a través de CODELCO, ser capaz de una administración eficiente, hasta cuando no entraron a administrarlo sus saboteadores-privatizadores.

Sin lugar a dudas, fue la medida más importante llevada a cabo por el Gobierno de la Unidad Popular, concebida no sólo como una necesidad de carácter económico, sino también como un acto de dignidad y de auténtico patriotismo frente a la expoliación de que éramos víctimas por las empresas extranjeras que explotaban nuestra principal riqueza. No imaginábamos entonces que sería la Concertación la principal impulsora de una nueva privatización que multiplicaría muchas veces el monto del saqueo del que nos quejábamos entonces, para vergüenza de aquellos que tienen el descaro de homenajear a Allende y que demuestran con ello su miserable valía moral.

La dictadura y el cobre

Aunque la nacionalización fue aprobada por unanimidad de todos los sectores políticos, Pinochet comenzaría por pagar indemnizaciones a las empresas seguramente para sentirse más patriota y en los años siguientes mantendría una aparente disposición a conservar la nacionalización pero como todo su accionar se basaría en el del gran oportunista que era, se mantendría a la espera de cómo los acontecimientos se desarrollaban sin tener una postura clara y pública sobre el tema, sobretodo sabiendo que las fuerzas armadas no aceptarían una nueva privatización ya que su financiamiento correría peligro. Con ocasión de la redacción de la constitución de 1980, la nacionalización sería materia de polémica al interior de la comisión y finalmente se impondría la opinión de Enrique Ortúzar Escobar, un recalcitrante enemigo de la Unidad Popular que sin embargo abogaría ni más ni menos que por mantener el artículo introducido por Allende en la antigua constitución que permitió la nacionalización y que establecía "la propiedad del Estado sobre las minas de manera absoluta, exclusiva, inalienable e imprescriptible", que se mantiene hasta el día de hoy vigente. Esta formulación no deja lugar a dudas mediante cuatro adjetivos perentorios, que las minas son de propiedad del Estado, es decir de todos los chilenos y por lo tanto no privatizables.

Pero a poco andar el equipo neoliberal de Hernán Büchi y José Piñera, operando como verdaderos agentes del imperialismo, inventarían una figura supuestamente "jurídica" que contradice absolutamente lo claramente dispuesto por el artículo mencionado, la llamada "concesión plena", claramente inconstitucional, introducida en el Código Minero que fue aprobado por la Junta Militar. Su inconstitucionalidad fue denunciada ni más ni menos que por el abogado Pablo Rodríguez, el Jefe del grupo ultraderechista Patria y Libertad agregando que era "contraria al interés nacional". La concesión plena, curiosa fórmula que no existe en ninguna parte del mundo, hace inexistente el Artículo 19 N° 24 de la Constitución ya que significa que el concesionario tiene en la práctica la propiedad de la mina, ya que el Estado no puede anular la concesión a menos que cancele el valor comercial total del mineral y no sólo las inversiones ¡¡¡¡incluyendo el valor no explotado!!! ¡Vaya patriotas! La propiedad del estado se anula porque el concesionario aun siendo extranjero puede venderla, arrendarla, cederla, hipotecarla, trasmitirla en herencia, etc. ¿Es o no Chile también un país bananero?

Era un regalo ofrecido a las transnacionales para que estas se interesaran por invertir en Chile pero era tan escandalosamente entreguista que The Washinton Post reproduciendo la opinión de una transnacional transcribió: "No necesitamos esta habilidad...es demasiado bueno para ser verdad".(It is too good to be true). Además lo que seguramente pensaron era que una tal privatización tan generosa no duraría más que la dictadura y mal podían imaginarse que serían los Gobiernos concertacionistas que utilizarían el Código entreguista de Büchi y Piñera para que las transnacionales entraran a saco a nuestro país, ya no solamente por el cobre sino de una innumerable cantidad de empresas en todos los rubros que hacen de Chile uno de los países más controlados en su economía por los inversores extranjeros, lo cual obviamente se presenta poco menos que como una ventaja. En Chile el neocolonialismo bate tambor. Tomic, el líder de la Democracia Cristiana diría sobre la concesión plena que *"ni en los pobres estados africanos podrían perdurar leyes tan contrarias al interés nacional... y estoy firmemente convencido que Mobutu no habría aceptado tal entreguismo"*. Pero ¡Hay más! No era suficiente la concesión plena ya que los Chicago Boys introdujeron varias otras modificaciones al Decreto Ley 600 de Inversiones Extranjeras, como la eliminación del royalty, la aceptación de créditos asociados a las inversiones y de que no existiera la obligación de retornar al país la totalidad del valor de sus exportaciones. Para facilitar el descontrol sobre las explotaciones mineras, quisieron eliminar el Ministerio de Minería, imprescindible para un país cuya economía es esencialmente minera. De ello se encargaría el neoliberal a ultranza que para los ingenuos que nunca faltan es "socialista y de izquierda", Ricardo Lagos.

La dictadura se despediría con una modificación a la Ley Orgánica de COCHILCO (Comisión Chilena del Cobre) quitándole la facultad de fiscalizar a las empresas mineras dejando esa facultad solamente para la estatal CODELCO con lo que se dejó otra puerta abierta para burlar las leyes tributarias ya que dejó de tener acceso a las contabilidades. De allí en adelante se las arreglarían para declarar pérdidas y no pagar impuestos, salvo en el periodo de precios excepcionales en que les resultó imposible ocultar sus abultadas ganancias.

Con la Concertación ¡hay más!

El escaso entusiasmo de las transnacionales mineras por invertir en Chile, a pesar del vergonzoso entreguismo e inconstitucionalidad contenido en el Código Minero de Büchi y Piñera también se basaba en la decidida voluntad expresada por la DC dirigida por Gabriel Valdés y otros actores opositores de que una vez terminada la Dictadura, se procedería a derogar dicho cuerpo ilegal, promesa inscrita en el Programa de la Concertación de Partidos.

Pero intervendrían algunos hechos remarcables:
1. Pinochet plantearía ante el Consejo de Generales la necesidad de privatizar el cobre para asegurar la continuidad de la dictadura, pero tendría la oposición de los comandantes de las dos más importantes divisiones del país.

2. Consiguientemente Estados Unidos dejaría "caer" a Pinochet en 1988 votando por primera vez en todos los años de la dictadura a favor de la Resolución de Naciones Unidas que durante todos los años transcurridos desde 1973 había condenado al régimen por violación de los derechos humanos y que EEUU casi en solitario, habitualmente con Israel, había rechazado tal condena, revelando hasta que punto el apoyo a la Dictadura había sido contra viento y marea y a despecho de la condena universal de sus crímenes.
3. Gabriel Valdés, el dirigente opositor a la dictadura más activo y visible, activo también en la defensa del cobre, que sufrió encarcelaciones y encabezaba las protestas callejeras sufriría una derrota en la DC en lo que se llamó el Carmengate, con la desaparición de urnas en el proceso de elección del candidato presidencial de la democratacristiana, dando como vencedor a Patricio Aylwin.
4. Patricio Aylwin que contaba con muchos viajes al Departamento de Estado y de contactos con la CIA como bien se puede conocer hoy en documentos desclasificados, se impone como candidato de la Concertación a la presidencia y se pudo constatar que la famosa Campaña del NO (para impedir la continuidad de la dictadura) gozó de una financiación millonaria y notoria cuyo origen podemos sospechar fundadamente.
5. A pocos días de la asunción de la Presidencia, destacados dirigentes de la defensa del cobre solicitaron hablar con Aylwin para solicitarle la eliminación del Código Minero, como parte esencial del Programa de Gobierno. Como relata uno de los presentes, el Premio Nacional de Literatura Armando Uribe, "Don Patricio" se limitó a llevarse el dedo índice a la boca en signo de silencio y esa fue su extensa respuesta.

Lo que vendría con los gobiernos de la Concertación sería aún peor que lo acontecido bajo la Dictadura. Las transnacionales que no se habían atrevido a invertir en Chile porque el Código Minero Büchi-Piñera "era demasiado bueno para ser verdad", entrarían a saco a instalarse en Chile con mayores ventajas que las que ofrecía el código. En 1990, la producción de cobre era en un 90% de empresas chilenas (un 80% CODELCO). Actualmente son las transnacionales que producen el 74% bajo las peores condiciones de saqueo porque nunca nuestra principal riqueza, bajo ningún gobierno y ¡ni bajo la dictadura! estuvo tan mal defendida y al mismo tiempo una opinión pública tan desinformada por lo que podemos llamar la mayor operación silencio iniciada por Aylwin con el gesto que comentábamos.

La pregunta que cabe hacernos es si valía la pena sacrificar nuestra principal riqueza y la fuente más segura de poder solucionar nuestros numerosos problemas de subdesarrollo aceptando el chantaje imperialista que le dio a elegir a la Concertación entre la continuidad de la dictadura o acceder a una democracia a medias con la entrega del cobre. ¿No será ya tiempo de que se dé a conocer esta brutal intromisión imperialista y procedamos a renacionalizar el cobre? ¿No será tiempo de recuperar nuestra dignidad como país y de celebrar con razón nuestros años de "independencia"?

El lobby del cobre que opera en las más altas esferas de nuestro país, premunido de los maletines más grandes del mercado (¡o quizás las maletas más grandes!) no renunciaría a aún mayores ventajas. Ya podían apoderarse de las minas mediante la concesión plena y sin pagar royalty. La nuevas ventajas serían procuradas mediante un artículo pasado de contrabando en la ley que aumentaba el IVA, es decir aumentaba el impuesto que todos los chilenos pagamos al comprar cualquier cosa. La Concertación "inauguró las leyes voladores de luces"(* Manual del Defensor del Cobre) donde la discusión y los medios se concentran en analizar y discutir el aumento del IVA y se incorporan artículos de enorme beneficio para las cupríferas que no ameritan ni una palabra en la prensa ni una intervención de los parlamentarios (Ley 18.985). Mediante ellos se eximió de impuesto a la renta la venta de pertenencias mineras para que los propietarios fueran tentados por las grandes empresas y lo más grave, se cambió la tributación minera de Renta Presunta a Renta Efectiva. ¿Responsables, entre otros? Enrique Correa Ríos, Secretario General de Gobierno; Carlos Ominami, Ministro de Economía; Alejandro Foxley Rioseco, Ministro de Hacienda. La renta presunta es una buena manera de evitar que evadan impuestos porque se paga escalonadamente según las ventas de mineral, indiferente si hay o no utilidades. Desde entonces pagarían sólo si había utilidades. El resultado no se dejó esperar: Entre 1990 y 2005 ninguna transnacional pagó impuestos, se llevaron gratis millones de toneladas y como tampoco pagaban royalty, lo único que ingresó el fisco fueron los miles de millones de dólares de la empresa estatal CODELCO y además lo que pagaron los chilenos de a pié con el aumento del IVA por lo que el inefable Ministro Valdés podría haber dicho que "no había un puto peso". Vendría el periodo de altos precios del cobre que alcanzaría hasta 5 dólares la libra para que les fuera imposible negar que tenían utilidades, durante el cual los beneficios serían de tal dimensión que podían recuperar el capital invertido en menos de un año de operaciones. Las transnacionales dirán entonces: ¡Es demasiado bueno para no ir a saquear Chile y gastar unos "putos dólares"... en financiar medios de comunicación y campañas electorales! Sólo en un año, el año 2006, las ganancias de 20.000 millones de dólares eran equivalentes al total de la inversión extranjera bruta en minería realizada durante los 32 años anteriores... y después del 2006 hubo años más rentables aun. ¿Es o no Chile también un país bananero?

Las mineras no pagaron impuesto ni royalty (inexistente) durante 15 años recurriendo a diversas triquiñuelas llamadas elegantemente "ingeniería tributaria", de dudosa legalidad y de escandalosa inmoralidad, entre las que mencionamos las ventas a futuro que se camuflan en los paraísos fiscales, los precios de transferencia, el inflamiento de costos en operaciones con sus filiales financieras y proveedoras en el extranjero y la depreciación acelerada, cuyo objetivo básico es demostrar ante el estado chileno que tienen pérdidas por lo que eluden pagar impuesto a la renta. Baste decir que el ejecutivo que logró tener pérdidas en una transnacional, en vez de ser despedido fue ascendido en la misma y después el Presidente de derecha Piñera colocó al mismo personaje a cargo de CODELCO. Parece insólito pero no lo es. ¿También para generar pérdidas y justificar con ello su privatización?

El royalty y Lagos

De otro volador de luces se encargaría Ricardo Lagos que presionado por algunas voces que se dejaron escuchar en medio de la obscuridad informativa por el hecho de que Chile, aparte de recibir impuestos de montos irrisorios, no cobraba royalty (en el petróleo se suele cobrar hasta un 30% del valor extraído). En realidad, los países tienen variadas formas de cobrar royalties e impuestos y aunque la ley Royalty II de Lagos se presentó como un "royalty", era solamente un impuesto específico a la minería. Inicialmente el senador Jaime Orpis, procesado hoy por cohecho, fraude al Fisco y delitos tributarios era el representante de la zona minera y lideraría en la derecha la oposición a la idea del "royalty". Pero eso no es lo importante porque como de costumbre la prensa nos entretuvo con una amplia información-desinformación sobre lo que finalmente era otra tomada de pelo al chileno de a pié a quien convencieron que el Gobierno impondría un royalty por fin para que el Estado tuviera más recursos.

Cuento corto, en la misma ley se abrió la posibilidad de que las empresas bajaran el monto a pagar al Estado, ya que si bien se les impuso un modesto "royalty que no es" de 4 %, al mismo tiempo pudieron rebajar el impuesto a la renta al que estaban obligados antes de la ley, del 42% al 35%, 35% al que al agregar el 4% quedó en 39%, dando como resultado final una rebaja de impuestos del 3% y no un aumento de la recaudación fiscal. En resumen, quedaron pagando menos tributos que antes de la ley. Lo único que cabe preguntarse es ¿De qué porte sería la maleta esta vez? Con razón un empresario minero chileno durante una visita del Presidente a la zona minera levantó un letrero que decía "¡Sr. Presidente, trátenos como a los gringos¡". Al regalo hay que agregar que dado que había que aun compensar el sacrificio de las grandes mineras que ahora debían pagar "royalty" se les otorgó una extensión de la invariabilidad de los impuestos por 15 años más, amarrando a los gobiernos siguientes a mantener las cosas como EL las dejaba. Pero por discursos rimbombantes y retórica bien relamida el Sr. Lagos no se queda atrás:

"Mediante este impuesto, Chile recibirá lo que en justicia le corresponde por sus riquezas, en el cobre y en otros minerales. Y podrá disponer de ellos, ya que son indispensables para nuestro desarrollo futuro. Lo que aquí se extrae no es renovable. Sin embargo, con este impuesto derivado de la extracción, podemos generar un fondo para la investigación, la ciencia y la tecnología, y ese recurso que estamos creando, de conocimiento, ese sí que es renovable", agregó Lagos, quien además sostuvo que en diez años, el país tendrá una base de desarrollo a partir del cluster minero, conformado por empresas que "van a estar en la frontera tecnológica en diferentes áreas". Ahh, ¡Que hermoso y acertado discurso, que dicción maravillosa, que verdades más justicieras, que convicciones más patrióticas! Fue emocionante.

Privatizar o renacionalizar

No obstante las reticencias iniciales de las transnacionales por invertir en Chile, sus ambiciones por saquear nuestro país no han sido nunca abandonadas y así como ha habido diversos actores dispuestos a defender esta colosal riqueza no han faltado otros que han obrado en sentido contrario dando pié a que los chilenos escuchen "argumentos" y "análisis" de "destacados economistas" y otros sabios que afirman falsedades para privatizar como:

1. Que el cobre había que privatizarlo rápidamente porque podía pasar lo mismo que con el salitre para el cual se encontró un compuesto químico sustituto, como si el cobre fuera también una combinación química (Chicago Boys).
2. Que con la aparición de la fibra óptica (Senador Núñez) el cobre podía ser sustituido, ignorando que la fibra óptica no transmite electricidad sino señales ópticas.
3. Que el aluminio iba a reemplazar al cobre, cosa que efectivamente ocurre desde hace 40 años, pero que tiene aplicaciones muy acotadas que no han significado ninguna disminución del consumo de cobre, el cual no ha cesado de crecer.
4. Andrés Velasco Brañes, ex Ministro de Hacienda de Michele Bachelet, destacado economista, profesor en Harward, consultor del Banco Interamericano de Desarrollo, del Banco Mundial y el Fondo Monetario Internacional, ha sido uno de los más relevantes promotores de la privatización del cobre, lo que me lleva a preguntarme que si tan pomposos títulos no son suficientes para saber sumar y restar ¿Para qué entonces sirven?
5. Otro personaje público que proclamó la necesidad de privatizar CODELCO parcialmente, aunque sin definir un porcentaje, fue el "progresista" Marcos Ominami, el único candidato presidencial que en 2010 se atrevió a

plantearlo mientras ni el candidato de Derecha, Piñera tuvo esa osadía.
6. Piñera no lo diría pero nombraría como Presidente de CODELCO al Sr. Diego Hernández, hombre de confianza de las mineras extranjeras donde ocupó altos cargos de dirección lo que equivalía a poner al zorro a cuidar de las gallinas. Y de hecho ocurrieron situaciones graves en CODELCO: Se produjeron pérdidas en operaciones de ventas a futuro equivalentes a 5 veces y media a las pérdidas del caso Dávila, que llevó a este operador a la cárcel y a una cobertura periodística extraordinaria. En el caso en comento, la prensa ignoró completamente los hechos y los demás miraron para el cielo. Se intentó comprar para CODELCO parte de las acciones de Disputada Las Condes a un precio totalmente excesivo; se aumentaron significativamente los costos de operación y los ingresos disminuyeron en pleno periodo de alza de precios; se llevaron a cabo inversiones cuyo volumen no tenía proporción con los retornos esperados
7. El economista Julián Alcayaga no dudo en calificar la gestión piñerista como la peor de los 35 años transcurridos desde la nacionalización (Artículo publicado en El Mostrador en Septiembre de 2011 bajo el título "CODELCO a la Deriva")."*En efecto, las transnacionales mineras, a través de sus comisionados en Codelco, están generando las condiciones para destruir Codelco desde adentro, de manera que no quede otro remedio que su privatización, que es el objetivo que siempre persiguieron las transnacionales mineras desde el Golpe de Estado en 1973, y que no pudieron lograr gracias a la férrea oposición de la cúpula militar, que en ese tiempo aún eran nacionalistas*".
8. Bien instalado (seguramente por indicación de las transnacionales), el Subsecretario de Minería del go-

bierno de Piñera, Pablo Wagner, sostuvo que la Nacionalización del Cobre fue "un error histórico". Este individuo, a fines de 2014 fue sindicado como uno de los involucrados en el llamado Caso Penta, una investigación abierta para esclarecer los eventuales aportes de Empresas Penta a políticos independientes o cercanos a los partidos de derecha. Los antecedentes del caso indicaban que Wagner recibió un total de 42 millones de dólares del grupo en pagos periódicos, mientras era subsecretario de Minería. El 9 de enero de 2015, el 8º Juzgado de Garantía de Santiago anunció que Wagner será formalizado por los delitos de cohecho y lavado de activos, el 4 de marzo de ese año. El 7 de marzo de 2015 quedó en prisión preventiva en el Anexo Penitenciario Capitán Yáber, hasta el 28 de abril, cuando se revocó la medida y quedó bajo arresto domiciliario total y arraigo nacional.)

La certeza existente de la valía presente y futura del cobre, de su condición de materia estratégica, de su consumo creciente (a mayor ritmo que el petróleo), de ser Chile el primer productor mundial y el participante mayor de su comercio internacional, de ser Chile el país por lejos con las mayores reservas del mundo ha significado que este extraordinario privilegio del que goza nuestro país sea a la vez una bendición y una maldición. Es con absoluta seguridad la más significativa fuente de corrupción en nuestro país y causa también del total silencio con que su explotación es llevada a cabo. Podemos afirmar que las pérdidas que ocasiona su descontrol son gigantescas y suficientes para resolver todos los problemas sociales y económicos que enfrenta nuestro pueblo por lo que el rescate por renacionalización debe ser la más importante bandera de lucha de todos los movimientos sociales y políticos honestos y solidarios que no se conforman con luchar por sus reivindicaciones particulares, mirándose el ombligo.

Perspectivas de una nacionalización inmediata

Allende nacionalizó el cobre en 1971, sin indemnizaciones al haber argumentado de manera contundente que nuestro país había sido abusado por las empresas que a la sazón explotaban el cobre. Tal fue el peso de lo dicho que la nacionalización sin indemnizaciones fue aprobada por la unanimidad del Congreso. Hoy, las condiciones bajo las cuáles las transnacionales explotan el cobre son las peores de la historia y lo hacen pisoteando la Constitución de 1925, modificada por Allende y la Constitución de 1980. A pesar de muy relativo éxito económico de Chile, nuestro país sigue siendo un país subdesarrollado donde además las diferencias de ingreso mantienen a la mayor parte de la población bajo condiciones de pobreza por lo que la renacionalización del cobre debe constituirse en la principal bandera de todos los movimientos sociales y organizaciones políticas progresistas.

Incluso bajo la dictadura habían aún suficientes fuerzas como para oponerse a la privatización incluso en el seno mismo de los que redactaban la desprestigiada constitución pinochetista. La disposición tercera transitoria, dejo vigente la disposición 17ava transitoria de la Constitución de 1925 que es la reforma constitucional que nacionalizó la gran minería del cobre y que estableció: *"nacionalícense y declárense, por tanto, incorporados al pleno y exclusivo dominio de la nación, las empresas que constituyen la Gran Minería del Cobre... El Estado tomará posesión material de estos bienes en la oportunidad que determine el Presidente de la República"*.

Aparte de la total claridad respecto de la propiedad del Estado, es decir de la propiedad de todos los chilenos establecida en el Artículo 19 que declara la propiedad "absoluta, exclusiva, inalienable e imprescriptible" de todas las minas, la disposición 17ª transitoria de la Constitución de 1925, está vigente en la actualidad en virtud de la disposición tercera transitoria de la Constitución de 1980, por lo que la vía más expedita para renacionalizar, tomando posesión material de dichas empresas con total legalidad y constitucionalidad depende de la voluntad del Presidente de la República para ¡emitir un simple decreto! Legalidad además refrendada por la Resolución 1803 de la XVII Asamblea General de las Naciones Unidas (1962), relativa a la nacionalización de las empresas que explotan los recursos naturales de un país, Resolución sobre Soberanía Permanente de los Recursos Naturales que "*reconoce el derecho inalienable de todo Estado a disponer libremente de sus riquezas naturales en conformidad a sus intereses nacionales y en el respeto a la independencia económica de los Estados*". La misma Resolución declara que la "*nacionalización, la expropiación o la requisición deberán fundarse en razones o motivos de utilidad pública, de seguridad y de interés nacional, los cuales se reconocen como superiores al mero interés particular o privado, tanto nacional como extranjero*".

La renacionalización del cobre no es sólo un tema de dignidad para el pueblo chileno, no es tampoco un tema solamente jurídico sino que es fundamentalmente un problema económico de dimensiones colosales: la nacionalización del cobre ha permitido a la empresa estatal CODELCO entregar al estado hasta el año 2015, 150 mil millones de dólares y una estimación conservadora sobre las utilidades declaradas y fraudulentas enviadas al exterior por las transnacionales puede superar los 250 mil millones de dólares ya que mal podemos considerar solamente sus declaraciones de impuestos sin tomar en cuenta diversos elementos que contribuyen a disminuir los ingresos de Chile, entre los cuáles podemos mencionar: el control especulativo de los precios internacionales frente al absoluto descontrol que el estado chileno ejerce en la materia; las pérdidas derivadas de la ausencia de valor agregado de las exportaciones del mineral; el descontrol sobre el contenido de otros minerales (oro, plata, molibdeno principalmente); el descontrol sobre las operaciones especulativas con las ventas a futuro, operaciones realizadas habitualmente en la obscuridad de los paraísos fiscales; el inflamiento de los costos para reducir utilidades y pagar menos impuestos (obtención de créditos a altas tasas, pago de servicios y asesorías, insumos, maquinarias a filiales extranjeras). Debiera además considerarse las pérdidas que derivan del carácter multiplicador que habrían tenido a lo largo de los años transcurridos desde el inicio de la dictadura, los enormes recursos remesados al exterior.

Para dimensionar lo que significan 250 mil millones de dólares baste decir que un tren de alta velocidad entre Santiago y Puerto Montt costaría 8 mil millones dólares y que la totalidad de las concesiones de obras de infraestructura en carreteras, caminos y aeropuertos no sobrepasan los 35 mil millones de dólares.

El ejemplo boliviano

(Escrito antes de la traición acostumbrada de su élite burguesa y sus militares corruptos en 2019).

"Ejemplarizador de la conducta que un pueblo debe asumir en la defensa de sus recursos es el caso boliviano, pueblo al que no pocos compatriotas miran con desdén aunque su firme voluntad de sacar a su país del subdesarrollo le permitió en los últimos años obtener tasas de crecimiento muy superiores a la chilena. Después de gigantescas movilizaciones populares, el pueblo boliviano a través de su gobierno y bajo el liderazgo de Evo Morales, decidieron proceder a la nacionalización de los hidrocarburos (gas y petróleo) el 1º de mayo de 2006, dando inicio a un periodo de crecimiento económico extraordinario y al mismo tiempo a la implementación de políticas sociales dentro de un marco de resguardo de los equilibrios macroeconómicos que situaron a Bolivia como el país con la mayor tasa de crecimiento de América Latina, equilibrando adecuadamente una presencia rectora del Estado en la economía, espacio para el desarrollo de iniciativas privadas que complementen la estrategia de desarrollo y políticas sociales

exitosas. Una de las medidas más acertadas del gobierno boliviano fue potenciar las empresas sin recurrir al endeudamiento externo utilizando parte de los ahorros del sistema de pensiones para ese fin como por lo demás lo hicieron en su momento China y Corea del Sur.

Las presiones norteamericanas y la consabida embestida de los medios de comunicación frente a las nacionalizaciones no se hicieron esperar, pero el gobierno gozando de un enorme respaldo de su población se mantuvo a pié firme y sólo cedieron en lo estrictamente necesario que consistió en mantener una participación minoritaria de las empresas extranjeras en los contratos de servicios. Los altos precios de los hidrocarburos y sus consiguientes utilidades, al no partir fuera del país bajo la forma de utilidades de las empresas extranjeras permitieron planificar las políticas de desarrollo económico, aumentar la inversión pública y las reservas internacionales, reducir la extrema pobreza en los primeros diez años lo que ha significado ni más ni menos que el reconocimiento obligado del FMI de haber pasado del puesto 117 al 75 en el PIB mundial y haberlo multiplicado pasando de 6500 millones de dólares a 34.500 millones de dólares, manteniendo tasas de desempleo que son las más bajas de América Latina. Por su parte el Banco Mundial reconoce para el mismo periodo una baja en el índice Gini de desigualdad de 0,60 a 0,47 a lo que contribuye sin duda la exitosa campaña de alfabetización "a la cubana" que erradicó esa dificultad esencial que impide el desarrollo.

Esos magníficos resultados no hubieran sido posibles si se hubieran adoptado las políticas desastrosas neoliberales promovidas precisamente por el BM y el FMI y bien al contrario no se hubiera logrado que el Estado se hiciera del 50% de la renta minera y no hubiera recuperado sectores importantes como la electricidad, las telecomunicaciones, la aviación y el transporte público y sobretodo los hidrocarburos, para lo cual no necesitó de los cuatro adjetivos perentorios de la constitución chilena sino sólo de afirmar que el estado recupere la posesión y el control total y absoluto y no tomar en cuenta las presiones del embajador norteamericano y las transnacionales.

Uno de los efectos más significativos del mejoramiento de la situación económica general de Bolivia, ha sido el hecho de haber igualmente conferido estabilidad política al país, ya que como sabemos Bolivia ha tenido más presidentes, (habitualmente por golpes de estado) que el número de años de independencia, es decir el promedio de duración de los gobiernos había sido de menos de un año. Es de esperar que gracias a la responsabilidad con que los bolivianos han manejado los equilibrios económicos, la baja enorme que han tenido los precios internacionales de los commodities no afecte el camino de su desarrollo y que los eternos aliados internos del imperialismo y sus medios de intoxicación masivos no recurran a la conocida corta memoria de los pueblos, para hacer retroceder la dignidad del pueblo boliviano tan maltratada a lo largo de su historia".

C) La reforma agraria

La guerra ideológica que se libra en Chile y el mundo contra las ideas de la izquierda y el socialismo no ha cesado ni cesará ni un minuto, donde la escasez de argumentos consistentes se suple con una majadera y persistente propaganda lo que prueba finalmente la debilidad argumental de los sostenedores del sistema. El enorme arsenal de medios escritos, televisivos, de cine y cibernéticos permite que se continúen haciendo afirmaciones abusivas y tergiversadoras sobre los hechos acontecidos en la historia del mundo y de nuestro país y las grandes medidas llevadas adelante por la Unidad Popular no escapan a esta embestida permanente.

La otra gran obra llevada adelante por el gobierno popular, la Reforma Agraria también ha sido objeto de cuestionamientos. En el caso de la Reforma Agraria, resulta interesante tener a la vista el libro de las historiadoras María Angélica Ovalle Gana y Ángela Cousiño Vicuña quienes desacreditan la Reforma Agraria mediante una colección de testimonios, ciertamente auténticos pero que se sepa nunca una investigación histórica puede basarse en la casuística para dar consistencia a la conclusión a la que llegan las autoras al considerar que la Reforma Agraria no correspondía a una necesidad surgida de las realidades de esos tiempos sino que se llevó adelante solamente por razones ideológicas. Habría que deducir de dicha afirmación que el Papa Pablo VI, el Presidente de la Sociedad Nacional de Agricultura, el Partido Demócrata Cristiano, el Gobierno Norteamericano, el Banco Mundial, la FAO, ¡hasta Napoleón¡, y obviamente los Partidos Marxistas estaban inspirados todos por la misma ideología para sostener su apoyo a la Reforma Agraria y no por las carencias que generaba la gran propiedad feudal. Tal vez no sepan que las admiradas economías de Asia, Taiwán, Corea del Sur o Japón partieron haciendo sendas reformas agrarias para cimenar su desarrollo.

Napoleón, basó buena parte de su poder en el apoyo del campesinado francés ya que la revolución francesa había entregado y parcelado las tierras en la disputa entre la burguesía y el feudalismo "*Las raíces que la propiedad parcelaria echó en el suelo francés quitaron al feudalismo toda sustancia nutritiva*"(Marx, 18 Brumario). Sin embargo, el fenómeno de la inviabilidad de la parcelación excesiva habría de tener los mismos resultados hasta el presente, a saber, la reapropiación de las tierras por el capitalista o el señor feudal devenido en burgués capitalista: "*Pero en el transcurso del siglo XIX pasó a ocupar el puesto de los señores feudales el usurero de la ciudad, las cargas feudales del suelo fueron sustituidas por la hipoteca y la aristocrática propiedad territorial fue suplantada por el capital burgués*"(Marx, 18 Brumario).

Ciertamente, la Reforma Agraria fue una de las banderas de lucha levantadas por la izquierda latinoamericana ya desde los inicios del siglo veinte pero retomaba una historia secular, que aunque no se llamara entonces Reforma Agraria, se remonta por lo menos a la Edad Media y en términos más generales, casi a toda la historia humana porque la lucha por la tierra, por un espacio de territorio donde hacer posible el desarrollo de la vida forma parte de la historia de toda la humanidad. Pero también la historia nos muestra que a lo largo de los siglos, la concentración de la propiedad de la tierra en manos de unos pocos, las más de las veces por "la vía armada" y la violencia, fue configurando un estado cosas que requería ser transformado tanto por razones de justicia como por la necesidad de desatar el desarrollo productivo del campo.

Para la historia latinoamericana, la primera reforma agraria fue llevada a cabo en 1815 bajo la inspiración del héroe independentista y Padre de la Patria Oriental de Uruguay José Artigas, quien inspirado por los escritos de Rousseau y de Thomas Paine y su experiencia de vida con los indígenas, negros y gauchos llevó adelante una distribución de tierras que perseguía los mismos fines que inspiran todas las reformas agrarias a saber la justicia social y el aumento de la producción. El Reglamento para el Fomento de la Campaña tomó las tierras de "los emigrados, malos europeos y peores americanos". Los beneficiados serían "los más infelices", "las viudas pobres con hijos, los zambos, los indios y los criollos pobres". Cada beneficiado debía formar un rancho y corrales en un plazo máximo de 3 meses y en caso de incumplimiento era despojado del beneficio.

Un siglo después sería Emiliano Zapata quien se erigiría en el líder de los campesinos despojados de sus tierras por los grandes hacendados en México y quién daría un combate legendario inspirado por aquella frase inspiradora de la lucha de muchos pueblos: *"Es mejor morir de pié que vivir toda una vida arrodillado"*. Casi en paralelo histórico, la Gran Revolución de Octubre en Rusia llevaría adelante una reforma del agro de gran radicalidad en un país de Europa que en razón de la subsistencia de un régimen feudal anacrónico mantenía a una mayoritaria masa de campesinos viviendo en condiciones deplorables por lo que el apoyo que estos brindaron a la revolución fue masivo. La tierra fue entregada a los campesinos y como los bolcheviques no desconocían las aspiraciones del campesinado, no se plantearon inicialmente la estatización o nacionalización de la tierra como el programa bolchevique establecía, porque al decir de Lenin *"no podemos ignorar la decisión de la base popular"*, sólo *"la clase campesina debe obtener la seguridad firme de que los nobles ya no existen en los campos y hace falta que los mismos campesinos decidan todo y organicen su existencia"*. Ello reflejaría una de las disyuntivas siempre presentes en todos los procesos modernos de reforma agraria, entre los imperativos de las técnicas de explotación que aconsejan de modo general el cultivo de grandes extensiones para la obtención de las ventajas derivadas de la economía de escala o la satisfacción de las viejas aspiraciones de los campesinos, de acendrado espíritu individualista, de poseer una parcela propia, disyuntiva que actualmente amerita soluciones alternativas según la naturaleza de los cultivos y explotaciones, las condiciones particulares de suelo, las distancias y dimensiones de los mercados, etc., por lo que las dimensiones de los predios pueden variar en un amplio rango, aunque deba buscarse siempre la obtención de beneficios que no se distancien demasiado de la media del conjunto de las explotaciones, ya que no se trata de explotar parcelas de tierra para sólo la sobrevivencia del campesino y su familia, sino para una vida acorde con los tiempos.

La situación del agro chileno no era diferente a la de muchos países del mundo donde la tenencia latifundista de la tierra generaba los mismos dos grandes problemas: bajos niveles de producción y una situación de miseria generalizada entre los campesinos, diagnóstico en el que voces de los más variados sectores habrían de concordar.

Jugando a la mala memoria de los pueblos y al poder mediático nos quieren hacer olvidar cuál era la real situación de los inquilinos y los obreros agrícolas, éstos últimos siendo el grupo social más atrasado de Chile en los años sesenta. El diputado Andrés Aravena en el marco de la discusión de la Ley de Reforma Agraria de Frei afirmaba: *"El Servicio Nacional de Salud ha comprobado que el 70% de ellos ofrecen rasgos de raquitismo"*, *"el 66% de las casas campesinas tienen piso de tierra, el 55% no disponen de servicios sanitarios de ninguna especie; el 70% se abastece de agua de acequias y el 90% de los trabajadores del campo y sus familias duermen de a 3 a 6 personas en una pieza y entre 2 a 4 en una misma cama; de los 690.000 obreros agrícolas sólo percibían asignaciones familiares 300.000 (en 1961) con horarios de trabajo de sol a sol"*, *"utilizando medios rudimentarios"*. Alguien podrá hacer casuística y contarnos historias de buenos patrones o de haciendas productivas y señalar que esas condiciones paupérrimas no ocurrían en todas partes y que tanto el trato a los campesinos como la productividad tenían excepciones como suele ocurrir en todo orden de cosas, pero ciertamente la situación descrita era la más generalizada, particularmente en la zona central de Chile. Los efectos de la situación en el campo tenían consecuencias graves para el país y se extendían a las ciudades por la constante inmigración que se traducía en cesantía, marginalidad y poblaciones "callampas" y las escasas rentas del campesinado limitaban el mercado a la incipiente industrialización del país, amén de la mantención durante un largo período en que los campesinos no fueron remunerados con dinero sino con especies y cuando lo eran, el analfabetismo predominante en el campo los hacía presa fácil de los más inescrupulosos. No era raro que algunos hacendados pusieran trabas a la instalación de escuelas y tuvieran entre ojos a los abnegados profesores rurales por el temor a que los campesinos aprendieran "a sacar cuentas".

Desde el punto de vista productivo, el diagnóstico era casi unánime ya que los datos duros demostraban la incapacidad de los hacendados más tradicionalistas y que constituían la mayoría, de satisfacer las necesidades apremiantes de alimentos para toda la población y menos pensar en exportaciones las que apenas representaban el 5% del total producido aunque ya existía plena conciencia del enorme potencial productivo que tenían las tierras del país. El mismo diputado Aravena en sesión del 19 de mayo de 1966 agregaba: *"las cifras disponibles indican una producción nacional no superior a la cuarta parte de las necesidades del país"*. *"Chile dispone de un número de hectáreas arables por habitante casi 3 veces en promedio al de Inglaterra, Francia, Italia, Holanda, Dinamarca o Japón"*. Chile había sido exportador de productos agrícolas desde la colonia y hasta la gran crisis de los años treinta del siglo XX, en un periodo en que los viejos métodos de trabajo estaban aún vigentes, una tierra que aún conservaba su potencial productivo, sin problemas de erosión y una mano de obra explotada viviendo en condiciones miserables bajo un régimen claramente feudal. Pronto el país se vio enfrentado a la necesidad de importar alimentos y ya a partir del año 1942 y por primera vez, las importaciones agropecuarias superaron las exportaciones llegando a un promedio de 100 millones de dólares entre 1955 y 1959 hasta alcanzar 300 millones en 1971, lo que resultaba del boicot de algunos hacendados que se negaron a sembrar apenas llegado el gobierno de la UP, como por lo demás ya lo habían hecho bajo el gobierno de Frei, aunque justo es reconocer que fue un fenómeno muy limitado debido al riesgo de expropiación que ello implicaba pero revelador de la fuerte resistencia que se avecinaba. Entre 1949 y 1963 la tasa de crecimiento de la agricultura era de. 1,6% anual y la de la población 2,5% y el

33% población activa que eran campesinos generaba apenas el 12% del producto.

La incapacidad productiva del latifundio tenía varias explicaciones que apuntaban fundamentalmente al poco interés demostrado por los dueños de los predios por el aumento de la producción entre las que mencionamos:
1. El carácter rentista de los propietarios que no tenían una presencia y un interés por desarrollar sus explotaciones debido a que ellos le producían renta suficiente sin que ello implicara una ocupación permanente. Esto se producía porque eran numerosos los casos de quienes delegaban en sus administradores y capataces la administración, desarrollando sus vidas en las ciudades y no eran pocos los propietarios extranjeros que tenían nula presencia en sus predios.
2. Ello implicaba al mismo tiempo que vastas extensiones de terrenos productivos permanecieran ociosos por cuanto la renta producida por los espacios explotados daban suficientes recursos para un muy buen pasar.
3. El descontrol que existía sobre el uso de los créditos del estado ya que recibidos éstos, eran usados para otros fines, sobretodo que con los altos niveles de inflación y al no existir la modalidad de indexación en su otorgamiento, podían devolver los préstamos sólo con el pago del interés respectivo para lo cual usaron y abusaron de su poder político incontestable hasta el establecimiento de la ley electoral bajo el gobierno de Carlos Ibáñez que dio término al cohecho y al acarreo en camiones de sus inquilinos a los lugares de votación. Según informe de la Superintendencia de Bancos en 1964, sólo 2480 propietarios agrícolas se apoderaron del 57% del crédito.
4. La mayor rentabilidad que podían obtener en el sector financiero, comercial y bancario hacía menos interesante reinvertir las utilidades obtenidas en los campos, lo

que reducía las posibilidades de incorporación de nuevos métodos de trabajo y tecnología.
5. En resumen, los latifundistas tenían todo para que el país no tuviera que importar cantidades crecientes de alimentos: mano de obra abundante y mal pagada, sin derechos sindicales, ayuda crediticia del estado, poder político y control de las instituciones.

Un efecto indirecto importante para la economía lo constituyó la reducción de la disponibilidad de divisas para la importación de bienes de capital e insumos tanto para la propia agricultura como para la industria. En los años que anteceden a los procesos de Reforma Agraria, los agricultores se quejan de los controles de precios pero son compensados por créditos y obras de infraestructura que el estado acomete en regadío y caminos, pero la idea de una reforma agraria, así como la de la nacionalización de nuestras riquezas básicas, las banderas más relevantes que los partidos de izquierda habían levantado ya desde los años 20, se abrían paso y ganaban crecientemente adeptos para lo cual era fundamental la existencia de medios de comunicación propios y una militancia dotada de conciencia política, espíritu de servicio a una causa y una enorme generosidad.

En el mismo período se producen contradicciones entre sectores de la clase dominante, por una parte la oligarquía terrateniente, comercial y financiera y la burguesía más modernizante que participaba de los procesos de industrialización de capital privado y que tenían influencia en el Partido Radical y el Partido Demócratacristiano (inicialmente la Falange), los que contribuyen con sus votos a la nueva ley electoral y al término de la Ley anticomunista de Defensa de la Democracia con lo que los partidos tradicionales de la derecha ven desaparecer su influencia electoral y ven reducida su presencia en el Congreso lo que permite el crecimiento de la izquierda y del PDC.

La oligarquía representada por los Partidos Liberal y Conservador ya no podrían utilizar a los campesinos para votar por sus representantes y terminarán en los años siguientes uniéndose en el Partido Nacional. El crecimiento de los partidos pro-Reforma Agraria les permite desplegarse en los campos y a los campesinos tomar conciencia creciente de sus derechos aunque las reclamaciones contra los abusos de los latifundistas ya tenían una larga historia cuyo hecho más relevante lo constituyó la Masacre de Ranquil en la que fueron asesinados un número enorme de campesinos y obreros (oficialmente 200, otras fuentes hablan de 500 y más aún). La continua entrega de tierras mapuches a los inmigrantes europeos, el pago en fichas para cambiar en las pulperías y la huelga de los trabajadores de las minas de oro de Lonquimay convergieron en una indignada rebelión campesina que fue reprimida brutalmente por Carabineros enviados por el Gobierno de Arturo Alessandri.

El crecimiento entre los campesinos de la aspiración a terminar con el latifundio no fue una idea impuesta por los "agitadores armados de ideología" sino el resultado de las condiciones de explotación a que estaban sometidos a lo que coayudó la acción política y organizativa de los partidos de izquierda pero era ya una demanda generalizada hasta el punto que el Papa Pablo VI en apoyo al gobierno de Frei, envía una carta a los chilenos que señala: "Más fundamental que el derecho a la propiedad privada es el derecho inherente de todos los hombres a disfrutar de los bienes de este mundo" Critica a los que "anclados en la defensa de un derecho ilimitado a adquirir tierras y otras propiedades para usar de ellas a su antojo y hasta el permitir que quedaran yermas o improductivas".

A partir del triunfo de la Revolución Cubana en 1959, los EEUU toman nota del hecho de que la guerrilla cubana se nutrió fundamentalmente del apoyo de los campesinos a quienes a medida que el Ejército Rebelde avanzaba entregaba las tierras para su explotación. Es así que sorprendentemente EEUU se transforma en un adalid de la Reforma Agraria para toda Latinoamérica, a fin de evitar que surjan nuevas revoluciones de inspiración socialista, toda vez que también fueron afectados los propietarios norteamericanos de tierras en Cuba. Ello haría posible que incluso el gobierno de derecha de Jorge Alessandri propiciara una ley que debido a su escasa y restringida aplicación fue llamada con razón la "Reforma del Macetero".

Pero los dados estaban echados y la idea de la Reforma Agraria sería apoyada por los más disímiles sectores, aunque con diferencias ideológicas y gatopardismo en la derecha. EEUU y la DC apuntarían a liquidar el semi-feudalismo en el campo para introducir el desarrollo capitalista y la modernización que se plasmaría en la ambigüedad de los asentamientos, que refleja bien las contradicciones internas de la democracia cristiana entre sus sectores progresistas y los representantes del empresariado industrial: ¡cooperativas con asignación individual de parcelas!

Eduardo Frei impulsaría dos leyes importantes: la 16.625 de Sindicalización Campesina que en general tiene un impacto positivo y la 16.640 de Reforma Agraria, único instrumento legal del que dispondría el Gobierno de la UP, al carecer de mayoría en el Congreso para su modificación. La ley de sindicalización permitió alcanzar niveles altos de organización pero al mismo tiempo buscó limitar su fuerza al no permitir la sindicalización que a sólo los obreros agrícolas y al consagrar el paralelismo sindical a todo nivel, tanto sindicatos paralelos, sindicatos comunales, federaciones provinciales y confederaciones nacionales. De esa manera el gobierno evitaba que la organización de los campesinos pudiera caer en manos de la izquierda en su totalidad lo que tuvo como consecuencia la instalación de conflictos intercampesinos que finalmente fueron de gran utilidad para la derecha y su oposición práctica a la reforma.

Respecto de la ley de RA la Unidad Popular mantendría una actitud crítica ya que aspiraba a que esta fuera más integral, que incluyera la comercialización de los productos para no exponer a los campesinos a que sus productos sean pagados por especuladores, que beneficiara también a los pequeños y medianos agricultores, minifundistas, empleados, medieros, afuerinos y las comunidades indígenas, que los derechos de aguas del antiguo propietario fueran entregados formalmente a los nuevos propietarios, que los fundos expropiados no fueran islas en medio de haciendas privadas, que al beneficiar solamente a un número reducido de "asentados", provocaba cesantía entre los campesinos la que alcanzó niveles altísimos hacia el final del gobierno democratacristiano.

Por otra parte la ley sólo permitía la expropiación de la tierra pero no de los implementos agrícolas que debían ser proveídos por el Estado. En resumen la UP aspiraba a una reforma más integral que incluso considerara una importante inversión en agroindustrias. Por otra parte existía la preocupación de que el proceso fuera lo más rápido y definido posible para evitar el efecto anarquizante que provocaba la incertidumbre de una reforma que ya llevaba varios años en ejecución (desde la asunción del gobierno democratacristiano), incertidumbre alimentada en todos los sectores del campo por la prensa y el activismo de derecha.

Los límites legales contenidos en la Ley de Reforma Agraria y la imposibilidad de lograr modificaciones significativas, obligaron a los partidos de gobierno a operar la reforma en los límites de la legalidad ya que la ley no fue diseñada para un proceso rápido como se requería y los campesinos alentados por la fuerza que habían adquirido empujan el proceso al punto que al momento del golpe ya habían sido expropiados 5 millones de hectáreas en 3600 fundos (el gobierno de Frei había expropiado en sus 6 años 1.400 predios y 2.000.000 de Has.).

Las limitaciones legales, lo engorroso de los procedimientos y las restricciones financieras (las expropiaciones se pagaban con bonos anuales) para operar la ley de Frei se verían acrecentadas con la conformación de los Tribunales Agrarios que preveía el susodicho cuerpo legal y que no se constituyeron sino durante el gobierno de Allende y que al estar conformados por magistrados, autoridades y profesionales locales se erigieron en otro impedimento para el avance del proceso reformador al favorecer desde sus primeras decisiones en 1972 a los propietarios agrícolas.

Por otra parte, la democracia cristiana hizo causa común con la derecha en la oposición al gobierno de la UP, utilizando la influencia adquirida en importantes sectores del campesinado mediante el paralelismo sindical haciéndose eco de la campaña de desinformación de la Derecha que apuntaba a asustar a los pequeños propietarios con una supuesta expropiación de sus predios (que nunca estuvo en los propósitos de la UP). La UP se vio obligada a formalizar garantías de inexpropiabilidad a los propietarios medios y a definir con anticipación los derechos de reserva a los expropiados (otra de las fallas de la Ley de RA) a fin de garantizar que estos continuaran con sus procesos de producción e inversión lo que sería refrendado por la dictadura en sus primeros días estableciendo mediante decreto la inexpropiabilidad de los predios inferiores a las 40 hectáreas.

En otro orden de cosas la UP no podía modificar sin pasar por el congreso mayoritariamente opositor, la ley de sindicalización campesina, que también era extremadamente limitante en cuanto a ampliar la participación de todas las categorías de trabajadores del campo (sólo incluía asalariados). La salida a dicha situación condujo a la UP a promover la conformación de los Consejos Comunales Campesinos, para constituir una organización de poder local que pudiera mediante la participación amplia de inquilinos, obreros agrícolas, medieros, pequeños propietarios y minifundistas apoyar la enorme complejidad del proceso en marcha desde la perspectiva de la experiencia concreta de los hombres del campo, a medida que se hacían escasos los profesionales y técnicos que sostenían los aspectos técnico-productivos del proceso y entre los cuáles no siempre se podía contar con un compromiso sincero de sacar adelante la RA.

Se hacían notar las enormes limitaciones que imponían las leyes promulgadas por el Presidente Frei y los límites de la vía chilena al socialismo, todo ello en el marco de un trasfondo de conflictos ideológicos, las fuerzas de izquierda empujando formas colectivas de propiedad como los CERA y preferentemente las cooperativas contra las políticas promovidas tanto por sectores derechizados de la DC crecientemente influyentes, como por la derecha pronando por la división de los predios y la asignación privada de parcelas, que como se verá tenía el claro propósito de hacer inviable económicamente la RA y preparar las bases de una reconquista de la tierra (de lo cual se encargaría después la Dictadura) llegando incluso a utilizar demagógicamente la vieja consigna reformadora de "la tierra para el que la trabaja", dándole una interpretación individualista. Ya durante la tramitación de la ley, bajo el gobierno de Frei, el Presidente de la patronal Sociedad Nacional de Agricultura Luis Larraín Marín señalaba su preocupación por que la tierra se subdivida claramente aun en el caso de las cooperativas y en un típico discurso camaleónico y gatopardista diría: *"Creemos necesario insistir una vez más que somos partidarios de una RA y que la deseamos justa y democrática; no perseguimos un objetivo mezquino de sabotear otras iniciativas porque sí, sino que deseamos sinceramente con espíritu elevado una reconsideración sobre un proyecto que contiene errores...".* Dicho de otra manera como en la célebre novela y película "El

Gatopardo": "si queremos que todo siga como está, es necesario que todo cambie".

A estas dificultades legales se agregarían paso a paso los hechos protagonizados fundamentalmente por grupos violentos organizados por la gran burguesía agraria que acometería hechos tan graves como el ametrallamiento de una mujer campesina desde una avioneta (en Duao, Curicó) o el asesinato de tres asentados en Frutillar también con la utilización de ametralladoras. La Dictadura y los medios pondrían mucho entusiasmo en levantar el mito de la violencia atribuida exclusivamente a los partidarios de la Unidad Popular, aunque una investigación histórica podría develar sin duda que la violencia fue ejercida fundamentalmente por la derecha y la ultraderecha incluso bajo el gobierno de Frei.

La Reforma Agraria chilena fue un proceso de indiscutible necesidad para destrabar una estructura de tenencia de la tierra que limitaba el desarrollo del agro y mantenía a la población campesina en condiciones de pobreza y sobre ello el diagnóstico era compartido ampliamente. La complejidad que ello implicaba por los intereses económicos, políticos y sociales puestos en juego anticipaban que a pesar de los esfuerzos por ser conducido por canales lo más ordenados posibles las dificultades propias de todo proceso de cambios revolucionarios aparecerían y las contradicciones pondrían en tensión a las clases sociales implicadas.

La RA no significó una baja en la producción a pesar de la multitud de factores que la amenazaban porque sería iluso pretender que un cambio tan radical no produzca dificultades económicas. El senador comunista Volodia Teitelboim en intervención en el senado en junio de 1966 sostenía: "Se dice que con la RA los campesinos serán arrastrados al hambre. Si la RA se realiza, -cosa de la cual todavía no estoy seguro- es previsible un pequeño periodo de transición y hasta algunos casos de caos".

Debe quedar en claro que nadie puede esperar que tal cosa no suceda porque una revolución es antes que nada una apuesta por el futuro, cuando los cambios que se producen establecen nuevas bases de funcionamiento de las sociedades y la historia es al respecto muy ilustrativa: la Revolución Francesa que altera drásticamente las relaciones feudales en el campo o nuestra guerra de independencia generaron en sus primeros años enormes dificultades económicas. ¿Alguien con un mínimo de seriedad podría sostener que tales cambios revolucionarios eran innecesarios y que debía mantenerse el estado monárquico absolutista o la dependencia colonial con España? Y no obstante, a pesar de las dificultades propias de un proceso de cambios radical, estas fueron bastante menores ya que la producción agrícola creció en un sorprendente 5% en 1971-1972 y en 1,6% en 1972-1973, aunque todas las experiencias de reformas agrarias en el mundo mostraban que había que esperar caídas enormes de la producción. A ello contribuyó incluso el mercado negro ya que muchos productores de todas las categorías produjeron con la expectativa de precios notablemente altos y muchos comerciantes y agricultores recuerdan los años de la UP como especialmente fructíferos y no faltó la mañosa propaganda opositora destinada a los nuevos propietarios que eran advertidos de que si aumentaban la producción el estado confiscaría ese surplus.

La expansión monetaria y la redistribución del ingreso generaron principalmente una demanda creciente de alimentos y si bien la imagen que se conserva de las colas por alimentos conducen a creer en una crisis de producción, en estricto rigor la crisis se desarrollaba en el plano de la distribución y ello tenía otras explicaciones ya que no eran resultado de una baja de la producción o de una menor importación de alimentos. De hecho, la mayor disponibilidad histórica de alimentos se alcanzó en 1972, lo que incluía un volumen importante de importaciones. Es del todo admirable que se haya producido un aumento de la producción si tomamos en cuenta las numerosas acciones llevadas a cabo tanto por el imperialismo como por los que se resistían internamente, el aumento significativo del poder de compra de los trabajadores que presionó fundamentalmente sobre los productos alimenticios, la escasez de divisas provocada por la negativa imperial de mantener los créditos de que gozaba el país, el boicot interno, el paro de camioneros organizado exprofeso en periodo de siembras, la irresponsabilidad con que asumieron las tareas productivas sectores minoritarios de los propios campesinos demasiado acostumbrados a depender de las órdenes del capataz o del patrón del fundo, la escasez de personal técnico en terreno, las dificultades financieras que provocaba la adquisición de insumos, maquinaria, animales e implementos para el área reformada, etc., todo lo cuál y más aun, forma parte normal de un proceso de extraordinaria complejidad que toca intereses poderosos pero al mismo tiempo un proceso de innegable necesidad. No por nada el propio Banco Mundial, para nada sospechoso de "marxismo", afirmaba en un informe sobre RA chilena que ella se realizaba con un bajo nivel de violencia y con una mínima destrucción del capital. Bien al contrario, cabe mencionar que la UP hizo esfuerzos extraordinarios para introducir la mecanización del agro y es representativo de ello el que fueran importados desde Rumania 5.000 tractores, ¡suma mayor a todos los existentes en el país en 1971!

La paradoja de la RA chilena es que ella fue concebida para aumentar la producción y para favorecer a la clase campesina y lo que seguiría en las décadas siguientes permitiría aumentar la producción pero los campesinos serían gradualmente los perdedores ya que la dictadura se haría cargo de facilitar la transformación capitalista del campo. El latifundio y sus males habían desaparecido para siempre y la dictadura no devolvería las tierras expropiadas salvo aquellas cuyos procesos de expropiación no habían sido finiquitados y se tomarían diversas medidas para la reconstrucción de las grandes propiedades, esta vez bajo criterios capitalistas. El país semifeudal y semicapitalista daría paso al capitalismo puro y duro aunque siempre dependiente, el inquilino que gozaba de su parcela y su cuota de talaje sería reemplazado por el obrero agrícola y el temporero, bajo una precariedad en muchos casos mayor a la que tenía bajo el régimen latifundista, proceso que ya se había iniciado con varias décadas de antelación, antes incluso de la RA. La estrategia de la subdivisión del área reformada tan insistentemente agitada por la Derecha y la DC, permitiría en los años siguientes la recomposición de los predios en manos de quienes disponían del capital suficiente para pagar a los endeudados campesinos reformados.

La dictadura tomaría diversas medidas orientadas a favorecer el desarrollo del capitalismo en el campo declarando inexpropiables los predios forestales, ganaderos y de frutales y viñas; en 1978 se derogarían las disposiciones legales que permitían las expropiaciones; en 1980 se procedió a devolver las tierras expropiadas que no habían finalizado su proceso expropiatorio; el proceso de contrarreforma se resume en la devolución a sus antiguos dueños del 28,4% de las tierras expropiadas, un 38,5 son rematadas o entregadas a instituciones del Estado y un 33,1% se reparten a 40.000 campesinos, produciendo de esta forma un proceso llamado de normalización o contrarreforma; se derogó el estatuto de protección de las tierras expropiadas que establecía que éstas no podían ser vendidas; se impulsó la subdivisión de las tierras aun en manos de los campesinos y al mismo tiempo se les encareció el crédito y la asistencia técnica con lo que se perseguía la inviabilidad económica; en 1984 mediante Decreto se terminó con la Corporación de Reforma Agraria y se multiplicó por tres la deuda con el Estado de los dueños de parcelas originadas por la RA y su subdivisión posterior. Ese mismo año se reúnen en Linares alrededor de mil campesinos para solicitar la revisión del Decreto 2405 donde el campesino Alonso Norambuena señalaba: *"Ahora nos vemos en una trampa porque el gobierno nos está presionando para que vendamos. Nos dicen que por qué no vendemos si estamos tan endeudados. Es cierto pero si vendemos nos quedamos sin nada. ¿Qué hace un campesino sin tierra?*

Durante más de cuatro siglos había perdurado el orden latifundista el que llegó a su término y Chile poco a poco se transformó en un país exportador de productos agrícolas aprovechando las extraordinarias ventajas del suelo, el decalaje de las estaciones del año pero también la ventaja comparativa de una mano de obra barata y siempre disponible, de la precariedad y estacionalidad del empleo, en fin, de la acumulación de enormes riquezas en manos de los grandes agricultores y exportadores y la permanencia de enormes diferencias de ingreso.

El sueño de la izquierda de favorecer la vida de los campesinos y sus familias junto con el desarrollo tecnológico y productivo del campo en el marco de formas de propiedad colectivas dio paso al modelo neoliberal que si bien modernizó la producción agrícola, lo hizo proletarizando a los campesinos y manteniendo la marginación de los más pobres como los comuneros del norte y los mapuches.

D) Las estatizaciones

El tercer pilar económico del Programa de la Unidad Popular tenía el propósito de conformar la llamada Área de Propiedad Social (APS) y era al mismo tiempo, la medida de neto carácter socialista, por cuanto se trataba de transferir al poder del estado un conjunto de empresas que no sobrepasaban el escaso número de 120, vinculadas a la banca, los seguros, la distribución e importación y exportación y a la gran industria (cemento, acero, energía, textiles). La estatización se hacía tanto por el carácter estratégico de las unidades económicas como por el carácter monopólico de su actividad y por constituir la base económica en la que se asentaba el poder de la derecha empresarial.

Como ha quedado demostrado de manera patente en nuestros días, la propiedad privada de grandes capitales concede al mismo tiempo un enorme poder e influencia política, un control sobre los medios de comunicación que hacen de la libertad de prensa y de la democracia una ficción y en general un control subterráneo sobre el conjunto de las instituciones del estado. Por otra parte, el interés del país se encuentra subordinado a los intereses de la gran burguesía, como ocurre hoy y ocurría en las décadas que precedieron al gobierno de Allende. Incluso cuando frente a la incapacidad y sobretodo desinterés de la burguesía nacional por desarrollar el país fue necesario que el Estado emprendiera las tareas de industrialización. Los gobiernos subordinados a los intereses de los grandes capitalistas y sus socios extranjeros no dudaron en entregar importantes paquetes accionarios una vez que las empresas creadas por el Estado estuvieron operando. Porque es bueno saber que las privatizaciones y extranjerizaciones de empresas estatales no son una novedad introducida por la Dictadura y la Concertación; ya ocurría entonces aunque nunca el Estado entregó masiva y enteramente sus empresas a la voracidad de los poderosos.

El carácter monopólico de muchas industrias en manos de los grupos económicos de la época y su connivencia con el capital extranjero impedían que la misma industria tuviera los desarrollos que el país necesitaba: era patente el caso de mantener una capacidad productiva ociosa en función de limitar la oferta de productos a la demanda existente para vender a altos precios y obtener enormes utilidades, la presión extranjera para impedir el desarrollo de industrias conexas de materiales, insumos y repuestos privilegiando la importación desde las metrópolis, manteniendo la vieja política colonialista de impedir el desarrollo de las industrias nacionales y su diversificación en los países periféricos, presionando para que sólo seamos proveedores de materias primas, presiones a las que la clase dominante chilena cedía alegremente contentándose con una participación compartida que le aseguraba suficiente lucro, comparsa facilitada por el común origen nacional ya que la mayoría de los grandes capitalistas "nacionales" pertenecían a la vez a colonias extranjeras, de dudosa adscripción a la proclamada "defensa de la Patria". El carácter monopólico de la gran industria se veía agravado por el hecho de que los miembros de los directorios de las principales sociedades industriales eran un reducido número de personas cuyos apellidos y parentescos conformaban centros de poder de enorme riqueza y aunque entonces no se hablaba de colusión ella era tanto más presente cuanto más concentrado se hallaba el control accionario y menos era un hecho conocido por la opinión pública. La competencia entonces era inexistente en grado sumo, jugando un rol importante las diferentes asociaciones patronales sectoriales donde convergían los intereses de los empresarios locales y extranjeros.

No era pues, un "capricho ideológico" el objetivo de recrear un gran sector económico estatal y nacional: los términos nacionalizar y estatizar eran totalmente convergentes por lo que no es de extrañar que algunos militares de alto rango hayan compartido estos propósitos del gobierno popular, desde luego no por compartir una ideología con el Gobierno sino por haber entendido que lo que estaba en juego era de verdad el interés nacional, comprensión que era facilitada por el conocimiento que tomaban al participar de reuniones en las que se discutían estos temas ya que el gobierno de Allende tuvo especial preocupación por incorporar a las FFAA en las tareas de sacar a Chile del subdesarrollo.

La política económica de la Unidad Popular, al margen de las dos grandes transformaciones, la Reforma Agraria y la Nacionalización de las Riquezas Básicas tenía como eje la creación del Área de Propiedad Social (APS), lo que daba al proceso el carácter de revolución socialista, aunque difería de procesos más radicales llevados a cabo en otras experiencias socialistas donde la propiedad estatal de extendía a amplios sectores de la economía y ello daba argumentos a la derecha y la democracia cristiana para proclamar que detrás de tales propósitos se escondía la voluntad no manifestada de socializar todo, a lo que contribuían los sectores radicalizados de la izquierda que pronaban por una estatización masiva. Al respecto, es bueno recordar la consigna levantada por el MIR, "Todas las fábricas y fundos a manos del pueblo" que se tradujo en tomas que no se correspondían con los marcos establecidos en el programa de la UP sobre lo cual además la experiencia práctica había demostrado ya en esos años, de que el Estado estaba incapacitado para una tal política toda vez que en numerosas experiencias de socialismo, incluso en la China de Mao, se conservaron numerosas pequeñas empresas en manos privadas. La ideología se imponía a la porfiada realidad de los hechos, la teoría suplantaba a los datos de la práctica económica, lección que la izquierda espero haya aprendido ya; que no toda propiedad privada de medios de producción deviene necesariamente en relaciones de explotación, que es lo que a fin de cuentas importa y que por otra parte la planificación central debe atender fundamentalmente los objetivos estratégicos. Creo que el programa de la Unidad Popular era en este aspecto, también adelantado a su tiempo en el sentido de haber percibido con mucha antelación una de las causas de la derrota de la mayor parte de las experiencias socialistas del siglo XX, la ideologización excesiva de las decisiones económicas, sin tomar en cuenta lo que desde Marx y los grandes pensadores que lo siguieron era claro: la "praxis" y los "porfiados hechos", son lo determinante y no la teoría, el subjetivismo y el voluntarismo.

Se pretendía dividir la estructura económica del país en tres áreas: la de propiedad social(APS) conformada por las empresas que ya eran del estado más aquellas que sería nacionalizadas o estatizadas, el área mixta de propiedad compartida entre el estado y los privados y el área de propiedad totalmente privada para los pequeños y medianos empresarios y agricultores. La oposición echaría mano a la revolución rusa, llevada a cabo bajo circunstancias totalmente diferentes donde la propiedad estatal se extendió generalizadamente, al menos en la industria, la banca, el transporte y el comercio y donde el propio Lenin hubo de echar marcha atrás con la NEP (Nueva Política Económica) en reemplazo de la política del "Comunismo de Guerra", esta última por lo demás plenamente justificada por las enormes dificultades que vivía la Revolución Rusa en sus primeros años. La propaganda opositora de que las expropiaciones llegarían hasta el extremo de la propiedad de uso familiar y la resonante prédica de la extrema izquierda lograrían que vastos sectores de la clase media, de la pequeña y mediana empresa se sintieran amenazados aunque, dadas las particulares condiciones en que se desarrollada el proceso chileno, una tal política de expropiaciones masivas era imposible, sobre todo cuando un elemento clave del poder como lo eran las FFAA, se opondrían sí o sí a una política de tal amplitud. El proceso iniciado por la UP era no sólo realista sino en perspectiva, su concepción sobre una economía a tres bandas, constituye hoy el programa más consistente frente a las experiencias concretas de fracasos y logros del socialismo.

Cabe mencionar igualmente que el programa de UP no se inspiraba solamente en el socialismo marxista sino que en su elaboración influyeron elaboraciones teóricas que provenían de la Teoría de la Dependencia y las elaboraciones de la Comisión Económica para la América Latina (CEPAL) estudios en los que habían participado destacados sociólogos y economistas como Neutonio Dos Santos, Celso Furtado, Fernando Cardoso y otros, que planteaban lo que suele escucharse de vez en cuando de boca de los más disímiles personajes desde hace casi 50 años: la necesidad de aumentar el valor agregado a nuestros productos lo que implica esfuerzos en industrialización, impulsar la independencia tecnológica y financiera, (para escapar de los préstamos-trampa), diversificar nuestras exportaciones y abrir nuevos mercados, todo lo cual estaba presente en el programa de la UP. Entonces, la centralidad de la construcción de la APS como estrategia anti monopólica y antiimperialista tenía pleno sentido para asegurar la independencia nacional y el desarrollo del país y al mismo tiempo constituía la política más estrictamente socialista del programa de la UP, el eje de la "vía chilena al socialismo" que transfería "a los trabajadores y al pueblo en su conjunto el poder político y el poder económico", bajo la premisa de una democratización avanzada de la sociedad. Sin embargo la vía legal fue nuevamente negada al gobierno por la mayoría del Parlamento que rechazó legislar para el traspaso de las grandes compañías a manos del Estado.

Es el momento en que interviene uno de los abogados chilenos más prestigiados, Don Eduardo Novoa Monreal que había participado en la redacción del texto constitucional que permitió la Nacionalización del Cobre y que fuera profesor de la Universidad de Chile y de la Universidad Católica, cuyo Curso de Derecho Penal Chileno se utiliza hasta hoy. El sugiere al gobierno, utilizar el Decreto de 1932 que autorizaba la expropiación de cualquier industria que fuera considerada como fundamental para la economía. No era un "resquicio legal" como argumentaba la oposición sino un texto legal que nunca había sido derogado y por tanto plenamente vigente. Sin embargo, la dinámica política desatada tanto por los temores de las clases intermedias alimentadas por la propaganda opositora como por los trabajadores y sus organizaciones políticas y sindicales que carecían de una conducción homogénea, conducen a un proceso que se radicaliza más allá de lo establecido en el programa popular y numerosas industrias comienzan a ser tomadas y a ser exigida su intervención, ora por meras consideraciones ideológicas ora por la resistencia que oponían los propietarios bajo la forma de boicot a la producción, oposición a la participación de las organizaciones sindicales, problemas reivindicativos con los trabajadores, participación en el mercado negro manipulando la distribución de los productos. La revolución legalista no escapaba a las dinámicas propias de toda revolución pero sin embargo es admirable que aún bajo esas condiciones en extremo generadoras de dificultades, gracias a la responsabilidad con que asumieron las tareas productivas la mayoría de los trabajadores, la producción no decayó sino sólo hasta el año 1973, porque la llamada crisis de la UP o aun exageradamente "el desastre económico de la UP" no fue una crisis de producción sino de distribución y cualquier economista serio, sin anteojeras clasistas tendrá que convenir que si hablamos de crisis en términos productivos ella no existió sino ligeramente en 1973, afirmación basada en la estadística oficial bastante más creíble que la estadística bajo la dictadura ya que el Director de la Oficina Nacional de Estadísticas y numerosos funcionarios eran de filiación democratacristiana y ninguna manipulación era posible bajo la mirada inquisidora del Congreso a mayoría opositora y menos aun cuando no existía la práctica tan usada actualmente de despedir funcionarios masivamente con la llegada de un nuevo gobierno. La estabilidad de los empleos públicos era y fue respetada cabalmente por la que llamaban los opositores, "la dictadura marxista". Hoy es usual que cada cambio de gobierno signifique la cesantía para numerosos funcionarios.

Aún más, la cifra de crecimiento del primer año del gobierno de Allende superó las cifras de crecimiento que por décadas había tenido el país lo que demuestra que solo lograron debilitar la economía una vez que estuvo bien organizado el boicot por los enemigos internos y externos de Chile. Esto obviamente les tomó un tiempo y cuyas consecuencias sólo comenzaron a manifestarse en el segundo año de gobierno. Como analizaremos más adelante, el "desastre económico" de la Unidad Popular es otro mito profundamente arraigado donde el desabastecimiento y las colas como hechos visibles nublan la evidencia de lo que realmente acontecía en Chile. La conformación del Área de Propiedad Social se inició con la nacionalización del cobre, el salitre, el hierro, el carbón, el cemento y la química lo que se integraba a las estatales estratégicas en el petróleo y la electricidad. Si bien la nacionalización del cobre contó con la aprobación unánime del Congreso y la Reforma Agraria al menos contaba con una ley del gobierno anterior, con las limitaciones que señaláramos, la estatización-nacionalización se enfrentaría a una fuerte oposición de la derecha y de los sectores derechizados de la DC y el Partido Radical, todos vinculados a sectores empresariales de importancia.

El carácter más definidamente socialista de la estatización de estas empresas estratégicas se imponía como una necesidad ineludible para tener en manos del estado la posibilidad de decidir el desarrollo de estas empresas en el marco de un plan de carácter estratégico cuya principal ventaja consistía en que efectivamente el pueblo chileno representado en su gobierno pudiera enmendar el rumbo de la economía hacia el verdadero desarrollo donde los intereses superiores del país se impusieran a los intereses privados de unos cuantos capitalistas poderosos, que las decisiones económicas del gobierno estuvieran subordinadas a un proyecto de desarrollo de largo alcance.

Se retomaba así el camino del desarrollo proprio, independiente iniciado por otro gobierno en el que tuvieron incidencia las fuerza de izquierda ya que a partir de 1938 bajo el gobierno del radical Pedro Aguirre Cerda (que logró escapar de un golpe militar "patriótico") se habían creado las industrias siderúrgica, petrolífera y metalúrgica para reemplazar la incapacidad innata de nuestra "clase emprendedora" que no es sino una clase oligárquica rentista que como lo muestra de manera patente su actual líder Sebastián Piñera sólo son capaces de especular, comprar y vender, privatizar a precio de ganga los bienes del Estado, pero difícilmente capaces de crear empresas y proyectar el crecimiento a largo plazo del país, subordinar sus acciones a un plan de desarrollo dirigido por el Estado (como lo hicieron los llamados tigres de Asia) y poner como objetivo central el mejoramiento de las condiciones de vida de la población que en realidad es la última de sus preocupaciones. La CORFO, creada bajo los gobiernos del Frente Popular en los años cuarenta sería fundamental para el desarrollo de numerosos proyectos, aunque siempre bajo los tironeos y presiones del mundo político y empresarial nacional y extranjero, para tomar participaciones accionarias, capturar la distribución o prestar asesorías como ocurrió con la Compañía de Acero del Pacífico, la segunda mayor empresa del país, que mediante privatizaciones parciales los gobiernos anteriores a la UP habían terminado por enajenar y entre privados nacionales y norteamericanos, habían terminado por controlarla. Posteriormente la dictadura la volvería a enajenar a un grupo de generales a precio de oferta.

Nuestra curiosa revolución legal (insólita diría Fidel Castro) obligaría al Estado a echar mano al presupuesto para la adquisición a través de CORFO de paquetes de acciones, lo que le permitió al gobierno controlar el 80% de la gran industria, la adquisición de los bancos privados más importantes que permitió controlar el 85% del sector financiero, asunto vital para contar con el crédito necesario y para reorientar su uso a los objetivos de desarrollo definidos en el programa. La importancia concedida al control del sector financiero hace que iniciándose el gobierno, Allende anuncie: "No he querido terminar este año -le dijo al país en discurso por cadena de radio y televisión el día 30 de diciembre de 1970-, sin hacerles a ustedes un anuncio trascendental para el cumplimiento de nuestros planes económicos y que se refiere a la nueva política bancaria y crediticia. Ante la conciencia ciudadana, nos comprometemos a que la Banca deje de ser un instrumento al servicio de una minoría, para utilizar sus recursos en beneficio de todo el país"..... "En vista de lo cual he resuelto enviar en la próxima semana al Congreso, un proyecto de ley para estatizar el sistema bancario. No obstante esta decisión, el gobierno quiere ofrecer otra alternativa, que además de acelerar el proceso represente una buena opción para todos los accionistas, especialmente los pequeños. El gobierno ofrece desde el lunes 11 hasta el 30 de enero, comprar las acciones de la banca privada por intermedio del Banco del Estado". Nacionalizada la banca se redujo la tasa de interés, se establecieron diferentes tasas según las actividades a las que se dirigían los créditos para estimular los sectores de interés económico y social, en particular bajas tasas para los pequeños y medianos empresarios y aumentar el crédito en las regiones y provincias, como una de las medidas descentralizadoras que el gobierno popular promovía.

Junto con las estatizaciones mencionadas, el estado también procedió a través de CORFO a estatizar las empresas que se dedicaban al comercio al por mayor y que importaban y distribuían: Williamson Balfour, Gibbs, Duncan Fox y Graham todo lo cual dio al Estado el control del 60% de las importaciones y el 90% de las exportaciones. En el marco programático de recuperar el control nacional para las riquezas básicas se incluía junto con el cobre al salitre, procediéndose a nacionalizar la Sociedad Química y Minera (SOQUIMICH), propietaria de los minerales de salitre de "Pedro Valdivia" y "María Elena", en manos norteamericanas, la que posteriormente sería entregada al yerno de Pinochet.

Los resultados de las primeras medidas serían extraordinarios mientras se desarrollaba en las sombras la conspiración traidora: según el Director de la Oficina de Planificación, hoy desaparecida por obra y gracia de las anteojeras neoliberales, la industria manufacturera "que había crecido en 13,6 % en 1971, siguió expandiéndose en un 2% más en 1972, es decir, en 1971 y 1972 la industria creció en cerca de un 16% sobre el año 1970. El grado de industrialización fue de 26,6% en 1972, un nivel no alcanzado antes.

No obstante la legalidad de las estatizaciones e intervenciones de empresas la oposición atrincherada en el Congreso optaría por negarse a legislar sobre las estatizaciones y el APS en general, rechazando al bulto el proyecto del ejecutivo y procediendo a una serie increíble de acusaciones constitucionales a sus ministros por supuestas irregularidades en los procesos de intervención o de expropiaciones de latifundios y empresas: ya al cuarto mes de gobierno y en los breves meses que siguieron, fueron acusados 11 ministros y 3 intendentes. Es decir, por un lado se negaba la posibilidad de establecer nuevos procedimientos legales y por otra se hostigaba al gobierno con las acusaciones y campañas de prensa muy agresivas encabezadas por El Mercurio que como se sabe estaba fuertemente financiado por la CIA. Las dificultades que encontraba el proceso de estatizaciones del APS empujaron a los trabajadores y a las organizaciones políticas de izquierda a ampliar excesivamente el número de empresas a estatizar, unas veces por motivaciones puramente ideológicas otras por el desgano cuando no el boicot deliberado de los propietarios, procediendo a tomas de industrias a las que en el mayor número de casos el gobierno intervenía con el fin de asegurar la continuidad de la producción. Los trabajadores asumieron en general con gran responsabilidad y creatividad las tareas productivas, las que se veían perturbadas por el boicot nacional e internacional de insumos y repuestos, ya que su importación sobre todo hacía fuertemente dependiente a la industria manufacturera pero la creatividad y el entusiasmo permitía no sólo continuar la producción sino al mismo tiempo ahorrar divisas. El caso de los laboratorios de medicamentos era particularmente dependiente de los componentes químicos ya que sus insumos y buena parte de las instalaciones eran importados pero la dependencia era general en toda la industria extractiva y elaboradora. Superar esta situación era uno de los objetivos de la Unidad Popular ya que nuestra industrialización dependía no sólo de insumos sino también de maquinaria y equipos y sus repuestos ya que no se contaba sino con un incipiente desarrollo de la industria de medios de producción y la industria no estaba ligada a las potencialidades tecnológicas de nuestros recursos naturales. Ello además se traducía en una escasez de divisas crónica alimentada además por otras obligaciones que la agravaban: intereses, comisiones, honorarios, pago de servicios, royalties.

La oposición a Allende fue extrema ya que incluso el procedimiento de adquirir acciones fue empleado por el gobierno de Frei cuando Chilectra, que no había cumplido el contrato que la obligaba no sólo a distribuir electricidad sino a producirla tuvo que ser reemplazada por la estatal ENDESA la cuál asumió incluso parte de la distribución. La crisis entre CHILECTRA y el Gobierno terminó con la compra de acciones y títulos por CORFO a la propietaria American and Foreign Power. La compra de acciones y las indemnizaciones, tanto en las industrias como en el agro, además tendrían un efecto nefasto para los años 1972 y 1973 pues dichos capitales serían una fuente importante de financiamiento del mercado negro. Para impedir la conformación del APS, la DC presentaría un proyecto de ley en marzo de 1972 que sería aprobado por el congreso opositor en que entre otras normas, impedía al gobierno adquirir acciones de empresas.

El mito del desastre económico de la Unidad Popular

Nada más difícil que desmitificar el "desastre" con explicaciones que necesariamente son complejas y que escapan a una mirada simplista que solo se conforma con ver las manifestaciones más exteriores del proceso económico que se desarrollaba y sonará a osadía y hasta blasfemo, sostener que el gobierno de la Unidad Popular obtuvo logros económicos notables, cuanto más notables si consideramos que se llevaba adelante un proceso de transformaciones fundamentales desafiando intereses poderosísimos que no se detuvieron en nada para hacer fracasar uno de los experimentos más llamativos de transformación social y económica del siglo veinte, lo que explica como el proceso chileno era materia de interés y discusión en la academia y la prensa de todos los colores en todo el mundo. Lo que explica también el gigantesco movimiento mundial de solidaridad con el pueblo chileno que se produjo con posterioridad al golpe militar y la masiva "violación a los derechos humanos" (una expresión que me suena elegante para hablar de la barbarie desatada: secuestros, violaciones, fusilamientos sin juicio o con pseudojuicios, tortura masiva, desapariciones, terrorismo, envenenamientos, asesinato de niños, entierro de personas vivas, etc.), hechos terribles que jamás ocurrieron bajo la Unidad Popular.

El hecho de haber emprendido un proceso de transformaciones en la estructura de la economía y la propiedad de las grandes empresas, sería razón justificadora suficiente para que en sus primeros años una tal transformación provocara necesariamente trastornos importantes en los niveles de producción. No ha habido en el mundo ni en la historia un proceso revolucionario que no haya causado desajustes importantes a nivel productivo porque todos ellos se desarrollan en el marco de conflictos de clases agudos y porque las transformaciones revolucionarias no pueden obtener éxitos inmediatos porque son apuestas por el futuro, porque sientan las bases de un desarrollo más dinámico a posteriori. Y sin embargo, en términos productivos la situación era muy similar a lo que hemos observado estos últimos años y sustancialmente menos grave de lo vivido por el pueblo chileno con los experimentos neoliberales bajo la dictadura, la que además se benefició durante 17 años de los aportes de la nacionalización del cobre y del término del latifundio improductivo, amén de un generosos apoyo financiero externo.

Lo que hace de las majaderas afirmaciones del "desastre económico de UP" y de la "destrucción de la economía" una afirmación fácilmente asimilable por gran parte de la población, se basa desde luego en el hecho cierto e innegable de haberse producido una desestabilización del proceso de distribución que en su expresión más visible se tradujo en colas e irregularidades en el ritmo de abastecimiento al comercio minorista lo que no podía menos que dar la impresión de que era el reflejo de una baja en la producción. En ese cuadro, la prédica de que nos acercábamos a hacer realidad las tarjetas de abastecimientos como "mecanismo para controlar por hambre a la población" tenía amplio eco en la prensa opositora. No cabe duda de que nadie murió de hambre bajo la Unidad Popular y que tampoco se conocieron las ollas comunes y los comedores populares y el hambre de verdad. Para ver aquello hubo que esperar las sucesivas crisis provocadas por las aventureras políticas económicas de la dictadura aunque justo es reconocer que en 1973 hubo sectores de la población que sí tuvieron mayores dificultades para proveerse de lo esencial, particularmente sectores de clase media reacios a participar de las Juntas de Abastecimientos y Precios promovidas por el gobierno para combatir el mercado negro. Los sectores acomodados se las arreglaban, como siempre, abasteciéndose de sus contactos en el campo y en el comercio y los sectores populares organizados en las JAP pudieron abastecerse sin que el tema del abastecimiento y sus altibajos representara una situación crítica.

Nunca hubo como bajo la dictadura ni "ollas comunes" ni hambre en las poblaciones populares.

Si como veremos, la suma de los numerosos factores negativos que incidieron en las dificultades afrontadas, incluidos desde luego algunos errores atribuibles a la UP y a sus seguidores, no fueron suficientes para provocar un colapso productivo y bien al contrario, se logró mantener los niveles de producción y aún aumentarlos en el promedio de los años del gobierno popular. Ello tiene una explicación que no es otra que el enorme compromiso con el proyecto que asumieron los trabajadores y los técnicos y profesionales. El mito habla de los trabajadores empeñados solamente en realizar reuniones y marchas y no en su entusiasta disposición a resolver los problemas que se les presentaban o el enorme número de horas de trabajo voluntario que desplegaban muchas veces junto a una juventud numerosa que colaboraba en las desafiantes condiciones en que se realizaba el programa. Valga de ejemplo de ello el que en el verano de 1971, viajaron al sur 55.000 jóvenes para realizar trabajos voluntarios demostrando el enorme amor a su país y a su pueblo y la convicción profunda de que eran partícipes de una epopeya nacional y patriótica que haría historia.

Por parte de los profesionales y técnicos cabe decir en primer lugar que el aporte que ellos entregaron ya en la elaboración del programa de gobierno, participando por centenares y miles en debates político-ideológicos sin duda pero también en los análisis técnicos y científicos que ameritaba un proyecto de nueva sociedad que miraba lejos hacia el futuro. Ello se vio incrementado al asumir con responsabilidad, entusiasmo y entrega las tareas cotidianas de lo que el propio Allende llamaba permanentemente: la "batalla de la producción y la productividad". La "destrucción de la economía" era exactamente lo contrario, porque eso era en lo que se afanaban el imperialismo y sus servidores y cómplices internos, y no podía ser de otra manera. ¿Qué interés podrían haber tenido los trabajadores en destruir las fuentes de sus ingresos y al mismo tiempo las fuentes de sus esperanzas? La destrucción de la economía ocurriría después con el experimento de la política de shock que terminó en desastre en 1975, el dólar a 39 pesos que terminó en el desastre de 1982. Pero ese es otro mito, el del "milagro económico", la "obra económica del gobierno militar", "la modernización".

Es de utilidad saber en qué condiciones recibió el gobierno de la Unidad Popular nuestra economía, después de la generosa ayuda prestada por EEUU y Alemania al gobierno de Frei, interesados como estaban en la gran estrategia de impedir que América Latina siguiera los pasos de la Revolución Cubana. Como todo partido centrista, la DC no escapaba a los conflictos de clase en su interior y la expresión que éstos conflictos tenían en el plano internacional, por lo que la consigna de la "revolución en libertad", que sugería la necesidad de una revolución pero tenía el claro propósito de separar aguas con lo que llaman el "totalitarismo marxista" y dentro de sus filas se manifestaban abiertas contradicciones entre sus sectores derechizados y los progresistas, en un mundo donde las ideas de la izquierda habían ganado terreno y requerían respuestas concomitantes: la necesidad de una reforma agraria, de meter mano nacional en el cobre, en la participación organizada de las masas en la gestión pública, todas ideas fundacionales de la izquierda tenían eco en importantes sectores de la DC y particularmente entre los jóvenes que adherían al llamado socialismo comunitario.

Pero la presencia de sectores vinculados al empresariado y la evidente dependencia económica como partido de dichos sectores como asimismo de los fondos CIA, como está suficientemente comprobado, darían a cada proyecto DC el carácter de un compromiso entre sus sectores: el cobre sería "chilenizado" y no nacionalizado, solución que el propio candidato DC, Radomiro Tomic consideraría insuficiente compartiendo la idea de la total nacionalización con Allende; la Reforma Agraria, tendría los límites ya comentados y la llamada "promoción popular" para la organización de juntas de vecinos y centros de madres sería aceptada por los sectores conservadores sólo en cuanto instrumento útil para competir con la creciente influencia de la izquierda en los sectores populares. El mismo objetivo sería perseguido con la Ley de Sindicalización Campesina.

El apoyo financiero al gobierno de Frei sería colosal, ya que en sus seis años doblaría la deuda externa de Chile de 1500 millones de dólares (acumulada durante varios gobiernos) a 3000 millones, además con vencimientos a corto plazo. La deuda permitiría esfuerzos importantes en materia educacional (se construyeron numerosos establecimientos escolares), industrialización, reforma agraria insuficiente pero significativa. Sin embargo el gobierno democratacristiano terminaría con una alta inflación (32,5% para 1970), una tasa de cesantía del 9%, balanza de pagos y comercial deficitaria, deuda, reservas por 400 millones pero con importantes pagos de deuda a corto plazo, en resumen, el gobierno popular no recibió un país rozagante de salud económica, lo que ya es suficiente argumento para atemperar las críticas a la UP.

El 23 de septiembre de 1970, 16 días después de que Salvador Allende ganara las elecciones, Andrés Zaldívar, como ministro de Hacienda de Frei Montalva, entregó vía cadena de radio y TV un mensaje sobre la situación de la economía. Queda para análisis históricos dilucidar si la intervención de Zaldívar tuvo la intención de contribuir a generar más problemas como la izquierda sostuvo o el ministro simplemente dio cuenta de un cuadro real que efectivamente se estaba presentando ya desde el mismo 5 de septiembre cuando se inició una corrida bancaria, la caída de la bolsa, se inició el mercado negro de divisas y la fuga de capitales.

Lo que está claro es que no habría sido solamente el discurso mencionado sino un conjunto de acciones destinadas a complicar la economía apenas elegido Allende y como un anticipo de las resistencias sistemáticamente organizadas por las clases acomodadas y el imperialismo que no cesarían hasta el golpe militar. El propio Zaldívar sostiene en entrevista a La Tercera de que "hubo gente que trató de profundizar esta crisis en la derecha y en la CIA". De manera que quienes sostienen con tanta ligereza que las dificultades económicas de la Unidad Popular eran de responsabilidad de la coalición de izquierda, deberían tener presente de que aun antes de que Allende asumiera se multiplicaban las acciones desestabilizadoras, de lo cuál a la UP no le quedaba sino tomar nota de lo que le esperaba en los años a seguir, conscientes de que la necesarias transformaciones económicas no se harían sin dificultades.

Pero para sorpresa de todo el mundo, incluidos muchos de los que apoyábamos a la Unidad Popular, las primeras medidas económicas tomadas por el gobierno logran resultados que el propio Banco Mundial considera "que visto en forma aislada, 1971 fue un año de progreso espectacular hacia los objetivos del gobierno. La producción, empleo y salarios reales crecieron fuertemente, y el abastecimiento de bienes de consumo fue aumentado". Desde luego, el Banco calificaría los años 1972-septiembre 1973 como un período de "profunda crisis", aunque sin mencionar que desde el punto de vista productivo la caída fue poco significativa. La inflación igualmente cedería del 32,5% de 1970 al 20% en el primer año de gobierno de la UP. Lo peor sería sin duda la brutal caída del precio del cobre, la operación desestabilizadora de mayor importancia.

Tasa de crecimiento durante la Unidad Popular (según fuentes)

Años	BANCO MUNDIAL(*)	INSTITUTO NACIONAL DE ESTADISTICAS	ODEPLAN
1971	7,7	9,02	8,3
1972	-0,1	-0,82	2,8
1973	-3,6	-4,94	
PROMEDIO	1,33	1,09	

(*)Informe del Banco Mundial titulado Chile. An economy in transition, Washington DC, January 1980, 580 p..

¿Cuáles fueron las causas y quienes los responsables de que se produjera en 1972 y 1973 una caída de la producción y un desorden en los procesos de distribución de los productos?

"*La responsabilidad de la situación económica presente -sostuvo el Presidente Allende en su último mensaje al Congreso Nacional, el 21 de mayo de 1973- es compartida, en un grado u otro, por el Gobierno y por la Oposición*", entendiendo que la "oposición" contaba con un participante importante: nuestro viejo y aun presente enemigo, el imperialismo.

La orden había sido dada por el presidente de EEUU, Richard Nixon, de "*hacer crujir la economía chilena*". Esa orden se traduciría en varias acciones concretas: las reservas estratégicas de cobre de EEUU fueron puestas a la venta para provocar la caída del precio del cobre. Como ocurre hoy en Venezuela, fuertemente dependiente de su producto básico, el petróleo que sostiene el 90% del presupuesto nacional, Chile dependía del cobre que procuraba más del 50% de los ingresos de exportación (aún sigue igual). El precio del cobre de 66 dólares por tonelada en 1971 cayó a sólo 9 dólares en 1972. Debido a la escasez de reservas para atender los urgentes pagos de deudas contraídas por los gobiernos anteriores, se solicitó a los acreedores del Club de París una renegociación de dichas deudas, acción a la que se opuso EEUU pero que finalmente fue acordada en beneficio del gobierno de Chile aunque lejos de los términos solicitados. El gobierno debía destinar el 37% de los ingresos por exportaciones para solamente el pago de intereses y amortizaciones por lo que estas dificultades provenían de la deuda generada en gobiernos anteriores. Se cortaron los créditos de corto plazo que se utilizan para operar el comercio exterior acción liderada por el banco del gobierno norteamericano, el Eximbank; se suspendieron los créditos del Banco Mundial, el FMI y el Banco Interamericano de Desarrollo, que como sabemos son organismos que operan políticamente al servicio de los intereses imperiales y neocolonialistas, como queda patente en el cuadro siguiente:

Gráfico 1: Desembolsos multilaterales:

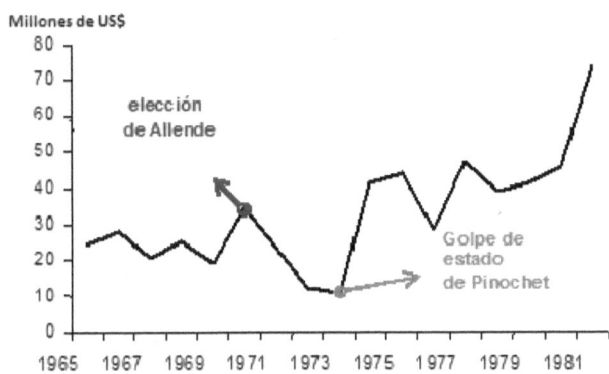

Fuente: Banco Mundial, *CD-Rom GDF*. 2001 retomado de "El apoyo del Banco Mundial y del FMI a las dictaduras".12 de septiembre de 2014 por **Eric Toussaint 8 (http://www.cadtm. org/El-apoyo-del-Banco-Mundial-y-del,10648).**

El gráfico es elocuente en mostrar una caída brusca posterior a la elección de Allende y una generosa remontada una vez instalada la dictadura. Sólo en materia de créditos comerciales a corto plazo, estos disminuyeron en 1972 a 30 millones de dólares en comparación con los 300 millones de que disponía en el gobierno anterior Esa conducta de esos organismos es claramente política, incluidas actualmente las calificadoras de riesgos que se presentan como asesores neutrales e interesados en el mejor desempeño de los países siendo por el contrario totalmente funcionales a los intereses de las élites conducta que no ha cambiado hasta el día de hoy. Valga tener presente dos casos actuales emblemáticos, donde el trato discriminatorio y político en la asignación de créditos y en las calificaciones de riesgos son diametralmente opuestas en los casos de Venezuela y Ucrania.

En contrapartida millones de dólares serían destinados a financiar las actividades conspirativas y el gobierno norteamericano no escatimaría recursos para que a la través de la CIA se financiara a los conspiradores que terminaron con la vida del Comandante en Jefe del Ejército René Schneider por oponerse al golpismo, la primera huelga de patrones y camioneros que duraría desde el 11 de octubre hasta el 13 de noviembre de 1972 y que se repetiría a fines de julio de 1973, como parte de la conspiración abortada del 29 de junio conocida como el "El Tancazo". En el mismo mes se acrecentaría el número de atentados terroristas llevados a cabo por el grupo Patria y Libertad, entrenados y proveídos de armas y explosivos por oficiales de la Armada, la rama más conservadora de nuestras FFAA y la de más cercanía al mundo anglosajón.

Por su parte, la cuprífera Kennekott bloquearía un embarque de cobre en Francia el 4 de agosto de 1972 y en Hamburgo, Alemania, en enero de 1973, bloqueos que serían levantados apenas producido el golpe militar y dos huelgas en las minas de cobre serían igualmente financiadas por fondos CIA: en Chuquicamata y El Teniente, esta última que duraría desde el 17 de abril al 2 de julio amén de acciones de sabotaje en todas las minas de cobre, de los oleoductos, vías férreas torres de alta tensión lo que llevaría a la curiosa reacción de Augusto Pinochet de interrumpir una reunión del Ministerio de Interior para sugerir que a los responsables de los atentados terroristas (la ultraderecha) "¡había que fusilarlos¡". Por su parte los patrones se olvidaron de su vieja rivalidad con los trabajadores estimulando cualquier movimiento reivindicativo que se presentara entre los trabajadores de la administración pública y del Área de Propiedad Social.

Una de las acciones más graves emprendidas por la oposición sería la desfinanciación de la ley de reajustes de las remuneraciones que sería aprobada por el parlamento opositor sin financiamiento, obligando al gobierno a la emisión inorgánica de dinero ya que le era imposible al gobierno que se definía como "el gobierno de los trabajadores" negara a estos su legítimo reajuste. Fue sin duda el factor principal para desencadenar la hiperinflación que alcanzó un 188,1% entre enero y septiembre de 1973. En los tres meses que siguieron al golpe militar, la dictadura mediante la eliminación del control de precios haría subir la inflación hasta un mil por ciento.

Numerosas otras acciones y eventos contribuyeron a la desestabilización de la economía, como el bloqueo a la importación de piezas de repuesto para la actividad industrial manufacturera y extractiva ya que se dependía de componentes e insumos importantes de origen norteamericano, el contrabando masivo de ganado hacia Argentina, la organización del acaparamiento y del mercado negro a lo que hay que agregar la utilización de las técnicas de guerra psicológica, cuyos instrumentos principales eran los medios de comunicación encabezados por El Mercurio, fuertemente financiado por la CIA.

La oposición interna echaría mano a una persistente campaña de prensa, radio y televisión tendiente a capturar a las clases medias con los fantasmas conocidos de la pérdida de libertades, insistiendo en que la "vía chilena al socialismo" conduciría inevitablemente a la copia fiel de otras experiencias que poco o nada tenían que ver con lo que se intentaba en Chile. El asesinato de Edmundo Pérez Zujovic a manos de un grupúsculo de ultraizquierda, (del cuál algún día sabremos que fue empujado a cometer el crimen por manos moras, cuando los borrones desaparezcan de los famosos documentos desclasificados de la

CIA), sería pieza clave para que los sectores derechizados de la DC (léase Frei–Aylwin) convergieran en una férrea unidad con la Derecha y en una oposición sin concesiones a la UP, cuyo corolario fue la creación de la Confederación Democrática la cual llegó a contar con el apoyo para las elecciones de marzo de 1973, del grupo de extrema derecha Patria y Libertad.

De modo que la crisis que viviría Chile no sería una crisis normal como las que suceden cíclicamente en la economía capitalista sino sería una crisis provocada artificialmente. Allende diría: "Tienen responsabilidad los que desfinancian los proyectos del Ejecutivo; los que incitan a paros sediciosos; los que ayer fueron monopolistas, latifundistas o banqueros, y hoy, con oportunismo, prohíjan reivindicaciones económicas de los trabajadores; los que desataron y mantienen una campaña destinada a sembrar la desconfianza en nuestra capacidad económica, los que promueven el mercado negro como política de resistencia al Gobierno. Repito: todos ellos tienen responsabilidad".

En contrapartida, los apoyos exteriores al gobierno popular serían escasos aunque moralmente valiosos: la URSS abriría una línea de crédito en junio de 1972 por 237 millones de dólares, se comprometería a adquirir cobre y productos manufacturados; donaría una planta para la fabricación de viviendas en concreto armado que de haber funcionado hasta nuestros días habría aportado un número significativo de soluciones habitacionales al eterno déficit habitacional chileno, pero que el fanatismo anticomunista irracional destruyó desmantelando la enorme fábrica por orden del dictador.

Pesaba en el poco apoyo recibido el hecho de que en altas esferas de la URSS, el proyecto de la vía chilena al socialismo no convencía a todos los altos dirigentes respecto de su viabilidad futura, teniendo en cuenta además que los acuerdos existentes entre las dos mayores potencias respecto de sus áreas de influencia excluían un compromiso pleno con el proyecto de la izquierda chilena, proyecto que sin duda había generado una importante fuerza propia pero que no era suficiente como para que unos muy prudentes aportes de la URSS fueran decisorios. Las contradicciones en el seno del PCUS se reflejan bien en lo sucedido con el barco cargado de armas que el General Prats había conseguido con el propósito de diversificar las fuentes de abastecimiento del Ejército ante la eventualidad de una agresión armada impulsada por los norteamericanos los que como sabemos, salvaguardan sus intereses reavivando conflictos o diferencias entre países o entre grupos étnicos o religiosos al interior de éstos, toda vez que con la nacionalización del cobre habían perdido el control sobre una importante materia estratégica.

De manera que un conflicto con alguno de nuestros vecinos era un escenario posible. Como se sabe, el barco, cargado de tanques y artillería fue enviado por el Ministro de Defensa de la URSS y desviado a otros puertos por la KGB, lo que refleja bien las discrepancias existentes en la dirigencia soviética respecto del experimento chileno. Siguiendo su emblemática generosidad internacionalista, el gobierno de Cuba, aun y a pesar de sus conocidas dificultades, descargaría un barco con azúcar destinado a la URSS para cargarlo con leche destinado a Chile para contribuir a la lucha contra el mercado negro. Otros países socialistas otorgarían créditos para la adquisición de maquinaria y equipos pero sólo una pequeña parte sería de divisas de libre disposición.

¿Todo entonces, por culpa del imperialismo y la burguesía?

Todo proceso revolucionario introduce complejidades mayores a una economía que cuando ésta funciona en un marco de estabilidad, pero dado que llega un momento en que esa relativa estabilidad se traduce en paralización o bajas tasas de crecimiento, los cambios estructurales devienen imprescindibles para desatar nuevamente un periodo de desarrollo. La prueba de ello es que dos de las tres transformaciones estructurales emprendidas por el gobierno de la UP han proyectado en las décadas siguientes evidentes beneficios al país pasando del latifundio improductivo a una agricultura desarrollada que junto a la nacionalización del cobre proveen de ingentes recursos al estado y a la economía.

Tan necesarios eran esos cambios promovidos por las fuerzas de izquierda durante décadas y resistidos por la derecha, que finalmente la nacionalización del cobre fue aprobada por unanimidad y la reforma agraria fue apoyada, al menos de la boca para afuera hasta por la derecha y por la casi unanimidad de las fuerzas políticas. Pero tratándose ya no de medidas que ayudaban al capitalismo a salir de su marasmo, sino de medidas que eran de claro contenido socialista, como lo era la conformación del área de propiedad social, la oposición y la resistencia enconada de la burguesía se haría presente con toda su fuerza.

Pero sería incompleta la visión del proceso de la UP si no hiciéramos mención de la parte de responsabilidad que tuvimos los militantes de la UP, sobre todo por carecer de una política y mando único y de la extrema izquierda por empujar las expropiaciones e intervenciones más allá de los proyectado y sin que el gobierno contara con administradores capacitados en un número suficiente.

Sobre la ultraizquierda ya hemos hecho referencias entendiendo siempre que una revolución es un proceso complejo donde intervienen diversos actores que se despliegan en un abanico de posiciones políticas que pueden ser erradas también en el campo de la izquierda, con una diferencia esencial: las posiciones y acciones erróneas se hacían desde una enorme generosidad, compromiso y entrega a un ideal. Los errores forman parte del quehacer humano pero ello no debe inhibirnos jamás de reconocer el enorme valor moral de los que lucharon desde posiciones ultraizquierdistas no para defender privilegios ni para conquistarlos en beneficio propio sino por un amor profundo, generoso y sincero a la causa de los desposeídos.

Para la Unidad Popular se planteó un dilema presente en muchos procesos revolucionarios que se proponen favorecer a los sectores sociales más pobres mediante políticas destinadas a redistribuir el ingreso, lo que por consideraciones políticas debe ser hecho de tal manera que las masas populares perciban con claridad que de verdad su situación económica comienza a cambiar, por lo que no se podía mejorar esa condición de manera tan gradual y prudente que se hiciera imperceptible. Ello además no puede hacerse sin que otros sectores no sean en paralelo perjudicados, toda vez que la torta a repartir no puede crecer en un corto periodo de años, menos aún en medio de un proceso de transformaciones económicas importantes.

En el caso de la UP, esto se podía hacer parcialmente porque existía, al menos en la industria, una capacidad ociosa de producción de alrededor del 40%; porque se esperaba que la nacionalización del cobre aportara nuevos recursos al estado y que la Reforma Agraria desatara por fin el desarrollo del campo. Por otra parte, una reforma tributaria que se apoyaba inicialmente en el financiamiento de los reajustes de remuneraciones podía significar un aporte importante al proceso de redistribución del ingreso. Una reforma tributaria de carácter más estructural devino rápidamente inviable a medida que la DC se desplazaba hacia la derecha, desplazamiento que implicó que las acciones redistributivas fueran bloqueadas, acciones que inicialmente se pensaron viables por la importante coincidencia de los programas de los candidatos presidenciales Allende y Tomic. La Unidad Popular no tenía alternativa, debía llevar adelante su promesa redistributiva porque esa política era la que mejor la representaba y garantizaba el apoyo que buscaba construir entre la mayoría de la población y esa redistribución debía ser palpable, debía ser significativa, a pesar del peligro de generar desequilibrios macroeconómicos.

Los sueldos y salarios aumentaron su participación en la renta nacional pasando de menos del 50 por ciento a cerca del 60 por ciento en 1971 (para caer al 35% bajo la dictadura) y ello no provocó grandes problemas durante ese año ya que la capacidad ociosa de la industria se puso en marcha y se pudo importar bienes para aumentar la oferta interna, lo que se tradujo en una tasa de crecimiento muy alta y en un mejoramiento real de las capacidades adquisitivas de los sectores más pobres, lo que unido a las esperanzas desatadas, explican el amplio apoyo electoral recibido en las elecciones municipales de marzo de 1971 (más del 50% de los votos favorecieron a la UP).

Ese importante aumento de la capacidad de compra en manos de los sectores populares se orientaría, como era de esperar, hacia los bienes de consumo masivo y muy marcadamente hacia los alimentos, ya que los sectores populares aún tenían insatisfechas sus necesidades de alimentación y es reconocido el hecho de que las familias de más bajos ingresos al disponer de nuevos ingresos normalmente destinan una parte significativa a mejorar su alimentación, que por lo demás era uno de los objetivos buscados por la UP. De la misma manera y en paralelo, la disminución de los ingresos de la clase alta se traduce en una disminución de la venta de suntuarios, lo que provoca una rearticulación de la estructura general del consumo en un país. Pero la estructura productiva no se adecúa automáticamente a la nueva estructura del consumo y menos aun cuando intervienen factores desestabilizadores artificiales como los utilizados por quienes se oponían a las políticas económicas de la UP o factores externos inmanejables como el incremento de los precios internacionales de los alimentos de un 50% desde el año 1970, lo que vino a agregar una nueva dificultad.

El aumento de la capacidad de compra de los sectores populares se vería además incrementado por una histórica bajada de la tasa de cesantía la que alcanzó un 3,8%, un record histórico que ni antes ni después del gobierno de Allende ha sido alcanzado y que se corresponde con el principio socialista de que el trabajo es una obligación y al mismo tiempo un derecho, derecho humano que consideramos fundamental, también reconocido por las Naciones Unidas como tal y que el capitalismo jamás logrará satisfacer pues su estadística tramposa considera "pleno empleo" con un 5% de cesantía, incluyendo en el caso chileno, como "empleado" a cualquier persona que haya trabajado apenas una sola hora en la semana.

La cesantía masiva es una de los aspectos más criticables del capitalismo porque implica una enorme pérdida de capacidades productivas para un país y al mismo tiempo una fuente de frustraciones, inseguridades y dificultades inaceptables para los trabajadores y sus familias y que la clase dominante utiliza como mecanismo de disciplinamiento y de chantaje; es a fin de cuentas una violación a un derecho esencial de todo ser humano, el derecho a ganarse la vida.

La redistribución del ingreso favoreció a amplios sectores del pueblo ya que no sólo los trabajadores obtuvieron aumentos significativos en las remuneraciones sino también se aumentaron las pensiones y otros beneficios como las asignaciones familiares y el salario mínimo pero la inflación obligaría a reajustes más frecuentes. La negativa opositora a una reforma tributaria progresista, el desfinanciamiento de los reajustes, etc., llevaron al gobierno a una emisión de dinero desmedida lo que inevitablemente desató una inflación que según el Banco Mundial en su informe "Chile an economy in transition" (publicado en enero de 1980) la inflación promedio anual fue de 20% en 1971, 77,8% en 1972 y de 188,1% entre enero y septiembre de 1973. En todo caso, una emisión que posibilitara el aprovechamiento de las capacidades productivas inactivas fue una política que se aplicó a plena conciencia pero que debido a los múltiples factores que entraban en juego, contribuyó a desestabilizar el mercado.

Sin embargo, es notable el nivel de conciencia que alcanzaron amplias masas de trabajadores los que a pesar de las dificultades, frustraron las pretensiones de la oposición de alcanzar a elegir los 2/3 de los parlamentarios, con lo que buscaban hacer caer al gobierno. Ello porque a despecho del mercado negro, la especulación, la guerra mediática, el pueblo no pasaba hambre porque nunca sintieron que la UP los defraudaba y tenían plena conciencia de que a pesar de todo tenían acceso a más alimentos y bienes en general que antes de la llegada de Allende a La Moneda. Una alta inflación, aunque no sea deseable, no implica necesariamente un menor consumo y al respecto es bueno recordar que la tasa más baja de inflación bajo la dictadura fue de 10% en 1982, en plena crisis, cuando la falta de capacidad adquisitiva era tal debido a la enorme deuda con el extranjero que la gente no compraba y pasaba hambre y los escaparates se mostraban llenos de productos, situación que resulta muy ilustrativa de la diferencia de una crisis de producción de otra de distribución.

Hacer pasar toda clase de dificultades a un país rebelde es una vieja estrategia imperialista: el medio millón de niños que murieron de hambre en Irak, por el boicot de las potencias occidentales antes de invadir IRAK como "libertadores" es un ejemplo de ello. La caída de los precios del petróleo para afectar a Rusia y Venezuela parece actualmente un boicot artificial más. Los ingresos estatales de Venezuela provienen en un 90 % del petróleo y en un año el precio desciende desde 100 dólares el barril a menos de 30, lo que desde luego provoca una catástrofe y alimenta el mito de que las experiencias socializantes terminan siempre con escasez y mercado negro, lo que es totalmente falso como es igualmente falso el caso inverso, cuando los comercios están abarrotados de mercaderías, dando una imagen de abundancia, que no se corresponde con la capacidad de compra de la población, como ocurrió en la crisis del 1982 en Chile, supermercados llenos y ollas comunes y hambre en las poblaciones obreras. Ya en plena dictadura (1986), el Banco Central no podría ignorar lo ocurrido bajo la UP al reconocer en un informe que en 1971-1972, la ingesta de calorías y proteínas había tenido un notable aumento (que nunca la dictadura superó).

La economía es economía política o no lo es y si bien deben considerarse los equilibrios macroeconómicos como una obligación perentoria tanto en el capitalismo como en el socialismo, las restricciones bajo las cuáles la UP operó eran tales que es difícil hoy evaluar si el gobierno de Allende pudo haber sido más prudente en la redistribución del ingreso y en la emisión de moneda. No cabe duda de que el equipo económico de la UP era del más alto nivel profesional e intelectual, pero los condicionamientos políticos en medio de una aguda lucha de clases eran imposibles de ignorar.

Tampoco es una característica de las experiencias socialistas los desequilibrios económicos, aunque esa es la imagen explotada por los medios y bien al contrario, las numerosas experiencias socialistas de los países del este de Europa demuestran que la economía planificada permitía crecimiento y estabilidad: tasas de crecimiento significativas, inflaciones en torno al 1 % por años, pleno empleo de verdad ya que fueron factores político-institucionales los que perturbaron su mejor desempeño y no el modelo económico. Por el contrario, las constantes crisis económicas en que se sumerge el capitalismo, el anarquizante libre mercado con sus monopolios y sus especuladores, sus pobrezas y riquezas extremas, la destrucción del medio ambiente, sus tráficos en todas sus variantes, etc., hablan bien de la necesidad de poner orden y construir sociedades mejor organizadas, más cultas, más humanas y regidas por una verdadera racionalidad económica donde si devienen posibles equilibrios macroeconómicos permanentes.

Desde la elaboración del programa de gobierno de la Unidad Popular quedó en claro que la inflación debía ser contenida y reducida: "Tomar todas las medidas conducentes a la estabilidad monetaria. La lucha contra la inflación se decide esencialmente con los cambios estructurales enunciados. Debe, además, incluir medidas que adecúen el flujo de circulante a las reales necesidades del mercado, controle y distribuya el crédito y evite la usura en el comercio del dinero. Racionalice la distribución y el comercio y estabilice los precios".

No fue tampoco la UP la que desató la inflación ya que esta tenía una larga historia en la economía de nuestro país y en la década que antecedió el ritmo promedio fue de 25,73 %. La dictadura no lo haría mejor ya que concediéndole que hasta el año 1975 compartía "culpas" con la herencia de la UP en la materia, (aunque la mayor responsabilidad debe atribuirse a los errores de la política de shock implantada con una irresponsable libertad de precios). A partir del año 1976 y hasta el año 90, es decir durante todos los años de la dictadura, la inflación promedio fue de 41,14%. Sólo la Concertación podría legítimamente vanagloriarse de haber por fin controlado este viejo flagelo: el promedio de los años 1991-2016 es de 5,45%. El éxito económico de la UP en el primer año de gobierno también se reflejó en una baja de la inflación la que descendió de un 32% de 1970 a un 20% en 1971.

E) Esfuerzos y resultados económicos y sociales relevantes bajo la Unidad Popular

En consideración a lo analizado hasta aquí podría deducirse que el gobierno de la UP se esforzó solamente por otorgar beneficios a los sectores populares en el marco de una política típicamente populista que se basa en gasto y endeudamiento y que no se esforzó en ahorrar e invertir que es a lo que obliga una política responsable que mira más lejos en el horizonte del desarrollo y quizás el populismo habría sido el camino fácil para salir de un periodo dificultoso, gastar todo lo que se pudiera en satisfacer demandas populares y olvidarse del desarrollo futuro.

Sin embargo, el Programa de la UP había sido elaborado con una mirada de largo aliento y la inversión en diversos frentes se llevó a cabo con tanta preocupación y esfuerzo como la voluntad de reparar las injusticias en el reparto de la riqueza. El proyecto de desarrollo de la UP aspiraba a doblar el producto en un plazo de 10 años y el aumento de la producción no pasaba solamente por utilizar a fondo las capacidades productivas existentes sino también en aumentarlas por la vía de la inversión, pública y privada, nacional y extranjera (bajo otras condiciones, como la firma de un nuevo Estatuto Automotriz que se basaba en conversaciones avanzadas para la conformación de empresas mixtas con fabricantes italianos, franceses y japoneses).En estos proyectos tendrían una participación destacada los trabajadores, técnicos y profesionales que como nunca antes demostrarían una disposición creativa enorme cuyo mayor ejemplo sería dado por el proyecto SYNCO que muchos consideran como un anticipo de la aún lejana y futura INTERNET, porque la UP nos había concedido el raro privilegio de soñar despiertos y pensar que el desarrollo de Chile no era una quimera. Las capacidades productivas destinadas a la inversión serían igualmente puestas en tensión y se generarían igualmente cuellos de botella particularmente en la producción de acero y materiales de construcción debido al aumento de la inversión en viviendas, silos, obras de regadío, etc..

El masivo endeudamiento externo bajo el gobierno de Frei le había permitido aumentar la tasa de inversión bruta en un 14% del producto y bajo las enormes dificultades enfrentadas por la UP, esta alcanzaría un 12,8 % entre 1971 y 1973. Estas tasas caerían por debajo del 9% en los primeros años de la dictadura y en pleno "milagro económico", entre 1977 y 1979 llegarían a un poco más de 10%. En realidad el milagro consistiría en endeudar el país para una gran farra de importaciones que destruyó la industria nacional, exactamente lo contrario a lo realizado por los gobiernos de Frei y Allende. El majadero e interesado discurso que por decenios y en todo el mundo ha sostenido el neoliberalismo en el sentido de argumentar que las alzas de impuestos a las empresas (en realidad a los empresarios) y una mayor participación de los trabajadores en el producto perjudican la inversión se reveló falso tanto porque los trabajadores también ahorraban como porque los empresarios destinan sus ingresos al consumo, a la especulación improductiva y a los paraísos fiscales. Al respecto vale tener presente lo ocurrido en 1973, el peor año de la UP cuando el ahorro alcanza a 11,4 % del producto lo que explica que al año siguiente en 1974 la inversión alcance un 11,4 % en contraste con 1975 y 1976 cuando el ahorro cae al 0,1% y 6,9% respectivamente y cuando la participación del trabajo en el ingreso había caído abruptamente al 35%.

La Unidad Popular concedería una enorme importancia al desarrollo de la agricultura y a pesar de las dificultades haría el esfuerzo de importar maquinaria agrícola, especialmente una importación masiva de tractores como asimismo semillas e insumos diversos. Se construirían frigoríficos y obras de regadío. Hubo un significativo auge de la producción de aves y de la pesca, esta última gracias a la colaboración de barcos soviéticos y cubanos lo que se constituyó en un importante aporte a la alimentación de la población que se benefició de un importante aumento del consumo de proteínas animales, como fue reconocido por un informe del Banco Central en ¡1986! Es también importante recordar que fue el gobierno de Frei y posteriormente continuado por la administración de la UP, la introducción en Chile de la salmonicultura cuyos primeros esfuerzos se realizaron en piscinas instaladas en la

Estación Hidroeléctrica de Pullinque, en Valdivia, aunque con un propósito inicial diferente: se trataba de introducir especies salmónidas para fines turístico-deportivos y no industriales, aunque los efectos medioambientales indeseables y no previstos ocurrirían en ambos casos igualmente.

Nada más responsable del largo plazo, como los esfuerzos hechos por el gobierno de Allende en el área forestal, donde junto con contribuir a reducir las tasa de cesantía mediante masivas plantaciones, se logró llevar adelante un vasto plan de reforestación y se crearon las bases institucionales para el desarrollo del sector: se crea la Corporación Nacional Forestal en 1972(CONAF), la que se hace cargo de la protección de los bosques y administración del patrimonio forestal chileno y el Instituto Forestal que se hace cargo de la capacitación e investigación en el rubro. Mediante expropiaciones se amplió el Sistema Nacional de Áreas Protegidas la que llegó a los 11,6 millones de hectáreas, superficies que casi constituyen la totalidad de lo existente hasta hoy en día ya que en los años posteriores a la UP no se agregaron nuevas superficies. En resumen, lo forestal adquiriría de ahí en adelante una importancia nunca antes concedida en las políticas económicas. El Complejo Forestal y Maderero de Panguipulli con 3000 trabajadores y 420.000 hectáreas, como una de las inversiones industriales de importancia nacional, sería transformada por obra y gracia de los medios opositores de la época, como sólo "un nido de extremistas" y sería botín de guerra para el yerno de Pinochet y objetivo de una represión que afectaría a centenares de víctimas. Ello a despecho de la encomiable objetividad con que el interventor militar del Complejo, el Coronel René López García, quién calificara al Complejo en informe de enero de 1974 como un proyecto viable que debería permanecer en manos del Estado vistos los resultados productivos observados ya a la fecha. Una visión mucho más objetiva, desde luego, que el titular del diario "El Correo de Valdivia", que anunciaba la llegada al Complejo de "tanquetas", cuando se recibieron cargadores frontales para las faenas. Notables fueron los resultados obtenidos en la construcción de viviendas, cuya producción anual superó a la de los gobiernos anteriores no sólo en número sino además mejorando la calidad constructiva y aumentando las superficies y lo realizado nunca fue superado durante todos los años de dictadura. Bajo Allende el gobierno construyó un promedio de 52.000 viviendas sociales, lo que superó las 39.000 bajo el gobierno de Frei y casi dobló lo construido bajo la dictadura (30.000 anual). Emblemáticos fueron los 1038 departamentos de 58 m2 construidos en medio de Las Condes para pobladores modestos como una muestra real de la voluntad de terminar con la segregación social y el clasismo.

La apuesta por la educación es una característica importante de las fuerzas progresistas y ha sido una constante de todas las revoluciones de inspiración socialista, entendiendo que ella es una inversión y no un gasto, una inversión cuyos frutos no se recogen de un día para otro como les gusta a los que sólo se empeñan en el lucro, es decir en invertir hoy y cosechar al día siguiente. Apostamos a la educación por nuestra confianza en el ser humano, en sus potencialidades, lo que se ha demostrado a lo largo de los siglos, esa capacidad del ser humano de elevarse hacia formas superiores de existencia, hecho que testimonia la acumulación de cultura, conocimientos, progreso moral y civilizatorio. Dado que a diferencia de nuestros adversarios nos gusta mirar lejos, la educación la concebimos no como un simple instrumento utilitario para los requerimientos crecientemente cambiantes de la economía, necesarios sin duda para recrear las bases materiales de la existencia humana, bases que deben ser el sostén del desarrollo espiritual del hombre, pero entendemos que la vida carece de sentido y substancia si sólo se limita a la satisfacción de las necesidades materiales. La Unidad

Popular no podía ser ajena a este imperativo progresista y tanto en educación como en el arte y la cultura, a pesar de las dificultades, hubo preocupación y recursos para lograr avances en estos aspectos.

La UNESCO había establecido como meta deseable que los gobiernos invirtieran al menos un 7% del producto en educación, meta que fue superada por el gobierno de la UP y que caería a un 4% bajo la dictadura. Ello se tradujo en diversas acciones entre las cuáles mencionamos: la creación del seguro de accidentes escolares; se desarrolla una gran campaña de alfabetización; mediante la ley 17.301 se dio inicio a la primera red pública de Jardines Infantiles y Salas Cunas que atendió a 80.000 niños, cifra que se estancaría durante los años de la dictadura; se repartieron textos escolares en una cantidad inédita, llegando a los 8 millones de libros; la UP inspiró la activación como nunca antes del espíritu de servicio de muchas personas y entre ellas, muchos académicos se desplazaron a las empresas para que miles de obreros y empleados pudieran completar sus estudios secundarios y aún en algunos casos acceder a la educación universitaria (El convenio UTE-CUT y cursos de especialidades médicas en la Facultad de Medicina de la Universidad de Chile fueron importantes); se amplió fuertemente la cobertura de la alimentación escolar entregando desayunos a la totalidad de los alumnos de la enseñanza pública y almuerzos a los más carenciados; la atención odontológica gratuita en las escuelas fue iniciada por el gobierno de la UP.

Las expresiones superiores de la cultura y las artes recibirían un impulso significativo, particularmente notorio en el cine, dada la escasez de la producción nacional, que no alcanzaba a una película por año en las últimas décadas. Cineastas chilenos que tuvieron la oportunidad de realizar alrededor de 20 películas en los estudios de la estatal Chilefilms serían ya en el exilio reconocidos como artistas de prestigio internacional

(Miguel Littin, Raúl Ruiz, Helvio Soto, Aldo Francia, Patricio Guzmán).

De recuerdo imborrable será el esfuerzo editorial emprendido, para lo cual se constituyó la editorial estatal Quimantú que llegó a producir 12 millones de ejemplares de una literatura de vasto espectro histórico, poniendo al alcance de millones de personas modestas las obras de autores nacionales y extranjeros a precios asequibles. Muchos de esos libros terminaron alimentando las vergonzosas hogueras de la dictadura.

Aunque el movimiento de la Nueva Canción Chilena databa sus inicios en los años sesenta, la llegada de la UP al gobierno habría de recrear condiciones para que los artistas pudieran tener acceso más fácil a la grabación y difusión de su música y para ello sería fundamental la aparición del sello DICAP. La calidad de los artistas se vería refrendada una vez en el exilio, cuando agrupaciones como Inti Illimani y Quilapayún serían invitadas a actuar en los más importantes escenarios de Europa y EEUU, logros jamás conseguidos por ningún otro artista nacional hasta el día de hoy.

Un hecho significativo del auge cultural lo constituyeron los esfuerzos por popularizar también las artes musicales en general, trasladando por primera vez a artistas de música docta, obras de teatro y danza a regiones y apartados y modestos lugares de Chile, como asentamientos y villorrios para lo cual se contaba con apoyo estatal. Si bien actualmente esto ocurre con más frecuencia, debe tenerse en cuenta que tales actividades eran totalmente inexistentes y que de manera pionera la Unidad Popular las promovió como política de estado.

Aunque mirado como un arte menor, el muralismo de marcado contenido político tuvo un enorme auge en todo el país lo que llevó a Roberto Matta, quizás el más remarcable pintor chileno a estimular y aun participar de obras murales como la realizada por la Brigada Ramona Parra, la que fuera posteriormente cubierta con gruesas capas de pintura por orden de la dictadura.

En el marco del gasto social efectuado cabe también mencionar los esfuerzos realizados para mejorar la atención de salud. La condición de médico del Presidente que lo había llevado a escribir el libro "La Realidad Médico-Social de Chile" era suficiente antecedente para que la salud de la población fuera considerada como una de las áreas de mayor preocupación lo que se tradujo en un aumento considerable del número de atenciones pasando de 8,9 millones en 1970 a 12,2 millones en 1971, lo que implicó igualmente un fuerte esfuerzo financiero para aumentar las horas de trabajo de médicos, dentistas y enfermeras. Fue importante constatar una baja en la mortalidad infantil, la erradicación de la poliomielitis, resultado también de ampliaciones de los servicios de urgencia y de la creación de una red de consultorios.

No podríamos finalmente no mencionar, un aspecto esencial de las transformaciones en curso que estaba ligado de manera general al conjunto de las transformaciones económico-sociales y que representan de viva manera el espíritu auténticamente democrático que inspiraba a la Unidad Popular llevando a cabo políticas y acciones que favorecían una mayor participación en las decisiones a los trabajadores y a los ciudadanos en general, todo lo cual pondría más en evidencia el hecho que el advenimiento de la dictadura destruiría no sólo conquistas sociales y económicas sino también las conquistas democratizadoras.

La organización de los trabajadores que ya venía expandiéndose antes de 1970 aumentaría en un 67% hasta septiembre de 1973 y las elecciones de los dirigentes de la Central Única de Trabajadores reflejarían con claridad a quienes brindaban su apoyo los obreros, empleados y campesinos. La desarticulación mediante todos los métodos incluidos los criminales, conduciría bajo la dictadura a un debilitamiento de la fuerza de los sindicatos que se reflejaría en la brusca caída de la participación de los trabajadores en la distribución del ingreso, pasando de un 60% al final del gobierno a sólo un 35% bajo la dictadura, apenas elevado a un 40% en los años posteriores a 1990, cifras que representan bien a que clases sociales defienden unos y otros.

Las pruebas del carácter democratizador que impulsaba la UP se reflejan igualmente en otras medidas: rebajó la edad para votar de los 21 a los 18 años; se autorizó el voto a los analfabetos; los Centros de Madres llegaron a agrupar a 600.000 mujeres y las Juntas de Vecinos recibieron un nuevo importante impulso bajo la legislación establecida en el gobierno de Frei Montalva: se estimuló la participación de los trabajadores en la administración de las empresas públicas y privadas.

Singular mención amerita lo obrado a favor del pueblo mapuche, tan brutalmente reprimido después del golpe militar: el gobierno allendista dictó la ley N° 17.729 con las inevitables modificaciones introducidas por la mayoría opositora pero que aun así permitió entregar 70.000 hectáreas a las comunidades indígenas y sobretodo estableció en la ley la existencia de usurpaciones ilegales y los mecanismos de su restitución. En 1973 se entregaron 17.000 becas para todos los niveles educativos y se creó la Corporación de Desarrollo Indígena.

Al menos queda para la historia el reconocimiento acordado al gobierno de Allende por la coordinadora Arauco-Malleco quienes en informe emitido en el año 1999 señalaron: "El gobierno de Salvador Allende fue la primera oportunidad real que tuvieron los mapuches para solucionar la difícil situación de marginación política, social y territorial que les afectaba desde la pérdida de su independencia". La Dictadura habría de aplicar la misma receta aplicada al área reformada sin considerar el carácter particular de las comunidades mapuches, promoviendo la división de la tierra de las comunidades y sobretodo procediendo a devolverlas a sus anteriores propietarios o sacadas a remate. Además mediante un decreto-Ley, simplemente derogó la ley que había sido aprobada por el Congreso a iniciativa de la UP.

Uno de los mayores contrastes con la Dictadura se manifestaría en la política internacional llevada a cabo por el gobierno popular, estableciendo relaciones diplomáticas con Cuba y China, a despecho de las presiones norteamericanas; mantendría una política consecuente con el espíritu bolivariano respaldando el Pacto Andino que se visualizaba como el mayor esfuerzo integrador de América Latina en esos momentos. Mantendría excelentes relaciones con los gobiernos progresistas de Perú y Bolivia, dirigidos por los generales Juan Velasco Alvarado y Juan José Torres (asesinado en Buenos Aires en el marco del Plan Cóndor en 1975) y aún con el gobierno argentino mantuvo buenas relaciones.

Lo notable de este periodo es que el gobierno a pesar de su clara adscripción a un modelo socialista de desarrollo, contó con el respeto casi generalizado de las naciones de lo cual es testimonio el discurso pronunciado ante Naciones Unidas, que fuera objeto de un aplauso cuya duración sobrepasó a cualquiera de los mandatarios que se hubiera dirigido en el pasado a la Asamblea General. En contraste, quedaría como el mayor baldón de la historia de las relaciones diplomáticas de Chile, la afrenta recibida por Pinochet al suspendérsele una visita oficial a Filipinas cuando el avión presidencial se encontraba en la mitad de su vuelo a Manila, debiendo regresar a Chile, suspensión que para colmo corrió por cuenta de otro dictador, Ferdinando Marcos.

F) La verdad y el mito de la violencia bajo la Unidad Popular

> *"Sólo en un orden de cosas en el que ya no existan clases y contradicción de clases, las evoluciones sociales dejarán de ser revoluciones políticas". (Marx, en "Miseria de la Filosofía").*

Mientras la humanidad practicó el nomadismo y se expandió por los continentes en cuya vastedad con toda probabilidad no se presentaron que muy ocasionalmente conflictos entre las hordas de nómades ya que las dificultades de la sobrevivencia no provenían de la competencia por espacios siempre abundantes sino que las dificultades surgían de la ausencia o rudimentaridad de los medios para la caza. El desarrollo de la ganadería y la agricultura empujaría posteriormente a los seres humanos a asentarse sobre un territorio que se defendía colectivamente y donde los guerreros más destacados asumirían poco a poco una posición relevante.

Pero nada debe hacernos pensar que la convivencia inicial entre grupos humanos no se haya podido desarrollar en armonía ya que hoy en día los antropólogos y etnólogos dudan de que la guerra haya sido tan frecuente como lo hemos creído tanto tiempo y es quizás precisamente por el carácter extraordinario de los hechos guerreros que estos formen parte de los relatos más antiguos y lo que llevó a creer que las armas encontradas en los sitios arqueológicos eran armas para la guerra y no simplemente para matar y faenar animales. En paralelo o en secuencias y ritmos diferentes, la comuna primitiva que implicaba el trabajo colectivo y el reparto igualitario se disolvería en la parcelación de la tierra comunal, parcial o total, inicios de la propiedad privada sobre la tierra, lo que sin embargo haría surgir la necesidad de continuar resolviendo algunos problemas de mayor dimensión de manera colectiva, como las obras de regadío y donde poco a poco la complejidad de algunas obras requerirían de personas especializadas. Esa diferenciación creciente de roles y en particular el rol militar llevaría a la aparición de las clases sociales y con ello la aparición de la violencia política.

Es entonces que el desarrollo de capacidades productivas crecientes que generaban un excedente sobre las necesidades de las familias y la apropiación de ese excedente, lo que abre las puertas a los privilegios, los que serán reclamados por los más fuertes ejerciendo la violencia sobre los más débiles. De modo que la discusión sobre el origen de la violencia política o mejor dicho, el origen de la espiral de la violencia tiene una respuesta inequívoca: nace de la conquista de privilegios, de su ilimitado crecimiento y de la conservación de ellos, al margen de la diferenciación social legítima que resulta de la calidad y cantidad de trabajo aportado a la sociedad. Ya no es la calidad y cantidad de trabajo aportado el criterio de reparto justo sino el resultado del ejercicio de la violencia por los más fuertes.

Dos eran los "argumentos" más recurrentes de la dictadura pinochetista para pretender justificar su criminal accionar contra la izquierda: el caos económico supuestamente provocado por la UP y la violencia, atribuida a los partidarios del Gobierno de Allende, atribución que se fundaba más que en el accionar de la izquierda, en la vasta discusión que se desarrollaba en Chile y el mundo sobre la dicotomía vía violenta y vía pacífica, una polémica de la que las fuerzas conservadoras se cuidaban de participar asumiendo lo que ya conocemos: una cínica postura por la no violencia de la que apenas asomaban algunos escritos amenazadores en los muros: "Ya viene Yakarta" o "Juntemos rabia". No, la derecha y el imperialismo no polemizaban sobre la violencia como lo hacían los marxistas, simplemente se preparaban para ejercerla, señalando con dedo hipócrita acusador a quienes sostenían una verdad miles de veces repetida a lo largo de la historia humana, de que ésta ha estado plagada de acciones de violencia política y que todos los avances en derechos para las clases subordinadas han costado "sangre, sudor y lágrimas". Discusión cuanto más vivaz, cuando a despecho de la práctica histórica, en Chile se intentaba llevar adelante precisamente el experimento inédito de acceder al poder para realizar transformaciones revolucionarias sin recurrir a las armas. Así se daría la paradoja de que mientras la izquierda polemizaba arduamente sobre las vías y el proyecto allendista transitaba dificultosamente tratando de llevar adelante las transformaciones en el marco de la legalidad vigente, los críticos de la llamada "vía chilena al socialismo" verbalizaban sobre la vía armada y la derecha y el imperialismo se preparaban en las sombras, no con discursos ni polémicas, para actuar con extrema violencia y recuperar sus privilegios.

En torno a la violencia política, nos encontraríamos también como con respecto a la lucha de clases con que la constatación de hechos históricos objetivos, como la existencia de clases sociales y del conflicto entre ellas no nos hace "partidarios" de la lucha de clases, sino luchadores por terminar con ella. De la misma manera, analizar el rol que la violencia política ha jugado en la historia no nos hace partidarios de la violencia como mañosamente se nos quiere presentar. Solo constatamos hechos que constituyen realidades que la humanidad debe tener en cuenta para definir los cursos de la acción política a seguir, los que dependerán siempre de las condiciones concretas, históricas, de un tiempo y un espacio determinado y que podrán variar en un amplio abanico de posibilidades que no excluyen la vía pacífica: los cambios requeridos para la adquisición de derechos, para acceder por fin a sociedades donde impere la justicia social y la solidaridad entre los seres humanos dependen siempre de las relaciones de fuerza entre las clases en conflicto. La opción de Allende de la vía pacífica tenía sentido bajo las condiciones históricas particulares de Chile, donde los partidos marxistas habían adquirido una fuerza electoral como en ninguna otra parte del mundo y donde el programa de la UP tenía importantes coincidencias con el proyecto del principal partido de la época, el democratacristiano, que proclamaba además su aspiración a una sociedad que definían como de "socialismo comunitario". En las elecciones parlamentarias de 1969, un año antes del triunfo de Allende, la derecha apenas representaba el 21% de los votos, los partidos marxistas el 32% y el PDC, el 31%.

Desde el punto de vista de la teoría, todos los grandes pensadores del marxismo, empezando por el propio Marx, su compañero de toda la vida, Federico Engels y aun Lenin, conductor de la más importante revolución del último siglo, todos sin excepción, sostuvieron la posibilidad de un tránsito pacífico al socialismo si las condiciones históricas concretas lo permitían, pero también todos ellos, en virtud de la experiencia histórica real de la humanidad sostuvieron que la violencia política había sido y sería el medio predominante de la transformación social. Así Lenin diría que "si hubiera una posibilidad entre cien (del tránsito pacífico) habría que intentarlo" y Marx sostendría que "la violencia es la partera de la historia". Incluso se planteó la posibilidad de tránsito pacífico para la Revolución Rusa en las "Tesis de Abril"(Lenin) cuando el gobierno provisional aún no reprimía al movimiento obrero. ¿Eran ellos "partidarios" de la violencia? Desde luego que ningún marxista lo es, pero en virtud de las condiciones concretas de la lucha por un mundo donde impere por fin la paz, la violencia se ha revelado casi siempre como el camino a seguir. ¿Se están generando las condiciones en el mundo actual para que la conquista de derechos que implican siempre la reducción de privilegios sea posible por medios pacíficos? Creo que sí, más que antes en todo caso, pero ello dependerá siempre de cada situación particular por la que atraviese una sociedad en la enorme diversidad de realidades del mundo en el cuál vivimos.

La violencia ejercida por los dominados no ha sido sino una respuesta a la violencia previa de la dominación económica ejercida por los que se apropiaron del excedente económico generado por un trabajo crecientemente productivo y resultado de un trabajo crecientemente colectivo. El mayor criminal de la historia de la humanidad, Adolfo Hitler, tampoco teorizó sobre la violencia política en la historia pero la ejerció de la manera más brutal, con la pretensión de transformar a su pueblo y sus capitalistas en un dominador planetario. Hoy, sus herederos de facto, agrupados en la entente neocolonialista llamada el "Grupo de los 7" y su brazo armado, la OTAN, buscan los mismos fines, cubiertos por una gruesa capa de cinismo, acciones "humanitarias" incluidas. Los 7 son las mayores potencias económicas del mundo que tienen en común ser al mismo tiempo y por razones obvias, las potencias colonialistas históricas.

Lo que debe quedar claro es que la violencia política nació con la disolución de la comunidad primitiva, la aparición de la propiedad privada sobre la tierra y la aparición de la división en clases sociales y los primeros esbozos de Estado, cuando el desarrollo económico permitió se desarrollaran grandes obras que necesitaron de personas que se hicieran cargo de los problemas de "interés general" tanto de las obras como de la defensa militar, las que mutaron con el tiempo a clase dominante y a grandes obras ya no de interés general (como las pirámides)... y a privilegios... y a miserias. La violencia política nos ha perseguido desde entonces para sostener los privilegios de una clase dominante. En cuanto a nuestro país, la violencia política tiene una larga historia y las víctimas han sido de manera evidente, las clases subordinadas: obreros, campesinos, pobladores y estudiantes y lo único de diferente durante la Unidad Popular fue que hubo víctimas de un lado y del otro, particularmente en el proceso de Reforma Agraria, cuestión sobre la cual vale la pena insistir señalando que una transformación tan importante en la propiedad de la tierra no podía sino tener como resultado el que hubiera episodios de violencia y aunque la vida de cualquier ser humano tenga siempre un valor inestimable, podemos afirmar que los hechos de violencia bajo la UP fueron escasos. La experiencia histórica mundial sobre este tipo de procesos daba cuenta de haber provocado siempre gran número de víctimas y ello llevó tal vez a que un organismo tan conservador como el Banco Mundial, declarara: "Aún en sus momentos más turbulentos, la reforma (agraria chilena) fue realizada con admirablemente poca violencia y destrucción de la propiedad".

Así como la Unidad Popular no recibió un país rozagante de salud económica tampoco era un país donde la violencia política no existiera y los sucesivos gobiernos que precedieron al de Salvador Allende dieron suficientes pruebas de su voluntad de encarar el creciente movimiento de los sectores populares mediante la represión violenta y por el contrario, sólo bajo el gobierno de la UP, no hubo acciones represivas contra los sectores populares a excepción de la provocación liderada por Osvaldo Romo que terminó con la vida de un poblador a manos de la policía. Romo, con toda seguridad un provocador y agente encubierto, sería uno de los torturadores más brutales empleados por la dictadura.

Sin contar con las decenas de masacres que la policía y las ramas de las fuerzas armadas habían perpetrado durante todo el siglo veinte causando miles de víctimas, (La Escuela Santa María de Iquique, Ranquil, La Coruña y tantas otras más), los gobiernos que precedieron al de la Unidad Popular emplearon todos la represión con armas de guerra contra trabajadores, pobladores, estudiantes y campesinos desarmados.

Durante el gobierno de Ibáñez (1952-1958): En 1956 en la Oficina Salitrera Pedro de Valdivia, 3 muertos; 1957

Valparaíso, 1 manifestante muerto y varios heridos; 1º y 2 de abril de 1957, una estudiante y 20 pobladores muertos.

Durante el Gobierno de Jorge Alessandri: (1958-1964) En 1960 20 obreros heridos a bala en sede sindical de MADECO; en marcha de la CUT en Santiago, dos muertos, un empleado y un obrero; en 1969, Población José María Caro 6 muertos y 30 heridos.

Durante el Gobierno de Eduardo Frei(1964-1970) caería abatido por bala 1 campesino del Fundo Cristales de Curicó más varios heridos a bala; en 1966, 6 obreros y 2 mujeres que los acompañaban en sus reivindicaciones salariales pierden la vida en El salvador habiendo 60 heridos a bala cuando el Ministerio de Defensa era dirigido por Juan de Dios Carmona, posteriormente connotado pinochetista; en 1967 durante el paro nacional de CUT, 7 manifestantes resultaron muertos y varios heridos a bala; en 1969 mueren 1 poblador de Arica y 1 poblador en Rancagua; en Pampa Irigoin, Puerto Montt morirían 11 pobladores incluido un bebé en una toma de terrenos para construir viviendas y resultarían 70 heridos; en 1969 1 manifestante muerto en San Miguel y varios heridos graves; en 1969 estudiantes de Copiapó, un muerto y un estudiante de Puente Alto; 1970 manifestantes en la plaza Tropezón de Quinta Normal, 1 muerto.

Durante los mil días del gobierno de la Unidad Popular la violencia asumiría varias facetas: la violencia verbal recrudecería en los medios de prensa de todos los colores, las tomas de fundos y fábricas al margen del programa y pretensiones de la Unidad Popular contribuirían a exacerbar los ánimos opositores pero con escasos hechos de sangre y con víctimas de ambos lados del espectro político; la extrema izquierda haría alarde de una capacidad de respuesta militar que nunca existió pero que era lo suficientemente vocinglera como para allegar leña al fuego y que se mantuvo hasta el final en pura verbalización; la extrema derecha por su parte, suficientemente equipada por disponer de recursos financieros y apoyos en sectores de la marina llevaba a cabo actos terroristas: el gobierno, el propio Allende y muchos más en la Unidad Popular, fantaseábamos con una supuesta capacidad de respuesta que el 11 de septiembre se reveló prácticamente inexistente y que en estricto rigor parece ser que sólo tenía como objetivo inhibir con discursos las capacidades reales que los sectores conservadores poseían; por otra parte, había cuestiones de orden más práctico que impedían la conformación de una fuerza con capacidades militares propias, ya que simplemente no había tiempo ni recursos para abordar un tema de tal magnitud en medio de las enormes y perentorias obligaciones de hacer funcionar un país en crisis, tareas en las que estaban ocupados los mejores cuadros de que disponían los partidos de la UP. Y desde luego, la opción inicial de la vía pacífica al socialismo que se auto impuso la izquierda chilena hacía imposible cualquier esfuerzo importante en esa dirección y la apuesta estratégica estaba basada en la supuesta neutralidad, apego a la constitución y la mentalidad nacionalista de las FFAA. Debe tenerse presente que las FFAA chilenas durante décadas habían demostrado su subordinación al poder civil ya que eran una excepción en una América Latina donde los golpes militares eran la norma. Desde la elección de Arturo Alessandri Palma en 1932 si bien hubo conatos de golpe estos fueron abortados por las mismas FFAA y los actos represivos en los que participaron las FFAA, fueron en cada caso por orden del poder civil.

Por otra parte, los dirigentes más preclaros e inteligentes como el diputado detenido-desaparecido Carlos Lorca nos había hecho saber que si no se producía una división en el seno de las FFAA, entre golpistas y constitucionalistas (los partidarios de la UP en las FFAA, eran escasos entre la oficialidad), no había esperanzas de salir airosos ya que los insignificantes esfuerzos por dotar a izquierda de capacidades militares no tenían otro objetivo que servir de apoyo a los militares constitucionalistas.

Enfrentar a las FFAA como un bloque no fue nunca un objetivo de la dirigencia responsable. El mismo Lorca, Secretario General de la Juventud Socialista nos dejaría en claro nuestra situación el 9 de septiembre de 1973, dándonos a conocer una noticia lapidaria: la próxima semana será el golpe.

Lo que la historia debe recoger respecto de la violencia bajo la UP es que los hechos más graves y de carácter armado fueron ejecutados por la ultraderecha agrupada en el movimiento Patria Y Libertad, entre ellos los atentados con bombas dirigidas a los dirigentes de la UP. La acción de volar vías férreas y torres de alta tensión, desconocida entonces en nuestro país, no fue iniciada por los movimientos de resistencia a la Dictadura sino por la ultraderecha durante la Unidad Popular y resulta patético que El Mercurio y los diarios derechistas no se hayan cansado durante decenios de publicar la única foto que "demuestra" la violencia de la Unidad Popular, aquel joven que con un linchaco agrede a un policía. Tampoco nunca encontrarán algún testimonio de agresión a carabineros con bombas molotov, ni antes ni durante la Unidad Popular como ocurre con frecuencia actualmente. Sólo en las últimas semanas del gobierno de Allende y ante numerosas evidencias y hechos que mostraban que una parte de la oficialidad había ya tomado partido por la oposición a la UP y el golpismo, surgieron algunos hechos protagonizados por militantes de izquierda que enfrentaron actos abiertamente golpistas como la aplicación abierta y selectiva de la Ley de Control de Armas a los partidarios de la UP.

No se ha hecho un balance riguroso de las víctimas fatales ocurridas por violencia política durante la Unidad Popular, pero no tengo dudas que a pesar del carácter profundo de las transformaciones que se llevaban adelante, el número de víctimas no debe ser demasiado diferente a las víctimas de violencia política del gobierno anterior, con la diferencia de que entre las víctimas esta vez había personas que pertenecían a la oposición. Las cifras varían desde 18 víctimas (FLACSO y Arturo Fontaine Talavera) hasta las 96 víctimas del Libro Blanco de la Dictadura que no tiene ninguna seriedad ya que incluye hasta personas suicidadas y a las 22 víctimas fatales civiles durante el intento de golpe conocido como el Tancazo que obviamente debe atribuirse a la ultraderecha ya que los máximos dirigentes de Patria y Libertad reconocieron públicamente haber promovido esas acciones.

No debe tampoco olvidarse los numerosos hechos de violencia callejera que ocurrieron en las ciudades de Chile, particularmente en lo que se llamó la Batalla de Santiago, protagonizada por las clases medias y los sectores obreros y poblacionales. Grupos organizados militarmente de la ultraderecha provenientes del barrio alto y estudiantes secundarios y universitarios que obedecían principalmente a la Democracia Cristiana fueron particularmente activos aunque raramente hubo utilización de armas de fuego, lo que determinó pocas víctimas fatales pero si heridos que se contaban por centenares, periodo en el cuál en general, la fuerza pública reprimía con igual celo a ambos bandos lo que tal vez explica porque los golpistas destituyeron a las 5 mayores antigüedades del Cuerpo de Carabineros para instalar como Director de la policía al que Allende definiera como "general rastrero".

La historia ha demostrado que la violencia más brutal siempre ha sido ejercida por las clases privilegiadas y Chile no fue la excepción. El odio obscuro y profundo de los dominadores que temen perder sus privilegios apareció en los muros de las ciudades con escritos como "juntemos Rabia" o "Ya viene Yakarta" y tal vez una muestra elocuente de ello sea el libro escrito por Andrés Allamand, publicado en plena dictadura, titulado "No virar izquierda". El personaje que posa de "demócrata", describe con todo detalle las tropelías que la ultraderecha cometía contra los militantes de la Unidad Popular, sin asomo de empatía hacia sus adversarios.

A modo de ejemplo como hay muchos en el triste escrito:
"*Desconectado, el trole se detuvo (...) Los lolos, sin dar tiempo al chofer ni de que se parara de su asiento, se subieron al vehículo, palo en mano.*"*—¡Ya, huevón, te fuiste, partiste! —le gritaron, amenazándolo con los garrotes en alto.*

El chofer puso cara de espanto. Los pasajeros, paralizados, no atinaban a nada que no fuera no moverse... Los lolos demostraban una decisión y una fiereza asombrosas.

¿Qué no entendís castellano? ¡Ándate, te dicen! —le gritaron de nuevo mientras lo zamarreaban (...) ¡Apúrate, mierda! Chao, pescao, chao, pescao—y nuevo empujón (...) Una vez que el chofer se hubo bajado, los lolos se dirigieron a la gente, que seguía inmóvil.

¡Abajo, abajo, vamos bajando! Si no, quemamos el trole con ustedes adentro —*advirtieron.*

Un viejo de anteojos trató de resistirse. Se paró y avanzó hacia los lolos con claras intenciones de agredirlos. Sin inmutarse, el más chico le hizo comerse un tremendo palo en la cabeza, que de pasada le quebró los anteojos. Antes que se repusiera, de dos patadas lo dejaron sentado en la calle (...) Los de afuera... procedieron a quebrar los pocos vidrios que quedaban intactos. Fue suficiente. Los pasajeros empezaron a bajar, empujándose, atropellándose unos con otros. El viejo de los anteojos imploraba, lloroso, que lo dejaran subir a buscar su portafolio..."

Aunque la vorágine de violencia política popular y la violencia política conservadora que se instaló en Chile, esencialmente agudizada a partir del Paro de Octubre de 1972 tuviera algún grado de gravedad, ella estaba lejos de los niveles de violencia que podrían haberse esperado de las transformaciones radicales que Unidad Popular había emprendido y nunca alcanzaron ni de lejos el carácter de guerra civil. Sin embargo ella daría pié a uno de los mitos más difundidos como lo era la responsabilidad única de la izquierda en los hechos violentos anteriores al golpe militar. La violencia verbal o física fue practicada por todos los actores políticos pero los golpistas habrían de "justificar" la violencia sin límites ejercida por ellos, en no pocas ocasiones acompañada de civiles y contra decenas de miles de militantes de izquierda y aún contra víctimas inocentes, aparentemente basados en el mito mencionado aunque en mi opinión, basados en realidad en un plan de exterminio de la dirigencia de la izquierda.

La palabra que mejor explica lo ocurrido antes y después del 11 de septiembre, expresada también en el Informe Rettig es la palabra "desproporción": la violencia política que se desarrolló durante el gobierno de la UP aún en sus más álgidos momentos no tiene proporción alguna con lo ocurrido a partir del golpe militar y el discurso de que "el pronunciamiento militar" tenía como objetivo restablecer el derecho, la paz y la armonía entre los chilenos, no pasó de ser un discurso miles de veces desmentido por el accionar criminal y claramente cargado a la ultraderecha del grupo de militares que emitía las órdenes ilimitadas de reprimir desde lo más alto de la jerarquía militar golpista.

No se trataba entonces de dar respuesta militar a la violencia protagonizada por sectores radicalizados de la izquierda: se trataba de ahogar en sangre la posibilidad cierta del resurgimiento de las fuerzas de izquierda y las víctimas no serían los escasos y heroicos combatientes armados que enfrentaron en combate desigual a una inmensa superioridad militar sino la dirigencia de la izquierda en todos los niveles. Hasta el día de hoy se pretende justificar la brutal represión a la izquierda por el contexto político del periodo pero como ya hemos señalado, lo ocurrido a partir del 11 de septiembre no tiene proporción alguna con el supuesto "contexto" y el sesgo clasista y ultra-derechista de la represión demuestra que en realidad se trataba de descabezar el resurgimiento de la izquierda en un país donde esta tendencia político-ideológica estaba profundamente arraigada y no era ni mucho menos una minoría insignificante, lo que revela también hasta qué punto había llegado la insania mental de los golpistas que pretendían "erradicar el marxismo", lo que posteriormente escandalizaría al mundo entero, escándalo que se produciría no porque la represión en Chile haya sido la peor vivida en el mundo, sino porque no tenía justificación alguna.

Sólo unas semanas antes del golpe habíamos recibido una información que provenía de retazos de una conversación captados por un garzón del Hotel Pedro de Valdivia que referían a un diálogo entre un desconocido, con toda probabilidad un enviado por los golpistas para reclutar al General Oscar Bravo Muñoz, Comandante de la IV División, conversación en la el "enviado" afirmó: "Con unos 2500 que eliminemos, las cosas en este país se arreglan". Para mérito del General Bravo, el garzón mencionó igualmente la molestia que el militar mostraba ante su interlocutor. Actualmente se sabe que el único Comandante de División que no había adherido al golpe era Bravo, el cuál de todas maneras fue condenado por el asesinato de 12 miristas que a pesar de su oposición, fueron fusilados por orden directa de Pinochet al general, según el mismo le confesara al Juez Guzmán.

En ese número de víctimas programadas fríamente por los golpistas debe entenderse la utilización de los "Planes Zeta", atribuidos a la izquierda y que claramente fueron una operación de guerra mediática destinada a justificar los crímenes en la ausencia de una real resistencia armada de la izquierda. Como se sabe el país fue controlado en su totalidad pasadas las primeras 48 horas posteriores al golpe y resulta evidente que ello no cuadraba con los planes criminales pues en ausencia de "los grupos armados" nada podía justificar la represión brutal que siguió. Se produce un periodo relativamente calmo y con posterioridad se "descubren" los planes zetas de asesinatos programados que se atribuyen a la izquierda, de las más variadas facturas e imaginaciones locales incluso y la represión se acentúa, se cambian los mandos considerados "blandos", se organiza la "Caravana de la Muerte", se inventan "Consejos de Guerra", (de una guerra inexistente), se tortura a destajo para hacer confesar los "planes zeta", la prensa predispone a la opinión pública para la represión con enfrentamientos y fugas inventadas para cubrir una infinidad de crímenes. Las listas negras supuestamente elaboradas por la izquierda eran una completa invención pero era dramáticamente verdadera la intención de asesinar a un número importante de dirigentes políticos, sindicales y estudiantiles de la izquierda. Aunque en la época no se hablaba de guerras híbridas o de cuarta generación, no cabe duda que sus principales características fueron empleadas en Chile: esfuerzos por desestabilizar la economía de un estado, acciones clandestinas y de propaganda financiadas por un estado agresor.

La pretensión de justificar el golpe militar para terminar con la violencia y el caos económico tiene además un desmentido categórico ya que aun antes de que el gobierno de la Unidad Popular asumiera, los golpistas vinculados al imperialismo habían decidido impedir por todos los medios que el proyecto de "vía chilena al socialismo" prosperara por considerarlo de la mayor peligrosidad para sus intereses. Su éxito económico y político se habría transformado en un modelo a seguir frente al cual todo el discurso anticomunista se habría debilitado. Como los propios conspiradores iniciales lo han confesado, mucho antes de que Allende pusiera un pie en La Moneda y antes de que se expropiara ni una mina ni una fábrica ni un fundo, estaba tomada la decisión de impedir por la fuerza el desarrollo de una experiencia que minaba el conjunto de los intereses imperialistas y sus aliados internos y que habría abierto las puertas a un desarrollo verdadero, independiente y soberano cuyo objetivo central era el mejoramiento real de las condiciones vida de la población.

V. Palabras finales

A partir de 1990, el capitalismo y su manifestación más brutal el imperialismo, volvieron a dominar la escena mundial y no faltaron los que proclamaron el fin de la historia y junto con ello el pretendido inicio de un nuevo siglo americano del que de nuevo poco podemos esperar como no sea la continuación de las intervenciones, las relaciones de explotación, de los asesinatos de líderes, de su total menosprecio por la legalidad internacional, de la estafa al mundo con la emisión de miles de millones de dólares sin respaldo alguno y al mismo tiempo la mantención de los problemas raciales, las bolsas de pobreza, la ficción de su "democracia" y la criminalidad y corrupción en el seno de su propia sociedad.

Por otra parte asistimos a la caída de las experiencias socialistas en el este de Europa y admitámoslo también en China y Vietnam, donde con diversas variantes se impuso la idea de que el capitalismo se revelaba como el sistema más "productivo", suficientes argumentos pragmáticos que cuestionan nuestro discurso sobre una nueva economía y una nueva sociedad y cultura, pero experiencias que parecen demostrar que no en todos los procesos se puede "saltar" de sociedades pre-capitalistas al socialismo directamente y que bajo contextos históricos determinados es quizás paso obligado el capitalismo, lo que no impide que el estado, como garante del interés general, mantenga el control macro de la economía, políticas de industrialización intensivas, respeto al derecho internacional, desarrollo económico pero también social (vivienda, salud, educación, etc.).

Y sin embargo, está claro que el capitalismo se debate en una sucesión de crisis, con bajas tasas de crecimiento, millones de cesantes, disminución creciente de los derechos sociales, ataque sin pausa a la organización de los trabajadores, mantención de brutales diferencias de ingreso(y de consumo) al interior de cada país como asimismo, la mantención de la pobreza dura para dos mil millones de personas, la muerte cada 6 segundos de un niño por hambre, auge creciente del militarismo y las guerras, renacimiento de las doctrinas más reaccionarias de inspiración religiosa integrista y fascista, promovidas subterráneamente por el poder burgués transnacional cuyo brazo político y militar lo constituyen el Grupo de los Siete y la OTAN, crecientemente agresivos.

Por otra parte, la propaganda (porque eso era) anunciaba el "fracaso" del socialismo haciendo de dichas experiencias una grosera caricatura, sin hacer mención de sus éxitos y ocultando el desastre producido por los neoliberales en dichos países que acometieron reformas catastróficas de las cuales apenas se recuperaron los niveles productivos veinte años después.

Mantener nuestras convicciones en el actual marco internacional, de reflujo generalizado de las ideas socialistas a lo cual han contribuido de manera efectiva y masiva los medios de comunicación, la organizada y bien financiada embestida cultural contra el pensamiento crítico y la traición de los socio-oportunistas, no hace fácil la tarea a la que estas páginas quieren contribuir.

En cuanto a nuestro país, erigido en modelo de desarrollo aunque en estricto rigor es un modelo de subordinación al capital transnacional y ese es su principal mérito, el que inspira a los articulistas de los medios extranjeros que alaban el caso chileno en otra operación que tiene más de propaganda que de verdades y que ha permitido que el capital del país sea predominantemente de propiedad extranjera. El 80% del PIB lo producen empresas extranjeras y 2/3 del capital total del país es extranjero.

Ya bajo la dictadura Chile, fue ampliamente apadrinado mediante masivo endeudamiento que terminó en la mayor catástrofe económica vivida por el país desde la crisis del 29 y está suficientemente demostrado que el llamado "milagro económico" o la "modernización" no fueron tales. Fernando Fajnzylber le llamó "modernidad de escaparate" ya que los importantes capitales ingresados fueron utilizados en importaciones y endeudamiento no productivo. En general durante todo el periodo dictatorial el crecimiento del PIB fue de sólo 2,9% y Chile, a pesar de los generosos apadrinamientos del gran capital internacional, sufrió bajo la dictadura, dos de las mayores crisis económicas de su historia (1975 y 1982), crisis que pudieron ser aún peores de no haberse nacionalizado el cobre por la Unidad Popular, obra de la que se benefició la dictadura.

Ni tampoco es verdad que durante los años de dictadura el desempeño económico haya sido particularmente exitoso en relación al resto de América Latina, siendo ese desempeño bastante mediocre e inferior a varios países latinoamericanos, contrariando los muy difundidos mitos mediático-propagandísticos, según lo demuestra el gráfico siguiente:

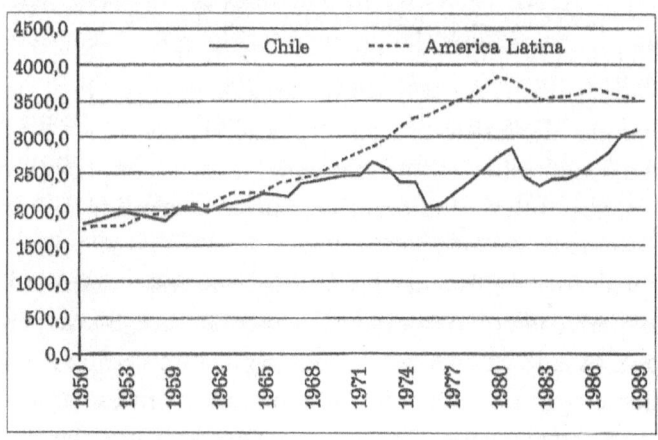

(Reproducido de "Economía Política del Fracaso – La falsa modernización del modelo neoliberal" – pág. 113 de los autores Alberto Mayol y José Miguel Ahumada). Ediciones Desconcierto.

461

Desde luego no se trata de negar que el país haya progresado porque todos los países progresan, pero ello no a causa de los méritos de un modelo económico subordinado, basado en la exportación de productos primarios esencialmente. Somos receptores pasivos del progreso general de las tecnologías que otros desarrollan en el mundo, que efectivamente generan aumentos en la productividad; somos beneficiarios de la importación masiva de productos industriales que otros producen con costos salariales reducidos y que tenderán a encarecerse en la medida que dichos países progresen, progreso garantizado por políticas económicas donde el estado ha jugado un rol esencial, centrados en una industrialización masiva. Pero, lo más importante es si el nivel de desarrollo alcanzado es compatible con la condición de ser el 7° país más rico en recursos naturales.

Aún si aceptáramos la idea de un país que progresó, la cuestión más relevante para Chile, siendo un país extraordinariamente rico en recursos naturales, es que ya debiera ser un país desarrollado en plenitud. En un país como Chile más que un modelo económico, pesa más la condición de país rico en recursos y solo esa condición basta para ser un país desarrollado. Si sólo por la extraordinaria riqueza que representa el cobre tenemos más recursos naturales que Arabia Saudita ¿Por qué ese país ocupa lugares destacados en materia económica y Chile no? La explicación es brutalmente simple: porque tenemos una casta política y empresarial miope y vendida al capital transnacional.

Deben tenerse presentes las múltiples muestras de subdesarrollo que a cada paso saltan a la vista sobre todo considerando que han pasado ya 44 años de neoliberalismo, tiempo más que suficiente para que un país que fantasiosamente se considera exitoso hubiera dejado atrás sus carencias al punto que el nivel actual de las condiciones de vida del chileno medio no puede aún superar los niveles alcanzados por varios de los países de

Europa del este y del oeste después de los 25 años que siguieron a una guerra enormemente destructiva.

Somos también beneficiarios de un constante apoyo financiero y mediático internacional como la incorporación a la OCDE, sin que en realidad tengamos méritos económicos para estar allí representados. Según revelara un cable de la Embajada norteamericana filtrado por Wikileaks donde se señala que indiferente de las "convicciones" de izquierda de la Presidenta (Bachelet) lo que interesa es que el modelo chileno influya en la región, (el modelo del "buen esclavo"). Saben perfectamente que tales "convicciones" no significan absolutamente nada a la hora de cuestionar de verdad el modelo económico como ha quedado demostrado en la timidez de las reformas y en la negativa a terminar con la estafa de las AFP. Menos aún en un compromiso por una Asamblea Constituyente y la Renacionalización del Cobre, únicas medidas que podrían servir de base a un proyecto de desarrollo financiable e institucionalmente viable, única manera de eludir la demagogia y el populismo, el incumplimiento permanente de las promesas electorales.

Chile ha sido un terreno fértil para la instalación del modelo neoliberal, no solamente por haber contado con la "manu militari" y su cortejo de crímenes para imponerse sino porque la esperanza democrática, los miedos, las "asomadas" militares y el relativo progreso económico, el oportunismo y la egolatría de liderazgos arrepentidos y la constante guerra ideológica de los medios, han reducido la posibilidad de la reinstalación de un verdadero pensamiento de izquierda.

El conjunto de retrocesos vividos tanto a nivel internacional como en nuestro país han facilitado que los discursos para sostener el sistema tengan amplia cobertura y efecto real sobre el sentido común predominante lo que hace de los esfuerzos por desmitificar el capitalismo y el socialismo sean una tarea extremadamente difícil. Sin embargo nuestra convicción de seguir teniendo la razón de nuestra parte nos impulsa a no abandonar el combate, una razón que se funda en última instancia en la ética del humanismo y en la lucha irrenunciable contra los fascismos abiertos o solapados.

Debemos superar la idea de que ellos nos han derrotado porque ello es totalmente falso: el progreso social, económico y moral existe y termina siempre por imponerse aunque sea a costa de retrocesos y renuncias, "la historia es nuestra y la hacen los pueblos" y aunque sea "la historia una señora de pasos lentos" ella no se detiene. Los sectores políticos conservadores que suelen vivir bajo la ilusión de su victoria y de la derrota del socialismo marxista olvidan que su propia historia los pone en evidencia de que no han hecho más que retroceder: es la izquierda marxista y el progresismo en general quienes han hecho retroceder el racismo, el fascismo, la xenofobia, el machismo, el clasismo, los afanes guerreristas. Basta recorrer la historia para descubrir que ellos han estado siempre en las barricadas reaccionarias en esos y otros muchos temas y que han tenido que abandonar sus trincheras ideológicas, refugiándose en el cinismo y la hipocresía burguesas.

Sólo si somos capaces de tener una perspectiva de la historia más amplia, una mirada más holística de ella podemos percatarnos de que avanzamos y que no somos ni seremos derrotados sino victoriosos, aunque una mirada en el pasado reciente y en la estrechez del mundo que nos brinda la hegemonía cultural burguesa actual, nos entregue una percepción falsificada de la historia con la ilusa pretensión de la eternidad del capitalismo y su falsa racionalidad, en realidad su manifiesta irracionalidad.

Desde luego uno de los mayores equívocos nuestros fue aquello de que "el socialismo era irreversible" y de que la victoria definitiva era, ni más ni menos planetaria y estaba a la vuelta de la esquina.

Vale la pena tener presente que la Revolución Francesa que dio el impulso inicial al indiscutible progreso que significaron las ideas republicanas, ideas que aun hoy no terminan por imponerse, vivió avances y retrocesos aún en la propia Francia que no logró institucionalizar dichas ideas sino hasta 1870 en la Tercera República, después de sucesivas restauraciones monárquicas y conatos republicanos. Vale decir, después de 81 años del triunfo de la revolución burguesa.

La restauración del capitalismo debe hacernos comprender que definitivamente la victoria del socialismo no es tarea de una o dos generaciones y aunque vivimos tiempos de un dinamismo mayor y sobre todo nuevas generaciones que a pesar del bombardeo mediático alienante cada vez comulgan menos con ruedas de carreta al tener acceso a una prolífica información (que también tiene sus peligros), todo ello y sobretodo nuestra confianza en que la inmensa mayoría de los seres humanos se conducen con arreglo a valores morales como la justicia, la solidaridad y la verdad nos lleva a un fundado optimismo de mediano y largo plazo.

Ello porque a despecho de los justificadores del clasismo, de la xenofobia, del machismo, etc., que a nombre de la naturaleza humana, olvidan que son las culturas de sesgo humanista las que nos han abierto la posibilidad de progresar en todos los ámbitos reconociendo que la construcción de lo propiamente humano se hace inevitablemente sobre nuestra naturaleza originaria y que esta juega un rol en la historia de los individuos y las comunidades pero que a medida que la civilización se ha desarrollado han sido los esfuerzos de culturización los que crecientemente han venido imponiéndose. Si Hitler apeló a lo peor del ser humano para lograr sus criminales propósitos llegando a arrastrar a un pueblo culto e inteligente a cometer y compartir las mayores atrocidades para que posteriormente nuevas generaciones de ese mismo pueblo se avergüencen de esos capítulos de su historia, demuestra que una misma naturaleza humana puede ser conducida en una dirección o en su opuesta y de qué manera ello depende de la hegemonía cultural que se imponga y como sólo una democracia auténtica puede ponernos a resguardo del retorno a la barbarie.

El peligro de nuestros días es que quienes hegemonizan no son precisamente los luchadores por más libertad, más democracia, más justicia social y solidaridad sino los que tratan por todos los medios de salvaguardar sus privilegios como clase dominante y como países dominantes, lo que para bien de la humanidad está siendo resistido por potencias como Rusia, China e India que hasta ahora no han mostrado afanes hegemónicos ni agresivos a pesar de la intensa propaganda que las potencias de la OTAN desarrollan para convencernos de lo contrario y justificar así sus propios afanes belicistas tan rentables para su industria de la guerra.

Las izquierdas de los países dominantes se encuentran atrapadas por el resurgimiento del populismo racista y xenófobo de las ultraderechas y la traición de los partidos socialdemócratas derechizados, repitiéndose el escenario de la preguerra en los años treinta del siglo pasado. De allí que el radicalismo islámico promovido subterráneamente por las potencias occidentales sea un excelente instrumento para restringir las libertades públicas, poner en entredicho el discurso anti xenófobo y antirracista de las izquierdas, facilitando con ello la derechización de las sociedades, lo que por otra parte explica el rechazo permanente a la propuesta rusa de organizar una fuerza internacional para el combate del islamismo radical como se hizo en el pasado contra el fascismo.

La afirmación de la cultura dominante tiene un formidable aliado en el control de los medios de comunicación que cuando pueden usan la mentira flagrante (si los destinatarios no tienen como confrontar las afirmaciones) o se desplazan entre verdades, verdades a medias, exageraciones y sobretodo en el ocultamiento de hechos. De mucha utilidad son personajes como Pol Pot o Stalin como si algún movimiento progresista en la historia no hubiera contado con toda una gama de personajes que desmentían los propósitos humanistas de sus inspiraciones originales. Mal podríamos nosotros concluir que el cristianismo es una doctrina perversa por causa de la Inquisición, por los curas pedófilos o los pastores evangélicos corruptos. Los seres humanos participan de movimientos políticos que transforman las sociedades para bien o para mal, para el progreso social, económico y moral o para la conservación y conquista de privilegios y en esos procesos todos los movimientos tienen su cuota de héroes y villanos y lo que da valor moral a unos y no a otros, no son las conductas individuales sino si esos movimientos contribuyen o no a hacer progresar a la humanidad y ciertamente quienes nos quieren retrotraer al racismo, la xenofobia, el machismo, el clasismo, el sometimiento cultural y económico, el neocolonialismo, las marginaciones, no aportan a ello.

El capitalismo ha demostrado su incapacidad como sistema de otorgar justicia social porque otorga privilegios y riquezas a unos pocos y marginalidad a millones de seres humanos, se concentra en procurar lucro lo que no se traduce sino marginalmente en bienestar real sin que estén garantizados los derechos básicos y una solidaridad organizada y equilibrada. La vieja crítica del funcionamiento irracional del capitalismo levantada por el marxismo sigue teniendo pleno significado y los límites del libre mercado y la competencia se hacen cada vez más evidentes.

La negativa del neoliberalismo a la planificación económica es quizás la mayor prueba de su irracionalismo que se traduce en una miopía cortoplacista de graves consecuencias.Todos los problemas que requieren una mirada de largo plazo hacen agua: la educación y en particular la educación preescolar, los problemas de energía, los problemas medioambientales y las responsabilidades intergeneracionales que ello implica, la previsión social, etc., no pueden subordinarse a los intereses cortoplacistas de los inversores y banqueros ansiosos y adictos del lucro inmediato.

La sociedad no puede seguir aceptando la concentración obscena de la riqueza en pocas manos, que otorgan un poder económico gigantesco que se traduce en poder político y mediático, que se traduce en chantajes, boicots y guerras contra pueblos como si el poder que ostentan no fuera el resultado de la apropiación a veces legal y siempre inmoral del producto del trabajo de millones, cuando abusando del poder que han acumulado, subordinan estados y gobiernos, esperan "señales" para invertir que no son otra cosa que chantajes para obtener rentabilidades escandalosas y restan a la inversión productiva ingentes recursos que destinan a la especulación financiera, el lujo, las prebendas corruptoras y el ocultamiento de recursos en paraísos fiscales.

La ilegítima acumulación de inmensas fortunas en manos de unos pocos no sólo entraña los malos usos señalados sino que expone a la humanidad a peligros enormes ya que nadie puede garantizar la sanidad mental, la empatía y menos la bondad de quienes acumulan esas enormes riquezas y el auge del terrorismo islámico financiado por las monarquías del Golfo Pérsico, con el aval subterráneo de las potencias occidentales, es una prueba de ello. ¿Cuánto tiempo pasará para que se financien otras barbaridades como armas atómicas, químicas o biológicas o desarrollos de enorme peligrosidad en ingeniería genética? ¿Qué control tienen las sociedades o los estados cuando en realidad y al contrario, ellos son controlados por el inmenso poder de una élite conformada por individuos de mentalidad al menos fascistoide o medieval?

La reapropiación por parte de los estados y del poder democrático deviene una necesidad ineludible y aunque se persista en el pretendido fracaso del socialismo, podemos afirmar con certeza, que nunca los fenómenos de corrupción o los peligros mencionados podrían haber alcanzado la gravedad a la que nos exponemos hoy con las riquezas gigantescas en manos de unos pocos individuos, habitualmente egoístas y megalómanos. Investigadores de la Universidad de Bond, Australia y de la Universidad de San Diego en EEUU concluyeron en un estudio que el 21% de 261 jefes de corporaciones analizados eran "psicópatas exitosos" y que esos porcentajes son similares a los que se encontrarían en una prisión.

De manera que aunque algunos nos quieran engatusar con la perennidad de capitalismo, el socialismo sigue vivo y sigue siendo el tipo de sociedad a la cual los pueblos deben aspirar y su fracaso sería a fin de cuentas el fracaso de la humanidad y el triunfo de los atavismos defendidos por el fascismo abierto o solapado. La idea del estado planificador tendrá que imponerse tarde o temprano aunque ello sea válido sólo para las grandes iniciativas económicas, para las actividades estratégicas de un país y que debe ser compatible con los procesos descentralizadores y con la riqueza de las iniciativas que surgen en las comunidades y aún en los grupos e individuos porque la práctica social y económica ha demostrado que el esquematismo ideológico puede ser una traba incompatible con el desarrollo y con las particularidades culturales. No es menos cierto tampoco que el triunfo de la Revolución Rusa y de otras revoluciones socialistas en el mundo fueron un anticipo de lo que debe sobrevenir en el futuro pues otros habrían sido los resultados de esas experiencias en materia de planificación, si hubieran contado con los desarrollos actuales del procesamiento de datos, aunque como hemos demostrado, estamos lejos de considerar las experiencias socialistas como "fracasos".

No podemos negar que la izquierda en general se encuentra golpeada por los acontecimientos de los años 90 y que el capitalismo ha logrado sortear una vez más sus crisis periódicas, crisis que debieran ser la demostración evidente de su fracaso y que en nuestros días se agudiza pero que finalmente se sostiene sobre dos mentiras fundacionales: el fracaso del socialismo y el triunfo del capitalismo, pero ambas mentiras no se sostienen más que en el inmenso aparataje de dominación cultural e ideológico y como lo hemos demostrado en este libro, su mayor éxito no está desde luego en los desastres que vive la mayor parte del planeta sino en su enorme capacidad manipuladora, tergiversadora de los hechos que hemos sacado a la luz. El efecto más devastador de la temporal derrota del socialismo dio a los capitalistas la falsa esperanza de que podrían quedarse solos dominando el mundo a su antojo y durante los últimos 30 años se libraron a atacar y disminuir todas las conquistas alcanzadas durante más de un siglo: han hecho trizas las jornadas de 8 horas, han conseguido el debilitamiento de las organizaciones sindicales, la reducción de los beneficios del estado benefactor, la cesantía se extiende, etc...

Muchas de las conquistas obedecían más que a una disposición de la burguesía a beneficiar a las clases subordinadas como por la necesidad de mostrar algo de progreso social y responder de esa manera a la amenaza del socialismo marxista. Que mejor evidencia de aquello el hecho que en EEUU, la participación de los ingresos de los trabajadores no ha aumentado coincidentemente con la caída de la URSS, durante los últimos 30 años.

Al renacimiento del neocolonialismo y su seguidilla de intervenciones armadas, la pérdida de derechos sociales, al aumento de la tasa de explotación le siguió naturalmente el establecimiento de las premisas del capitalismo más salvaje, excluyendo el para ellos detestable intervencionismo estatal de Keynes. Podían regresar a los bellos tiempos del capitalismo más primario. El estado desaparece como regulador de los excesos del libre mercado y debe abandonar sus obligaciones con el interés general, con la obligación de garantizar derechos básicos como la vivienda, la salud, la educación, los servicios sociales. Se estimula el individualismo, el egoísmo pasa a ser un "valor" que alimenta la delincuencia y la corrupción y el "derecho" no menos inmoral de apropiarse de lo producido por otros. Pero el estado, no desaparece sino que aumenta su rol represivo y la mentada separación de poderes no pasa de ser un discurso cuando todos los poderes deben inclinarse ante el poder económico controlado por las élites.

Por nuestra parte, nos ha perseguido desde la Revolución Rusa de octubre de 1917, lo que yo llamo el pecado original del socialismo marxista: el no haber podido cumplir con la premisa y la promesa de Marx de lograr que la revolución socialista sea una revolución planetaria porque cada una de las experiencias de socialismo ha tenido que lidiar con resistencias internas, pero fundamentalmente con el asedio y la agresión permanente, sin pausa y por todos los medios del capitalismo mundial. El triunfo planetario habría sin duda permitido que efectivamente aquello que se llamó "dictadura del proletariado" hubiera sido como lo pensaban Marx y Lenin un periodo transitorio para acceder a una democracia más participativa y verdadera, a más derechos y libertades. El "pecado original" de las revoluciones aisladas y su inevitable respuesta a las agresiones, generaron las condiciones para el establecimiento de regímenes que inevitablemente transitaron hacia formas totalitarias de ejercicio del poder y a la entronización de burócratas y escaladores ansiosos de poder más que de vocación de servicio o sensibilidad social, los que finalmente no sólo boicotearon los procesos sino que los traicionaron.

Sobre esto cabe hacer valer la excepción que ha representado Cuba, donde a pesar de la agresión imperialista, no han abandonado nunca la voluntad de desarrollar la democracia participativa y permitir el máximo de libertades y derechos que son posibles bajo la constante agresión de que son víctimas. Ello explica la fortaleza moral de Cuba, de su población y de sus dirigentes que a pesar de las dificultades han seguido contando y cuentan con el apoyo mayoritario de sus gentes.

La experiencia nos indica entonces, que la mantención contra viento y marea de la participación democrática de las masas en la administración del estado es crucial para garantizar la perennidad de las experiencias de socialismo aunque ello incluya el complejo equilibrio entre restricciones y libertades. El control democrático del poder en todos sus niveles es lo que permite evitar la instalación de burócratas y escaladores oportunistas. El triunfo planetario no ocurrió ni ocurrirá en el horizonte medio, pero debemos constatar que algunas señales nos indican que las ideas nobles que el socialismo marxista instaló en la conciencia de millones de seres humanos se han hecho irreversibles: el racismo se bate en retirada, su vergonzosa presencia hace sólo unas décadas se disuelve en estertores cada vez más rechazados; la igualdad de género se hace conciencia universal; China y Rusia surgen como contrapoderes que liquidan la pretensión de un "nuevo siglo americano", y aunque sus economías capitalistas son una evidencia, no es menos cierto que hay ciertos elementos importantes que las hacen potencias de nuevo estilo. Podemos calificarlas de capitalismo de estado, porque este conserva un peso decisional importante que se traduce en políticas de bienestar para amplias capas de la población y sobre todo, su política internacional no es muy diferente de la de sus antecedentes socialistas. Practican un respeto irrestricto a los principios de la ONU, no invaden países para trastocarlos ni mantienen bases por centenares en el mundo revelando con ello su clara disposición a no convertirse en potencias neocolonialistas depredadoras. Su contraparte apunta a revivir el fascismo que no sólo traerá de vuelta el "derecho de conquista" y toda su cohorte de brutalidades, sino también el cuestionamiento a todo lo conquistado por la Revolución Francesa y sus ideas republicanas. No se busca sólo la derrota del socialismo sino la derrota de lo ganado en siglos, en luchas que costaron millones de vidas a las clases subordinadas.

El temple visionario de Marx en materia ambiental y el deseo de construir una democracia más verdadera, el faro formidable que la revolución rusa encendió hace más de un siglo instalando tempranamente las ideas de la revolución sexual, con la legalización del aborto, el divorcio y decretando ya en 1922 la despenalización de la homosexualidad, nos impelen a no abandonar la lucha por el progreso. Desde luego, los decretos no resuelven costumbres milenarias, pero son señales que visualizan el porvenir y es ese el mérito de Marx y Lenin.

De la misma manera es notable que Marx haya hace siglo y medio comprendido lo que él visualizaba como una contradicción de la máxima importancia entre el capitalismo y la naturaleza y sentara la base del concepto de fractura metabólica en la relación entre el hombre y la naturaleza al sostener *"la ruptura irreparable en el proceso interdependiente del metabolismo social"*. Dice en El Capital que *"Todo progreso de la agricultura capitalista no es solo un progreso en el arte de esquilmar al obrero, sino a la vez en el arte de esquilmar el suelo; todo avance en el acrecentamiento de la fertilidad de un periodo dado, es un avance en el agotamiento de las fuentes duraderas de esa fertilidad"*.

Y lo más importante para ser optimistas del futuro de la humanidad: las nuevas generaciones, aunque a veces perdidas en el maremágnum de la información, se vuelven cada vez más universales, más ciudadanos del mundo y ello derivará necesariamente en considerar al "otro", como un hermano. Sin embargo, faltará aún algo muy importante: que la apropiación de los resultados del trabajo de esos otros, sea por fin sancionado moral y jurídicamente y no lo aceptemos como parte de la "normalidad", un salto de conciencia imprescindible para hacer también irreversible la justicia social y la solidaridad humanas, fuentes únicas, necesarias y verdaderas de la paz. ¿Cómo no será posible ese salto de conciencia si hasta para algunos capitalistas deviene un deber moral? La organización norteamericana de "Los Millonarios Patriotas" afirmaba en el 2015 que: *"el nivel de desigualdad es increíble. La gente acumula dinero para influir en el sistema político y obtener más dinero. Si no hacemos algo esta sociedad no va a funcionar ni para los ricos ni para los pobres"*.

Pero nada de ello ocurrirá si los pueblos no se ponen en movimiento y se desprenden de la mitología antisocialista y procapitalista con la que les han capturado sus mentes y sólo el compromiso, la conciencia, el deber moral y sobretodo la acción política a que nos obliga la sentencia del Ché: "no podemos sentarnos en la puerta de nuestras casas a esperar que pase por delante el cadáver del imperialismo", nos hará de verdad libres, en una sociedad de verdad libre y de verdad democrática.

SELECCIÓN BIBLIOGRÁFICA

- Alcayaga Olivares, Julián– Manual del Defensor del Cobre – Ediciones Tierra Mía – 2005
- Allende Vive, 30 Años – Ediciones ICAL – 2004 - Santiago
- Arrate, Jorge – Salvador Allende ¿sueño o proyecto? LOM Ediciones - Santiago
- WIKILEAKS – Compilación "Los Secretos de la Política Exterior de los EEUU" editada por Editorial Millalonco – 2011 - Santiago
- Barrero, Edgar – Psicología de la Liberación – Ediciones Cátedra Libre – Bogotá - Colombia
- Batou, Jean – Cent ans de résistence au sous-dévelopment – Editions Librarie Droz – Gèneve- 1990. Ginebra - Suiza

- Corvalán, Luis. El Gobierno de Salvador Allende - LOM Ediciones – 2003 -Santiago
- Destremau, Blandine y Salama, Pierre – Medidas de la Pobreza Desmedida –LOM Ediciones – Santiago 2002
- Dieterich, Heinz – El Socialismo del Siglo XXI – Editorial Quimantú – 2007 -Santiago
- Economie Politica –Editura Didactica si Pedagògica – Bucuresti – 1976
- Ffrench, Davis y Stallings – Reformas, crecimiento y políticas sociales en Chile desde 1973 – LOM Ediciones – 2001 Santiago
- Galeano, Eduardo – Las Venas Abiertas de América Latina – 23ª ed. Catálogos, Buenos Aires - 2005
- Kohan, Néstor – Nuestro Marx - http://www.rebelion.org/docs/98548.pdf
- Lavandero Illanes, Jorge– Una política para el cobre chileno – Prólogo Limitada – 2004 –Stgo.
- Le Monde Diplomatique – Selección de Artículos – La publicidad, Una fábrica de deseos – Editorial Aún Creemos en los Sueños – 2004 - Santiago
- Le Monde Diplomatique – Selección de Artículos – La Prensa ¿Refleja la realidad? – Editorial Aún Creemos en los Sueños – 2003 - Santiago
- Lenin, V.I. – Acerca de la incorporación de la Masas a la Administración del Estado – Editorial Progreso, Moscú - 1978
- Lenin, V.I. – El Imperialismo, fase superior del capitalismo - Editorial Progreso, Moscú - 1976
- Martner García, Gonzalo. El Gobierno del Presidente Salvador Allende (1970-73). Una evaluación. Ediciones LAR, Santiago, 1988

-Marx y Engels – El Manifiesto Comunista

-Martens, Ludo – Otra visión de Stalin - https://drive.google.com/file/d/0Bw5Zm10Cq88HYTVhZDBkOTItN2EyNS00NzNmLWI1NWMtOTdkZmYxOTU3OTMx/view?ddrp=1&authkey=COW5-oML&hl=en#

- Mayol, Alberto – El derrumbe del modelo – LOM Ediciones – 2012 -Santiago

- Mayol, Alberto – Ahumada, José Miguel - Economía Política del Fracaso-La Falsa Modernización del modelo neoliberal – 2015 -

- Moulian, Tomás – Anatomía de un Mito – LOM ARCIS – 1997 Santiago

- Périllier, Louis –La Patrie Planetaire – Éditions Robert Laffont, Paris – 1976

-Rosu-Amzescu – Formarea Cadrelor Nationali in Tari in Curs de Dezvoltare – Intreprinderea Poligrafica Oltenia – 1979 –SD Craiova, Rumania

- Rivano, Juan – Cultura de la Servidumbre, Mitología de Importación – Ediciones Hombre Nuevo – 1969.

- Sohr, Raúl - Historia y Poder de la Prensa – Editorial Andrés Bello - 1998

- Valqui, Camilo – Mitos del Derrumbe del Socialismo Soviético en la Ideología Neoliberal - http://www.omegalfa.es/downloadfile.php?file=libros/mitos.del.derrumbe.del.socialismo.sovietico.pdf

- Wade, Robert – El Mercado Dirigido – Fondo de Cultura Económica – 1999 – México

(*) Dada la variedad de temas tratados se han seleccionado sólo los textos importantes en la formación del autor y textos cuya lectura se sugiere.

Glosario de la eficiencia capitalista

¿Qué debe prevalecer en la economía?
¿El lucro? = Capitalismo
¿O la satisfacción de las necesidades humanas?= Socialismo

Incluimos aquí en este glosario algunos casos que demuestran la ineficiencia del capitalismo en los términos en que debe entenderse correctamente la eficiencia económica y que representan junto a las desigualdades de ingreso y consumo, las dos grandes críticas que el socialismo marxista hace al viejo y decadente sistema que nos rige.

En mi opinión, esta poco mencionada crítica, ya que normalmente se centra en las desigualdades, constituye en realidad la más importante de las que ha levantado Marx, pues se relaciona a dos ideas matrices del marxismo, a saber, la teoría de la alineación y el materialismo histórico.

Una economía que no coloca en el centro de sus objetivos la satisfacción de las necesidades materiales y espirituales del ser humano y que subordina toda la actividad económica a la sed casi patológica de ganancias y que deviene por causa del lucro burgués en actividad alienada, dicho de la otra manera como solemos escuchar, una economía no al servicio del hombre sino el hombre al servicio de la economía con su secuela de atentados a la naturaleza, la pobreza de miles de millones de seres humanos, la explotación de trabajadores, mujeres y niños. Bastaría insistir en la mayor evidencia del fracaso del capitalismo, que en pleno s. XXI y después de 500 años de existencia, mantiene en la pobreza y la extrema pobreza a miles de millones. Ninguna experiencia de socialismo, puede ser acusada de las miserias espantosas y crímenes sin fin del capitalismo, a pesar de todas las dificultades a que han sido sometidas.

La alienación o enajenación se entienden como aquel proceso mediante el cual lo creado por el ser humano escapa al control de su creador y se vuelve autónomo y en su perjuicio. Actualmente, podemos hablar de alienación para referirnos al hecho que los procesos de creación de productos actúan en contra del interés del ser humano siendo ello particularmente evidente en casos como los procesos depredadores de la naturaleza, la obsolescencia programada de los productos, la engañifa permanente de la publicidad o la fabricación de armas, entre otros ejemplos.

Esa deriva alienante tiene como portadora a la clase dominante burguesa y su afán indiscriminado de lucro, lo que pone en evidencia el hecho que nuestras sociedades no podrán superar este estado de cosas si no resuelven la principal contradicción del capitalismo: el carácter crecientemente social de los procesos productivos y la apropiación privada de los resultados de ese proceso colectivo.

Respecto del materialismo histórico y la triada modo de producción, desarrollo de las fuerzas productivas y modo de producción, a la vista de la demostrada capacidad de producir del capitalismo pareciera carecer de sustento en la realidad. Sin embargo hay que tener en cuenta, que Marx no conoció la alienación capitalista de la producción que observamos hoy. Probablemente el ocultamiento de descubrimientos o los excesos de la publicidad, difícilmente eran un hecho importante en tiempos de Marx. De manera que podemos considerar hoy que la contradicción entre relaciones de producción y desarrollo de las fuerzas productivas si está presente hoy en la deriva alienante de la producción, porque el crecimiento de la producción sólo debe considerarse como "desarrollo de las fuerzas productivas" si es que está dirigido estrictamente a la satisfacción de las necesidades, comenzando por las más básicas: alimentación, vestuario, vivienda, salud, educación, recreación necesidades sobre las cuáles el capitalismo se ha revelado incapaz de atender a pesar del enorme potencial que la ciencia y la tecnología han puesto a disposición

Por otra parte, no es el capitalismo el creativo. Es la eterna pulsión humana por investigar, descubrir e inventar, tareas que para nada realizan los capitalistas y más bien se aprovechan de los resultados de los miles de científicos e investigadores, normalmente en instituciones estatales o mediante el pirataje y el espionaje.

Otro admirable logro de la URSS que desmiente la pretensión de que es el capitalismo el creativo, es que sin que exista ni la sombra de un capitalista fueron capaces de desarrollar ciencia y tecnología del más alto nivel. El explosivo desarrollo de las ciencias y la tecnología actual no es un atributo del capitalismo y más bien corresponde al carácter exponencial del desarrollo de la ciencia, fenómeno que pertenece a la humanidad entera (o que debiera pertenecer).

***

VEAMOS ALGUNOS CASOS DE "EFICIENCIA" CAPITALISTA:

***

Ya en la década de 1920, para conseguir que las mujeres fumaran, la marca Chesterfield lanzó una campaña con las conocidas técnicas de utilizar modelos y estrellas de cine con cigarrillos en la boca.

¿Era de interés de la sociedad promover el consumo de cigarrillos? ¿Es admisible que en una economía que es incapaz de atender numerosas necesidades se realicen actividades económicas nefastas para la salud? Desde luego no se trata de prohibir el consumo de cigarrillos si muchos lo entienden como una necesidad pero en modo alguno debería ser incentivado.

Phillp Morris es un gigante en el tabaco y los cigarrillos. En aras de la salud pública, el ex presidente Tabaré Vásquez logró la aprobación de una ley que establecía la obligación de que las cajetillas incluyeran en su envase advertencias sobre los efectos nocivos del tabaco. Otro choque del interés privado con el interés de las sociedades. Uruguay fue llevado al CIADI que al menos esta vez dio la razón al demandado

El CIADI (Arreglo de Diferencias Relativas a Inversiones) es normalmente un instrumento utilizado por las transnacionales para pasar por encima de la soberanía de los estados, transnacionales que operan siempre con el respaldo de sus gobiernos neocolonialistas o que simplemente, dado el enorme poder económico del que disponen, tienen la suficiente fuerza para doblegar a cualquier estado.

***

Como resultado de la imposición del capitalismo salvaje (neoliberalismo), bajo la máscara de la "libertad de enseñanza" se promovió el negocio de las universidades que introdujo el lucro en la educación superior y al mismo tiempo, la anarquía en el otorgamiento de títulos. No importa por tanto ni el rendimiento académico, ni el número de profesionales necesarios para el desarrollo del país, dada la premisa cortoplacista del capitalismo. La "eficiencia" será mirada como puro resultado financiero-contable del negocio de la educación. Para mantenerlo, se evitará reducir el número de alumnos por rendimiento académico y se aumentará más allá de todo límite, el número de egresados que no guardarán ninguna relación con las necesidades de profesionales del país. En Chile, se invertirá la relación entre profesionales universitarios y técnicos de nivel universitario. Estos últimos, triplicarán el número de profesionales y el resultado será la frustración de numerosos jóvenes por no conseguir trabajo en lo que se prepararon y asumir deudas impagables. ¡Viva el libre mercado!

***

La calidad de las mercaderías principalmente referidas a la duración y fiabilidad, muestran como la sociedad y cada individuo en particular, salen perjudicados (y el medio ambiente) como resultado del afán de lucro y la "competencia", esta última, centrada en capturar clientes por la apariencia, su aspecto estético más que por la calidad real del producto, dentro del concepto de calidad, debiéndose entender su fiabilidad y duración. La nefasta práctica capitalista de la "obsolescencia programada", es una muestra más de cómo el lucro privado y la competencia alteran los fines propios de la economía.

***

El Presidente español Rajoy, con el fin de entonar el engañoso PIB, cuyo crecimiento no tiene que ver sino en parte, con el aumento de la calidad de vida, operó para que el tráfico ilegal sea considerado como parte del Producto Interno Bruto.

***

Las poderosas compañías farmacéuticas gastan miles de millones anualmente para influir en los médicos para que estos receten sus medicamentos. Sólo el negocio de la diabetes mueve 264.000 millones de dólares y cualquier descubrimiento que elimine la enfermedad elimina al mismo tiempo, el negocio. Los entrenados vendedores (llamados eufemísticamente "visitadores médicos"), se encargan de promover la venta de medicamentos que sobretodo promueven el consumo permanente, estando el interés privado en mantener enfermedades en estado crónico y no en sanarlas.

***

Hace al menos 20 años que existe una vacuna para eliminar las caries. Eso significa que numerosas empresas dedicadas al rubro dental, desde insumos, utensilios e instalaciones se verían perjudicadas por la reducción del daño dental, sin considerar que este daño tiene efectos sobre la salud general de la población. Alguien menos enterado, considerará esto como "lógico" porque le costará imaginar que es posible una economía distinta, donde prevalezca el interés social y no el privado.

***

El capitalismo pervierte también al espíritu científico, el cual, mediante generosas donaciones, promueve la investigación científica corrupta, al buscar demostrar "científicamente" los beneficios del consumo de ciertos productos como es el caso de los "desayunos saludables" para lo cual se publican artículos de prensa pagados a los medios, sin que aparezcan como "publicidad", vanteando los falsos beneficios de productos.

***

La Organización de las Naciones Unidas advirtió en un informe donde la relatora especial Hilal Helver, critica a las empresas productoras de insumos químicos para la industria de alimentos acusándolas explícitamente de negar "la magnitud de los daños".

Hilal Elver, critica a las empresas que manufacturan estas sustancias químicas para la industria alimentaria, acusándolas de negar de forma sistemática "la magnitud de los daños" que provocan dichas sustancias, así como de desarrollar "tácticas agresivas y poco éticas en el ámbito de la mercadotecnia".

"Los plaguicidas peligrosos implican un costo considerable para los Gobiernos y tienen consecuencias desastrosas para el medio ambiente, la salud humana y la sociedad en su conjunto, afectando a diversos derechos humanos y sometiendo a determinados grupos a un riesgo mayor de ver vulnerados sus derechos", reza el texto. La importancia del texto asimismo como la institución que lo respalda, no son suficientes para que los medios difundan tales apreciaciones pero si están disponibles para hacer publicidad bien pagada a favor de los productos criticados.

Elver desmiente igualmente que la excusa de asegurar el futuro alimentario de la humanidad no es otra cosa que un mito, según declaró al periódico The Guardian.

***

"The Times" publicó en abril de 2017, documentos filtrados que revelan que la farmacéutica multinacional, una de las más grandes del mundo, pretendía destruir existencias de medicamentos contra el cáncer con el fin de provocar escasez y hacer subir su precio hasta un 4000%. Aspen Pharmacare compró en 2009 los derechos para fabricar cinco fármacos contra el cáncer de la empresa británica GlaxoSmithKline (GSK). Posteriormente, la compañía aumentó drásticamente los precios de esos medicamentos. Como resultado, en 2013 en Inglaterra y Gales el precio del **Busulfán**, un fármaco contra la leucemia, **aumentó de 5,20 a 65,22 libras esterlinas**, una subida de un 1.100%, mientras que el **Clorambucil**, un medicamento contra el cáncer de sangre, **pasó de costar 8,36 libras por paquete a valer 40,51** (una libra esterlina equivale a 1,25 dólares). Se presume que para incrementar los precios Aspen Pharmacare se aprovechó de un vacío en las leyes británicas que permite aumentar los precios si se cambia la marca de los fármacos. ¡Viva el lucro, la competencia, el libre mercado! En 2013, la compañía amenazó con dejar de suministrar fármacos a Italia si las autoridades no llegaban a un acuerdo sobre el aumento de precios. Se entiende que las autoridades italianas posteriormente fueron obligadas a consentir la subida de precios tras un período de escasez de medicamentos que supuestamente fue orquestada para aumentar la presión. Otros países europeos, como Alemania, Grecia y Bélgica, también enfrentaron en la misma época un déficit similar de varios fármacos contra el cáncer producidos por Aspen Pharmacare. (De https://actualidad.rt.com/actualidad/235956-aspen-pharmacare-precios-farmacos-cancer)

El empresario de los medicamentos Martin Shkreli también recurrió a la compra de derechos para elevar el precio en un 5000% del fármaco Daraprim que pasó de costar 13,5 dólares a 750 dólares. Un caso más de la contradicción entre el interés privado y el de la sociedad. Curar enfermedades es un mal negocio. Lo que interesa es mantener "enfermos a los enfermos", con tratamientos ojalá de por vida. Pero desde el punto de vista burgués hay eficiencia porque hay enormes utilidades.

***

En EEUU existe una población penal enorme, lo que tiene varias explicaciones pero una de ellas, y muy importante, es el negocio de las cárceles privadas. La perversión del capitalismo no tiene límites. Resulta que al sacrosanto interés privado le interesa que sus cárceles estén lo más llenas posibles ya que cobran por la mantención de cada preso. Es tan aberrante y corrupto el sistema que hay estados donde los empresarios exigen un mínimo de ocupación, lo que implica que a veces los presos son trasladados de prisiones públicas a las privadas para completar "la cuota". En el país de las maravillas, el sistema privado no tiene interés en rehabilitar presos y menos en disminuir la población penal. De ello también padecen los inmigrantes ilegales que son mantenidos en prisión, más allá de todo límite, antes de su expulsión de los EEUU. Se da el caso que en el estado de Arizona, mientras baja la tasa de criminalidad, la población penal aumenta porque además como es lo propio del capitalismo, la corrupción también se ha instalado en este perverso sistema. Esto explica también por qué EEUU que representa el 5% de la población mundial tiene el 25% del total de la población penal del mundo.

***

Hace algunas semanas, el Ministro de Salud de Chile, el controversial Jaime Manalich, sostuvo que el sistema de salud de Chile "es uno de los mejores y más eficientes del planeta (...) comparado con los países de la OCDE y con todos los países latinoamericanos", afirmación muy criticada aunque en cierto sentido tenía razón. Se trata también de que entendemos por eficiencia. Efectivamente, el Servicio Público de Salud es notablemente eficiente aunque no eficaz. No es eficaz porque no logra atender toda la demanda de prestaciones que la población necesita pero desde el punto de vista de la eficiencia, es decir de la escasez de recursos en relación a la cantidad de prestaciones como asimismo los notables indicadores de salud del país, es notablemente eficiente. Dicho de otra manera, milagros no se pueden hacer con pocos recursos, escasos estos por la enorme concentración de la riqueza y los bajos impuestos que pagan las transnacionales y los más ricos.

***

Los productos dirigidos al consumo de los niños han llevado a los empresarios a obviar sin más, la consideración que toda sociedad debe tener hacia las nuevas generaciones. Bien al contrario, los esfuerzos publicitarios para hacerlos consumir comida chatarra, videojuegos violentos, medicamentos de dudosa necesidad o efectividad se han traducido entre otros en obesidad record, diabetes infantil y en enfermedades propias de la adultez, como problemas cardiovasculares. La manipulación de la niñez mediante los medios de comunicación se ha vuelto más efectiva que la influencia que los padres o la sociedad pueden tener sobre la conducta de consumo de los niños. La opinión de los padres sucumbe ante la "autoridad" de la publicidad.

***

Las grandes compañías farmacéuticas transnacionales gastan cientos de millones de dólares al año pagando (sobornando) a médicos para que éstos promuevan sus "medicamentos". El Premio Nobel de Medicina, Richard J. Roberts, señala que los fármacos que curan no son rentables y por eso no son desarrollados por las farmacéuticas que, en cambio, sí desarrollan medicamentos cronificadores de las enfermedades para que sean consumidos por los pacientes durante el resto de sus vidas, enriqueciendo aceleradamente aún más a los dueños de los laboratorios. Esto, señala Roberts, también hace que algunos fármacos que podrían curar del todo una enfermedad no sean investigados, producidos ni comercializados. Y se pregunta: ¿hasta qué punto es válido que la industria de la salud se rija por los mismos valores y principios que el mercado mafioso neoliberal capitalista?

***

En EEUU el 20% del PIB son "servicios sanitarios" y estos son una catástrofe.

En EEUU una cifra gigantesca se destina a servicios de salud: el 20% del PIB, y hay millones que no tienen acceso a la salud. ¿Dónde está ese dinero? En manos de los accionistas y empresas que lucran con la salud.

***

El gigante farmacéutico Pfeizer decidió no llevar a cabo un costoso ensayo clínico para indagar en un posible nuevo uso de un medicamento, según 'The Washington Post'. Pfizer descubrió que uno de los fármacos superventas de la compañía, el Enbrel, un potente antiinflamatorio para tratar la artritis reumatoide, podía reducir el riesgo de padecer alzhéimer en un 64%. Así lo revela *The Washington Post* en una información exclusiva, basada en documentos internos de la compañía a los que ha tenido acceso.

Sucede que verificar esos efectos del medicamento habría requerido un costoso ensayo clínico. Y, tras un largo debate interno, el gigante farmacéutico decidió no proseguir con la investigación y no hacer públicos los resultados, según ha confirmado la compañía al diario.

"El Enbrel podría potencialmente prevenir, tratar y ralentizar la progresión del alzhéimer", decía el documento de PowerPoint, según *The Washington Post,* preparado por un grupo de investigadores de Pfizer para presentar a un comité interno de la compañía en febrero de 2018. (El País", 6 de junio de 2019).

El hecho de ocultar los resultados preliminares ha suscitado la polémica en la comunidad científica internacional, que no ha dudado en condenar la acción.

***

El mito del mercado "mejor asignador de recursos" también tiene relación con el anteponer los resultados financieros contables que expresan los beneficios o utilidades de las empresas a la atención de necesidades. Vemos gigantescas inversiones en malls, edificios corporativos a todo lujo y escuelas u hospitales que se caen a pedazos.

Índice

I. Palabras previas   7

II. Invitación a salirse de la jaula cultural y desinformativa   27

    La situación en Latinoamérica   47

    La situación de los medios en Chile   52

    El Estado contra la libertad de prensa   60

    Los métodos de manipulación en los medios   64

    Los dominados ponen su parte   70

    El cinismo burgués   71

    La alteración del lenguaje   77

    Banderas falsas   81

    El culto del apoliticismo   86

    La publicidad   90

    Combatir la manipulación   97

III. La mitología antisocialista y anticomunista   105

A) El mito del igualitarismo — 108

B) La mitología en torno a la lucha de clases — 113

C) El mito de la propiedad — 121

D) Mito del "patriotismo" de las derechas y el internacionalismo apátrida de las izquierdas — 124

E) El mito del fracaso del socialismo y el éxito del capitalismo — 154

F) El mito de la eficiencia capitalista — 211

G) Mito de la eficiencia privada y la ineficiencia del estado — 230
    El Estado en el capitalismo — 233

H) El mito de la libertad — 250

I) Aborto y divorcio — 258

J) ¿Somos los marxistas ateos y antirreligiosos? — 259

K) Los mitos de la democracia y la dictadura del proletariado — 268

L) El mito de los países democráticos y promotores del bien — 296

IV. La Unidad Popular — 343

A) La unidad popular, la esperanza de un pueblo — 344

B) La nacionalización del cobre — 354

C) La reforma agraria — 388

D) Las estatizaciones — 405

E) Esfuerzos y resultados económicos y
sociales relevantes bajo la unidad popular   435

F) La verdad y el mito de la violencia
bajo la Unidad Popular   445

V. Palabras finales   459

Selección bibliográfica   474

Glosario de la eficiencia capitalista   477

Editorial LibrosEnRed

LibrosEnRed es la Editorial Digital más completa en idioma español. Desde junio de 2000 trabajamos en la edición y venta de libros digitales e impresos bajo demanda.

Nuestra misión es facilitar a todos los autores la edición de sus obras y ofrecer a los lectores acceso rápido y económico a libros de todo tipo.

Editamos novelas, cuentos, poesías, tesis, investigaciones, manuales, monografías y toda variedad de contenidos. Brindamos la posibilidad de comercializar las obras desde Internet para millones de potenciales lectores. De este modo, intentamos fortalecer la difusión de los autores que escriben en español.

Ingrese a www.librosenred.com y conozca nuestro catálogo, compuesto por cientos de títulos clásicos y de autores contemporáneos.

www.ingramcontent.com/pod-product-compliance
Lightning Source LLC
Chambersburg PA
CBHW031701230426
43668CB00006B/65